Bernt Engelmann
Geschichte in Geschichten

W0062130

Der Autor

Bernt Engelmann, 1921 in Berlin geboren, erlebte den Zweiten Weltkrieg zunächst als Soldat bei der Luftwaffe, dann als Angehöriger einer Widerstandsgruppe, wurde zweimal von der Gestapo verhaftet und erst bei Kriegsende, nach langer Haft in Gefängnissen und Konzentrationslagern, aus dem KZ Dachau befreit.

Engelmann arbeitete nach beendetem Studium zunächst als Journalist für Gewerkschaftszeitungen, dann als Reporter, Korrespondent und Redakteur beim »Spiegel«, später für das NDR-Fernsehmagazin »panorama«. Seit 1962 ist er freier Schriftsteller. Viele seiner Bücher – »Meine Freunde, die Millionäre«, »Deutschland ohne Juden«, »Wir Untertanen«, »Trotz alledem«, »Preußen – Land der unbegrenzten Möglichkeiten«, »Großes Bundesverdienstkreuz« und andere sowie, zusammen mit Günter Wallraff, »Ihr da oben, wir da unten« – wurden in alle wichtigen Sprachen übersetzt und sind sowohl in den USA wie in der UdSSR, Frankreich, Großbritannien, Schweden, Polen, Finnland, ČSSR, Ungarn und in der DDR erschienen. Die Weltgesamtauflage seiner mehr als 30 Buchtitel hat die 10-Millionen-Grenze erreicht.

Bernt Engelmann, engagierter Gewerkschafter, war von 1977 bis 1984 Vorsitzender des Verbands deutscher Schriftsteller (VS) in der IG Druck und Papier, von 1972 bis 1984 Präsidiumsmitglied des PEN-Zentrums der Bundesrepublik und wurde 1984 mit dem Heinrich-Heine-Preis ausgezeichnet.

Im Steidl Verlag sind von ihm bisher erschienen: »Großes Bundesverdienstkreuz mit Stern«, »Mein lauschig Land«, »Die Aufsteiger« und das »Lesebuch«.

Bernt Engelmann

Geschichte
in Geschichten

Ein Lesebuch
ausgewählt von Klaus Ziermann

Steidl Verlag

CIP-Titelaufnahme der Deutschen Bibliothek
Engelmann, Bernt:
Deutsche Geschichte in Geschichten / Bernt Engelmann.
1. Auflage Sept. 1989. Hrsg. u. zsgst. von Klaus Ziermann. –
Göttingen : Steidl, 1989
  ISBN 3-88243-134-2

Bitte fordern Sie unser kostenloses Gesamtverzeichnis an!

1. Auflage September 1989

Umschlaggestaltung: Klaus Staeck/Gerhard Steidl
Gesamtherstellung: Steidl Verlag, Düstere Straße 4, 3400 Göttingen
ISBN 3-88243-134-2

Inhalt

Statt einer Einleitung

Eine neue Perspektive oder wie Geschichte interessant werden kann

»Geschichte ist doof«, meinte Karin. Und das finden auch Sabine, Klaus, Peter und Monika. Sie wohnen zwar in verschiedenen Städten der Bundesrepublik Deutschland; sie besuchen Schulen unterschiedlichen Typs; sie stimmen in vielen anderen Fragen ganz und gar nicht überein. Aber, was Geschichte betrifft, so sind sie völlig einer Meinung: Sie finden sie langweilig, uninteressant, überflüssig und nennen sie deshalb schlicht doof. Allerdings gilt ihr abfälliges Urteil – wie sich dann ergab – nicht eigentlich der Geschichte, sondern der Art und Weise, in der man sie ihnen beizubringen versucht hat. »Immer nur Kaiser und Könige, die von dann bis dann regiert haben und nur Kriege führten und Schlachten schlugen – wen interessiert das schon?« erklärte Sabine. »Wenn es wenigstens dufte Typen gewesen wären«, fügte Monika hinzu, »Leute, die einem imponieren könnten ...«

Einige Vorschläge, die eine oder andere Gestalt der deutschen Geschichte betreffend – zum Beispiel Joß Fritz, Johann Jacoby, August Bebel –, ergaben, daß diese Namen weder Sabine noch Klaus, noch Peter, noch Monika oder Karin etwas sagten. Und umgekehrt zeigte sich, daß ihnen Martin Luther wohl als der große deutsche Reformator, Bibelübersetzer und Kirchenlieddichter sowie als mutiger Mann – »Hier stehe ich, ich kann nicht anders. Gott helfe mir. Amen« – bekannt war, nicht aber Luthers Rolle in der ersten großen deutschen Revolution, von der sie ebenfalls nichts wußten. Erst als ihnen klar wurde, daß damit »die Bauernkriege« gemeint waren, fiel Peter ein, daß Luther den Ausschreitungen der Bauern furchtlos entgegengetreten sei. »Aber was soll das?« beeilte er sich hinzuzufügen. »Das kann doch heute keinen mehr vom Stuhl reißen – nicht einmal den Landwirtschaftsminister!«

Das gab den Anstoß zu diesem Buch. Es soll – um Irrtümern vorzubeugen – nicht einfach der Vielzahl bereits vorhandener Geschichtsbücher nur ein weiteres hinzufügen. Vielmehr ist es

sein Zweck, die geschichtliche Vergangenheit – und zwar nahe-
liegenderweise hauptsächlich unsere, also deutsche Vergangenheit – einmal ganz anders darzustellen, als dies bislang üblich
war und ist, sie von ihrem Pomp und Staub zu befreien und im
besten Sinn des Wortes *interessant* zu machen. Warum? Es gibt
dafür ein paar gute Gründe, die jeden angehen. Beispielsweise
diese:

*»Wer sich an die Vergangenheit nicht erinnern kann, ist dazu
verdammt, sie zu wiederholen.«* Diese Feststellung stammt von
dem großen amerikanischen Philosophen und Romancier
George Santayana. Sie gilt, mehr noch als für den einzelnen
Menschen, auch für Völker und Nationen.

Der Gedanke, unsere Vergangenheit wiederholen zu müssen, ist für uns Deutsche besonders erschreckend! Wenn wir
uns nicht erinnern (und deshalb aus den begangenen Fehlern
nichts lernen) können, müßten wir und unsere Nachkommen
alles noch einmal durchmachen: den Wahnsinn der Hitler-Zeit
samt dem Massenmord an einer beliebigen Minderheit und
allen Schrecken eines von Anfang an aussichtslosen Krieges
gegen die halbe Welt; den mit Millionen Toten und Abermillio-
nen Krüppeln bezahlten frisch-fröhlichen Hurra-Patriotismus
von 1914; die völlige Rechtlosigkeit, nicht nur aller Frauen und
beinahe sämtlicher Jugendlicher, sondern auch der meisten
Männer, gegenüber jedweder Obrigkeit »von Gottes Gnaden«,
zu der auch der Fabrikherr, die »gnädige Frau«, der Herr Unteroffizier und der Meister gehörten; den Kadaver-Gehorsam, die
Prügelstrafe, die ständige Bevormundung durch geistliche und
weltliche Uniformierte. Und so weiter und weiter zurück bis
ins finstere Mittelalter...

Diese Vorstellung ist entsetzlich.

Aber können wir, die heutigen Bürger der Bundesrepublik,
die wir die große Mehrheit der Deutschen des zwanzigsten
Jahrhunderts sind, uns der deutschen Geschichte erinnern?
Zunächst ist man geneigt, diese Frage erleichtert zu bejahen,
natürlich mit Einschränkungen: Wir, die heute Lebenden,
haben die historische Vergangenheit unseres Volkes ja nur in
ihren allerjüngsten Teilen selbst erlebt. Wir sind deshalb im
wesentlichen auf das angewiesen, was uns andere davon ver-
mitteln konnten. Unser Geschichtsbild wurde geprägt vom
Unterricht in der Schule, von historischen Romanen, Theater-
stücken, Filmen oder Fernsehspielen, auch von dem einen

oder anderen Sachbuch, vielleicht von älteren Verwandten oder Freunden, die dieses oder jenes noch selbst miterlebt oder sich besonders damit beschäftigt haben, vielleicht auch von Künstlern, die sich bemühten, bestimmte geschichtliche Ereignisse oder Gestalten mit ihren jeweiligen Mitteln zu verewigen.

Natürlich kennt niemand, auch nicht der beste Fachgelehrte, die gesamte deutsche Geschichte in allen Einzelheiten. Unser Wissen beschränkt sich im ganzen gesehen auf das, was sich von den – teilweise recht lückenhaften – Überlieferungen aus mehreren Jahrtausenden durch intensive Forschungen einigermaßen erhärten ließ.

Für die meisten Bundesbürger unserer Tage ist die deutsche Geschichte nur das, was sie in fünfzig, hundert oder mehr Schulstunden darüber erfahren haben und später durch allerlei Einzelheiten aus Romanen, Gemälden, Filmen oder Illustriertenberichten ergänzen konnten. Die Auswahl dessen, was unser Geschichtsbild geformt hat, wurde meist von anderen bestimmt, die sie für uns trafen, und vom zufällig Angebotenen.

Außerdem gibt es zwischen den Geschichtsbildern der einzelnen Mitglieder unserer Gesellschaft sehr beträchtliche Unterschiede, was die Deutlichkeit, den Umfang und die zumindest zeitlich ungefähr richtige Einordnung der Geschehnisse betrifft. Diese Unterschiede sind vor allem dadurch bedingt, daß der eine mehr Bildungsmöglichkeiten gehabt (und diese mehr oder weniger wahrgenommen) hat als der andere.

Dagegen ist die Perspektive, also die Blickrichtung, aus der heraus unser jeweiliges Geschichtsbild entstanden ist, bei allen ziemlich gleich. Das war schon immer so, seit es Schulen in Deutschland gibt, und es ist auch heute noch so: Der Hauptschüler Franz, Sohn eines Waldarbeiters; sein Klassenkamerad Wolfgang, Erbe des Schloßguts, zu dem der Wald gehört, wo Franzens Vater als Holzfäller sein Brot verdient; die Berufsschülerin Doris, die Friseuse wird und deren Vater Maschinenschlosser ist; die Gymnasiasten Markus, Peter und Michael, Söhne von Akademikern und höheren Beamten; die Studentin Karin, Tochter eines Großindustriellen; Erbprinz Kraft-Eberhard, dessen Familie Ländereien im Umfang mehrerer Landkreise besitzt, dazu Schlösser, Kunstschätze, Brauereien und

Aktienpakete der die Region beherrschenden Bank; Maria, ledige Tochter einer Kellnerin und Absolventin einer oberpfälzischen Dorfschule; der Postamtmannssohn Fritz, Realschüler in der Kreisstadt; Sabine, großstädtische Bäckermeisterstochter und Oberrealschülerin oder Knut-Asgard, der als Sohn eines Kaffeeimporteurs und Konsuls an einem altehrwürdigen hansestädtischen Gymnasium seine Reifeprüfung ablegt – sie alle, ob Dorfschülerin oder, wie der Erbprinz, Zögling eines exklusiven Internats, erhalten einen, zwar unterschiedlich intensiven, aber von der Betrachtungsweise her durchaus gleichen Geschichtsunterricht.

Das scheint auf den ersten Blick nicht nur gut und richtig zu sein, sondern geradezu selbstverständlich. Warum sollten Heinrich der Löwe, Karl V., die Fugger, Ulrich von Hutten, Wallenstein, Friedrich der Große, der Freiherr vom Stein oder auch Bismarck, Ludendorff und Hitler für Bankierstöchter, Erbprinzen und Großindustriellensöhne andere Bedeutungen haben als für die Kinder von Waldarbeitern, Kellnerinnen oder Maschinenschlossern?

Unterstellen wir einmal, es gebe darauf keine vernünftige Antwort. Dann müßte es aber dennoch erlaubt sein zu fragen: Wessen Geschichtsauffassung ist dies eigentlich, die uns da – offenbar so selbstverständlich für alle gleich – vermittelt wird oder werden soll? Und was ist der Sinn und Zweck dieser Geschichtsdarstellung und ihrer Einheitlichkeit?

Gehen wir noch einen Schritt weiter und fragen wir, was denn Geschichte überhaupt ist und sein soll. Darauf gibt uns der schweizerische Kulturhistoriker Jacob Burckhardt eine schlichte und klare Antwort: *»Geschichte ist, was ein Zeitalter aus dem anderen interessiert.«*

Das setzt nun allerdings etwas voraus, nämlich, daß wir, für die die mehr oder weniger weit zurückliegenden Epochen zur begriffenen Geschichte werden sollen, aus der sich dann nützliche Lehren für die Gegenwart und die Zukunft ziehen lassen, auch tatsächlich wissen, *was* uns davon interessiert, das heißt: Was unseren Interessen entspricht.

Erster Teil

Von Deutschlands »guten, alten Zeiten«

»So schnell schießen die Preußen nicht!«

Als sich der »schiefe Fritz«, der zur Verhüllung seines Buckels eine den halben Rücken bedeckende Allongeperücke trug, 1701 selbst zum ersten König *in* Preußen gekrönt hatte, waren von ihm für die ausgedehnten und sehr prunkvollen Feierlichkeiten rund sechs Millionen Taler verjubelt worden.

Sein Sohn und Nachfolger, Friedrich Wilhelm I., gab 1713 für seine Krönung genau 2 547 Taler und 9 Pfennige aus und erklärte, dies sei die letzte Verschwendung, die er dulde. Schon am Tage seines Regierungsantritts entließ er den weitaus größten Teil des üppigen Hofstaats, den ihm sein eitler Vater hinterlassen hatte. Die Gehälter der wenigen, die bleiben durften, wurden drastisch gekürzt, die Ehrengarden und das Pagenkorps aufgelöst. Die königliche Hofhaltung bekam von nun an einen – vom silbernen Tafelgeschirr abgesehen – gutbürgerlichen Zuschnitt. Es gab keine Hofmusik mehr, die Kapelle wurde entlassen; mehr als hundert Luxuspferde, Karossen, Sänften und Schlitten sowie die meisten Weine, die im Schloßkeller lagerten, kamen zur Versteigerung. Möbel, Teppiche, Kandelaber und selbst alle dem König überflüssig erscheinende Garderobe wurden zu Geld gemacht, die meisten Gold- und Silbersachen der Münze zum Einschmelzen übergeben. Elegante Kleidung, Parfüm und Schminke waren fortan bei Hofe verpönt.

Diese rigorosen, den merkantilistischen Vorstellungen, Geld anzuhäufen, entsprechenden Sparmaßnahmen lösten nicht nur unter den direkt Betroffenen, sondern in ganz Berlin und bald auch in den übrigen Städten des Landes Bestürzung aus. Des neuen Königs Hang zur Schlichtheit drohte der Hauptstadt zum Verhängnis zu werden. Die abgehalfterten Hofchargen verließen die teure Residenz, die Übriggebliebenen mußten sich einschränken. Hunderte von Handwerkern und Gewerbetreibenden verloren ihren Kundenstamm. Viele Wohnungen standen leer, an zahlreichen Häusern hingen Mitteilungen, daß das Objekt billig zu erwerben sei. Und als dann auch die Bauarbeiten am königlichen Schloß eingestellt wurden, befestigten die entlassenen Arbeiter am Hauptportal heimlich ein Plakat mit der Aufschrift: »DIESES SCHLOSS SAMT RESIDENZ BERLIN IST ZU VERKAUFEN!«

Das Überangebot von Luxuswaren, die der Hof versteigern ließ, und die stark verminderte Nachfrage führten zu Preisstürzen, und viele Händler machten Bankrott. Aber es drohte den Bürgern Berlins auch noch eine andere Gefahr.

Friedrich Wilhelm hatte sofort nach seinem Regierungsantritt mit der Vermehrung der Armee begonnen, und die Werber traten nun auch in der Residenz, wo sie bislang nicht geduldet waren, immer dreister und rücksichtsloser auf. Der Minister v. Grumbkow, der diese Entwicklung besorgt verfolgte, hatte als einziger den Mut, dem König Vorhaltungen zu machen. Er erläuterte ihm, daß die anderen europäischen Mächte, »welche längst Ew. Königl. Majestät Manufacturen in ihre Lande zu ziehen getrachtet«, jetzt alles tun würden, »die durch die starke Werbung bereits schüchtern gemachte Künstler, Manufacturiers und Handwerker durch dero hier anwesende Ministros (Gesandte) noch mehr zu decouragieren (entmutigen) und aus dem Lande zu locken«.

Grumbkow riet deshalb zur Einstellung der Rekrutierungen in Berlin und Umgebung, auch zur Mäßigung, was die drastischen Sparmaßnahmen bei Hofe betraf, sowie zur Wiederaufnahme der Bauarbeiten am Schloß, da »die Unterthanen sich nach der Herrschaft zu richten pflegen«. Am dringendsten aber empfahl er dem König, durch eine Verlautbarung die Rechte und Freiheiten der Berliner zu bestätigen und besonders die Réfugiés seines Schutzes zu versichern, ehe sie in Massen aus dem Lande flüchteten.

Was die Sparmaßnahmen bei Hofe anging, so gab Friedrich Wilhelm nicht nach. Aber zu ein paar versöhnlichen Gesten gegenüber den verängstigten Neubürgern der Landeshauptstadt raffte der König sich dann doch auf, zumal ihn diese nichts kosteten. Er verabscheute zwar die Franzosen, noch mehr die Juden, aber er brauchte sie schließlich alle als Steuerzahler und zur Hebung von Handel und Gewerbe.

So bestätigte er also der Französischen Kolonie alle ihr von seinem Großvater eingeräumten Privilegien und gab ihr ein neues Selbstverwaltungsgremium, das mit der Bezeichnung *Grand Directoire* oder *Conseil français* und unter Vorsitz eines Staatsministers »für das allgemeine Beste aller Colonisten

Sorge tragen sollte, auch Gnadengelder austheilen und Manufacturen unterstützen«.

Sodann erneuerte er – gegen hohe Gebühren – das Nieder-
lassungsprivileg der Juden und gab ihrer Berliner Gemeinde in
einem für sie sehr wichtigen Punkte nach: Er gestattete den
Familien Rieß und Liepmann, weiterhin Privatsynagogen in
ihren Häusern für sich und ihren Anhang zu unterhalten,
obwohl inzwischen die öffentliche Synagoge in der Heidereiter-
gasse 5, zwischen Spandauer und Rosenstraße, fertig geworden
war, und er nahm dann selbst mit allen Prinzen, Ministern und
Großwürdenträgern an der Einweihung dieser Synagoge teil,
sehr zur Verwunderung der Christen und zur großen Genugtuung der Berliner Juden. Damit trat bei diesen beiden wichtigen
Gruppen von Neubürgern – den rund 20 000 französischen
Réfugiés, die es in Preußen, davon mehr als 6 000 in Berlin,
damals gab, und auch bei den inzwischen 111 jüdischen Familien der Landeshauptstadt – wieder eine gewisse Beruhigung
ein, wobei auch des Königs Versprechen eine Rolle spielte,
durch große Aufträge für die rasch zu vermehrende Armee
einen Ausgleich für den Rückgang der Nachfrage nach Luxuswaren zu schaffen und einigen hochdotierten Generalen die
Übersiedlung in die Residenz zu befehlen.

Friedrich Wilhelm ordnete ferner an, die gesamte Unifor-
mierung, Ausrüstung und Bewaffnung der neu zu bildenden
Regimenter nur inländischen Manufakturen zu übertragen,
aber gleichzeitig streng darauf zu achten, daß die Qualität der
Lieferungen der des Auslands mindestens gleichkomme. Das
Heer, das bei des Königs Regierungsantritt nur noch 38 Bataillone Infanterie und 53 Eskadronen Kavallerie zählte, sollte
schnellstens auf eine Friedensstärke von 50 Bataillonen und 60
Eskadronen gebracht werden. Tatsächlich war diese Forderung
bereits nach wenig mehr als einem Jahr nahezu erfüllt.

Es wäre indessen ein Irrtum anzunehmen, daß diese Armee
sich ganz oder auch nur überwiegend aus Preußen rekrutierte.
Zahlreiche Offiziere und mehr als die Hälfte der Soldaten
waren Ausländer, teils aus anderen deutschen, teils aus nichtdeutschen Staaten. Dabei stellten die Schweizer das Hauptkon-
tingent. Aber auch die preußische Minderheit der Soldaten
bestand zu einem beträchtlichen Teil aus französischen, hollän-
dischen, wallonischen, schwedischen und österreichischen
Réfugiés sowie aus Litauern, Polen und anderen Untertanen

nichtdeutscher Volkszugehörigkeit. Und das Riesen-Spielzeug, das sich der »Soldatenkönig« dann noch schuf, die aus »langen Kerls« bestehende Leibgarde mit der neuen Garnison Potsdam, setzte sich aus Angehörigen fast aller Nationen Europas zusammen, wobei die gebürtigen Preußen weit in der Minderzahl waren. Das Riesen-Regiment bestand aus 60 Offizieren, 165 Unteroffizieren, 53 Trommlern, 15 Pfeifern, 15 »Feldscher« genannten Sanitätern und 2160 Musketieren, von denen keiner weniger als sechs Fuß – das waren knapp 1,90 Meter, eine damals ganz außergewöhnliche Körperlänge – messen sollte.

Mehr als 550, also etwa ein Viertel dieser in preußische Uniformen gesteckten »Riesen« waren Finnen, Karelier, Kosaken und Letten oder kamen aus Sibirien. Der russische Zar Peter I., den sich Friedrich Wilhelm durch besonders kostbare Geschenke zum Freund gemacht hatte, pflegte sich nämlich dafür durch alljährliche Lieferungen von »Riesen« zu revanchieren.

Wenn es um die Beschaffung von »langen Kerls« ging, vergaß dieser sonst so knauserige Preußenkönig alle Vernunft und Sparsamkeit. Rund sechsunddreißig Millionen Taler mußten die preußischen Steuerzahler für die Aufstellung und den Unterhalt des »Riesen«-Regiments aufbringen. Insgesamt wurden während der Regierungszeit Friedrich Wilhelms I. etwa siebzig Prozent der gesamten Staatseinnahmen für die Vergrößerung und bessere Ausrüstung der Armee aufgewandt. Angemerkt sei, daß nur sehr wenige der neuen Rekruten aus freien Stücken und in zumindest ungefährer Kenntnis ihres künftigen Verwendungszwecks den preußischen Werbern folgten. Viele, zumal »lange Kerls«, wurden gewaltsam entführt; eine noch größere Anzahl, meist entweder sehr einfältige, abenteuerlustige oder vor der Strafjustiz flüchtende junge Männer, wurde von den Werbern mit falschen Versprechungen, üblen Tricks und mit Hilfe eigens dafür organisierter Banden auf preußisches Gebiet gelockt und in die Armee gesteckt.

Die Summen, die dafür ausgegeben wurden, besonders große und kräftige Männer in die preußischen Streitkräfte einzureihen, erreichten mitunter eine Höhe, die am Verstand des Königs ernsthaft zweifeln ließ. So trat Friedrich Wilhelm I. im Jahre 1720 den Holländern die unter seinem Großvater in Besitz genommenen und mit erheblichen Investitionen ausgebauten Kolonien und Stützpunkte in Westafrika ab – im Austausch gegen zwölf baumlange Afrikaner nebst einem Aufgeld von 7650 Talern, wobei er diesen Handel noch für ein glänzendes Geschäft hielt, mußte er doch für einen einzigen, allerdings besonders hochgewachsenen Iren einmal 7553 Taler bezahlen!

»Die Geldopfer waren hierbei aber längst nicht das Schlimmste«, heißt es dazu in Piersons sonst von unkritischem Hurrapatriotismus erfüllter *Preußischer Geschichte* von 1864. »Der König brach über seine Liebhaberei auch die einfachsten Gebote des Rechts und der Sitte. Er erlaubte seinen Werbern die größten Gewaltthaten gegen seine Unterthanen und gegen Auswärtige, band sich an kein Gesetz, verkaufte Ämter und Gnaden für ein Geschenk von langen Kerlen.

Es wurde auf diese in Preußen eine förmliche Hetzjagd gehalten. Niemand, wes Standes oder Berufs er war, konnte den Späherblicken und den Fäusten der Werber entgehen, wofern er das Unglück hatte, ungewöhnlich lang zu sein; er wurde ohne Barmherzigkeit ergriffen und als Soldat eingekleidet oder mußte sich durch Geschenke an die Officiere und durch Stellung eines langen Ersatzmannes auslösen.

Selbst die Studenten und andere sonst Befreite waren davor nicht sicher; kein Ausländer von besonderer Körpergröße mochte mehr in Preußen studieren oder reisen. Mit gleichem Eifer spürten die Werber in den fremden Ländern umher... Friedrich Wilhelm kam dadurch mit allen Nachbarn in die übelsten Verwicklungen, oft ganz nahe einem Kriege. Sonst benutzten die fremden Mächte auch vielfach seine Schwäche, um ihn durch einige lange Kerle, die sie ihm schickten, zu diesem oder jenem Verhalten zu bewegen... Es entwickelte sich aus solchen Bezeigungen ein förmlicher Menschenhandel... Auf Bitte der Zarin Anna, die dagegen vier Flügelmänner geschickt hatte, ließ er 1731 eine Anzahl Waffenschmiede in Hagen aufgreifen und nach Rußland transportieren, damit sie dort ihre Kunst verbreiteten. Kein Gebot der Klugheit, keine Vorschrift der Religion hielt bei dem Könige wider diese Sucht stand... Er glaubte, die Natur habe die langen Menschen nur für ihn geschaffen.«

Übrigens hatten es die »Riesen« vom Leibregiment, sofern sie sich in ihr Schicksal fügten und keinen Fluchtversuch machten, um vieles besser als die übrigen Soldaten. Sie erhielten doppelten und dreifachen Sold, Zulagen bis zu zwanzig Talern

19

monatlich, durften nach dem den eigenen Willen brechenden Drill der »Grundausbildung« an wachfreien Tagen einer Arbeit nachgehen und auch heiraten. Der König gab ihnen gern ausgesucht große und kräftige, nach Möglichkeit auch begüterte Bauernmädchen zu Frauen, schenkte ihnen Grundstücke und Häuser, übernahm die Patenschaft für die Sprößlinge seiner »Riesen« und war von der – allerdings trügerischen – Hoffnung beseelt, allmählich ganz Potsdam von »langen Kerlen« bevölkert zu sehen.

Die Stadt Potsdam war geradezu eine Schöpfung Friedrich Wilhelms. Bei seinem Regierungsantritt 1713 noch ein Dorf mit kaum vierhundert Einwohnern, war sie binnen zwanzig Jahren zu einer bedeutenden Garnison und Residenz mit insgesamt 20 000 Einwohnern herangewachsen. Jeder dritte Potsdamer war ein – meist aus dem Ausland – stammender Soldat. Auch die Bürger und Bauern in und um Potsdam waren größtenteils keine gebürtigen Preußen, sondern ähnlich zusammengesetzt wie die Einwohnerschaft Berlins. Es gab in Potsdam ein eigenes Französisches Kolonie-Gericht, im Vorort Nowawes eine Ansiedlung von tschechischen Flüchtlingen, die zumeist Weber waren, auch bereits einige jüdische Familien, und später kam das nur von Russen bewohnte Dorf Alexandrowo hinzu.

Überhaupt war Friedrich Wilhelm I. außerordentlich darum bemüht, die Land- und Stadtbevölkerung seiner Provinzen durch Kolonisten zu vermehren, neue Industrien nach Preußen zu holen und mit alledem die Steuerkraft seiner Untertanen zu heben. Denn nur mit stark erhöhtem Steueraufkommen ließen sich seine Rüstungsanstrengungen und sein kostspieliges »Riesen«-Spielzeug finanzieren.

Also investierte der König etliche Millionen Taler in die Neubesiedlung der von der Pest entvölkerten ostpreußisch-litauischen Landesteile. Er ließ zahlreiche zerstörte Städtchen und verwüstete Dörfer im ganzen Land wieder aufbauen und sorgte für die Ansiedlung neuer Manufakturen, vor allem in Berlin, aber auch an anderen wichtigen Plätzen.

In der Regierungszeit Friedrich Wilhelms I. kamen allein etwa 4 000 Schweizer in die Mark Brandenburg und nach Ostpreußen, sodann rund 7 000 Pfälzer, Wallonen und französische Hugenotten. Aus Böhmen geflüchtete tschechische Reformierte strömten ins Land; 2 000 davon wurden in der Umgebung von Berlin angesiedelt. Damals entstand Böhmisch-Rixdorf, das später in Neukölln aufging. Hinzu kamen Mennoniten aus der Schweiz, Waldenser aus Oberitalien, slowakische Reformierte aus Schlesien und Mähren, Gruppen von Holländern, Briten, Schweden und Kurländern sowie viele Tausend Süddeutsche, darunter zahlreiche Elsässer.

Der stärkste Zustrom in dieser Zeit kam jedoch aus dem Salzburgischen, wo die katholischen Erzbischöfe als Landesherren schon seit dem Ende des Dreißigjährigen Krieges die sehr zahlreichen Protestanten grausam verfolgt hatten. So waren 1684/85 die Bewohner des Defereggentals, das an Tirol grenzte, als Ketzer aus ihrer Gebirgsheimat vertrieben worden. Wie etwa zur gleichen Zeit auch die Südtiroler Pustertaler, fanden einige hundert Deferegger in Brandenburg-Preußen Aufnahme.

In den folgenden Jahrzehnten entdeckten die salzburgischen Behörden immer mehr »Rebellen, Zauberjäkels, Leibeigene des Teufels, Hexenmeister, Satans Brut und Teufelsgeschmeiße« – so nannten die erzbischöflichen Inquisitoren die Anhänger der Reformation –, und es begann eine immer ärgere Verfolgung dieser allen Bekehrungsversuchen Widerstand leistenden Minderheit.

Nach fast vierzigjähriger harter Bedrückung bekannten sich im Salzburgischen noch immer mehr als 20 000 Menschen offen zum Protestantismus. Ihre Anführer, soweit man sie nicht zu Tode gefoltert hatte, wurden in den Verliesen der Salzburger Festung gefangengehalten. Vielen protestantischen Familien waren die Kinder entrissen und zu katholischer Erziehung in entfernte Klöster gegeben worden. Schließlich, nachdem schon viele dieser Salzburger Protestanten in die süddeutschen Reichsstädte geflüchtet waren, setzte 1727/28 eine Massenauswanderung ein.

Annähernd 30 000 protestantische Bürger, Bauern und Bergleute retteten sich vor der erzbischöflichen Inquisition zunächst ins angrenzende Bayern. Die große Mehrzahl von ihnen – darunter mindestens 15 500 bäuerliche Kolonisten, die dann in Ostpreußen angesiedelt wurden – fand schließlich Zuflucht in Preußen, dessen Regierung den Emigranten schon während ihres langen Marsches mit Verpflegungsgeldern und mancherlei weiteren Unterstützungen zu Hilfe kam. Die Bevölkerung, Christen wie Juden, nahm sich mit überwältigender Hilfsbereitschaft dieser aus ihrer Gebirgsheimat vertriebenen

Menschen an. In Berlin, wo die Französische Kolonie mit der Synagogengemeinde darin wetteiferte, den Salzburgern Gastfreundschaft zu erweisen, fanden einige hundert Familien eine neue Heimat, während die große Mehrheit nach Stettin weiterzog und von dort mit Segelschiffen nach Ostpreußen transportiert wurde. Anzumerken ist, daß es großer Überredungskünste bedurfte, die einfachen, frommen Gebirgsbauern, die das Meer allenfalls vom Hörensagen kannten, auf die schwankenden Schiffe zu bringen.

Schließlich erhielt das Königreich Preußen um die gleiche Zeit noch weiteren Zuzug aus dem fernen Süden, nämlich aus der kleinen reichsunmittelbaren Fürstpropstei Berchtesgaden, die damals noch Bertolsgaden genannt wurde. Auch dort hatten die kirchlichen Behörden ihre protestantischen Untertanen – Bauern, Holzknechte, Salzhauer und -sieder, Flößer, Fischer und Holzschnitzer zumeist – durch vielerlei Schikanen zur Rückkehr zum katholischen Glauben zu zwingen versucht und, als dies nichts fruchtete, Gewaltmaßnahmen ergriffen.

Daraufhin zogen etwa 1200 Einwohner des im äußersten Südosten Bayerns gelegenen Ländchens die Auswanderung und die damit verbundene Preisgabe des größten Teils ihrer Habe einer weiteren Unterdrückung vor. Viele von ihnen mußten sich erst freikaufen, weil ihr geistlicher Landesherr fälschlicherweise behauptete, sie seien ihm leibeigen.

Die meisten der Flüchtlinge aus dem Berchtesgadener Land fanden nach langer Wanderung in Hannover Aufnahme, die übrigen in Preußen. Im Mai 1732 ließen sich 126 Berchtesgadener, Bischofswieser, Seetaler und Hinterseetaler sowie einige Salzburger, die sich ihnen unterwegs angeschlossen hatten, in Berlin nieder, wo ihre an der Spree noch nie gesehene Tracht und ihr fast unverständlicher Dialekt großes Staunen erregten. Doch man zeigte sich den Flüchtlingen aus den fernen Alpentälern gegenüber auch sehr hilfsbereit, so daß sie sich bald in Berlin heimisch fühlten.

Einen noch weit größeren Bevölkerungszuwachs als durch die verschiedenen Flüchtlingsströme hatte das Königreich Preußen aber durch einige Gebietserwerbungen in den ersten Regierungsjahren Friedrich Wilhelms I. Durch den Frieden von Utrecht von 1713 kam Preußen in den Besitz des bislang zu den spanischen Niederlanden gehörenden Herzogtums Geldern an der Maas mit rund 50 000 mehrheitlich katholischen, holländisch sprechenden Einwohnern; durch den Frieden von Stockholm von 1720 wurde das östliche, bislang schwedische Vorpommern mit Stettin, Usedom und Wollin preußisch, wodurch das Königreich nun auch die Mündung der Oder, der wichtigsten Verkehrsader Ostdeutschlands, beherrschte, was seiner Wirtschaft beträchtliche Vorteile brachte. Und schließlich hatte sich Friedrich Wilhelm I. auch noch die ihm aus der oranischen Erbschaft angeblich zustehende Baronie Héristal, die bis vor die Tore von Lüttich reichte, schon 1713 gewaltsam angeeignet und so einige Tausend neue Untertanen bekommen, die zumeist Wallonen waren und von denen viele in der Lütticher Industrie gearbeitet hatten.

Von da an war Friedrich Wilhelm I. jedoch sehr zurückhaltend gewesen und hatte auf jede weitere Neuerwerbung verzichtet. Zwanzig Jahre lang hielt er Frieden, vergrößerte aber in dieser Zeit das preußische Heer mit solchem Eifer, daß es zuletzt, im Todesjahr des Königs, 1740, auf eine Stärke von 83 000 Mann angewachsen war; davon bildeten 18 000 Reiter und die knapp 3 000 Mann starke »Riesen«-Leibgarde den Kern der Streitkräfte.

Preußen hatte damit zwar noch immer weniger Soldaten als die anderen europäischen Mächte, doch im Verhältnis zu seiner auf 2,5 Millionen angestiegenen Einwohnerzahl stand das Königreich nun bereits – mit rund drei Prozent der Bevölkerung unter Waffen – weit an der Spitze der hochgerüsteten Staaten. Zudem hatte sich die preußische Armee unter dem »Soldatenkönig« den Ruf erworben, die disziplinierteste und schlagkräftigste Truppe Europas zu sein, schneller marschieren, auch rascher laden und feuern, vor allem aber besser treffen zu können als jede andere Armee. Mit Sorge betrachteten Preußens Nachbarn die gewaltige Kriegsmaschine, die mit unerhörter Exaktheit funktionierte und bei der jeder einzelne Soldat »wie am Schnürchen« jedwedes Kommando ausführte.

Daß die Soldaten der preußischen Armee nur zusammengeprügelte, höchst widerwillig dienende Zwangsrekrutierte waren und allein durch abschreckend grausame Strafen in Zucht gehalten werden konnten, tat ihrem Renommee kaum Abbruch. Das entsprach den zur damaligen Zeit in den Armeen aller europäischen Länder üblichen Methoden, und die Geprügelten waren ja, von einigen »langen Kerls« abgesehen, durchweg Angehörige der untersten Stände, vor allem Bauernjungen, die an schlechte Behandlung, an harten Zwang und an die Peitsche der Gutsbesitzer von Kindheit an gewöhnt waren.

Auf den ostelbischen Rittergütern wurden – obwohl Friedrich Wilhelm I. strenge Verordnungen gegen das Prügeln der Bauern erlassen hatte – die »Leute« genannten Gutsabhängigen ständig mit Stock und Reitpeitsche angetrieben und für »Faulenzerei« und ähnliche Delikte streng bestraft. Die meisten preußischen Offiziere kamen aus adligen Junkerfamilien. Da war es kein Wunder, daß sie ihre Soldaten genauso behandelten wie ihre »erbuntertänigen« Arbeitssklaven daheim.

Übrigens, es lag auf der Hand, daß sich die großen Güter nur durch strenge Aufsicht und ständiges Antreiben der »Leute« bewirtschaften ließen. Denn seit die einst freien, vom Adel brutal enteigneten und in die Erbuntertänigkeit gezwungenen Bauern nicht mehr für sich selbst und ihre Familien, sondern nur noch für einen mehr oder weniger »gnädigen Herrn« schuften mußten, fehlte es ihnen begreiflicherweise an Fleiß, Sorgfalt und Freude an der Arbeit.

Auch war der allgemeine Bildungsstand, besonders der die Masse der Bevölkerung ausmachenden Landbewohner, äußerst niedrig. In den westlichen Provinzen konnte kaum die Hälfte der Erwachsenen schreiben und lesen; nach Osten hin stieg der Anteil der absoluten Analphabeten bis nahe hundert Prozent und auch der märkische, pommersche und ostpreußische Landadel zeichnete sich, von wenigen Ausnahmen abgesehen, nicht eben durch hohe Bildung aus.

Zwar versuchte Friedrich Wilhelm I. dadurch Abhilfe zu schaffen, daß er mit dem Schulgesetz von 1717 allen Eltern befahl, ihre Kinder vom fünften bis zum zwölften Lebensjahr in die Schule zu schicken, auch die Geistlichen ermahnte, niemanden zu konfirmieren, der nicht wenigstens etwas lesen könne. Aber es fehlte überall an Schulen. Vor allem an geeigneten Lehrkräften, und die Pfarrer drückten häufig beide Augen zu, was dann ihre Beliebtheit erhöhte. Von dem als besonders großzügig bekannten Berliner Pastor Viedebandt hieß es in einem Volksstück: »Aujust, saare deine Mutta, se soll dir bei Viedebandten schicken, der sejent sauber in (segnet sauber ein) – ohne Fiesematenten ...« Auch was den Eifer und die Fähigkeiten der Schullehrer betraf, so stellten die Behörden wahrlich keine hohen Ansprüche, wie das Protokoll einer dörflichen Kandidatenprüfung aus dem Jahre 1729 zeigt:

»Nachdem auf geschehenes tötliches Ableben des bisherigen Schulmeisters sich nur fünf Liebhaber gemeldet, wurde zunächst vom Pastor in einer Betstunde nach Matth. 18, 19–20, die Gemeinde zu herzlicher Erbittung göttlicher Gnade zu diesem wichtigen Geschäft erinnert, sodann in der Kirche vor Augen und Ohren der gantzen Gemeinde die Singprobe mit den Bewerbern fürgenommen und nach deren Endigung dieselben noch weiter entiret (geprüft):

1. Martin Ott, Schuster, 30 Jahre alt, hat in der Kirch gesungen: a) ›Christ lag in Todesbanden‹, b) ›Jesus meine Zuversicht‹, c) ›Sieh, hier bin ich, Ehrenkönig‹. Hat viel Melodie zu lernen, seine Stimme könnte besser sein. Gelesen hat er Genesis 10, 26, buchstabirte Vers 26–29. Das Lesen war angehend, im Buchstabiren machte er mehrere Fehler. Dreierlei Handschriften hat er gelesen, mittelmäßig. Drei Fragen aus dem Verstant beantwortet. Drei Zeilen Dictando (nach Diktat) geschrieben, vier Fehler. Des Rechnens ist er ganz unerfahren.

2. Jakob Maehl, Weber, hat die Fünfzig hinter sich. Hat gesungen: a) ›O Mensch, bewein'‹, b) ›Zeuch ein zu Deinen Thoren‹, c) ›Wer nur den lieben Gott läß't walten‹. Melodie ging in viele andere Lieder, Stimme sollte stärker sein, quiekte mehrmalen, so nicht sein muß. Gelesen Josua 19, 1–7 mit zehn Lesefehlern, buchstabirte Jos. 18, 23–26 ohne Fehler. Dreierlei Handschriften gelesen, schwach und mit Stocken, drei Fragen aus dem Verstant, hierin gab er Satisfaction (Zufriedenstellung). Dictando drei Zeilen geschrieben, fünf Fehler. Des Rechnens auch nicht kündig.«

Es folgte die Prüfung des Schneiders Philipp Hopp, »schon ein alt gebrechlich Männlein von fast 60«, der »wie ein blökend Kalb« sang, gar jämmerlich las und buchstabierte, auch die Fragen »aus dem Verstand« nicht beantworten, sein Diktat – »nur drei Wörter« – selbst nicht lesen konnte und vom Rechnen nicht mehr verstand, als an seinen Fingern langsam bis zehn zu zählen.

Der vierte war ein Kesselflicker von fünfzig Jahren, Johann Schütt, der für seinen Gesang Beifall erhielt, gut buchstabierte, nach Diktat drei Reihen schrieb, dabei zehn Fehler machte und immerhin addieren konnte.

Als fünfter und letzter kam Friedrich Loth an die Reihe, ehedem »Unteroffizier im Hochedlen v. Grumbkow'schen Regimente«, fünfundvierzig Jahre alt und Invalide, da er im Feldzug gegen die Schweden ein Bein verloren hatte. Er sang mit starker Stimme, wenngleich falsch, konnte dreierlei Handschriften langsam lesen und hatte den Katechismus »wohl inne. Vier Fragen aus dem Verstant, ziemlich. Dictando drei Zeilen, acht Fehler. Rechnen: Addiren und Bisken Subtrahiren inne.«

Das Ergebnis war überraschend: Die Wahl fiel einstimmig auf den zweiten Kandidaten, den Weber Jakob Maehl, »wogegen den andern, nahmentlich dem Kesselflicker, nicht zu trauen, sintemalen er viel durch die Lande streiche«, wogegen der einbeinige Unteroffizier »die Fuchtel gegen die armen Kindlein zu stark zu gebrauchen in Verdacht zu nehmen sei, was denen mitleidigen Müttern derselben doch sehr ins Herz stehen und wehe thun könnte, auch sei zwischen rohen Soldaten und solchen armen Würmlein ein Unterschied zu machen...«

Bei solchem Bildungsstand im Land war die preußische Wirtschaft, besonders die Industrie, dringend auf besser qualifizierte Arbeitskräfte aus dem Ausland angewiesen, denn die Anzahl der Réfugiés in Preußen reichte bei weitem noch nicht aus, den Bedarf an Facharbeitern zu decken. Auch unterhielten die Hugenotten meist entweder eigene Werkstätten und Fabriken oder waren im Staatsdienst, beim Militär und in freien Berufen untergekommen.

Deshalb betrieb die preußische Regierung während der ganzen Regierungszeit Friedrich Wilhelms I. die Anwerbung ausländischer Spezialisten mit ähnlich großem Nachdruck wie die Werber des »Soldatenkönigs« die Suche nach »langen Kerls«, nur mit etwas sanfteren Mitteln. Was unter dem »Großen Kurfürsten« von Fall zu Fall geschehen war, etwa die Anwerbung von Büchsenschmieden der Lütticher Gewehrfabriken für Berlin, wurde nun ständig und im großen Stil durch preußische Agenturen an den wichtigsten Plätzen Westeuropas betrieben...

Im Jahre 1740 war die Einwohnerzahl Berlins, einschließlich der starken Garnison, auf fast 100 000 Köpfe angestiegen; seit der Zeit vor der ersten Niederlassung von Wiener Juden und französischen Hugenotten, also binnen siebzig Jahren, hatte sich die Bevölkerung etwa verzwanzigfacht. Wahrscheinlich war die wirkliche Einwohnerzahl noch größer, denn zahlreiche Nichtregistrierte, Juden und Christen aus Preußen, dem übrigen Deutschland und aus nichtdeutschen Ländern, lebten illegal irgendwo in oder dicht bei Berlin.

Auch die Französische Kolonie der Hauptstadt hatte noch einmal starken Zuzug erhalten, denn 1717 waren viele französische »Stoffe- und Zeugmacher«, also Textilfacharbeiter, an die Spree übergesiedelt, angelockt durch die Zusage völliger Steuerfreiheit, und bald waren weitere Franzosen, daneben auch zahlreiche Schweizer, Österreicher und Tschechen nachgefolgt. Das Völkergemisch, das zusammen die Einwohnerschaft der königlich preußischen Haupt- und Residenzstadt Berlin ausmachte, war der Herkunft nach nur zum geringsten Teil brandenburgisch-preußisch; seine Gemeinsamkeiten – von den sich damals noch streng für sich haltenden Hugenotten und Juden abgesehen – lagen vor allem auf dem Gebiet der Einstellung zum Leben, denn fast alle hatten sie Wagemut, Zähigkeit, Trotz und Eigensinn bewiesen, und nachdem sie in Berlin heimisch geworden waren, mußten sie lernen, miteinander auszukommen und sich gegenüber den schwerfälligen Militärs und Verwaltungsbeamten durch Witz, Geschicklichkeit und schnelles Reaktionsvermögen zu behaupten – dazu fleißig und einfallsreich sein, denn die Konkurrenz war äußerst hart.

Doch nicht allein in Berlin, auch in allen anderen größeren Städten des Königreichs ging es in der Regierungszeit Friedrich Wilhelms I. nicht gerade »typisch preußisch« zu, sieht man von den gewaltig vermehrten Garnisonen einmal ab. Doch gerade dieses vom »Soldatenkönig« für das Allerwichtigste gehaltene Heer, das sechs Siebentel der Staatseinnahmen auffraß, war bei genauerer Betrachtung auch nicht »typisch preußisch«, und das nicht bloß wegen der großen Anzahl von Ausländern unter den Soldaten und zumal unter den »langen Kerls«.

Gewiß, an eiserner Zucht und grausamem Drill fehlte es wahrlich nicht, auch nicht an Pedanterie in allen Äußerlichkeiten. Aber, wie wir bereits wissen, war diese Armee durch und durch korrupt; die Präsenz der 66 Bataillone und 114 Schwadronen beschränkte sich auf die Soldlisten, während die große Mehrzahl der Soldaten entweder auf den Gütern schuftete oder in den Manufakturen Sklavenarbeit verrichtete.

Auch der eigentliche Zweck der Armee, nämlich der Politik des Königs Nachdruck zu verleihen, wurde nicht erfüllt. Erstens betrieb dieser nur auf mehr und immer mehr Soldaten versessene König gar keine ernsthafte Politik, und es fehlten ihm dazu auch alle erforderlichen geistigen Gaben; zweitens waren seine Soldaten viel zu teuer, als daß er es gewagt hätte, sie wirklich einzusetzen. Schließlich merkten es auch die anderen Mächte, daß die preußische Armee kein Faktor war, mit dem man ernsthaft rechnen mußte, und man begann über den Mann in Berlin zu spotten, der ohne vernünftigen Grund eine so beispiellose Verschwendung trieb, obwohl er doch so geizig war; der mit so barbarischen Mitteln gesunde und kräftige Männer zu beweglichen Maschinen machen ließ, ohne diese jemals ernsthaft in Betrieb zu nehmen. Damals kam das geflügelte Wort vom »preußischen Wind« auf, und ein anderes wurde zur sprichwörtlichen Redensart: »So schnell schießen die Preußen nicht!«

Berlin wird ein Begriff

Bei seinen Bemühungen, mehr und immer mehr Menschen in sein dünnbesiedeltes Königreich zu locken, die Bevölkerung seiner Hauptstadt kräftig zu vermehren, für die Berliner Industrie zusätzliche Arbeitskräfte zu gewinnen und Spezialisten für neue Techniken anzuwerben, fragte Friedrich II. weder nach der Nationalität noch gar nach dem religiösen Bekenntnis der Einwanderer. »Die Religionen Müsen alle Tolleriret werden und Mus der Fiscal nuhr das Auge darauf haben, das keine der anderen abrug Tuhe (Abbruch tue), den hier mus ein jeder nach seiner Fasson Selich werden«, hatte der König schon wenige Tage nach seinem Regierungsantritt, am 22. Juni 1740, an den Rand eines Berichts geschrieben, worin es hieß, daß die in Berlin eingerichteten Schulen für römisch-katholische Soldatenkinder allerlei Ungelegenheiten bereiteten und vielleicht besser wieder abgeschafft werden sollten.

Von der miserablen Rechtschreibung einmal abgesehen, war diese Anordnung Friedrichs II. für die damalige Zeit geradezu sensationell. In vielen Gegenden Deutschlands, erst recht in den katholischen Nachbarländern, waren grausame Verfolgungen Andersgläubiger noch alltäglich, wurden »Ketzer« – wie noch 1775 in Kempten eine vom Katholizismus abgefallene Magd – dem Henker übergeben, und auch dort, wo neben der jeweils offiziellen, vom Landesherrn befohlenen Konfession, andere Bekenntnisse gerade noch geduldet waren, unterlagen sie kleinlichen Beschränkungen.

Die Toleranz, die nicht nach Herkunft und Glauben fragte, ging bei Friedrich II. so weit, daß er wenig später sogar die Bücherzensur abschaffen ließ. Am 12. März 1744 teilte der Präsident der Berliner Akademie der Wissenschaften, Pierre Louis Moreau de Maupertuis, im Auftrage des Königs der Öffentlichkeit mit, daß Seine Majestät beschlossen habe, die für alle am Buchdruck und -handel Beteiligten so lästige Vorzensur abzuschaffen.

Auch das war eine Sensation, die an allen Fürstenhöfen Europas für Aufregung sorgte. Die Nachricht bestärkte alle, die das friderizianische Berlin ohnehin für die Hochburg des Ketzertums hielten, in der Annahme, daß die Bewohner der preußischen Hauptstadt samt ihrem König vom Teufel besessen, jedenfalls von allen guten Geistern verlassen sein müßten!

In den Jahrzehnten zuvor war Berlin in Europa nur durch dreierlei bekannt geworden: durch die »Berline«, einen besonders bequemen und ruhig fahrenden Reisewagen, den der aus Holland stammende Ingenieur Philipp de Chieze erfunden und nach seiner Wahlheimat genannt hatte; durch das Erzeugnis einer Berliner Manufaktur, das »Berlinerblau«, sowie als Zufluchtsort nicht nur für Hugenotten und Juden, sondern auch für Anhänger der seltsamsten Sekten aus aller Herren Länder.

Jetzt, da zur vollen Religionsfreiheit noch ein Stück Geistesfreiheit gekommen war, hielt man die Berliner bereits – wie sie selbst es schon seit geraumer Zeit taten – für etwas »Besonderes«, »Originalcharaktere«, wie es in einer Beschreibung aus dem 18. Jahrhundert heißt. Mit unverhohlenem Neid rühmten Besucher, die sich einige Zeit an der Spree aufgehalten hatten, das Selbstbewußtsein, auch der einfachen Leute, ihre Unbekümmertheit, ihren schlagfertigen Witz.

»Der hiesige kecke Mut scheint«, so schrieb einer 1783 über seine Eindrücke von Berlin und dessen Bewohnern nach Hause, »das Resultat . . . ziemlich vieler Freiheit, guter bürgerlicher Sicherheit und etwas Leichtsinn zu sein. Über das Spekulieren (sich Gedanken machen) und Räsonieren des gemeinen und mittleren Standes hier würden Sie sich sehr wundern. Es gibt ungemein gescheite Leute unter Bürgern, Handwerkern, Soldaten, die scharf und richtig nachdenken und sich treffend ausdrücken . . .«

Übrigens hatte sich damals bereits eine eigene Berliner Mundart herausgebildet, die sich vom märkischen Platt der Umgebung, das früher auch in der Stadt gesprochen worden war, deutlich unterschied. Der Konrektor Karl Philipp Moritz, der aus Hannover stammende erste Berliner Schriftsteller von Rang, der an Berlins ältestem Gymnasium, dem Grauen Kloster, unterrichtete, führte 1781 bewegte Klage über die Aussprache seiner Schüler, die doch immerhin »aus besseren Kreisen« waren, aber »ooch« statt »auch«, »loofste« statt »läufst du«, »Vatern sein Hut« statt »meines Vaters Hut«, »allens jejessen« statt »alles gegessen« und »ick weeßet würklich nich« sagten.

Dies gelte indessen nicht allein für die leichtfertige Jugend, die solche »Unreinheiten« der Sprache vom »Hausgesinde«

gelernt haben mochte, »sondern selbst von dem gebildeten Theil« der Berliner Bevölkerung – allerdings nur in der alltäglichen Umgangssprache. »Bei einer öffentlichen Rede aber wird sich doch ein jeder hüten, dergleichen Fehler zu begehen ...«

Auch in der »Berlinischen Monatsschrift« meldete sich damals »Ein Fremder« zu Wort, der bemängelte, daß die Aussprache der Berliner, selbst der Gebildeten, »unangenehme Fehler« aufzuweisen hätte. »So hören Sie hier... aus dem schönsten und oft selbst aus dem gelehrtesten Munde: ›vor nischt un wieda nischt‹, ›Beene‹ statt ›Beine‹, ›entschuldjense‹ statt ›entschuldigen Sie‹ und ›Wurscht‹ statt ›Wurst‹ ...«

Den Berlinern war es »Wurscht«, bald auch schon »schnuppe«, was »die Provinzler«, wie sie die übrigen Deutschen herablassend nannten, an ihrem Dialekt auszusetzen hatten, der inzwischen auch kräftig untermischt war mit Ausdrücken, die aus dem Französischen, Polnischen, Italienischen oder Jiddischen stammten – wie beispielsweise »power« für ärmlich (vom französischen *pauvre*, arm), »futsch« (vom italienischen *fuggito*, geflüchtet oder verflüchtigt), »dalli« (vom polnischen *dalli,* flink, vorwärts!) oder »mies« (vom jiddischen *miess/miùs,* abscheulich).

Umgekehrt hatten die zahlreichen Berliner fremdländischer Herkunft allergrößtenteils längst das Deutsche zu ihrer Schrift- und den Berliner Dialekt ebenfalls zu ihrer Umgangssprache gemacht. Die Sprache ihrer Vorfahren benutzten sie meist nur noch in ihren jeweiligen Gottesdiensten und sonstigen Einrichtungen.

Bei König Friedrich II. und folglich auch an seinem Hof stand indessen damals nach der Mode der Zeit das Französische in höchster Gunst, und dies nicht nur als Sprache. Nur ausländische, vor allem französische Dichter und Schriftsteller, Philosophen und Künstler galten dort etwas, die heimischen Intellektuellen und Künstler hingegen gar nichts.

Antoine Pesne, Hofmaler schon unter Friedrich Wilhelm I., hatte das Glück, Franzose zu sein; infolgedessen wurde er Direktor der Berliner Kunstakademie. Daniel Chodowiecki, der 1743 als Siebzehnjähriger von Danzig nach Berlin gekommen war, hatte einen Polen zum Vater, eine Hugenottin aus dem Dauphiné zur Mutter, war französisch erzogen worden, in Berlin zeitlebens Mitglied der französischen Kolonie und hatte sich mit einer Berliner Hugenottin, Demoisell Barez, verheiratet – aber für den »Alten Fritz« blieb er ein »Polacke«, dessen Arbeiten dem König zu wirklichkeitsgetreu, nicht hinreichen »nach französischer Manier« idealisiert waren, und infolgedessen konnte Chodowiecki erst nach dem Tode Friedrichs II. zunächst Vizedirektor der Akademie und schließlich 1793, als Siebenundsechzigjähriger, deren Direktor werden.

Die Berliner hingegen, stets in Opposition zum jeweiligen Herrscher, hatten für das, was der König liebte, absolut nichts übrig, wogegen diejenigen bei ihnen in hoher Gunst standen, denen der »Alte Fritz« keinerlei Beachtung schenkte.

Chodowiecki genoß daher beim kunstsinnigen Berliner Bürgertum höchstes Ansehen, ebenso Gotthold Ephraim Lessing, für den der König keine Verwendung hatte und dessen Stücke er verachtete. Lessings »Minna von Barnhelm« wurde von den Berlinern begeistert aufgenommen, die französischen Stücke, die der König aufführen ließ und für die er eigens eine Schauspielertruppe aus Paris kommen ließ, fanden jedoch wenig Beifall. Auch das Opernhaus, das Friedrich II. schon bald nach seinem Regierungsantritt nach Plänen von Knobelsdorff hatte bauen lassen, wurde von den Bürgern nur anfangs viel besucht, als dort die Tänzerin Barberina auftrat. Später erlosch das Interesse, und es fanden dann nur noch sehr selten Aufführungen statt.

In hohem Ansehen beim Berliner Bürgertum stand auch Moses Mendelssohn, zumal nachdem der König dessen Aufnahme in die Akademie der Wissenschaften verhindert hatte. Friedrich II. hatte für Juden, außer wenn sie sehr reich waren, nur Verachtung übrig.

»Herr Moses«, wie er genannt wurde, war als bettelarmer Vierzehnjähriger 1743 von Dessau zu Fuß nach Berlin gekommen, ein schwächlicher Junge mit verkrümmtem Rückgrat, der nur Jiddisch und etwas Hebräisch gelernt hatte, jedoch erfüllt von dem Wunsch war, sich in Berlin eine umfassende Bildung zu verschaffen. Anfangs ernährte er sich kümmerlich durch Abschreibearbeiten, die ihm der Oberrabbiner Fränkel, sein früherer Lehrer, zukommen ließ. Aber gleichzeitig betrieb er mit eisernem Fleiß ein autodidaktisches Studium, lernte richtiges Deutsch, dann auch Latein, Französisch und Englisch, alles ohne fremde Anleitung. Er dehnte dann sein Selbststudium auf Mathematik, Philosophie und Literatur aus und fand Anstellung als Hauslehrer für die Kinder des reichen jüdischen

Seidenfabrikanten Bernhard, der ihm später die Leitung seines Unternehmens übertrug und ihn zum Teilhaber machte.

Dieser Moses Mendelssohn, der dann ein enger Freund des Buchhändlers Friedrich Nikolai und Lessings, auch das Vorbild zu dessen »Nathan« wurde, wagte es zur Freude der Berliner, die *Poésies diverses* des Königs zu rezensieren und ihm die Verachtung der deutschen und den Gebrauch der französischen Sprache tadelnd vorzuhalten – unter Aufstellung des für die damalige Zeit des Absolutismus beinahe tollkühnen Grundsatzes, wer etwas Literarisches, Künstlerisches oder Gelehrtes an die Öffentlichkeit bringe, und sei es der König selbst, müsse sich auch Kritik gefallen lassen.

Damit gewann »Herr Moses« noch mehr Sympathien bei den Berlinern, wogegen der »Alte Fritz« sehr verärgert war. Immerhin ließ er sich nicht zu »Maßnahmen« gegen den nicht nur in Berlin, sondern bereits im ganzen deutschen Bildungsbürgertum hochgeschätzten Mendelssohn hinreißen; es wäre seinem Ansehen abträglich gewesen. Aber als einige Zeit später der – als »ausländischer«, weil aus Dessau illegal zugewanderter, in Berlin offiziell nur »geduldete« – jüdische Philosoph den König mit einer Eingabe um die Ausdehnung seiner – jederzeit widerrufbaren – Aufenthaltsgenehmigung auf seine zahlreichen Nachkommen bat, wurde er abschlägig beschieden – was nun aber keineswegs bedeutete, daß Mendelssohns erwachsene Kinder Berlin hätten verlassen müssen.

Sie wurden vielmehr zu Stammvätern und -müttern einer stattlichen Anzahl von Familien der bürgerlichen Oberschicht Berlins. Unter den Enkeln, Ur- und Ururenkeln des »Herrn Moses« finden sich die Träger von mehr als vierzig Adelsnamen, darunter die Arnims, Schwerins, Winterfelds, Bonins, Raumers und Kleists, außerdem die Namen von rund einem Dutzend Familien der Berliner Französischen Kolonie, beispielsweise Dirichlet, du Bois Reymond, v. Chaulin, Jeanrenaud, v. Lassaullx, Longard, Souchay, Thévoz, Cauer und Biarnez.

Eigentlich haben sich die Mendelssohn-Nachfahren ebenso mit den meisten der alteingesessenen jüdischen Familien Berlins verbunden – mit den Riess', den Veits, den Hitzigs, Friedländers und Bendemanns –, aber auch mit Familien wie den Laupichlers, die von vertriebenen Salzburger Protestanten abstammten – kurz, die Mischung entsprach ziemlich genau derjenigen der Berliner Oberschicht, und das gleiche gilt von den Berufen der Mendelssohn-Nachkommen: Sie wurden hohe Beamte und Richter, Bankiers, Industrielle, bekannte Schriftsteller, Musiker, Maler, aber auch Anwälte und Ärzte. Mehr als ein Dutzend wurden Berufsoffiziere, fast drei Dutzend Universitätsprofessoren, unter ihnen mindestens sechs, die als Gelehrte von Weltruf gelten können, und fast alle waren oder sind »richtige Berliner«. »Herr Moses« selbst, der vier Jahrzehnte zu den markantesten, von allen geistig interessierten Fremden, die nach Berlin kamen, gern besuchten »Originalcharakteren« der friderizianischen Epoche zählte, stach von seinen Mitbürgern lediglich durch seine »anmuthige Sprache« ab.

Er bemühte sich, wie er in einem Brief an seinen Freund Nicolai, der zur Buchmesse nach Leipzig gereist war, mit deutlicher Selbstironie schrieb, selbst »kaufmännische Commissionen... so fein, so artig, so in dem gellertschen Geschmacke« abzufassen, daß auch nüchterne Geschäftsbriefe literarischen Rang erhielten.

Auch war er, im Gegensatz zu den meisten Berlinern, stets milde und freundlich im Umgang, auch mit rauheren Mitbürgern. Nur als ihn einmal in Nicolais Buchhandlung ein adliger Leutnant anschnarrte: »Moses? Wohl Jude, was? Womit handelt Er denn?«, soll er geantwortet haben: »Mit etwas, das Sie gewiß brauchen könnten, Herr Leutnant – mit Verstand...«

Am 4. Januar 1786 starb Moses Mendelssohn, erst siebenundfünfzigjährig, »mit seiner gewöhnlichen Freundlichkeit auf den Lippen, als wenn ein Engel ihn von der Erde weggeküßt hätte«, wie sein eilig herbeigerufener Hausarzt, Dr. Markus Herz, den engsten Freunden mitteilte, zu denen auch der Königsberger Philosoph Immanuel Kant zählte.

Daß Kants Ideen, die von dem nur an französischen Philosophen interessierten König Friedrich II. zeitlebens überhaupt nicht zur Kenntnis genommen wurden, im aufgeklärten Berliner Bürgertum Verbreitung fanden, ja erst von hier aus ihren Siegeszug antraten und das geistige Leben weit über Deutschland hinaus revolutionierten, war in erster Linie Moses Mendelssohn und Markus Herz zuzuschreiben.

Herz, gebürtiger Berliner aus armer jüdischer Familie, hatte in Königsberg Medizin und Philosophie studieren können. Als Kant endlich die lang ersehnte ordentliche Professur erhielt, wählte er seinen Freund und Lieblingsschüler Markus Herz zum Koreferenten für die damals übliche Antrittsdisputation. Wenig später ließ sich Dr. Herz als praktischer Arzt in seiner Heimatstadt Berlin nieder, heiratete ein junges Mädchen aus der Hamburger portugiesisch-jüdischen Gemeinde, die schöne Henriette de Lemos, mit deren reicher Mitgift das Ehepaar ein Haus erwarb, das nicht nur als Wohnung und Praxis diente, sondern wo Dr. Herz nun auch regelmäßig private Vorlesungen für interessierte Hörer aus allen Kreisen halten konnte und wo seine Frau bald den ersten literarischen Zirkel Berlins in ihrem Salon versammelte, der sich dann wachsender Beliebtheit erfreute.

Vor allem die Brüder Alexander und Wilhelm v. Humboldt sowie der evangelische Theologe Friedrich Schleiermacher bewiesen der schönen, auch sehr belesenen und sprachbegabten Henriette Herz lebenslange Anhänglichkeit. Ohne Übertreibung hat ein Zeitgenosse von den »Lesekränzchen« und Salongesprächen der Madame Herz geschrieben, »daß es damals in Berlin keinen Mann und keine Frau gab, die sich später irgendwie auszeichneten, welche nicht längere oder kürzere Zeit diesen Kreisen angehört hätten« – vom Kronprinzen, einem Neffen des kinderlosen »Alten Fritz«, der dann, kaum daß er den Thron bestiegen hatte, Dr. Herz zum Professor und Hofrat ernannte, und dem populären Prinzen Louis Ferdinand bis zu den literarisch interessierten Studenten, die nach Berlin gekommen waren, unter ihnen später auch die jungen Dichter Ludwig Börne und Heinrich Heine.

Für Berlin war diese »Salonkultur«, die im Hause des Dr. Markus Herz und seiner Frau Henriette ihren Anfang nahm, etwas völlig Neues. Gerade weil es in Berlin, im Gegensatz zu den alten Reichsstädten im Westen und Süden Deutschlands oder auch zu den großen Hansestädten an der Nord- und Ostseeküste, kein alteingesessenes, seine Pfründe gegen »Emporkömmlinge« verteidigendes Patriziat gab, das auch das kulturelle Leben beherrschte, konnten in der preußischen Haupt- und Residenzstadt die den gehobenen bürgerlichen Mittelstand repräsentierenden Einwanderer, Juden und Hugenotten, die Kristallisationspunkte städtischer Kultur bilden, wo die Schranken zwischen Adel und Bürgertum, Christen und Juden, Privilegierten und Geduldeten zuerst durchbrochen wurden. Hier zählten nicht Rang und Titel, sondern in erster Linie Geist, Talent und Bildung, in zweiter Linie Wohlstand und ein diesen rechtfertigendes Mäzenatentum. Hier wurden auch, in deutlicher Opposition zum französischen Geschmack des »Alten Fritz«, die deutschen Künstler, Dichter und Gelehrten gebührend gewürdigt, gefördert und bekannt gemacht. Denn Berlin war zum Zentrum der deutschen Aufklärung geworden, auch wenn einige der wichtigsten Vertreter dieser neuen, die letzten Fesseln geistlicher Bevormundung brechenden Geistesrichtung anderswo lebten – der offiziell unbeachtete, nicht nach Berlin berufene Kant im fernen Königsberg, der vom König gleichfalls geringgeschätzte, nicht in der Hauptstadt angestellte Lessing in Wolfenbüttel. In Berlin aber waren ihre eifrigsten Jünger, hier fanden ihre Ideen die meisten und begeistertsten Anhänger.

Denn der Geist der Aufklärung, von Immanuel Kant definiert als der endliche »Austritt der Menschen aus ihrer selbstverschuldeten Unmündigkeit«, entsprach durchaus dem Selbstverständnis und der trotzigen Haltung der Berliner Bürgerschaft, die ja weit überwiegend aus den Nachkommen derer entstanden war, die sich geistlichem oder weltlichem Zwang entzogen hatten, und die ständig Zuzug erhielt von Menschen, die an die Spree gekommen waren, um der anderswo herrschenden Intoleranz, Bekehrungswut, Rechtlosigkeit oder gar Sklaverei zu entkommen, vielleicht auch nur, um der Spießigkeit und Enge eines öden Provinznestes, dem Zwang und der Armut eines Gettos oder der Engherzigkeit, Bigotterie und Sittenstrenge einer Stiftsherrschaft zu entfliehen.

Beim Tode Friedrichs II. und am Vorabend der Französischen Revolution, die dann ganz Europa erschütterte, war Berlin bereits eine der fünf bedeutendsten und bevölkerungsreichsten Städte Europas. Ohne die Vorstädte und die noch nicht eingemeindeten Weberkolonien zählte die eigentliche Stadt bereits etwa hundertfünfzigtausend Einwohner, die Soldaten der Garnison mit einbegriffen. Madrid und Rom waren zwar etwa ebenso groß, Wien und Amsterdam sogar noch etwas größer, aber Berlin als das Industriezentrum Preußens, ja ganz Deutschlands wuchs rascher und zog in weit stärkerem Maße die Menschen an. Nur Paris mit etwa sechshunderttausend und London mit fast achthunderttausend Einwohnern stellten Berlin vorläufig noch weit in den Schatten. Was aber die Dynamik ihrer Entwicklung anging, so wurde Berlin bereits in einem Atemzug mit diesen weit älteren Metropolen genannt.

Berlin galt nun schon bei den Gebildeten ganz Europas als »etwas Besonderes«, und dies nicht nur, weil es wie eine Insel rastloser industrieller Aktivität inmitten eines riesigen, sehr rückständigen Agrargebiets lag, sondern vor allem auch, weil in dieser noch so jungen, modernen Hauptstadt des aufstrebenden Militärstaats Preußen, den Lessing »das sklavischste Land Europas« genannt hatte, überraschenderweise ein Geist herrschte, der alles andere als unterwürfig genannt werden konnte.

Die Berliner hatten sich und ihrer Stadt bereits den Ruf erworben, aufgeklärter, freier und selbstbewußter zu sein, als es im damaligen Europa, auch bei der Bürgerschaft größerer Städte, gemeinhin der Fall war.

Die Wassermühle des Müllers Arnold und die »größten Spitzbuben, die in der Welt sind«

Die Strafe des Räderns, die darin bestand, »daß dem Verbrecher die Glieder, erst die Unterschenkel und Vorderarme, dann die Oberschenkel und die Arme mit einem schweren Rade zerstoßen oder zerbrochen wurden, und er dann noch lebendig auf das Rad gelegt und dieses auf einen Pfahl gesteckt wurde, so daß die Unglücklichen zuweilen noch mehrere Tage lebten«, wurde im Königreich Preußen erst im Oktober 1811 abgeschafft und fand unter Friedrich II. noch häufig Anwendung, wenngleich zumeist in der »milderen Form« des »Räderns von oben«, bei dem den Leiden des Verurteilten ein rascheres Ende gemacht wurde.

Auch zahlreiche andere Arten der Tortur blieben während der ganzen Regierungszeit des aufgeklärten Königs als legale Strafen bestehen, und überhaupt war Friedrich II., allen anderslautenden Legenden zum Trotz, wenig Erfolg mit seinen Bemühungen auf dem Gebiet der Justizreform beschieden. Es ist schwer abzuschätzen, ob das mehr am passiven Widerstand der Kollegien und der adligen Verwaltungschefs lag, die stärker an der Erhaltung der junkerlichen Autorität als an wirklicher Rechtsprechung interessiert waren, oder ob sich der König dabei nicht immer wieder selbst im Wege stand. Seine weit über Preußen hinaus in ganz Europa gepriesene größte »Friedenstat«, sein drastischer Eingriff in die Justiz im sogenannten »Müller-Arnold-Prozeß«, war jedenfalls eine die Rechtsprechung auf den Kopf stellende, katastrophale Fehlentscheidung.

In diesem Prozeß, der sich immerhin über neun Jahre hinzog, ging es um die Versteigerung der Wassermühle des Müllers Arnold, der seinem Grundherrn, dem Grafen Schmettau, die Erbpacht schuldig geblieben war, und zwar mit der Begründung, der Graf habe ihm durch die Anlage eines Karpfenteichs oberhalb der Mühle das Wasser entzogen. Dieser Einwand war jedoch von dem Obergericht der Provinz nach eingehender Prüfung als unbegründet verworfen worden.

Der Müller hatte sich daraufhin beschwerdeführend an den König gewandt, und Friedrich befahl einem älteren Offizier, zu dem er mehr Vertrauen hatte als zu den Richtern, gemeinsam mit einem höheren Justizbeamten die Angelegenheit zu überprüfen. Der Offizier, ein Oberst, und ein von diesem hinzugezogener Sachverständiger gaben dem Müller recht, der Jurist hingegen bestätigte das Urteil des Obergerichts. Es kam zu einer neuen Verhandlung vor dem Appellationsgerichtshof zu Küstrin, weitere Gutachten wurden eingeholt, und am Ende entschieden die Richter, obwohl ihnen die positive Einschätzung der Ansprüche des Müllers durch den König wohlbekannt war, daß die Arnoldsche Klage jeder Grundlage entbehre.

Nun griff der König selbst ein: Er verwies den Fall an das Berliner Kammergericht zur erneuten gründlichen Prüfung und endgültigen Entscheidung. Die Kammergerichtsräte, vom Justizminister darüber informiert, daß sich der König in die Ansicht verrannt habe, dem Müller geschehe Unrecht, wiesen dennoch nach sehr eingehender Untersuchung den Revisionsantrag ab – mit dem Resultat, daß sich der darüber in heftigsten Zorn geratene König mit dieser Entscheidung seines höchsten Gerichts keineswegs zufriedengab. Er beschimpfte die Kammergerichtsräte als eine Versammlung der »größten Spitzbuben, die in der Welt sind«, bezeichnete das Urteil als »Fickfackerei« und fragte, was der Landrat v. Gersdorff, der mit Erlaubnis des Grafen Schmettau den fraglichen Karpfenteich hatte anlegen lassen, den Richtern für das Urteil heimlich bezahlt hätte.

Die Rechtfertigungen der Herren vom Kammergericht interessierten Friedrich nicht; seinen Großkanzler Max Freiherrn v. Fürst und Kupferberg, einen schlesischen Magnaten, der als Nachfolger des verstorbenen Cocceji die Justizreform zu Ende führen sollte, jagte er, als Fürst die Richter vereidigen wollte, mit den Worten davon: »Marsch, Marsch! Seine Stelle ist schon besetzt!«

Die für die Entscheidung des Kammergerichts verantwortlichen Räte Neumann, Friedel und Graun kamen sofort in Haft; durch einen Machtspruch des Königs wurde ihr höchstrichterliches Urteil aufgehoben; der Müller Arnold konnte wieder in seine Mühle einziehen; der Karpfenteich des Landrats v. Gersdorff wurde auf königlichen Befehl zerstört, er selbst und auch sein Vorgesetzter, der Präsident der neumärkischen Regierung, Graf Finck v. Finckenstein, verloren ihre Ämter, ohne nähere Untersuchung und ohne die Möglichkeit, sich zu rechtfertigen oder gar dagegen gerichtlich anzugehen.

Doch damit nicht genug: Der König wollte nun auch die Richter des Berliner Kammergerichts durch die ordentliche Justiz abgeurteilt und streng bestraft sehen. Und damit kein Irrtum aufkommen konnte, setzte er im voraus den Strafrahmen fest. In der Kabinettsorder an den Minister Zedlitz heißt es:

»So gebe (ich) Euch hierdurch auf, sogleich die Verfügung zu treffen, daß von Seiten des Criminal-Collegii über diese drei Leute nach der Schärfe des Gesetzes gesprochen und zum Mindesten auf Cassation (Amtsenthebung) und Vestungsarrest erkannt wird. Wobei (ich) Euch zugleich zu erkennen gebe, daß, wenn das nicht mit aller Strenge geschiehet, Ihr sowohl wie das Criminal-Collegium es mit Mir zu thun kriegen werdet.«

Das war nicht nur nackte Willkür, sondern auch eine massive Drohung an die Adresse der sich einer solchen Rechtsbeugung widersetzenden Richtung, die um so ernster zu nehmen war, als der König wiederholt bewiesen hatte, zu welchen Exzessen an Despotie und Grausamkeit er fähig war:

So hatte er seinen einstigen, schon 1744 erstmals eingekerkerten und dann aus der Haft entflohenen Adjutanten Friedrich Freiherrn von der Trenck nochmals, sogar auf fremdem Gebiet und unter Bruch der Neutralität, gefangennehmen und weitere neun Jahre lang, von 1754 bis 1763, in strengster Kettenhaft halten lassen. Auch sein tüchtigster Ingenieursoffizier, General v. Walrave, war von Friedrich II. auf einen bloßen Verdacht hin fünfundzwanzig Jahre lang, bis zu des Generals Tod im Jahre 1773, in einem finstern Loch unter den Kasematten der Festung Magdeburg gefangengehalten worden; Trenck hat in seinen Erinnerungen beschrieben, wie er den durch seine Haftbedingungen um den Verstand gebrachten Walrave dort einmal gesehen hat, auf allen vieren kriechend und winselnd wie ein Tier.

Trenck und Walrave waren keineswegs die einzigen, die unter Ausschaltung der ordentlichen Justiz »auf des Königs Gnade« eingekerkert wurden, und in vielen Dutzend weiteren Fällen hatte der König den Gerichten befohlen, dem Gesetz zuwiderlaufende Urteile zu fällen und diese dann noch willkürlich verschärft.

In der Angelegenheit des Müllers Arnold jedoch leistete der Kammergerichtssenat, der in dieser prinzipiellen Frage die gesamte Richter- und höhere Beamtenschaft Preußens auf seiner Seite wußte, dem König, allen Befehlen und Drohungen zum Trotz, entschlossenen Widerstand; die Kammergerichtsräte fühlten sich nicht nur in ihrer Ehre verletzt, sondern erkannten auch, daß ein Nachgeben in diesem die Staatsinteressen ursprünglich gar nicht berührenden Fall jede Rechtsprechung zur Farce und die preußische Justiz zur bloßen Marionette des Königs und zum Gespött ganz Europas werden ließe.

Also – und das erforderte mehr Mut, als ihn die meisten Feldherren Friedrichs II. je aufzubringen hatten – weigerten sich die mit dem Disziplinarverfahren beauftragten Kammergerichtsräte, ihre Kollegen für etwas zu bestrafen, das sie selbst nach genauester Prüfung ebenfalls für Recht erkannt hatten. Auch der Justizminister, Karl Abraham Freiherr v. Zedlitz aus Landeshut in Schlesien, erklärte dem König kühl, er sehe sich außerstande, »wider die in der Arnoldschen Sache arretirte Justiz-Bediente ... ein Urtheil abzufassen«.

Das war in der Zeit des Absolutismus und zumal gegenüber einem solchen Despoten wie Friedrich II. eine unerhörte Kühnheit, die die beteiligten Richter wie den Minister leicht hätte den Kopf kosten können, denn nun stand die Autorität des Monarchen auf dem Spiel. Aber auch zwei weitere Befehle des Königs von »äußerster, drohender Schärfe« blieben wirkungslos; wieder deckte der Minister die Weigerungen der Richter. Es blieb dem König dann selbst überlassen, das Recht zu beugen: Er erklärte die »Schuldigen« einfach für abgesetzt, ordnete an, daß sie dem Müller – der inzwischen verstorben war – »Entschädigung« zu leisten hätten, und ließ die Kammergerichtsräte für ein Jahr auf die Festung Spandau schaffen, wo sie allerdings, wie aus dem Tagebuch des Rats Neumann hervorgeht, in sehr milder Haft gehalten wurden.

Daß der König von Anfang bis Ende dieser Angelegenheit im Unrecht war, steht außer Zweifel. Selbst Friedrichs glühendste Bewunderer unter den preußischen Historikern und Juristen haben dies zugeben müssen, weil sich die Behauptung des Müllers, ihm sei durch den Karpfenteich die Mühle stillgelegt worden, als eindeutig unwahr erwiesen hatte: Zwischen besagtem Teich und der Arnoldschen Mühle lag nämlich eine Sägemühle, die in der fraglichen Zeit unter keinem Wassermangel gelitten hatte. So mußte selbst ein so begeisterter Anhänger Friedrichs II. wie Gustav Schmoller bekümmert zugeben, daß es sich bei den Eingriffen des Königs in die Arnoldsche Sache um »einen willkürlichen und ungerechten Akt der Kabinettsjustiz« gehandelt habe.

Bleibt die Frage, was Friedrich dazu bewogen haben mag, seine erwiesenermaßen falsche Beurteilung des Falls unter so eklatanter Verletzung von Gesetz und Recht gegen alle Widerstände durchzusetzen. Die Antwort ist vielleicht auf einem Feld zu suchen, das heutige Konzernchefs von ihren »Public-Relations«-Managern beackern lassen, und so gesehen war der König mit seinen sonst unbegreiflichen Willkürakten sogar recht geschickt, jedenfalls ungemein erfolgreich.

Da nur sehr wenige Personen die wahren Umstände des Falls kannten, verbreitete sich die Meinung bis in die fernsten Winkel Europas, daß der preußische König, im Gegensatz zu allen jenen abscheulichen Tyrannen, die damals regierten, wahrhaft gerecht sei; daß er die Schwachen gegen die Mächtigen in seinen Schutz nehme und daß er hohe Beamte, Räte des obersten Gerichts, Minister und sogar einen Großkanzler davonjage und hart bestrafe, wenn durch sie einem Untertanen, selbst wenn es sich nur um einen armen Müller handelte, Unrecht geschehen war.

Ein Reich, ein Kaiser, ein Krupp

In den sieben Jahren von 1864 bis 1871 führte Preußen drei siegreiche Kriege: 1864 zusammen mit den Österreichern gegen Dänemark, 1866 gegen Österreich, Bayern, Württemberg, Baden, Sachsen und Hannover und 1870, diesmal im Bündnis mit allen deutschen Kleinstaaten, aber ohne Österreich, gegen das Frankreich Napoleons III.

Die Anlässe zu diesen Kriegen wurden von Mal zu Mal läppischer: War es 1866 noch darum gegangen, die Selbständigkeit Schleswig-Holsteins zu erkämpfen (mit dem Ergebnis, daß daraus preußische Provinzen wurden), so gab es 1870 für den Deutsch-Französischen Krieg überhaupt keinen vernünftigen Grund; man suchte einfach Streit.

Die tiefere Ursache aller drei Kriege war ernster: Es galt, das durch das Ende der russischen Vormachtstellung und die Schwächung Österreichs entstandene Vakuum aufzufüllen und mindestens eine der Sehnsüchte der gescheiterten deutschen Revolutionäre von 1848 zu erfüllen: Die Abschaffung der Kleinstaaterei zugunsten eines neuen Reiches, eines modernen, die Erfordernisse der Zeit erfüllenden deutschen Nationalstaates.

Natürlich wurde auch dieses Reich dann ganz anders, als es sich die Deutschen erträumt hatten. Der neue Nationalstaat, nicht vom Volk, sondern von der preußischen Führung geschaffen, befriedigte niemanden, nicht einmal Preußens Führer selbst. Die Deutschen Österreichs blieben Ausländer; dafür war jeder zehnte Bürger des Reiches nicht-deutscher, meist polnischer Nationalität; alle Throne und Thrönchen in den Duodez-Fürstentümern, von Reuß ältere Linie mit siebenundvierzigtausend bis Schaumburg-Lippe mit dreiunddreißigtausend Einwohnern, blieben erhalten, und ihre Inhaber hüteten eifersüchtig ihre tausend köstlichen Sonderrechte; Preußen, das zwei Drittel des neuen Reiches ausmachte, wurde einesteils übermächtig, sehr zum Kummer der anderen, vor allem der Süddeutschen, andererseits verlor es an Geschlossenheit und Stärke, denn nun waren drei Viertel seiner Bürger »Muß-Preußen«, und das wirkte sich natürlich in der einen oder anderen Weise auch auf die Stammbevölkerung und auf die Führung aus.

Die Führung – das war zunächst Otto von Bismarck, ein hochgewachsener, intelligenter, energischer, stockkonservativer und mindestens anfangs sogar erzreaktionärer Junker, der vom König 1862 zum preußischen Ministerpräsidenten und Außenminister ernannt worden war, 1867 auch Kanzler des Norddeutschen Bundes und 1871 erster Reichskanzler wurde; das waren die miteinander rivalisierenden Militärs, der Kriegsminister Graf Roon und der Generalstabschef Graf Moltke, nur einig, wenn es galt, die Aufrüstung und die Politik der Stärke gegen Parlamentsbeschlüsse und Volksmeinung durchzusetzen, und das war, umgeben von weiteren Ministern, Militärs und Hofchargen, die in Preußen seit altersher regierende Familie Hohenzollern, an ihrer Spitze der biedere »Kartätschenprinz« Wilhelm, der seinen geisteskranken Bruder als König abgelöst hatte und 1871 auch Deutscher Kaiser wurde – nur sehr widerstrebend, auf Bismarcks heftiges Drängen hin, und erst einwilligend, nachdem alle regierenden Fürsten seines künftigen Reiches ihre schriftliche Zustimmung gegeben hatten.

Wilhelms Macht stützte sich auf die Innen- und Außenpolitik Bismarcks und auf die Stärke der von Roon und Moltke reformierten und modernisierten Armee, deren einstiger Nimbus der Unbesiegbarkeit von Napoleon I. 1806 bei Jena und Auerstädt und deren Popularität durch ihr brutales Vorgehen gegen das eigene Volk im Jahre 1848 gründlich zerstört worden war.

Diese Armee, von allen Fachleuten Europas (und solchen, die es zu sein vorgaben) bis 1870 nicht sonderlich ernst genommen, vernichtete dann zur allgemeinen Verblüffung mit wenigen Schlägen die für weit überlegen gehaltenen Armeen des mächtigen französischen Kaiserreiches, zwang Napoleon III. zur Kapitulation und eroberte schließlich sogar die verzweifelt verteidigte Hauptstadt Paris.

Damit war das seit dem Tode Friedrichs des Großen zur *quantité négligeable* herabgesunkene Preußen mit einem Schlage wieder zur Vormacht auf dem europäischen Kontinent geworden, und selbst die »Muß-Preußen«, die zu Beginn des Krieges in den Städten und Dörfern des Rheinlandes schon heimliche Vorbereitungen für einen begeisterten Empfang der als Sieger erwarteten Franzosen getroffen hatten, wurden nun zu von Nationalstolz erfüllten deutschen Patrioten.

Wie war dieser so unerwartete, rasche und triumphale Sieg über die gefürchtete Militärmacht des dritten Napoleon möglich gewesen? Natürlich nur mit Alfred Krupps Gußstahlgeschützen, lautet die Antwort der meisten seiner Fans und selbst einiger Hasser, und sie scheuen sich nicht, bei ihren unbefangenen Lesern den Eindruck zu erwecken, als seien der Triumph über den »welschen Erbfeind«, die Reichsgründung und der Aufstieg Preußen-Deutschlands zur Groß- und schließlich zur Weltmacht im wesentlichen Alfred Krupp zuzuschreiben, denn er allein habe die militärischen Voraussetzungen dafür geschaffen.

Es scheint alles ganz einfach gewesen zu sein. Bismarck, Moltke und der zum Kaiser ausersehene Wilhelm hatten sich nur an das Rezept zu halten brauchen: Man nehme eine reichliche Menge Kruppscher Gußstahlkanonen, bestreue mit ihren Granaten die stärkste fremde Armee, die sich finden läßt, gebe deren Reste, zusammen mit zwei Dutzend gut vorgeweichten Regenten deutscher Zwergstaaten und einer kräftigen Prise frischen Nationalstolzes, in einen geräumigen Topf, lasse das Ganze auf kleiner Flamme schmoren, bis es gar ist, und serviere alsdann das fertige Gericht brühheiß und überschäumend allen Nachbarn als Deutsches Reich frei nach Art des Hauses Krupp...

Indessen, ganz so einfach war es in Wirklichkeit nicht! Für die die ausländischen Experten verblüffende Überlegenheit der preußischen Armee waren zunächst zwei ganz andere Neuerungen ausschlaggebend gewesen; die Anlage der Eisenbahnen nach strategischen Gesichtspunkten, ihre Benutzung zu rascherer Mobilmachung und schnellerem Einsatz nach dem Vorbild des Nordstaatengenerals William T. Sherman im amerikanischen Sezessionskrieg sowie die weit zuverlässigere und schnellere Lenkung aller Truppenbewegungen mit Hilfe des Telegraphen...!

Dazu kam erst als dritte bedeutsame Neuerung die Verwendung der Kruppschen Gußstahlgeschütze, die sich der französischen Feldartillerie dann tatsächlich weit überlegen zeigten und zum triumphalen Sieg bei Sedan ganz erheblich beitrugen. Die *Grande Armée* Napoleons III. war nämlich noch – wie dereinst die des ersten Franzosenkaisers bei Austerlitz, Jena und Friedland – mit bronzenen Vorderladern ausgerüstet, wogegen die Preußen und ihre deutschen Verbündeten bereits moderne Gußstahl-Hinterlader mit gezogenem Lauf verwendeten, was ihnen größere Reichweite und enorme Treffsicherheit verschaffte, zudem, da die Stahlgeschütze erheblich leichter waren als die bronzenen, die Beweglichkeit der Feldartillerie stark erhöhte.

Zahlreiche Erfindungen in vielen Ländern hatten zur Entwicklung der Gußstahlkanone, des gezogenen Laufes und des Hinterladerprinzips beigetragen, und die wenigsten davon waren in Deutschland, geschweige denn bei Krupp in Essen gemacht worden. Erst später wurde das Essener Unternehmen führend auf dem Gebiet der Entwicklung neuartiger Geschütze nach eigenen Konstruktionen, und da war es natürlich auch nicht Alfred Krupp selbst, der sich als Erfinder betätigte. Alfreds Verdienst, wenn man es so nennen kann, lag ausschließlich darin, daß er mit Hilfe einiger einflußreicher Freunde und vor allem des Königs und gegen den erbitterten Widerstand zahlreicher Militärs, an ihrer Spitze Kriegsminister Graf Roon, seine Produkte in Berlin an den Mann brachte. Doch der Schluß, daß er damit sein Vaterland stärken und ihm zum Sieg über Frankreich verhelfen wollte, ist falsch, ja geradezu absurd.

Wir wissen, daß Alfred schon anläßlich der Pariser Weltausstellung von 1855 mit den französischen Militärbehörden über die Lieferung großer Mengen seiner neuen Gußstahlgeschütze verhandelt hatte. Daß dieses Geschäft dann nicht zustande gekommen war, hatte nicht an Alfred Krupp gelegen. Wenn überhaupt »Patriotismus« dabei im Spiele gewesen war, so nur auf seiten der Franzosen, die die Industrieanlagen ihres Landsmannes Eugène Schneider aus Nancy, der in Le Creuzot ebenfalls Geschütze herstellte, bevorzugt mit Aufträgen zu bedenken geneigt waren – vielleicht nicht zuletzt deshalb, weil Schneider-Creuzot, wie er sich später nannte, zu den einflußreichsten Politikern zählte und bald darauf sogar Präsident der Gesetzgebenden Körperschaft wurde ...

Nein, an Alfred Krupp hatte es nicht gelegen (und sollte es auch später nicht liegen), daß Preußens Kriegsgegner mit weit unterlegenen Waffen ausgerüstet waren!

Im Frühjahr 1866, beispielsweise, als kurz vor Ausbruch des Krieges zwischen Preußen und Österreich aus Wien und von den mit ihm verbündeten süddeutschen Staaten noch rasch sechzig Gußstahlgeschütze bei Krupp bestellt worden waren, hatte sich Kriegsminister Graf Roon bemüßigt geschen, an Alfred Krupp heranzutreten. Unter dem Datum vom 9. April 1866 hatte er ihm aus Berlin geschrieben:

»An Ew. Hochwohlgeboren richte ich die ergebene Frage, ob Sie, in patriotischer Würdigung der gegenwärtigen politischen Verhältnisse, sich anheischig machen wollen, ohne Zustimmung der Königlichen Regierung keine Geschütze an Österreich zu liefern. Ew. Hochwohlgeboren private Zusage würde mir genügen. Wenn indeß Ew. Hochwohlgeboren durch Rücksichten irgendeiner Art verhindert sind, die Übernahme einer solche Verpflichtung auszusprechen, so wollen Sie die Güte haben, Sich recht bald darüber gefälligst zu äußern.«

Alfred hatte die vom Kriegsminister seines eigenen Landes am Vorabend eines bewaffneten Konflikts geforderte Erklärung natürlich verweigert und, unter Hinweis auf seine vertraglichen Vereinbarungen mit Wien, die er einzuhalten »auf Ehre« verpflichtet wäre, mit einer nur leicht verhüllten Drohung geantwortet:

»Von den politischen Verhältnissen weiß ich sehr wenig; ich arbeite ruhig fort, und kann ich das nicht ohne Störung der Harmonie zwischen Vaterlandsliebe und Ehrenhaftigkeit, so gebe ich die Arbeit ganz auf, verkaufe meine Fabrik und bin ein reicher, unabhängiger Mann . . .«

Dann war er eilig nach Berlin gereist, um rasch noch neue preußische Aufträge hereinzuholen, während in Essen die Kanonen für Preußens Gegner gegossen wurden und sein Agent in Wien den dortigen Behörden, unter Hinweis auf Berlins massive Rüstungskäufe und die Unzulänglichkeit der österreichisch-süddeutschen Bestellungen, weitere Aufträge zu entlocken versucht hatte . . .

In Berlin war Alfred bei einem ihm gewogenen Hohenzollernprinzen, dann bei Graf Roon und schließlich bei Bismarck vorstellig geworden, hatte vor allem dem Kanzler klargemacht, daß Preußen schlecht gerüstet wäre und daß er, Krupp, große Sorgen hätte, »weil wir jetzt und noch auf lange Zeit hinaus in Preußen nichts besitzen von schwerem wirksamen Geschütz für Küsten, Festungen und Marine. Das machte ihn« – Bismarck – »offenbar stutzig«, so hatte Alfred seiner Essener »Procura« triumphierend mitteilen können, bezeichnenderweise mit dem Zusatz: »und das wollte ich. Meine Äußerungen machten ihm sichtbare Sorge – das wollte ich und nun fühle ich mich frei – auch dem Könige werde ich Bedenken machen...«

Knapp zwei Wochen später war der Krieg ausgebrochen, wobei es dann schon nach sieben Wochen einen preußischen Sieg, für Alfred dagegen nur Schwierigkeiten und Ärger gegeben hatte: Die Berliner Regierung, sogar der König selbst war nicht bereit gewesen, ihm zwei Millionen Taler zu geben, damit er seine Kanonenfabrik weiter ausbauen könnte, nicht einmal, nachdem Alfred gedroht hatte, er müßte dann eben französisches Kapital hereinnehmen und sich »welschem« Einfluß unterwerfen. Schließlich war man auf den Ausweg eines preußischen Staatsbank-Kredits verfallen – sehr zum Ärger Alfreds, der übrigens, weil das Bankdarlehen ihm nicht reichte, dann heimlich doch noch eine Anleihe in Paris aufnahm...

Die ewigen Geldsorgen, die sich von den alten nur in der Höhe der Summen unterschieden, hatten Alfreds Gesundheitszustand verschlechtert. Bertha, die sich in Nizza amüsierte, war von ihm unterrichtet worden, daß er unter »Rheuma und Nervotismus« litte und einem Zusammenburch nahe wäre. Dabei hätte er sich seinen finanziellen Kummer – und damit auch viel »Nervotismus« – ersparen können, wenn er mit den Millionen, die ihm die Kriegsrüstung beschert hatte, etwas vorsichtiger umgegangen wäre, seine Bau- und Kaufwut gezügelt hätte...

Mit den Geldsorgen noch nicht genug, hatte es auch noch bei Königgrätz, der einzigen Schlacht des Sieben-Wochen-Krieges gegen Österreich und seine Verbündeten, auf preußischer Seite einige traurige – und für die Bedienungsmannschaften tödliche – Pannen mit den Krupp-Geschützen gegeben. Zunächst war in Essen ein Brief des – Alfred Krupp bereits treu ergebenen – preußischen Generals Konstantin von Voigts-Rhetz, Chef des Generalstabs der 1. Armee, eingetroffen, der aus Böhmen gemeldet hatte, daß der Feldzug glücklich beendet wäre.

Das war am 3. Juli 1866 gewesen. Sechs Tage später hatte ein zweiter Brief von Voigts-Rhetz schon – ganz am Schluß und nebenbei – die Panne angedeutet:

»Ich konnte Ihnen nur das Wort ›Sieg!‹ zurufen, eh die Schlacht vorbei war, und das war in jener Zeit auch genug«, hatte der General nun berichtet. »Sie wußten, daß wir das hochmütige Österreich niedergeworfen hatten, und Sie hatten ein besonderes Interesse, außer Ihrem Patriotismus – denn Sie haben uns ja am wirksamsten geholfen, durch Ihre Kanonen. Lange heiße Stunden haben sich diese Ihre Kinder mit ihren österreichischen Cousinen unterhalten, es war ein Tirailleurfeuer mit gezogenen Kanonen, höchst merkwürdig und interessant, aber auch sehr verderblich. Eines Ihrer Kinder wurde übrigens auch verwundet ...«

Tatsächlich waren eine ganze Reihe von Krupp-Kanonen infolge von Mängeln in der Verschlußkonstruktion explodiert; die Nachrichten darüber waren erst allmählich durchgesickert. Und was hatte Alfred getan, als er sich des ganzen Ausmaßes der Pannen bewußt geworden war? Nun, er hatte einfach das Weite gesucht ...!

Er war aus Essen geflüchtet, hatte sein Unternehmen der »Procura« überlassen, war gen Süden gereist und hatte, ehe er über die Schweiz zu Bertha nach Nizza gefahren war, weinerliche Briefe nach Berlin, auch an seinen Gegner Roon, abgeschickt, worin er Entschuldigungen vorgebracht, Ersatz angeboten und seine unveränderte Ergebenheit beteuert hatte.

Dann war er – gewiß zu Berthas peinlicher Überraschung – an der französischen Riviera aufgetaucht. Berthas Leibarzt, Dr. Küster, war von der seltsamen Erscheinung des greisenhaft wirkenden Vierundfünfzigjährigen so frappiert gewesen, daß er sich notiert hatte, was sein veränderter Eindruck von Alfred Krupp war: »... eine sonderbare, überall auffallende Erscheinung von ungewöhnlicher Körperlänge, dabei von auffallender Magerkeit; seine Züge, einst von großer Regelmäßigkeit und Schönheit, waren früh gealtert, das Gesicht matt, bleich, voller Runzeln, der Kopf mit einem schwachen Rest grauer Haare, die durch eine Perücke ergänzt wurden, bedeckt. Selten bedeckte ein Lächeln diese Züge, gewöhnlich waren sie steinern, ohne jede Regung ...«

Und weiter: »Krupp ist ohne Zweifel ein technisches Genie ..., im übrigen ein durchaus einsichtiger* Mensch, ohne jedes Interesse für alles, was seinem Fach fernlag. So hielt er es für gänzlich verfehlt, daß ein Verwandter seiner Frau« – der später berühmt gewordene Kapellmeister und Komponist Max Bruch – »sich der Musik gewidmet hat. Würde er Techniker geworden sein, erklärte Krupp allen Ernstes, so hätte er sich

---

* hier gemeint im Sinne von »einseitiger«

und der Menschheit nützen können, während er als Musiker ein durchaus inhaltsloses Dasein führe... Sein Entwicklungsgang hatte das Selbstbewußtsein in ihm bis zu einem Maße gesteigert, daß sein Wesen zuweilen an Größenwahn streifte. Er war gewöhnt, wie ein Fürst aufzutreten, konnte aber daneben kleinliche Züge verraten...«

Nun, der »Fürst« war dann monatelang, zur wachsenden Verzweiflung Berthas, an der Riviera geblieben, hatte über ein Jahr lang seinem Essener Unternehmen nur einige wenige Blitzbesuche abgestattet, war von Kurort zu Kurort gehastet und hatte seiner »Procura« aus Scheveningen geschrieben:

»Meine Gesundheit erlaubt mir nicht, micht um die Geschäfte der Fabrik zu kümmern«, doch wollte er nun darüber nachdenken, wie er am besten »eine nützliche Übergangsperiode von meiner Tätigkeit zum ewigen Jenseits« finden könnte...

Ja, und dann hatte der eben noch so »abgemüdete« Alfred »Nervotismus« und Jenseitsgedanken plötzlich wieder vergessen und war nach Essen zurückgekehrt, schier berstend vor Aktivität.

Vielleicht war es – wie manche Krupp-Biographen meinen – das ihm von dem für seinen Bruder Werner in England erfolgreich tätigen Sir Wilhelm Siemens angebotene, mehr Stahl von besserer Qualität verbürgende Siemens-Martin-Verfahren, das den jähen Wandel bewirkt hatte; vielleicht war es aber auch – so glauben andere – die gerade anstehende, für künftige Geschäfte so entscheidend wichtige Frage, ob die Flotte des Norddeutschen Bundes mit britischen Vorderlader-Geschützen aus den Werkstätten von Armstrong oder mit Hinterladern von Krupp ausgerüstet werden sollte; vielleicht war es auch einfach die späte Einsicht gewesen, daß sich die Pannen von Königgrätz für ihn nicht gar so schlimm ausgewirkt hätten – schließlich war von niemandem sein Kopf gefordert worden, nicht einmal die Schließung des Betriebes...

Jedenfalls war Alfred dann im Handumdrehen wieder »ganz der Alte« geworden, zwar noch ein wenig schrulliger als zuvor, noch selbstbewußter und zugleich noch mißtrauischer, aber erneut erfüllt von rastloser Aktivität bei Tag und Nacht...

Das Duell zwischen den Firmen Armstrong und Krupp um die Marinebewaffnung war dann zunächst zugunsten der Engländer ausgegangen, obwohl Alfred, der sich gerade erst durch

Vermittlung des mit dem britischen Königshaus verschwägerten preußischen Kronprinzen um Londoner Kanonenaufträge für Essen bemüht hatte, der Admiralität des Norddeutschen Bundes wegen der Bevorzugung der Firma Armstrong einen traurigen »Mangel an nationaler Würde« vorgeworfen hatte. Dieser seltsame Einwand des zur Belieferung der ganzen Welt bereiten Kanonenkönigs war in Berlin jedoch überhört worden, da ein Vergleichsschießen die Überlegenheit der britischen über die Essener Kanonen erwiesen hatte. Doch dann war Alfred nach St. Petersburg gereist, hatte beim Zaren antichambriert und schließlich erreicht, daß dieser den Hof in Berlin umzustimmen suchte, unter anderem mit dem Hinweis auf das angeblich rege Interesse der Londoner Marineleitung für Krupp-Geschütze.

König Wilhelm, bieder-naiv und trotz Königgrätz noch immer ein Krupp-Fan, hatte daraufhin seine Admiralität gezwungen, »auch« in Essen einzukaufen, und die Armstrong-Vertreter waren ohne Auftrag und tief verbittert aus Berlin abgereist, unfähig, die preußische Logik zu begreifen, derzufolge man bei Kriegsschiffbewaffnungen ein – gar nicht vorhandenes – Interesse Englands zum Vorbild, aber keine englischen Kanonen zu nehmen hätte...

In den Jahren 1867 bis 1870 waren die ersten starken Spannungen zwischen Preußen und dem Frankreich Napoleons III. zu verzeichnen gewesen. Paris, das mit einem langen Krieg zwischen Preußen und Österreich gerechnet hatte und für seine Nichteinmischung überhaupt nicht belohnt worden war, hatte Forderungen angemeldet, zunächst recht unbescheidene, dann immer bescheidenere, aber auch diese waren von Berlin zurückgewiesen worden. Das hatte Kaiser Napoleon, der um sein Prestige fürchten mußte, in eine Lage versetzt, in der eine Kriegserklärung durchaus möglich war. Und wie hatte sich der stets auf seinen preußischen Patriotismus pochende Alfred in dieser gespannten Situation verhalten...?

Nun, zunächst hatte er wieder die erneut in Paris stattfindende Weltausstellung beschickt, diesmal mit einem Mammutgeschütz von hunderttausend Pfund Gewicht, dafür den »Grand Prix« und die Ernennung zum Offizier der Ehrenlegion eingeheimst, aber wieder keinen Auftrag erhalten.

Dann aber war er, unbekümmert um die drohende Kriegsgefahr, über die er kurz zuvor aus Nizza an die »Procura« geschrieben hatte, »Bei der Frage ›ob Krieg‹ bin ich gerüstet nach meinen Kräften alles zu leisten was dienen kann«, mit einem devoten Brief an Kaiser Napoleon III. herangetreten (wobei er vorsichtshalber seinen Pariser Vertreter Henri Haas das Schreiben hatte unterzeichnen lassen) – denn es lagen die amtlichen Berichte preußischer und russischer Artillerie-Prüfungskommissionen über neueste Versuche mit Krupp-Geschützen bei...!

Kaiser Napoleon hatte diesen Brief samt allen ihm »vertrauensvoll« überlassenen Anlagen an den General Le Bœuf weitergegeben, der Vorsitzender der französischen Artillerie-Kommission und zufällig auch ein enger Freund von Eugène Schneider-Creuzot war, und Le Bœuf hatte natürlich dafür gesorgt, daß die lästige preußische Konkurrenz nicht zum Zuge kam... Und so war Alfred ein Vierteljahr später, Ende April 1868, noch einmal selbst an Kaiser Napoleon III. mit einem persönlichen Schreiben herangetreten.

»Majestät«, hatte der sich der drohenden Kriegsgefahr so bewußte preußische Kanonenfabrikant an das gegnerische Staatsoberhaupt geschrieben, »ermutigt durch das Interesse, das Eure erhabene Majestät für einen einfachen Industriellen und die glücklichen Ergebnisse seiner Bemühungen und seiner unerhörten Opfer bewiesen haben, wage ich von neuem, mich Allerhöchstderselben mit der Bitte zu nahen, geruhen zu wollen, beifolgenden Atlas, der eine Sammlung von Zeichnungen verschiedener in meinen Werkstätten hergestellter Erzeugnisse enthält, gütigst anzunehmen. Ich gebe mich der Hoffnung hin, daß vor allem die vier letzten Seiten, welche die Gußstahlkanonen darstellen, die ich für die verschiedensten hohen Regierungen Europas angefertigt habe, für einen Augenblick die Aufmerksamkeit Eurer Majestät auf sich lenken dürften und meine Kühnheit entschuldigen werden.

Mit dem tiefsten Respekt, mit der größten Bewunderung bin ich Euer Majestät sehr ergebener und untergebenster Diener...«

Zwei Jahre später hatte es dann »Allerhöchstderselbe« zutiefst zu bedauern, von seinem »größten Bewunderer« nichts gekauft, sondern sich auf die Bronzekanonen des Herrn Kammerpräsidenten Schneider-Creuzot und die Ratschläge seines Freundes Le Bœuf verlassen zu haben.

Das war bei Sedan gewesen, als Napoleons Hoffnungen und mit ihnen der Kern der kaiserlichen Armee im mörderischen

Feuer jener Kruppgeschütze untergegangen waren, die Seine Majestät verschmäht hatte...

Aber an Alfred Krupp hatte es wahrlich nicht gelegen, daß die französische Feldartillerie von der preußischen zusammengeschossen worden war, ohne sich wehren zu können. Diese Tatsache hat später den Krupp-Fans, und zumal den Chauvinisten unter ihnen, schwer zu schaffen gemacht. Wilhelm Bredow machte es sich einfach und ließ Alfreds Briefe an Napoleon III. in seiner umfangreichen Dokumentensammlung einfach fehlen. Hermann Frobenius, ein enthusiastischer Verteidiger jedweder Schrulle Alfreds des Großen, versuchte wenige Jahre nach dem Tode seines Idols, dessen Beziehungen zu Frankreich, dem »Erbfeind«, so zu erläutern:

»Daß ihm die alte Feindschaft nicht weniger im Blut gelegen haben sollte, als jedem anderen ehrlichen Deutschen, ist nicht anzunehmen; aber der Patriotismus hätte ihn hier nur im Wege gestanden...« – wohlgemerkt, bei seinen Versuchen, mit den »tückischen Welschen« ins Rüstungsgeschäft zu kommen! »Wir sehen ihn dann sofort wieder in seine Rechte eingesetzt«, fuhr Frobenius, etwas dunkel auf die ursprünglich ablehnende Haltung Preußens anspielend, fort, »als durch Frankreichs Neuerungen die einheimische Regierung sich bewogen sah, mit Kruppstahlgeschützen endlich Ernst zu machen. Von da an existiert Frankreich für Krupp nicht mehr. Das Vaterland bot ihm nun, was er brauchte...«

Daß Alfred dann trotzdem dem Kaiser des für ihn doch angeblich gar nicht mehr vorhandenen Frankreichs geheime preußische Artillerieprüfungsergebnisse und genaue Beschreibungen seiner allerneuesten Waffen geschickt hatte, wußte Frobenius vielleicht gar nicht oder hielt es für belanglos, für nichts als eine kleine Aufmerksamkeit, die ein Kanonen-Enthusiast dem anderen erwiesen hatte, vergleichbar etwa einem Briefwechsel zwischen zwei in gegnerischen Lagern lebenden Schmetterlingssammlern, die über alle politischen und sonstigen Differenzen hinweg ihr gemeinsames, ganz harmloses Hobby pflegen... Vielleicht war Frobenius aber auch einfach der Marschroute gefolgt, die zwei Jahre vor seiner Veröffentlichung, beim Hinscheiden Alfreds im Juli 1887, von der vom Hause Krupp finanzierten »Internationalen Revue für die gesamten Armeen und Flotten« im Auftrage der Essener Unternehmensleitung festgelegt worden war.

»Frankreich mit brauchbaren Waffen gegen sein Vaterland zu versorgen«, hatte die Kruppsche Hauspostille geschrieben, »das hat Krupps Patriotismus nicht gelitten...!«

Und der Chef der »Procura« hatte dem »guten, edlen, lieben Herrn« an dessen Grabe bescheinigt: »Er war das Beispiel eines glühenden Patrioten, dem kein Opfer zu groß war für sein Vaterland!«

So belehrt, wollen wir noch einmal zurückkehren in den Sommer des Jahres 1870, als Napoleon III. wegen einiger, ihm von Bismarck bewußt zugefügter diplomatischer Kränkungen Preußen den von Berlin sehnlich herbeigewünschten Krieg erklärt hatte. Und wir wollen sehen, wie sich Alfred, der »glühende Patriot, dem kein Opfer zu groß war für sein Vaterland«, dann verhielt, ob er wenigstens *nach* Kriegsausbruch vaterländische Opferbereitschaft zeigte.

Nun, zunächst ließ er davon nicht allzu viel erkennen. Er hatte wieder Ärger und Sorgen. Einer seiner engsten Mitarbeiter, Albert Pieper, war so rücksichtslos gewesen, just in diesem Augenblick der Hochkonjunktur zu sterben. Auch ein anderer Freund und Mitarbeiter ließ ihm mitteilen, daß es nun mit ihm zu Ende ginge, und Alfred schrieb ihm daraufhin verärgert, daß er auch unpäßlich wäre: »...während ich mit meinen geringen Kräften nicht meinem Beruf genüge, mit seltener Ausnahme Besuche empfange, nicht ausreiche mit der geringen Kraft zur Tätigkeit und zur Erledigung dessen, was die Fabrik und der Neubau eines Wohnhauses mir auferlegen.« Tatsächlich war es der »Neubau eines Wohnhauses«, der seine ganze Zeit und Kraft in Anspruch nahm – und das nicht erst »neuerdings«, sondern bereits seit Jahren.

Er hatte sich nämlich dazu entschlossen, mehr als nur ein geräumigeres, seinem vermehrten Reichtum und Status besser angemessenes Haus zu bauen. Es sollte etwas Einzigartiges werden: ein Palast für Kaiser und Könige, die ihn besuchten, ein monumentales Denkmal seiner selbst und vor allem eine feste Burg, in der er sich vor den ihn verfolgenden Dämonen sicher fühlen könnte...!

War schon der Kauf eines geeigneten Grundstücks nicht ganz einfach gewesen – mehrere Gutsbezirke mußten über Strohmänner erworben werden, damit ein Terrain zusammenkam, das ihm für »Wohnung, Stallung, Reitbahn, Höfe, Park und Gartenanlagen, Wasserdruckwerk, Springbrunnen, Kaskaden, Fischteiche auf der Höhe und im Tale, Wildpark, Viadukte über Vertiefungen, Brücken, Weide an der Ruhr für Pferde und anderes Vieh« reichte! –, so erwies sich die Auswahl des eigentlichen Bauplatzes als noch weit schwieriger: Wem konnte er eine so unerhört wichtige Aufgabe anvertrauen? Niemandem als sich selbst! Und so ließ er sich einen hölzernen Turm bauen, der höher sein mußte als der höchste Baum im weiten Umkreis, das Ganze auf mächtige Räder stellen und von einer halben Hundertschaft unglücklicher »Kruppianer« bergauf und bergab durch wegeloses Gelände schieben, während er selbst auf der obersten Plattform stand und die jeweilige Aussicht prüfte.

Der Hügel, den er sich schließlich zum Standort seiner Residenz erkor – vermutlich roch es dort nach frischem Dung oder in anderer Weise einigermaßen sicher vor Dämonen –, war leider baumlos und kahl. Alfred, dessen Pläne einen größeren Bestand an majestätischen Bäumen vorsahen, ließ den Mangel sogleich beheben – natürlich nicht auf herkömmliche Weise! Vielmehr wurden auf sein Geheiß im ganzen Ruhrgebiet und am Niederrhein die schönsten alten Bäume, ja ganze Allee-Bepflanzungen, aufgekauft, samt den mächtigen Wurzeln ausgegraben, zum Hügel transportiert und wieder eingepflanzt...!

Aber die Hauptaufgabe, der eigentliche Hausbau, war das allerschwierigste. Auch hier kam Alfred nach reiflicher Überlegung zu der Einsicht, daß kein Architekt der Welt den Problemen gerecht werden konnte. Es blieb ihm keine andere Wahl, als Entwurf und Bauleitung persönlich in die Hand zu nehmen. Monate, Jahre, ja, fast ein Jahrzehnt lang entwarf er also selbst jede Einzelheit des von ihm geplanten Palastes...! Und das schließliche Resultat, die »Villa Hügel«, wurde denn auch zu dem, was Alfred zu ihrem Bau getrieben und bei der Projektierung von zehntausend Einzelheiten zu immer neuen Auswegen und Sicherungen angespornt hatte: zu einem steinernen Alptraum, einem Monstrum, im Vergleich zu dem sich selbst ein wilhelminisches Oberlandesgerichtsgebäude an einem regnerischen Herbsttag noch freundlich ausnimmt.

Aber im Sommer 1870 war es noch längst nicht soweit. Alfred hatte gerade erst den Grundstein gelegt und endlich auch ein geeignetes Baumaterial sowie die damit vertrauten Handwerker gefunden. Und just in diesem glücklichen Augenblick mußte jener Krieg ausbrechen, der alles wieder in Frage stellte...!

Alfreds Baumaterial war nämlich ein Kalkstein aus den Steinbrüchen von Chantilly bei Paris, und seine Steinmetzen kamen aus derselben Gegend...! Unter diesen Umständen mußte es ihm so erscheinen, als hätten sich wieder einmal alle gegen ihn verschworen; als wären Deutschland und Frankreich eigens zu dem Zweck gegeneinander aufmarschiert, ihn, Alfred Krupp, am Bau seiner »Villa Hügel« zu hindern...! Und sicherlich hörte er schon die Dämonen vor Schadenfreude kichern, roch bereits die giftigen Gase, mit denen sie ihn wegen seines Versagens zu Tode zu quälen gedachten...

Und so bäumte sich Alfred – der angeblich zu jedem Opfer für das Vaterland bereite Patriot – noch einmal auf, spannte alle Energien an, überwand seinen »Nervotismus« und setzte gegen alle Spielregeln des Krieges schier unmögliche Dinge durch: die französischen Handwerker fuhren fort, an seiner, des preußischen Kanonenkönigs, Villa zu bauen; die Steinbrüche von Chantilly lieferten weiterhin – über das neutrale Belgien – den vom Geschützlieferanten des in Frankreich eingefallenen Feindes so heiß begehrten Kalkstein, und trotz der allgemeinen Mobilmachung wurde kein »Kruppianer« zu den Fahnen gerufen, so daß es an Hilfskräften für den Hausbau nicht fehlte, denn wer gedacht hatte, daß Alfred wenigstens nach Ausbruch des Krieges der Kanonenproduktion die Priorität über seine Bauherrenpläne eingeräumt hätte, mußte dies rasch als Irrtum erkennen: Zwar erließ er – acht Tage nach der Kriegserklärung – einen markigen Aufruf an die Belegschaft, forderte Höchstleistungen, Tag- und Nachtschichten und »von dem Patriotismus eines jeden, der hierbei seine Dienste widmen wird, daß er nichts anderes bedenke als den möglichen Notfall, wo unsere Arbeit zur Geltung und dem Staate von unersetzlichem Wert sein kann...« Aber der »Procura« gab er strikte Anweisung, daß an der »Villa Hügel« unbedingt weiterzubauen wäre, »um jeden Preis, selbst mit Beseitigung von Arbeitern der Fabrik!«

Es gab noch andere bemerkenswerte Beweise seines Mangels an Patriotismus: Als ihn das preußische Kriegsministerium darum ersuchte, gewisse Geschützlieferungen ins neutrale Ausland, deren Versand gerade beginnen sollte, zunächst zurückzuhalten und im Bedarfsfall der preußischen Armee zur

Verfügung zu stellen, lehnte Alfred dies ab; dazu, so antwortete er, wäre zunächst das Einverständnis des ausländischen Kunden nötig... Und als zu Anfang des Krieges noch jedermann mit einem Vorstoß der Franzosen über den Rhein rechnete und die »Procura« dem Herrn Prinzipal in patriotischem Eifer vorschlug, die Verläßlichsten der »Kruppianer« mit Gewehren auszurüsten und mit ihnen notfalls die für das Vaterland so wichtige Fabrik zu verteidigen, verbat er sich energisch solchen Unfug. Sollten die Franzosen in Essen einziehen, teilte er seinen darob sehr überraschten Direktoren mit, »empfangen wir sie mit Kalbsbraten und Rotspon, nicht mit Kugeln...«

Erst als Preußen-Deutschland das französische Heer bei Sedan vernichtend geschlagen und Kaiser Napoleon gefangengenommen hatte, als endgültig feststand, daß bei diesem triumphalen Sieg die Kruppschen Gußstahlgeschütze ein ausschlaggebender Faktor gewesen waren, stellte Alfred seine privaten Neigungen – die sorgfältige Beobachtung seiner Gesundheit und den Bau der »Villa Hügel« – ein wenig zurück und begann sich wieder mehr für die so glänzend bewährte Geschützproduktion seines Unternehmens und nebenbei auch für den großen vaterländischen Krieg zu interessieren.

Er, der sich während dreier Jahre vornehmlich an der Riviera und in allerlei Kurorten aufgehalten und Essen nur sporadisch aufgesucht hatte, um den Neubau auf dem Hügel voranzutreiben, kritzelte nun wieder fleißig Instruktionen an jeden einzelnen Arbeiter, überschüttete die »Procura« mit detaillierten Anweisungen für alles und jedes, ja, begann nun auch ein ausgedehntes vaterländisches Spendenwesen...

Damals, damals...

Waren sie wirklich »golden«, die Jahre zwischen der Jahrhundertwende und dem Ersten Weltkrieg, jene oft gepriesene »gute alte Zeit«?

Damals, so erinnern sich ältere Herren mit leiser Wehmut, zählte Deutschland noch zu den Weltmächten. Wir hatten ein Kolonialreich, das von Westafrika bis weit in den Stillen Ozean reichte. Der Kaiser in Berlin regierte ein reiches, ungeteiltes Land, das sich von Metz bis Memel erstreckte.

Damals, so fügen sie dann hinzu, gab es zwar auch schon Autos und Telefon, Boxkämpfe und Olympiaden, politische Krisen und gelegentlich sogar einen handfesten Skandal. Doch es fehlte die Unrast, und das Geld hatte seinen soliden Wert. Und auch in der Liebe ging es romantischer zu.

Damals, so hört man dann von älteren Damen, da fuhr »man« mit der Kutsche spazieren, wurde von eleganten jungen Herren hofiert, hatte Rendezvous in einer vornehmen Konditorei, wo man eine Tasse Schokolade oder ein Glas Sherry trank und sich artige Komplimente machen ließ. Und wenn der Begleiter dann dem Kellner fünf Pfennig Trinkgeld zukommen ließ, so verbeugte der sich tief und flüsterte: »Ergebensten Dank, die Herrschaften, beehren Sie uns bald wieder!«

Damals, so möchte man meinen, wenn man solche Erzählungen hört, waren alle glücklich und zufrieden.

Es waren eben »goldene Jahre« – mit Zehn- und Zwanzigmarkstücken aus echtem Gold, mit Goldschnitt an den Blättern der Poesiealben und sogar – mit goldenen Kutschen!

Es kann indessen auch sein, daß nur die Erinnerung jene Jahre golden verklärt; daß man das Gute behalten, das weniger Gute vergessen hat; daß die »goldenen Jahre« für viele, ja vielleicht für die meisten, gar nicht so golden waren.

Urteilen Sie selbst! Und lassen Sie sich dazu mitten hinein in die Zeit versetzen, da Berlin noch ungeteilt und die Hauptstadt eines mächtigen Kaiserreiches war...

Als es noch den »Aufgang nur für Herrschaften« gab und die »Dienstboten« nur die Hintertreppe benutzen durften...

Als im Winter 1904/05 von der Königlichen Oper Leoncavallos »Roland von Berlin« aufgeführt wurde – als »Théâtre-paré«, das heißt: in Anwesenheit des kaiserlichen Hofes – und Damen mit ungenügendem Dekolleté von den Theaterdienern aus dem Saal geholt und aufgefordert wurden, in einem rasch improvisierten Schneideratelier ihre Ausschnitte tiefer machen zu lassen...

Als man im Hotel Adlon Unter den Linden für drei Mark zu Mittag essen konnte und in den Kutscherkneipen das Gläschen Schnaps zehn Pfennige kostete...

Als sich der Kronprinz mit einer mecklenburgischen Prinzessin vermählte und ein ganzes Volk diese Hochzeit fünf Tage lang feierte...

Eine Märchenhochzeit

Ganz Berlin war auf den Beinen an diesem herrlichen Frühsommernachmittag des 3. Juni 1905.

Jeder hatte sich herausgeputzt. Die Frauen und Mädchen
trugen ihre besten Kleider; die Männer hatten ihre Bratenröcke hervorgeholt und weiße Handschuhe, Gamaschen und
Röllchen angelegt. Die Jungen trugen Matrosenanzüge und
Mützen mit langen Bändern.

Trotz der ungewöhnlichen Hitze, die an diesem Sonnabend
herrschte, stauten sich dichte Menschenmassen zu beiden Seiten des Weges, den der Festzug nehmen sollte. Auf jedem Balkon drängten sich die Neugierigen. Jedes Fenster war besetzt –
bis hoch zu den Dachluken hinauf. Wer es sich leisten konnte,
hatte bis zu hundert Mark für einen Platz mit guter Aussicht
bezahlt – eine schier unglaubliche Summe, etwa soviel, wie ein
Postbeamter mit zehn Dienstjahren und vier Kindern als
Monatsgehalt bekam!

Wo es der Platz erlaubte, waren Tribünen errichtet worden.
Von allen Häusern wehten Fahnen. Rosengirlanden spannten
sich von Baum zu Baum, von Gaslaterne zu Gaslaterne. Zehntausende in bunten Uniformen standen Spalier, dazu kamen
noch Studenten, Schuljugend, Vereine, Handwerksinnungen
und nahezu die gesamte Polizei, beritten und zu Fuß, aus Berlin und Umgebung.

Hinter den Zuschauerreihen drängten sich fliegende Händler, die Ansichtskarten und Blumen, Spreewälder Gurken,
Brauselimonade und andere Erfrischungen, aber auch Kronprinzenlikör und Cecilien-Törtchen sowie Kokarden, Medaillons und Krawattennadeln mit dem Bild der zwei jungen Leute
feilboten, die am nächsten Tag Hochzeit zu feiern gedachten:

Der dreiundzwanzigjährige Bräutigam – Kronprinz Wilhelm
von Preußen, als ältester Sohn des damaligen Kaisers Wilhelm
II. zum künftigen Herrscher über das Deutsche Reich
bestimmt, ein schlanker, gutaussehender junger Mann, blond,
blauäugig, mit ausgeprägter Hohenzollern-Nase. Er stand in
dem Rufe, ein großer Draufgänger zu sein – nicht nur als
schneidiger Reiteroffizier und vielseitiger Sportsmann, sondern auch bei den Damen. Er war das vergötterte Vorbild aller

jungen Offiziere, der angehimmelte Liebling der Frauen aller Gesellschaftsklassen, der Märchenprinz des deutschen Volkes.

Die achtzehnjährige Braut – Prinzessin Cecilie von Mecklenburg-Schwerin, blond und blauäugig auch sie, schlank und sportlich, dazu eine »glänzende Partie«. Denn ihre Mutter, die Großherzogin Anastasia von Mecklenburg, war eine geborene Romanow, eine steinreiche russische Großfürstin.

Trotzdem wollte man sich aber erst mit eigenen Augen davon überzeugen, ob die junge Dame auch wirklich elegant und schön genug war, Deutschlands Märchenprinzen zu heiraten und damit Kronprinzessin und künftige Kaiserin des Reiches zu werden.

So wartete man geduldig – bei 28 Grad im Schatten! – auf den Zug, die sogenannte »Einholung« der Braut in die Reichshauptstadt, genauer gesagt: auf ihr Geleit vom Schloß Bellevue im damals noch selbständigen Charlottenburg zum königlichen Schloß an der Spree, mitten im Herzen Berlins.

Endlich, nach Stunden des Wartens, kam der mit so viel Spannung erwartete Brautzug!

An der Spitze vierzig berittene Postillone, die mit hellem Hörnerklang den Einzug der künftigen Kronprinzessin ankündigten. (Später bekam jeder der Bläser zur Belohnung eine silberne Uhr mit dem Monogramm des Brautpaares und ein goldenes Zwanzigmarkstück.) Hinter den Postillonen auf blanken, buntgeschmückten Pferden die Kapelle des Garde-Dragoner-Regiments.

Dann die eigentliche Eskorte der Braut: 134 Berliner Schlachtermeister hoch zu Roß, in Frack und Zylinder! Alles sehr stattliche Herren, deren Leibesumfang für gute Ware und blühende Geschäfte zu bürgen schien. Voller Stolz machten sie von einem alten Vorrecht Gebrauch, das den Berliner Metzgermeistern gestattete, jeder zur zukünftigen Königin von Preußen ausersehenen Braut am Vorabend ihrer Hochzeit das Ehrengeleit zu geben.

Und hinter Berlins berittener Fleischerinnung kam dann endlich der offene Wagen, auf den die Menge so sehnlich gewartet hatte: eine von sechs herrlichen Trakehnern gezogene, üppig geschmückte *goldene* Kutsche, darin – in einem duftigen Tüllkleid über hellblauer Seide, im blonden Haar ein blitzendes Diamantendiadem – die strahlende junge Prinzessin!

Es war wie im Märchen.

Und die Menschenmassen links und rechts am Straßenrand, an den Fenstern und auf den Balkonen schwenkten Hüte, Mützen und Taschentücher und brüllten sich die Kehlen heiser vor Begeisterung!

Fünf Tage lang feierte die Hofgesellschaft, feierte Berlin und mit ihm ganz Deutschland die Kronprinzenhochzeit. Vergessen waren alle innen- und außenpolitischen Sorgen, vergessen die immer bedrohlicher werdende »Einkreisung« Deutschlands durch die anderen Großmächte, vergessen die schwere Krise im Kohlenbergbau des Ruhrgebiets, vergessen der sich zuspitzende Marokko-Konflikt.

Vergessen war sogar der große Hereroaufstand, der ein paar Monate zuvor Deutsch-Südwestafrika verwüstet hatte und der – trotz blutiger Strafexpeditionen, die später im Reichstag auf scharfe Kritik stießen – noch immer nicht niedergeschlagen war.

Ja, vergessen waren selbst – zumindest für ein paar Tage – die mächtig angestiegenen Preise, vor allem für Fleisch und andere Lebensmittel. Alles Interesse galt dem Glanz und Prunk der Kronprinzenhochzeit, der Schönheit des jungen Paares, der Kostbarkeit der Geschenke und der Aussteuer.

Doch gerade mit der Aussteuer der Braut hatte es eine besondere Bewandtnis:

Schon acht Monate zuvor, im Herbst 1904, war nämlich in Schwerin der mecklenburgische Landtag zusammengerufen worden, um »die erbvergleichsmäßige Prinzessinnensteuer für die durchlauchtigste Herzogin Cecilie zu Mecklenburg, Hoheit, in Rücksicht auf die im nächsten Jahr bevorstehende Vermählung Höchstderselben mit Seiner Kaiserlichen und Königlichen Hoheit, dem Kronprinzen des Deutschen Reiches und von Preußen« zu beschließen.

Und tatsächlich mußte dann – aufgrund einer alten, »auf ewige Zeiten« übernommenen Verpflichtung – jedem mecklenburgischen Steuerpflichtigen eine Sonderabgabe von fünfzig Pfennigen auferlegt werden – zur Aufbesserung der Mitgift der achtzehnjährigen Prinzessin Cecilie!

Fünfzig Pfennig – nicht eben viel, so will es einem heute scheinen. Und wirklich waren für die reichen Gutsbesitzer, Kaufleute und Industriellen Mecklenburgs fünfzig Pfennig auch damals nur eine Bagatelle.

Für die Masse der Steuerzahler des dünnbesiedelten und nicht eben wohlhabenden Landes bedeutete diese Brautsteuer jedoch ein fühlbares Opfer! Das Durchschnittseinkommen lag nämlich damals – man vermag es kaum zu glauben! – bei *weniger als hundert Mark im Monat*. Je nach der Größe der Familie konnte damit nur das bare Existenzminimum, bei kleiner Kopfzahl ein äußerst bescheidenes Auskommen erreicht werden. Aber Ehepaare mit sechs, acht, zehn und selbst zwölf Kindern und mehr waren um 1905 in Deutschland keine Seltenheit!

Wem nach Abzug der Steuern, der Versicherungs- und Krankenkassenbeiträge und der Ausgaben für Miete, Licht und Heizung noch sechzig bis siebzig Mark übrigblieben, um davon eine vielköpfige Familie einen Monat lang zu ernähren und zu kleiden, für den war eine zusätzliche Abgabe von fünfzig Pfennig – gleich, für welchen Zweck – ein fühlbares Opfer, und es galt dann, den Betrag buchstäblich vom Munde abzusparen!

Fünfzig Pfennig – dafür konnte man um 1905 ein Viertelpfund Bohnenkaffee und einen halben Liter Milch kaufen. Oder ein halbes Pfund Rindfleisch, dazu Knochen für eine gute Brühe und ein kleines Stück Wurst. Oder ein Pfund Zucker, ein Pfund Erbsen und zwei Schulhefte. Oder auch zwei Maß Bier oder einen halben Liter gewöhnlichen Schnaps!

Fünfzig Pfennig – soviel bezahlte man um 1905 für eine Meisterstunde, zum Beispiel im Schreiner- oder Schlosserhandwerk. Soviel bekam der Friseur für fünfmal Haarschneiden oder als monatliches Entgelt für zweimal wöchentliches Rasieren. Soviel betrug der Tagelohn eines Bauernjungen, der sich, wenn daheim das Geld knapp war, beim wohlhabenderen Nachbarn verdingte.

Fünfzig Pfennig spielten damals eine Rolle in einem Prozeß vor dem Amtsrichter in Stargard, weil ein Dienstmädchen ihrer Herrschaft diesen Betrag gestohlen haben sollte und dafür unmenschliche Schläge bekommen hatte. Das Verfahren wurde dann wegen Geringfügigkeit eingestellt, nachdem das Mädchen versprochen hatte, sich zu bessern, und die Herrschaft, ein Regierungsinspektor und seine Frau, ermahnt worden war, ihr Züchtigungsrecht nicht zu überschreiten.

Fünfzig Pfennig – soviel bezahlte man in Togo und Kamerun, in Deutsch-Südwest- und Deutsch-Ostafrika dem »Boy« als Wochenlohn oder einem gut gewachsenen Negermädchen für seine Gunst.

Fünfzig Pfennig – das war viel Geld, ob in Stargard oder in Berlin, im Ruhrgebiet oder in Bayern, in Togo oder in Mecklenburg. Und so hörten denn die Mecklenburger, die je fünfzig Pfennig »Kopfgeld« für die Aussteuer ihrer Prinzessin hatten aufbringen müssen, mit sehr gemischten Gefühlen, daß »ihre« Cecilie allein für die Brautschleppe zehntausend Mark ausgegeben hatte!

Das Ungetüm von Schleppe – vier Meter lang, zwei Meter breit – war von einem Kunstprofessor entworfen worden. Den Samt hatte das Berliner Seidenhaus Michels & Co geliefert. Die Verzierungen waren von zwanzig Stickerinnen im Atelier der Frau von Wedel in vierteljähriger Arbeit (bei siebzig Arbeitsstunden in der Woche!) fertiggestellt worden: eine Borte im Stil Ludwigs XIV., in die zwischen kettenartige Glieder Silberrosetten eingearbeitet waren. Aus den Rosetten erhoben sich Blütenzweige. Das untere Drittel der Schleppe bedeckten Blumenranken, auf die von oben silberne Blumen und Blätter fielen.

Getragen wurde dieses überprächtige Monstrum zu einem weißen, silberbestickten, über rosa Atlasseide gezogenen Tüllkleid. Das Geld dafür, so konnte man sich trösten, war wenigstens in Deutschland geblieben – wenn auch nicht in Mecklenburg, wo es kein Modeatelier gab, das so hohen Ansprüchen hätte gerecht werden können.

Hinsichtlich der ganzen sonstigen, nicht minder kostbaren Brautausstattung fehlte freilich selbst dieser schwache Trost: Denn auf besonderen Wunsch der Brautmutter, einer Kusine des Zaren von Rußland, war die gesamte übrige Kleidung und Wäsche der jungen Braut in Paris und London eingekauft worden – sehr zum Verdruß der führenden deutschen Mode- und Ausstattungshäuser, die sich von einem Einkauf der künftigen Kronprinzessin einen hübschen Gewinn und beträchtliche Reklamewirkung erhofft hatten, und zum Spott der Bayern, der Rheinländer und vor allem der »Muß-Preußen« Elsaß-Lothringens.

Sie sangen damals ein Lied, das die Münchener Zeitschrift »Jugend« veröffentlicht hatte und das mit den Worten begann: »Nix Gescheites gibt's in Preußen...« Der letzte Vers dieses Liedes lautete:

> Der Trousseau der Kronprinzessin
> ward ja in Paris bestellt –
> Deutschland, Deutschland über alles,
> über alles in der Welt!

Indessen vermochten weder die im übrigen Deutschland viel belachte Erhebung der Brautsteuer in Mecklenburg noch ihre verschwenderische Verwendung im Ausland die allgemeine Begeisterung mehr als nur für kurze Augenblicke zu dämpfen.

Im Gegenteil: Vom Rausch der Märchenhochzeit wurden sogar die sonst so nüchtern und sparsam denkenden Magistrate der deutschen Städte ergriffen.

Trotz ihrer meist schlechten, zum Teil geradezu katastrophalen Kassenlage fanden sich viele Städte bereit, einem Aufruf des Berliner Oberbürgermeisters zu folgen und gemeinsam dem Kronprinzenpaar wahrhaft fürstliche Geschenke zu machen.

So beschlossen beispielsweise die Städte des Königreichs Preußen, dem jungen Paar eine silberne Tafelausstattung für fünfzig Personen im geschätzten Wert von rund fünfhunderttausend Mark zu schenken!

Selbst ein Städtchen wie Landsberg an der Warthe, das gerade erst zu arm gewesen war, sich auch nur mit hundert Mark am Bau eines bescheidenen Genesungsheimes für städtische Bedienstete zu beteiligen, ließ ohne Zaudern das Zehnfache springen, um am Hochzeitsgeschenk für das Kronprinzenpaar beteiligt zu sein. Allerdings erbrachte die Sammlung bis zum Hochzeitstage »nur« vierhundertzehntausend Mark, wobei die Reichshauptstadt Berlin allein neunzigtausend Mark zu diesem kostbaren Hochzeitsgeschenk beigesteuert hatte. Die kostbare silberne Tafelausstattung, die die Städte Preußens dem jungen Brautpaar dann überreichen ließen, war natürlich nur eine unter tausend Gaben aus dem weiten Reich, und keineswegs die kostbarste! Von den Präsenten der ausländischen Höfe, vor allem den Geschenken des Zaren von Rußland, ganz zu schweigen.

So erhielt das Kronprinzenpaar zu seiner Vermählung beispielsweise die mit Haushaltsmitteln des Reichsmarineamtes, also mit Steuergeldern, auf der Kieler Germania-Werft gebaute Luxusmotorjacht »Kaiseradler« – ein herrliches, zweiundachtzig Meter langes, zehn Meter breites Schiff mit 3 000-PS-Motoren und einhundertfünfundvierzig Mann Besatzung!

Aber auch das war noch längst nicht alles: Der Kaiser, so hieß es in einer Presseverlautbarung, habe sich anläßlich der Kronprinzenhochzeit zu einer »außerordentlich großzügigen Erhöhung der Bezüge« seines gerade dreiundzwanzigjährigen Sohnes und Kronerben entschlossen.

Was mochte das bedeuten?

Damals, im Jahre 1905, verdiente ein zwanzigjähriger Schlossergeselle wöchentlich zwanzig Mark, wovon er für Kost und Logis zehn bis elf Mark zu zahlen hatte. Ein junger Bankkaufman mit Fremdsprachenkenntnissen und dem »Einjährigen« verdiente kaum mehr, nämlich fünfundachtzig Mark im Monat, und ein verheirateter Kunsttischler hatte einen Wochenlohn von fünfundzwanzig Mark. Ein junger Beamter verdiente noch weniger, ein Facharbeiter brachte es auf achtzehn bis einundzwanzig Mark Wochenlohn.

Der dreiundzwanzigjährige Kronprinz bezog dagegen ein sechsstelliges Jahresgehalt, eine sogenannte Apanage, aus der dem Kaiserhaus aus öffentlichen Mitteln zugebilligten, keiner Steuer und keiner Kontrolle unterliegenden Zivilliste von jährlich 17,5 Millionen Mark. Diese Bezüge wurden nun, da der junge Mann sich verheiratet hatte, »außergewöhnlich großzügig« erhöht.

Dabei hätte der Kronprinz, auch ohne dieses Gehalt und ohne je die reiche Mitgift seiner jungen Frau anzutasten, sich niemals einzuschränken brauchen: Er konnte das sorglose Leben eines Multimillionärs allein aus den Einnahmen seiner schlesischen Besitzungen bestreiten, deren Kern das herrliche Schloß Öls und die dazugehörige vierundneunzig Quadratkilometer große Standesherrschaft bildeten.

Noch weniger als der Kronprinz war natürlich dessen Vater, der Kaiser, auf die Millionen angewiesen, die ihm die Steuerpflichtigen alljährlich zahlten. Er war, auch ohne diese Einkünfte, der mit Abstand reichste Mann in Deutschland, der größte Grundbesitzer, der Inhaber des bedeutendsten Wertpapierdepots, der Verfügungsberechtigte über den gesamten Inhalt märchenhaft reicher Schatzkammern. Und überdies brauchte er, wie alle anderen Fürsten, keine Steuern zu zahlen!

Millionengeschenke und Steuerfreiheit für die Allerreichsten, goldene Kutschen und Luxusjachten, rauschende Feste und üppiger Prunk...

Eine Kronprinzenhochzeit war das, wie sie das moderne Europa noch nicht erlebt hatte und von der ein kritischer und ironischer Zeitgenosse, Maximilian Harden, in seiner Zeitschrift »Die Zukunft« schrieb: »Eine Zeit unbeschreiblicher

Wonnen! Fünf Tage währte das Fest ... Und schon naht die Kieler Woche, und ein Hofprediger mahnt, zeitig zur Silberhochzeit des Kaiserpaares Haus und Herzen zu rüsten ... Nie, seit das Lebensschicksal der Völker verzeichnet wird, ward uns Kunde von einem Lande, dessen Bereich so pausenlos von Feierlärm widerhallte ...«

Konnte sich Deuschland das leisten?

Nun, es war ja zunächst keineswegs das ganze Volk, das ständig feierte, Ereignisse wie die Kronprinzenhochzeit kamen nicht alle Tage vor! Außerdem war das Land, dessen Oberschicht so üppige Feste veranstaltete, groß und mächtig und gewiß auch nicht arm.

Es umfaßte neben Preußen drei weitere Königreiche, sechs Großherzogtümer, fünf Herzogtümer, sieben Fürstentümer, drei Stadtrepubliken – Hamburg, Bremen und Lübeck – sowie das Reichsland Elsaß-Lothringen, die gemeinsame Beute aus dem siegreichen Feldzug gegen Frankreich von 1870/71. Dazu kamen die deutschen Kolonialgebiete in Übersee: Togo und Kamerun, Deutsch-Südwest- und Deutsch-Ostafrika, Deutsch-Neuguinea, die pazifischen Inselgruppen der Karolinen, der Marianen und der Samoa-Inseln sowie das sogenannte Schutzgebiet von Kiautschou an der Küste Chinas.

Der Deutsche Kaiser, der über dies alles herrschte, hatte im Jahre 1905 rund achtzig Millionen Untertanen, die Eingeborenen der Kolonien inbegriffen. Das Deutsche Reich allein zählte fast sechzig Millionen Einwohner. Doch im Reichstag, dem Parlament zu Berlin, saßen unter rund vierhundert Abgeordneten mehr als fünfzig Vertreter fremder Nationalitäten.

Zu den Bürgern des Reiches zählten beispielsweise rund 3,5 Millionen Menschen polnischer Nationalität und Sprache, rund hundertneunzigtausend Kassuben, hundertzwanzigtausend Litauer, hundertfünfzigtausend Masuren und fast ebenso viele Dänen. Dazu kamen weitere zweihundertzehntausend nur französisch- und deutschsprechende Elsässer und Lothringer sowie hundertvierundfünfzigtausend Reichsbürger, die bei der Volkszählung Wendisch oder Mährisch als ihre einzige Sprache angegeben hatten.

Unter den knapp sechzig Millionen Einwohnern des damaligen Deutschen Reiches, gleich welcher Nationalität und Muttersprache, zählte man im Jahre 1905 *mehr als dreißigtausend Millionäre!*

Jeder zweitausendste Bürger oder – was es noch deutlicher macht – etwa jede fünfhundertste Familie gehörte also jener sagenhaften Kaste an, deren Mitglieder ein mindestens siebenstelliges Vermögen (in Goldmark!) aufzuweisen hatten. An steinreichen Leuten bestand also wahrlich kein Mangel! Allein im Königreich Preußen waren damals achttausenddreihundertundvierundzwanzig »natürliche Personen« – Gesellschaften, Firmen, Stiftungen und in sogenannten Fideikommissionen festgelegte Familienvermögen also nicht mitgezählt – namentlich bekannt, die ein Privatvermögen von mehr als einer Million Mark *im Lande* versteuerten.

Wer dagegen etwa in Wandsbek bei Hamburg, damals noch preußisch, »nur« neunhundertundfünfzigtausend Mark Vermögen besaß, in der Freien und Hansestadt Hamburg weitere neunhundertundfünfzigtausend Mark Haus- und Grundbesitz, desgleichen in der nahen ebenfalls noch selbständigen Hansestadt Lübeck Immobilien im Werte von nochmals neunhundertundfünfzigtausend Mark und zwanzig Kilometer weiter östlich, im Großherzogtum Mecklenburg, ein mittleres Gut im Wert von abermals neunhundertundfünfzigtausend Mark, der zählte weder in Preußen noch in Hamburg, Lübeck oder Mecklenburg zu den Millionären.

Rechnete man indessen noch diejenigen hinzu, die in Deutschland von den Erträgen ihres ausländischen Millionenbesitzes lebten, gleich, ob es sich nun um Rittergüter in Russisch-Polen, um Industriebeteiligungen in Belgien und Luxemburg, Bergwerke in Spanien, Schlösser und Wälder in Böhmen oder nur ein Bankkonto in der Schweiz handelte, so vermehrte sich die Gesamtzahl der wirklichen Millionäre im Deutschen Reich noch ganz beträchtlich.

Aber selbst wenn man nur annimmt, daß jeweils *eine von fünfhundert deutschen Familien in Millionärsverhältnissen* lebte, so entsteht ein eindrucksvolles Bild von dem ungeheuren Reichtum, der in Deutschland zwischen der Jahrhundertwende und dem Ausbruch des Ersten Weltkrieges geherrscht hat.

Wer waren diese dreißigtausend deutschen Millionäre? Welche Familien bildeten die oberste Spitze des Reichtums in jenen »goldenen Jahren« vor 1914? Wie lebten sie? Warfen sie ihr Geld zum Fenster hinaus mit rauschenden Festen und märchenhaftem Luxus? Oder hielten sie es mit der sprichwörtlichen »preußischen Sparsamkeit«? Lebten sie weit einfacher oder noch aufwendiger und bequemer als ihre Kinder und Enkel heute?

Und wie sah die Kehrseite dieser glänzenden Medaille aus? Wie ging es in jenen »goldenen Jahren« den vierhundertneunundneunzig aus fünfhundert deutschen Familien, die sich *nicht* zu den Millionären zählen konnten? Hatten sie ihren gerechten Anteil an dem satten Wohlstand jener Epoche? Ging es ihnen besser oder schlechter als heute ihren Kindern und Enkeln?

Jene, die *nicht* mit vier Meter langen Prachtschleppen vor den Traualtar traten; die *nicht* in goldenen Kutschen einherfuhren oder eine zweiundachtzig Meter lange Motorjacht mit einhundertfünfundvierzig Mann Besatzung zu ihrer persönlichen Verfügung hatten; die zur Finanzierung ihrer Aussteuer kein »Kopfgeld« erheben konnten, sondern sich mit persönlich ersparten Kupferpfennigen Brautschuhe und Schleier kauften, hatten auch diese einfachen Durchschnittsbürger damals »goldene Jahre«?

Oder waren sie nur Zaungäste, die von weitem zusehen durften, wie sich die Reichen und Mächtigen des Landes amüsierten? Mal willkommenes Publikum, dessen staunendes Gaffen und Hurrageschrei bei keiner Galaveranstaltung fehlen durfte. Mal lästiges Volk, wenn die kleinen und großen Laster der herrschenden Gesellschaftsschicht sich zu handfesten Skandalen auswuchsen und nicht länger vertuscht werden konnten, wenn sich der Klatsch der sorgsam gehüteten Geheimnisse, Fehltritte und Ausschweifungen hoher und höchster Persönlichkeiten bemächtigte.

Denn hinter den prunkvollen Fassaden, dem strengen Zeremoniell der Höfe, der Mauer der Exklusivität feudaler Kasinos und Herrenklubs wie hinter den Samtportieren der Salons vornehmer Damen ging es oftmals entschieden weniger sittsam zu, als das Volk draußen vor den Parkgittern ahnte.

»Die Liebe, die Liebe...«

Sex – gab es so etwas überhaupt in den »goldenen Jahren«, in jener vielgepriesenen »guten alten Zeit« zwischen der Jahrhundertwende und dem Ausbruch des Ersten Weltkrieges? Hatte man in dieser uns heute oft so schwülstig erscheinenden Epoche vielleicht nur einen anderen, weniger sachlichen Namen dafür?

Oder war man damals im Deutschen Kaiserreich wirklich so prüde, daß man nicht einmal einen Gedanken, geschweige denn ein Wort für das übrig hatte, was wir heute »Sex« nennen? Entsprachen vielleicht die Frauen und Mädchen jener Zeit tatsächlich dem »hehren germanischen Keuschheitsideal«, von dem vollbärtige Gymnasialprofessoren damals mit großem Pathos schwärmten? Waren womöglich auch die Männer allen Liebesdingen abhold, sofern es sich nicht darum handelte, in einem streng nach den Konventionen geschlossenen und geführten Ehebund für Nachwuchs zu sorgen?

Nun, vieles scheint für solche Annahmen zu sprechen, manches aber auch entschieden dagegen. Liest man beispielsweise einen durchaus seriösen zeitgenössischen Bericht über die Hamburger Reeperbahn, so kommt man aus dem Staunen nicht heraus. Gewiß, auch heute ist die Reeperbahn ein nicht eben solides, für Mädchenpensionate nicht gerade geeignetes und auch von der Polizei noch immer mit Sorge betrachtetes Vergnügungszentrum. Aber so, wie sie im Jahre 1908 geschildert wurde, ist die Reeperbahn heute nicht mehr:

»Mädchen sprechen die Passanten an und sehen dabei höchst solide und bürgerlich aus. Dreizehnjährige Backfische sind darunter, aber auch alte Weiber. Wütende Konkurrenz herrscht unter den ›Erwerbsmäßigen‹. Prügeleien um zahlungskräftige ›Freier‹ sind an der Tagesordnung. Stets hört man die unflätigsten Schimpfworte, und auch die Ansprache vollzieht sich in unbeschreiblicher Weise.

Kaffee liegt neben Kaffee, Tingeltangel neben Tingeltangel, Bar neben Bar, Hotel neben Hotel... Eine große Vergnügungshalle ist da mit Luftschaukeln und Rutschbahn – nur zur Benutzung für die Dirnen, die hier wie versehentlich ihre Schenkel entblößen können... Die Preise der Straßenprostitution schwanken zwischen drei und zehn Mark... Aber die Reeperbahn, so wild und bunt, so gemein und lasterhaft sie ist, scheint ein Kinderspielplatz gegen all die pechschwarzen Gassen und Straßen der Umgebung. Dieses Revier ohne Revolver aufzusuchen, ist, wenn man ein Fremder ist und wenn man nicht völlig ausgeplündert in irgendeinem Rinnstein aufwachen will, nicht zu empfehlen...

Da sind kleine ›Salons‹, in denen auch gespielt wird – natürlich falsch. Man findet dort noch schulpflichtige Arbeitermädchen, die heimlich hergeschlichen sind und sich rasch irgendeinem Besucher hingeben, um dann mit dem ›leicht verdienten Geld‹ wieder fortzurennen...«

Und so gehen die Schilderungen des Nachtlebens von St. Pauli weiter, Seite um Seite! Der Leser muß verwundert erkennen, daß es in der sogenannten »guten alten Zeit« weit zügelloser und lasterhafter zugegangen ist als heutzutage.

Aber – so war es nur hinter den Kulissen, im Verborgenen. Nach außen hin war man streng auf Tugend bedacht. Blättert man beispielsweise in den damals populären Zeitschriften, deren Aufmachung und Inhalt ja dem Publikumsgeschmack entsprochen haben müssen, so findet man so gut wie nichts von dem, was wir heute als »Sex« bezeichnen.

Statt dessen sieht man zahllose Bilder von in- und ausländischen Fürstlichkeiten, Porträts greiser Feldmarschälle, Aufnahmen von Kriegsschiffen und Paraden, seltener aktuelle Schnappschüsse oder gar Bildberichte aus der Welt der Mode, des Sports oder des Theaters. Und selbst die Mannequins, Bühnensterne und Sportlerinnen jener Epoche wirken, wenn man die rund sechzig Jahre alten Fotos betrachtet, alles andere als »sexy«: Eine Eiskunstläuferin trug damals zur großen Kür einen knöchellangen Rock und eine hochgeschlossene, langärmelige Bluse!

Nein, von Sex war da nirgends etwas zu spüren, nicht einmal in einer Illustriertenreportage mit dem verheißungsvollen Titel:»Paris, wie es lebt und genießt!«. Da hieß es nur:».. . Und nach dem Diner im ›Maxim‹ meinte der junge Graf Z., er müsse sich nun entschuldigen; er habe noch eine Verabredung in der Nähe der Oper. Weltmännisch klemmte er sich sein Einglas ins Auge, winkte uns nonchalant zu und verschwand im Menschengewühl des abendlichen Boulevards – eine elegante Erscheinung im Frack, mit weißgefüttertem Umhang und glänzendem Zylinder, ein junger Kavalier auf dem Wege zu einem galanten Abenteuer in einem Tempel der Venus...«

Was mögen die jungen – und auch die nicht mehr ganz so jungen – Damen jener Zeit geseufzt haben, wenn sie dergleichen lasen! Ja, die Männer, so dachten sie gewiß, die haben es gut! Sie dürfen ausgehen, wann und wohin sie wollen – sogar zum »Tempel der Venus«, was immer das sein mag. Wir armen Frauen dagegen...

Tatsächlich war es damals für eine junge Dame aus gutem Hause höchst ungehörig und rufschädigend, ohne eine Begleitung, die die Tugendhaftigkeit des Vorhabens garantierte, aus dem Hause zu gehen oder auch nur in der elterlichen Wohnung einen männlichen Besucher zu empfangen. Selbst für eine verheiratete Frau gehörte es sich nicht, alleine Besorgungen zu machen oder auch nur eine Konditorei zu besuchen. Und um ihren guten Ruf war es geschehen, sah man sie ohne die Begleitung zumindest einer älteren Dame einen abendlichen Spaziergang machen!

Das mußte beispielsweise die fünfundzwanzigjährige Baronin W. erfahren, Gattin eines schon recht betagten Berliner Privatbankiers. Als sie an einem schwülen Augustabend des Jahres 1907 von zwei älteren Damen, die von einer Geburtstagsfeier kamen, dabei beobachtet wurde, wie sie ganz allein und sichtlich ohne Eile Unter den Linden spazierenging – »Es war so drückend im Haus, und im Garten quälten mich die Mükken«, erläuterte sie später–, da verlor das Bankhaus ihres Mannes in den folgenden Tagen die Einlagen einer ganzen Anzahl von Angehörigen der sogenannten »guten Gesellschaft«, außerdem die Verwaltung einer großen Stiftung zu wohltätigen Zwecken. Einem Bankier, dessen Frau offenbar ein Flittchen sei, so hieß es in der Begründung, könne man sein Geld doch nicht anvertrauen!

Ja, so streng waren damals die Sitten, zumindest in gutbürgerlichen und adligen Kreisen! Und erst recht wurde der »gute Ruf« unverheirateter junger Damen gehütet, denen einfach gar nichts erlaubt war von dem, was für einen modernen Teenager oder Twen selbstverständlich ist!

Das Ergebnis war, daß die jungen Damen der »besseren Stände« damals so gut wie keine Gelegenheit hatten, sich selbst einen Partner fürs Leben auszusuchen. Sie wurden vielmehr von ihren Eltern ver- und von einem Manne geheiratet, ohne selbst viel gefragt zu werden. Über das Wichtigste, nämlich über gesellschaftliche Stellung, Vermögen, Einkommen, Mitgift und Karriereaussichten, verständigten sich die Eltern mit dem Bräutigam. Ob die Tochter den für sie Auserwählten sympathisch fand, ob sie hoffen konnte, mit ihm glücklich – oder wenigstens nicht unglücklich – zu werden, war Nebensache.

»Das findet sich schon«, pflegten die Eltern ihre Töchter zu trösten. »Bei uns war es zuerst auch nicht anders!« Und oftmals hatten sie mit ihrer optimistischen Prognose durchaus recht, zumal ja die Mädchen für solche Konventionsehen, wie man sie nannte, erzogen waren: Die Frau, so hatte man ihnen beigebracht, hat dem Manne zu dienen, ihm eine gute Hausfrau zu sein und alle seine Wünsche ohne Murren zu erfüllen. Sie findet ihre Erfüllung darin, ihrem Gatten Kinder zu schenken und für Mann und Kinder zeitlebens treu zu sorgen.

Für Liebe war in solchem Arrangement kein Platz, für Leidenschaft schon gar nicht. Erotik – das war etwas Ungehöriges, Unanständiges, allenfalls für Künstler und Lebemänner statthaft. Für ein Ehepaar ziemte sich dergleichen nicht! Die Partner mußten sich schon glücklich preisen, wenn sie keine unüberwindliche Abneigung gegen einander empfanden und sich allmählich gegenseitig schätzen lernten.

Das war aber häufig genug durchaus nicht der Fall. Vor allem sehr junge Frauen, die mit sehr romantischen, aber auch sehr vagen Vorstellungen von dem, was sie in der Hochzeitsnacht erwartete, in die Ehe gegangen waren, wurden oft herb enttäuscht oder gar abgestoßen vom Egoismus eines wenig rücksichtsvollen Gatten. Kein Wunder, daß sie dann eheliche Beziehungen als leidige Pflichtübungen ansahen.

Wenn es so um eine Ehe stand, gaben Verwandte und Freunde aber nur selten dem Manne die Schuld. Vielmehr sagten sie dann – mit einem Unterton des Mitleids für den Gatten – der enttäuschten Frau »eine gewisse Gefühlskälte« nach. Und natürlich hatten sie unter solchen Umständen auch Verständnis dafür, daß sich der Ehemann hier und da einen kleinen Seitensprung gestattete – er mußte nur mit Diskretion und Takt geschehen und »im Rahmen seiner finanziellen Mittel« bleiben, was bedeutete, daß er seiner Familie keine Einschränkungen auferlegen durfte, um sich selbst amüsieren zu können.

Es war nicht einmal sehr schlimm, wenn die betrogene Ehefrau dahinterkam, daß sich ihr Mann – etwa auf einer Geschäftsreise oder beim Besuch eines Nachtlokals – mit einem »leichten Mädchen« eingelassen hatte. Wenn sie nicht schon so erzogen war, so konnte sie, falls sie sich dann empört und ratlos an ihre Mutter wandte, ähnliches hören wie eine Breslauer Regierungsratsgattin von ihrer Mama:

»Mein liebes Kind«, heißt es in dem Brief an die aufgebrachte Tochter, datiert vom 17. Januar 1904, »Männer sind nun einmal so – man darf sich da keinen Illusionen hingeben! Wie ich höre, hat Dir der Deine als Zeichen seiner aufrichtigen Reue eine herrliche Weißfuchsstola geschenkt, was ich sehr aufmerksam und nobel finde (obgleich ich mich frage, wie er sich bei viertausendsechshundert Mark Jahresgehalt derartige Extravaganzen leisten kann…? Vermutlich von Deiner Mitgift…)

Aber, um noch einmal auf den eigentlichen Kern der Sache zurückzukommen. Es handelt sich ja wohl nicht um eine regelrechte Affäre, sondern um eine einmalige, nicht besonders ernste Entgleisung, die zudem nur durch eine höchst bedauerliche Indiskretion des Gleiwitzer Hoteliers zu Deiner Kenntnis gelangt und in Breslau sonst niemandem bekannt ist. Unter diesen Umständen scheint mir Nachsicht am Platze…

Vielleicht solltest Du Dich auch selbst einmal prüfen, ob Du Dich ihm gegenüber nicht manchmal allzu reserviert gezeigt hast, und ob Du wirklich immer so zärtlich gewesen bist, wie es ein Mann von so gutem Aussehen und glänzender Stellung erwarten kann…

Also, sei klug, mein Kind, und verzeih ihm – nicht allzu rasch natürlich, aber so bald, wie es mit Anstand möglich ist. Ein Mann in seiner Position ist nicht zu warten gewöhnt. Du könntest ihn in ein neues Abenteur treiben…«

Die Männer durften damals auf sehr viel Nachsicht rechnen. Solange ihre Eskapaden kein unliebsames Aufsehen erregten, waren ihnen Verständnis und Verzeihen ziemlich sicher. Aber – wo fanden sie eigentlich die Gelegenheiten zu ihren kleinen und großen Abenteuern?

Die strenge Aufsicht und Erziehung, die man in den sogenannten »besseren Kreisen« auch den schon fast erwachsenen, aber noch nicht verheirateten Töchtern angedeihen ließ, und die Sorgfalt, mit der man die Tugend jeder Dame, selbst reife-

ren Alters, ständig bewachte, führten dazu, daß Affären innerhalb der »guten Gesellschaft« zwar nicht unmöglich, aber doch
äußerst schwierig und auch nicht ungefährlich waren.

Ein Mann, der sich auf ein kleines Abenteuer mit einer
»höheren Tochter« einließ, mußte stets damit rechnen, entdeckt und dann in einen Skandal verwickelt zu werden, der
seine Karriere als Offizier oder Beamter mit einem Schlag beenden konnte. So wurden die jungen Damen »von Stand« meist
als »Blümchen Rührmichnichtan« betrachtet – oft sehr zu
ihrem eigenen Kummer! Doch die Tochter aus gutem Hause
war nun einmal ausschließlich für den Heiratsmarkt bestimmt.
Auf ihren guten Ruf durfte kein Schatten fallen – das hätte ihre
Chancen ruiniert, von einem Mann, der noch Ansprüche stellen konnte, geheiratet zu werden.

Jungfräulich und unwissend – so hatten die jungen Damen
der »besseren Kreise« in die Ehe zu gehen, und der bloße Verdacht, daß eine in der Liebe vielleicht doch nicht völlig unerfahren sein könnte, gefährdete schon ihre Aussichten, eine »gute
Partie« zu machen, das heißt von einem stattlichen, gutausse-
henden Mann in gesicherter Position, um den sie alle Freundinnen beneideten und der eine glänzende Karriere vor sich
hatte, geheiratet zu werden.

Indessen – ganz so brav, wie man meinen könnte, scheinen
doch nicht alle jungen Damen der guten Gesellschaft jener Zeit
gewesen zu sein – trotz sorgfältiger Erziehung und strenger
Aufsicht. Zumindest kommt man zu dieser Schlußfolgerung,
wenn man sich einmal die Anzeigen in den gutbürgerlichen
Zeitungen jener Jahre genauer ansieht. Da liest man, beispielsweise im »Berliner Tageblatt«, regelmäßig Annoncen wie
diese: »Damen besseren Standes bietet liebevolle Aufnahme
und diskrete Hilfe Hebamme Prilipp, Oranienstraße 110.«

»Hilfe jeder Art für Damen in diskreten Verhältnissen. Frühere Hebamme Meier, Markgrafenstraße 103, IV. Stock, rechts.«

»Geheimentbindung, sehr diskret, Frau Franke, Hebamme,
Demminer Straße 11.«

»Damen in diskreten Verhältnissen finden liebevolle Aufnahme im In- und Auslande. Frau Regler, Kommandanten-
straße 25, I. Stock.«

»Hilfe! Damen von Stand wenden sich an Frau Weller,
Große Frankfurter Straße 43, nahe Alexanderplatz. Strengste
Diskretion!«

Das sehr reichhaltige Angebot – an einem einzigen Tag fand man bis zu achtzig solcher Angebote in der Presse! – läßt auf beträchtlichen Bedarf an solcher Hilfe schließen und zeigt die »jungen Damen von Stand« in einem neuen, gar nicht so tugendhaften Licht.

Dennoch – die »höhere Tochter«, die sich auf ein Liebesabenteuer mit allen Konsequenzen, keine bloße Schwärmerei, einließ, blieb eine verhältnismäßig seltene Ausnahme. Und die »besseren Herren«, die – wie man damals beschönigend sagte – »etwas Zerstreuung« suchten, waren dabei im allgemeinen auf Partnerinnen angewiesen, die aus den unteren Gesellschaftsschichten stammten, wo man es mit den strengen Geboten der Sittsamkeit und Tugend nicht gar so genau nahm.

Aber selbst solche galanten Abenteuer mit Mädchen aus dem Volke waren für die Herren der guten Gesellschaft nicht ungefährlich, wie man der folgenden Zeitungsnotiz aus dem Jahre 1905 entnehmen kann:

»Razzia in der Friedrichstraße«, meldet die Überschrift. »Ist dergleichen einer Weltstadt würdig?«, lautet die kritische Unterzeile. »In der Nacht vom Sonnabend zum Sonntag vergangener Woche haben, wie erst jetzt bekannt wird, Polizeibeamte in Zivil eine umfangreiche Razzia im Bereich der Friedrich- und ihrer Seitenstraßen vorgenommen. Dabei wurden vor allem kleinere Hotels und Pensionen durchsucht, die anwesenden Logiergäste einer Kontrolle ihrer Legitimationen und peinlichen Verhören unterzogen.«

Wie aus der Meldung weiter hervorging, hatten es die Beamten vor allem auf unverheiratete Paare abgesehen, die – wie es die Zeitung romantisch umschrieb – »in jener Gegend ihre Liebesnester unterhalten«.

Offenbar war die Polizei wenig rücksichtsvoll vorgegangen. Sie hatte wohl die Hoffnung, bei ihrer Razzia zahlreiche noch nicht registrierte Straßenmädchen aufzugreifen. Dann hätte sie einen Erfolg im Kampf gegen das Dirnenunwesen melden können – im Berlin der »goldenen Jahre«, einer Stadt von knapp zwei Millionen Einwohnern, gab es rund fünfzigtausend Prostituierte! –, was dem Herrn Polizeipräsidenten Traugott von Jagow ein Lob des kaiserlichen Hofpredigers Stoecker und den Beifall zahlreicher Sittlichkeitsvereine eingetragen hätte.

Um dieses Planziel zu erreichen, hatten die Beamten der »Sitte« die in den Hotelzimmern angetroffenen Paare eingehend befragt, wann, wo und unter welchen Umständen sie sich kennengelernt hätten; ob dem Schäferstündchen der Besuch eines Nachtlokals vorausgegangen sei und wie hoch dort die Zeche gewesen wäre; ob die Dame oder der Herr den Vorschlag gemacht habe, die Nacht gemeinsam im Hotel zu verbringen, und ob und in welcher Höhe dem Kavalier hierfür ein Entgelt abverlangt worden sei.

»Das Resultat all dieser peinlichen Verhöre ist beschämend für die Polizei«, schließt die Zeitung ihren Bericht, der sicherlich damals viel Aufsehen erregt hat. »Es ergab sich nämlich nur in einem einzigen Falle der Verdacht gewerbsmäßiger Unzucht. Dafür aber dürfte die Angelegenheit sehr böse, zum Teil geradezu ruinöse Folgen für die Betroffenen zeitigen, denn die eifrigen Beamten haben alle Namen notiert, auch die der Herren. Wie aus wohlinformierter Quelle zu erfahren ist, wird eine ganze Reihe hoffnungsvoller Karrieren damit ihr jähes Ende finden...«

Diese düstere Prophezeiung des Blattes war keineswegs übertrieben. Zwar war im Grunde ja weiter nichts geschehen, als daß einige erwachsene Männer mit ihren Freundinnen die Nacht im Hotelzimmer verbracht hatten. Aber das Schlimmste daran war, daß sie durch die Feststellung der Personalien in ein Polizeiverfahren verwickelt worden waren. Ihr Name stand jetzt im Rapport irgendeines Kriminalsekretärs, zusammen mit Dirnen und Zuhältern!

Das war schon für jeden normalen Bürger, für jedes Mädchen aus anständiger Familie eine Schmach. Doch für einen jungen Beamten oder gar Offizier bedeutete ein solches Unglück das Ende der Laufbahn. Er hatte seinen Vorgesetzten darüber Meldung zu machen und konnte dann um seinen schlichten Abschied bitten. Keine Behörde, kein Regiment duldete es, daß jemand »mit einem Fleck auf den Papieren« im Dienst blieb. In solchen »Ehrenfragen« war man unerbittlich. War einer völlig schuldlos in eine Lage geraten, die ihn zwang, um seine Entlassung zu bitten, so zeigten sich Vorgesetzte und Kollegen oft durchaus mitfühlend. Aber daß der Betreffende dennoch seinen Dienst zu quittieren hatte, stand außer Frage.

Die Härte und Ungerechtigkeit dieses sogenannten »Ehrenkodex« nahm mitunter geradezu groteske Formen an, wie beispielsweise im Falle des Oberleutnants von P., der bei einem Berliner Garderegiment im Sommer des Jahres 1907 seinen Abschied nehmen mußte, obwohl er mit Leib und Seele Soldat und nach dem Urteil seiner Vorgesetzten ein besonders fähiger Offizier war. Oberleutnant von P. hatte sich an einem lauen Juniabend im Café Bauer Unter den Linden mit seinem Bruder, einem Assessor beim Kammergericht, verabredet. Der Oberleutnant trug an diesem Abend Zivilkleidung, denn er beabsichtigte noch den Besuch eines Varietés, und das war den Offizieren seines Regiments in Uniform nicht gestattet.

Als sich von P. an einem größeren Ecktisch des Cafés niedergelassen und einen Kognak bestellt hatte, zeigte ihm ein Blick auf die Uhr, daß er noch mindestens zwanzig Minuten würde warten müssen, denn es war eine Viertelstunde vor der verabredeten Zeit, und sein Bruder pflegte immer ein paar Minuten zu spät zu kommen. Gerade wollte sich von P. erheben, um sich vom Zeitungsständer ein Abendblatt zu holen, als eine Dame und ein Herr eilig und ein wenig atemlos das Café betraten und direkt auf seinen Tisch zusteuerten.

Überrascht betrachtete der Oberleutnant die sehr hübsche und, wie es schien, ein wenig verwirrte junge Dame. Sie blickte ihn aus strahlenden blauen Augen an, und mit einem etwas gezwungenen Lächeln bat sie ihn schüchtern, Platz nehmen zu dürfen. Ihr Begleiter stand im Hintergrund, ein Taschentuch ans Gesicht gepreßt. Er machte eine knappe Verbeugung, und sobald sich die Dame an von P.s Tisch gesetzt hatte, eilte er zu den Waschräumen.

»Er hat Nasenbluten«, murmelte die junge Dame entschuldigend. Sie errötete dabei ein wenig und hielt die Augen gesenkt. Der Oberleutnant fand sie entzückend. Er überlegte schon, wie er ein Gespräch beginnen könnte, als die Dame eine Bewegung machte, als fröstele sie, von ihrem Stuhl aufstand und sich neben von P. auf das Sofa setzte.

»Es zieht hier so«, bemerkte sie nur und schenkte dem erstaunten Oberleutnant einen Blick, der seinen Pulsschlag beschleunigte.

»Donnerwetter!« dachte er, noch immer ohne Mißtrauen. Was dann geschah, ging sehr rasch. Als des Oberleutnants Bruder eine Viertelstunde später ins Café Bauer kam, war schon alles vorbei: Erst gab es einen kleinen Tumult an der Eingangstür, dann stürzte ein aufgeregter Herr ins Lokal, gefolgt von zwei schnauzbärtigen Schutzleuten mit gezogenem Säbel. Sie blickten sich wild um, erkannten dann offenbar die junge Dame und stürzten auf den Tisch zu, an dem von P. mit seiner Begleiterin saß. Diese stieß einen kleinen Schrei aus und klammerte sich an den Arm ihres Nachbarn.

»Um Gottes willen«, flüsterte sie, »helfen Sie mir!«

Doch ehe von P. etwas antworten konnte, wurde er von einem der Schutzleute am Arm ergriffen. Der andere riß die junge Dame unsanft hoch.

»Das sind sie!« hörte der völlig überraschte von P. den aufgeregten Herrn rufen, der mit den Schutzleuten hereingestürzt war. »Sie müssen den Schmuck noch bei sich haben!«

Alle Proteste des empörten Oberleutnants in Zivil waren vergebens. Er und die unbekannte junge Dame mußten mit zur Wache, begleitet von johlenden Halbwüchsigen und von verächtlichen Bemerkungen der Passanten.

»Diebesgesindel!« hörte von P. einen würdigen Herrn mit Vollbart rufen. »Lumpenbande!«

Auf der Wache endlich, rot vor Zorn, konnte sich von P. legitimieren. Die Polizisten erstarrten vor Schreck: Ein Gardeoffizier in Zivil! Und sie hatten ihn wie einen gewöhnlichen Verbrecher abgeführt – mitten durch Berlin!

Es dauerte eine Weile, ehe sie sich von ihrem Schreck erholt hatten und hinter Formalitäten Schutz suchten. Ein Protokoll wurde angefertigt. Herr von P. mußte den ganzen Vorgang noch einmal schildern. Am Ende bat ihn der Wachhabende, schon sehr kleinlaut, er möge seinen Tascheninhalt vorzeigen – nur der Form halber.

Der Oberleutnant, nun schon sehr ungehalten, befolgte auch diese amtliche Anordnung. Er leerte seine Taschen aus: Zigarettenetui, Feuerzeug, Geldbörse, Taschentuch – und dann fühlte er erbleichend einen fremden Gegenstand in seiner linken Rocktasche – einen Ring!

»Sie muß ihn mir hineingesteckt haben, als sie sich an mich klammerte!« rief er und warf das Schmuckstück mit allen Zeichen des Ekels auf den Tisch des Wachlokals.

»Ohne Zweifel!« beeilte sich der Wachhabende dem aufgebrachten von P. zu versichern. Im stillen war er entzückt von dieser Wende, denn nun würde man seinen Beamten und ihm keinen Vorwurf machen können: Sie hatten einen Zivilisten arretiert, der ein gestohlenes Schmuckstück in der Tasche hatte und mit der Diebin zusammensaß... Konnten sie ahnen, daß es sich um einen Gardeoffizier handelte?

Nachdem von P. das Protokoll unterzeichnet hatte, wurde er mit einer nicht allzu freundlichen Entschuldigung wieder entlassen. Es hieß, man würde ihn als Zeugen laden müssen, wenn der Diebin der Prozeß gemacht würde. Vielleicht sei bis dahin auch ihr echter Komplize gefaßt – der junge Mann, dessen Nase angeblich geblutet hatte und der mit dem Großteil der Beute entkommen war.

Völlig benommen verließ Oberleutnant von P. das Polizeirevier. Was ihm zugestoßen war und was nach heutigen Maßstäben nur ein kleines Mißgeschick ohne lästigere Folgen als eine nochmalige Vernehmung vor Gericht wäre, hatte mit einem Schlag seine Offizierslaufbahn beendet.

Natürlich war er völlig schuldlos – niemand würde auch nur einen Augenblick lang annehmen, daß er mit dem Juwelendiebstahl etwas zu tun gehabt hätte! Aber er war in einem öffentlichen Lokal, wo ihn vielleicht sogar der eine oder andere Gast oder Kellner kannte, in einen Skandal verwickelt worden. Man hatte ihn wie einen Verbrecher abgeführt. Er hatte sich beschimpfen lassen müssen, ohne sich wehren zu können. Er war gedemütigt worden, hatte sich einer Kontrolle seiner Taschen unterwerfen müssen, und man konnte nicht einmal von einem Mißgriff der Polizei reden, denn in seiner Tasche war ja tatsächlich eines der gestohlenen Schmuckstücke versteckt gewesen.

Für einen Gardeoffizier gab es da nur eine Konsequenz: Meldung des Vorfalls beim Kommandeur, Bitte um sofortige Beurlaubung, Gesuch um stillen Abschied. Nie wieder würde von P. Offiziersuniform tragen dürfen! Dieser Gedanke schmerzte den jungen Oberleutnant über alle Maßen, aber – zu seiner eigenen Verwunderung beschäftigte ihn noch weit mehr die Erinnerung an die dreiste Person, die ihn ins Unglück gestürzt hatte, jene entzückende kleine Diebin.

Sobald er seinen Abschied erhalten hatte, zog er diskrete Erkundungen ein. Bald konnte er das Mädchen ausfindig machen, das mit einer sehr gelinden Strafe davongekommen war. Sie war erschrocken, als er ihr eines Tages seine Aufwartung machte, um so entzückter, als sie sein Angebot hörte, ihr eine kleine, elegante Wohnung einzurichten, wo er sie besuchen könnte, wenn ihm das Leben auf dem pommerschen Gut seines Vaters zu langweilig würde.

Die »goldenen« Zwanziger

Das knappe Jahrzehnt, das der Weimarer Republik bis zum Ende der parlamentarischen Demokratie noch beschieden war, wird heutzutage, also mehr als ein halbes Jahrhundert später, seltsamerweise »eine goldene Zeit« genannt. Für die überwältigende Mehrheit der rund dreiundsechzig Millionen Einwohner des Deutschen Reiches jener Epoche waren die zwanziger Jahre indessen keineswegs golden.

Gewiß, das sinnlose Massensterben der großen »Materialschlachten« war vorüber; die Überlebenden waren größtenteils heimgekehrt, davon allerdings fast sechshunderttausend als Krüppel, über vier Millionen mit mehr oder weniger schweren Verwundungen. Rund zwei Millionen Frauen mußten als Kriegerwitwen den Lebensunterhalt für sich und ihre Kinder nun größtenteils selbst verdienen, denn der Staat gewährte ihnen nur kümmerliche Renten.

Dabei war die wirtschaftliche Situation und die sich daraus ergebende Lage auf dem Arbeitsmarkt in der Zeit von 1920 bis 1930, von den kurzen Perioden scheinbarer Besserung abgesehen, äußerst schlecht, am Ende des Jahrzehnts geradezu katastrophal. Kaum hatte sich Mitte 1924 die bis dahin chaotische Wirtschaftslage im Reich zu stabilisiern begonnen, kam es zur sogenannten »Reinigungskrise«, deren Hauptleidtragende die untersten sozialen Schichten waren.

Bis Ende 1925 stieg die Arbeitslosigkeit auf fast zwanzig Prozent; weitere zwanzig Prozent der Erwerbstätigen mußten sich mit Kurzarbeit begnügen. Bis zum Herbst 1926 gab es zwei Millionen Vollerwerbslose; im Winter 1926/27 waren 22,5 Prozent der Gewerkschaftsmitglieder arbeitslos, was dem Zehnfachen der Zeit vor 1914 entsprach. Nach einer kurzen Zeit der wirtschaftlichen Erholung, in der die Arbeitslosigkeit erheblich zurückging, die Löhne um durchschnittlich 2,2 Pfennig je Stunde stiegen und die Kaufkraft geringfügig zunahm, folgte bei einsetzender Weltwirtschaftskrise ein Abschwung, der zur Massenverelendung führte. Im Juli 1929, dem »besten« Monat des letzten Jahres der angeblich »goldenen Zwanziger«, gab es »nur« 1,4 Millionen Vollerwerbslose; bis zum Dezember 1929 war die Anzahl der Arbeitslosen schon mehr als doppelt so groß: 2,9 Millionen, und weitere drei Millionen mußten kurzarbeiten.

Angesichts dieser Lage auf dem Arbeitsmarkt verloren die hart erkämpften Tariflöhne immer mehr an Bedeutung. Durch steigende Beiträge zur Sozialversicherung, die 1929, einschließlich einer Krisensteuer, schon auf zwanzig Prozent des Bruttolohns angewachsen waren, vor allem durch die zunehmende Kurzarbeit, verringerte sich das Einkommen der Arbeiterschaft ohnehin ständig. Doch zudem sanken auch die Tariflöhne, denn die Unternehmer, die am längeren Hebel saßen, nutzten die Krise drastisch aus. Bei Tarifverhandlungen und selbst bei Streiks ging es fast nur noch darum, Lohn*senkungen* zwischen fünf und zehn Prozent zu mildern oder wenigstens um ein paar Wochen zu verzögern.

Doch nicht die Arbeiterschaft allein, auch der Mittelstand, vor allem das Kleinbürgertum, verarmte während dieser »goldenen« Jahre. Der soziale Abstieg ins sogenannte »Stehkragenproletariat« war im wesentlichen die Folge einer weitgehend manipulierten Inflation, die ihren Höhepunkt im Winter 1923/24 erreichte. Ende November 1923 war die Mark im Wert so tief gesunken, daß 4 200 000 000 000 M – in Worten vier Billionen zweihundert Milliarden Mark – gerade einem amerikanischen Dollar entsprachen.

Im Oktober 1923 hatte man, trotz einer Getreide-Rekordernte, die Ausgabe von Brot gegen Marken wieder einführen müssen, weil sonst die Massen verhungert wären, denn für wertlose Geldscheine – und etwas anderes hatten die meisten nicht zu bieten – wollten weder die Landwirte noch die Bäcker etwas verkaufen. »Das Volk hungert bei vollen Scheunen«, bemerkte dazu der Führer der Deutschnationalen im Reichstag, Kuno v. Westarp, der als Interessenvertreter der ostelbischen Großgrundbesitzer selbst nicht zu hungern brauchte. Seine Rittergutsbesitzer-Freunde waren durch die totale Geldentwertung nicht ärmer, sondern erheblich reicher geworden, litten keine Not und benutzten ihren Überfluß zur Förderung reaktionärer Politiker und rechtsradikaler Kampfverbände.

Auch zahlreiche Industriekapitäne, Finanzmagnaten und Börsenspekulanten zogen aus der Inflation gewaltige Gewinne. Friedrich Flick raffte damals seinen ersten Konzern zusammen, der immer wieder umgebaut, ergänzt und verschachtelt – ihm enormen Einfluß und ein Goldmark-Milliardenvermögen verschaffte, das auch den Zweiten Weltkrieg und den Währungsschnitt des Jahres 1948 überdauert hat. Noch gewaltiger als die Inflationsgewinne Flicks waren die des Industriellen Hugo Stinnes, dessen riesiges Konzernreich aber bald nach seinem Tode im Jahre 1924 wieder auseinanderbrach. Und auch die anderen Großindustriellen wie Krupp, Röchling oder Fritz Thyssen profitierten kräftig von den ihnen durch die Inflation gebotenen Vorteilen, zum Beispiel durch große Bankkredite den Ankauf von Sachwerten zu finanzieren und die eingegangenen Verbindlichkeiten später mit wertlosem Papiergeld zu tilgen. Eine andere Methode, rasch reich zu werden, während die Masse des Volkes alle Ersparnisse verlor, bestand darin, für den Staat Steuern zu kassieren, sie aber nicht ans Finanzamt abzuführen, sondern dafür wertbeständige Rohstoffe zu kaufen und die Steuerschulden erst mit großer Verspätung und wertlos gewordenen Papiermillionen abzudecken – ein Trick, der die Zigarettenfabrikanten Reemtsma damals steinreich gemacht hat, weil freundliche Beamte ihnen die Banderolensteuer für Tabakerzeugnisse jahrelang stundeten.

Dank ihres bewahrten und meist noch enorm vergrößerten Reichtums konnten die Großen der Industrie und der Landwirtschaft auch ihren in den Revolutionstagen vorübergehend gefährdet erschienenen politischen Einfluß rasch wieder voll zur Geltung bringen, und wie sie ihn nutzten, davon wird noch die Rede sein. Jedenfalls blieben die Vermögen und die daraus resultierende Macht der alten Elite des Kaiserreichs ungeschmälert erhalten, und sie erwiesen sich als das einzig wirklich Stabile.

Denn auch die innenpolitischen Verhältnisse in Deutschland waren nach dem Scheitern des Kapp-Lüttwitz-Putsches und der blutigen Niederwerfung der zur Rettung der Republik aufgestandenen Arbeiterschaft des Ruhrgebiets alles andere als stabil.

In den angeblich »goldenen Zwanzigern« wechselten die Kabinette schneller, als man sich die Namen der das Reich regierenden Politiker zu merken vermochte: Nach den sozialdemokratischen Reichskanzlern Gustav Bauer und Hermann Müller, die bis Mitte 1920 die Regierungen der »Weimarer Koalition« angeführt hatten, amtierte nach dem politischen Erdrutsch der Juni-Wahlen bis zum Mai 1921 das bürgerliche Kabinett des Zentrumspolitikers Konstantin Fehrenbach.

Dann übernahm der Zentrumspolitiker Josef Wirth die Reichskanzlei, zunächst bis Ende Oktober 1921, sodann mit einem neu zusammengestellten Kabinett nochmals, diesmal bis zum Herbst 1922. Es folgte eine Regierung des parteilosen HAPAG-Generaldirektors Wilhelm Cuno, die fast neun Monate im Amt blieb. Von August bis Oktober 1923 war das erste Kabinett des Volkspartei-Führers Gustav Stresemann an der Reihe, und eine zweite Regierung Stresemann in neuer Besetzung hielt sich vom 6. Oktober bis zum 23. November 1923. Sie wurde abgelöst von einer Zentrumsregierung mit dem Kanzler Wilhelm Marx an der Spitze, nach sechs Monaten von einem zweiten Kabinett Marx, unter Beteiligung der Deutschen Volkspartei, das am 15. Dezember 1924 zurücktrat.

Fast das ganze Jahr 1925 hindurch, bis Mitte Dezember, regierte der parteilose Reichskanzler Hans Luther; ein zweites Kabinett Luther versuchte sein Glück vom 20. Januar bis 12. Mai 1926. Dann kam das dritte Kabinett des Doktors Marx, das bis zum 17. Dezember 1926 im Amt blieb.

Ein viertes Kabinett Marx mit starker deutschnationaler Beteiligung hielt sich von Ende Januar 1927 bis Anfang Juni 1928, also über sechzehn Monate lang, was damals schon einen Rekord an Dauerhaftigkeit darstellte. Und dann folgte zum Abschluß der bewegten zwanziger Jahre – als fünfzehnter Reichskanzler dieses einen Jahrzehnts! – noch einmal ein Sozialdemokrat, Hermann Müller, der schon im März 1920, nach dem Kapp-Lüttwitz-Putsch, seinen Parteifreund Gustav Bauer abgelöst hatte.

Müllers Kabinett, das letzte der »Weimarer Republik«, dem noch Sozialdemokraten angehörten, setzte sich vornehmlich zusammen aus Vertretern der schwarzweißroten Deutschen Volkspartei, der weißblauen Bayerischen Volkspartei, des katholischen Zentrums und der Demokraten sowie einigen parteilosen Fachleuten, darunter General Groener als Nachfolger Geßlers im Reichswehrministerium.

Die Regierung des Reichskanzlers Hermann Müller, die Ende März 1930 stürzte, war die letzte mit parlamentarischer Mehrheit. Denn die zwanziger Jahre hatten nicht nur die Hoffnung auf die sozialistische Einheit und die bürgerlich-republikanische »Weimarer Koalition« vernichtet, sondern am Ende auch jene parlamentarische Demokratie, deretwegen Ebert und die von ihm geführte SPD ein Bündnis mit Bürgertum und

Militär eingegangen waren und die sozialistische Revolution erstickt hatten.

Doch bis es so weit war, bis die parlamentarische Demokratie gänzlich abgewirtschaftet und die Allianz mit den Feinden von rechts sich auch für die SPD und die bürgerlichen Republikaner als ein verhängnisvoller Fehler erwiesen hatte, mußte die deutsche Linke noch viel erdulden. Es blieb ihr – aber auch denen, die den Sozialismus zugunsten einer bürgerlichen Ordnung geopfert hatten – wahrlich nichts erspart, weder an niederträchtigen Verleumdungen und übelster Hetze, noch an feigen Mordanschlägen und blutigem Terror.

Den weitaus größten Einfluß auf die öffentliche Meinung in Deutschland hatte während der ganzen Dauer der »Weimarer Republik« ein gewaltiger Pressekonzern, von dessen Vorhandensein, erst recht von dessen Größe, Arbeitsweise und Macht, die allermeisten Deutschen überhaupt nichts wußten.

Im Gegensatz zu den bekannten Berliner Verlagshäusern Ullstein und Mosse, deren Morgenzeitungen, Boulevardblätter und Abendausgaben fast nur in der Reichshauptstadt und ihrer näheren Umgebung verbreitet waren, hatte jener große Pressekonzern, dessen Holding den seltsamen Namen »Opriba« führte, seinen Einfluß vor allem außerhalb Berlins. Er beherrschte die Presse der Mittel- und Kleinstädte und des flachen Landes, besonders in Nord-, Ost- und Mitteldeutschland, in etwas geringerem Maße aber auch überall sonst, wo kleinere bürgerliche Blätter und »neutrale« Heimatzeitungen erschienen.

Doch auch in Berlin hatte dieser Konzern einen ihm gehörenden großen Zeitungsverlag, die August Scherl GmbH. Dort erschienen – mit einer täglichen Durchschnittsauflage von zusammen mehr als fünfhunderttausend Exemplaren – der »Berliner Lokalanzeiger«, »Der Tag« und die »Berliner Nachtausgabe«, ferner Zeitschriften wie »Die Gartenlaube« und »Die Woche«, die ebenfalls eine große Verbreitung hatten.

Sodann war dem *Opriba*-Konzern die »Telegraphen-Union« (TU) angeschlossen, damals die zweitgrößte Nachrichtenagentur des Reiches, ferner die »Ala«-Anzeigen AG, die einen sehr bedeutenden Anteil am gesamten Anzeigengeschäft der werbungtreibenden Wirtschaft hatte. Dazu kam die »Vera«-Verlagsanstalt, die Beteiligungen an einigen hundert Provinzzeitungen hielt und ihnen mit der täglichen Lieferung fertig gematerter Seiten die Mühe abnahm, über anderes als Lokales in der eigenen Redaktion nachzudenken und zu berichten.

Schließlich gehörten zum *Opriba*-Konzern auch noch zwei Institute, »Mutuum« und »Altertum«, die konzernfremden, noch unabhängigen Zeitungsverlegern (und gelegentlich auch Redakteuren oder wichtigen Mitarbeitern noch nicht vom Konzern kontrollierter Blätter) finanzielle Hilfe gewährten und sie so nach und nach in immer größere Abhängigkeit von der *Opriba* brachten.

Zusammen bildeten TU, »Ala«, »Vera«, »Mutuum« und »Altertum« ein Netz, in dessen aus Nachrichten, Anzeigenaufträgen, fertigen Seiten, Krediten, Darlehen und Beteiligungen gestrickten Maschen mehr als die Hälfte der deutschen Presse gefangen war und nur das berichten durfte, was der *Opriba* paßte.

Und welcher Kurs den abhängigen wie den eigenen Zeitungen und Zeitschriften vorgeschrieben war, läßt sich leicht erraten, wenn man weiß, wer die *Opriba* – das Kunstwort bedeutete übrigens nur »Ostdeutsche Privatbank« – vollständig beherrschte: Es war der Geheimrat Alfred Hugenberg, der schon 1891 den Alldeutschen Verband mitbegründet hatte, von 1909 bis 1918 den Krupp-Konzern, damals Deutschlands mit Abstand größtes Rüstungsunternehmen, als Generaldirektor geleitet und sich dann ganz der Politik zugewandt hatte: als deutschnationaler Reichstagsabgeordneter und Führer des ultrarechten, »völkischen« Flügels der Opposition, als Vorstandsmitglied des Reichsverbandes der Deutschen Industrie wie auch des Arbeitgeberverbands und als Chef der *Opriba* und ihres Pressekonzerns, dem er bald auch noch die »Ufa«, Deutschlands damals größte Filmherstellungs- und Vertriebsgesellschaft, angliederte.

Um die Mitte der zwanziger Jahre kontrollierte Hugenberg mindestens zwei Drittel der gesamten deutschen Presse, und wer keine Zeitung las, sondern lieber ins Kino ging, das damals, als es noch kein Fernsehen gab, eine ungleich größere Bedeutung hatte als heutzutage, der wurde zunächst mit einer »Ufa«-Wochenschau, sodann mit einem »Ufa«-Kulturfilm auf einen Hugenberg genehmen Kurs getrimmt, ehe er den abendfüllenden »Ufa«-Hauptfilm, nicht selten auch dieser mit stramm deutschnationaler Tendenz, zu sehen bekam.

Hinter Hugenberg standen übrigens einige Repräsentanten der rheinisch-westfälischen Schwerindustrie und des Ruhrkohlebergbaus, und ein paar dieser oder mit ihnen am selben Strang ziehender Konzernherren hatten auch noch eigene Presseorgane, meist bedeutende Blätter. So war, um nur einige Beispiele zu nennen, Hugo Stinnes Besitzer der »DAZ«, der »Deutschen Allgemeinen Zeitung«, der »Industrie- und Handelszeitung«, des Witzblattes »Kladderadatsch« und der »Frankfurter Nachrichten«; der IG-Farben-Konzern, das größte Chemieunternehmen des Kontinents, hatte sich einen starken Einfluß auf die angesehene »Frankfurter Zeitung« gesichert; der Gutehoffnungshütte-Konzern war erheblich beteiligt an den »Münchner Neuesten Nachrichten«, und der Großindustrielle Otto Wolff finanzierte das führende Zentrumsblatt »Kölnische Volkszeitung« und die nationalliberale »Zeit«.

Rechnet man noch die ultrarechten bis nationalliberalen Parteiorgane sowie die ebenfalls rechtsstehende Kirchenpresse hinzu, dann waren in den Jahren der Weimarer Republik weit über drei Viertel der deutschen Zeitungen und Zeitschriften extrem antisozialistisch, auch entschieden SPD- und gewerkschaftsfeindlich sowie mehr oder minder stark in Opposition zur parlamentarischen Demokratie und zum »System« der schwarzrotgoldenen Republik von Weimar.

Im März 1921 übernahmen Max Hölz und die Reste seiner Leute, die bei der Arbeiter- und Kleinbauernbevölkerung einen schon legendären Ruf und erhebliche Unterstützung genossen, die Führung in einem von den Bergleuten des Mansfelder Reviers ausgehenden Aufstand. Der sozialdemokratische Oberpräsident der preußischen Provinz Sachsen, Otto Hörsing, erhielt von Ebert besondere Vollmachten und unternahm es, mit Hilfe starker Sicherheitspolizeiverbände den Aufstand blutig niederzuschlagen.

Hölz wurde dabei verhaftet und – wegen Hochverrats, da man ihm keine Tötungsdelikte vorwerfen konnte – vor ein Sondergericht gestellt. »Ihr Urteil«, rief Hölz seinen Richtern zu, »wird ein Klassenurteil sein. Zehn Jahre Zuchthaus bedeuten für mich eine vier, mangelhaft; fünfzehn Jahre Zuchthaus eine gute Note, lebenslänglich die Zensur eins. Wenn Sie mich aber zum Tode verurteilen, dann erhalte ich die Zensur eins A – das beste Zeugnis, das Sie mir ausstellen können!«

George Grosz, dessen Zeichenstift einige der Typen festgehalten hat, die über Hölz zu Gericht saßen, berichtete über den Ausgang des Verfahrens: »Er sollte zum Tode verurteilt werden, aber seine Rede... machte auf seine Richter einen so tiefen Eindruck, daß er mit Zuchthaus davonkam...«

Aber mit der rücksichtslosen Niederschlagung des mitteldeutschen Aufstands und der Verurteilung von Max Hölz zu lebenslänglichem Zuchthaus waren die »Ruhe und Ordnung«, wie sie Ebert, die rechte SPD und die bürgerliche Reichsregierung wünschten, noch längst nicht hergestellt. Im Herbst 1920 hatte sich die USPD auf ihrem Parteitag in Halle gespalten, der linke Flügel schloß sich der KPD an – der verbleibende rechte USPD-Flügel vereinigte sich 1922 mit der SPD –; und im traditionell »roten« Sachsen wie auch in Thüringen hatte es innerhalb der Sozialdemokratie einen Linksruck gegeben, was zur Folge hatte, daß im März 1923 in Dresden der linke Sozialdemokrat Zeigner mit den Stimmen der Kommunisten zum Ministerpräsidenten gewählt wurde. Auch in Thüringen kam es zu einer Koalition der linken SPD mit der KPD. Reichspräsident Ebert und die bürgerliche Regierung Stresemann sahen in dieser Entwicklung eine solche Gefahr für das Reich, daß sie im September mit Waffengewalt einschritten, die Landesregierungen kurzerhand absetzten und durch Einmarsch zahlreicher Regimenter der Reichswehr die Bildung neuer Kabinette ohne kommunistische Beteiligung sowie die Auflösung aller Kampfverbände der Arbeiterschaft erzwangen.

Im krassen Gegensatz zu diesem energischen Vorgehen gegen die verfassungsmäßigen, ganz legal gebildeten Linksregierungen der Länder Sachsen und Thüringen stand das Verhalten Eberts, des Reichskabinetts und auch der Reichswehrführung gegenüber der Entwicklung in Bayern. Dort hatte die Landesregierung des »Ordnungsblocks« den Ausnahmezustand erklärt, den Regierungspräsidenten v. Kahr zum »Generalstaatskommissar« ernannt und, allen Protesten aus Berlin zum Trotz, die in Bayern stationierten Reichswehrverbände dem Oberbefehl eines »Landeskommandanten« unterstellt, der sich gegen alle Anordnungen der Reichsregierung taub stellte. »Was wir wollen, ist, daß der bayerischen Regierung von der unter marxistischem Einfluß stehenden Berliner Regierung nichts aufgezwungen werden soll, was Bayern, den Hort deutscher und nationaler Gesinnung, unschädlich machen soll«, hieß es in einem Funkspruch diese »Landeskommandanten«, des Generalmajors Otto v. Lossow, der die 7. (bayerische) Reichswehrdivision befehligte.

Das war offene Meuterei, Hochverrat und Verfassungsbruch, zumal v. Kahr und General v. Lossow die in Bayern in Garnison stehenden Truppen, ungeachtet des Eides, den der Kommandeur und seine Soldaten auf das Reich geleistet hatten, nun allein für Bayern und damit gegen das Reich »in Pflicht« nahmen. Und da zur selben Zeit – es war im späten Oktober 1923 – noch starke Reichswehrverbände, die gerade erst in Mitteldeutschland »Ruhe und Ordnung« geschaffen hatten, gefechtsbereit an der thüringisch-bayerischen Grenze standen, wäre es nun die Pflicht Eberts und Stresemanns gewesen, die Reichsexekution gegen Bayern einzuleiten.

Doch ganz anders als gegen die legalen, aber »roten« Regierungen in Sachsen und Thüringen unternahm Berlin gegen Bayern gar nichts. Von dort – so jedenfalls dachten Ebert wie auch die Regierung und die Generale – drohte ja zumindest keine sozialistische Revolution. Und zudem war man sich in Berlin nicht ganz sicher, ob die bislang »loyalen« Reichswehrdivisionen gegen ihre meuternden bayerischen Kameraden überhaupt vorgehen würden.

In Bayern tummelte sich seit der blutigen Niederwerfung der Räterepublik nahezu alles, was den Rechtsextremismus in Deutschland verkörperte: Reste der »Brigade Ehrhardt« und andere Teilnehmer am Kapp-Lüttwitz-Putsch, beschäftigungslose Freikorpsführer aus den »Abwehrkämpfen« im Baltikum, in Oberschlesien und an der Ruhr, polizeilich gesuchte Attentäter, Geheimbünde wie die »Organisation Consul« und die »Thule«-Gesellschaft sowie deren »Deutsche Arbeiterpartei«, die seit 1921 »Nationalsozialistische Deutsche Arbeiterpartei« (NSDAP) hieß und einen neuen Vorsitzenden hatte: Adolf Hitler.

Hitler, seit 1919 in München, war während der blutigen »Säuberung« der Stadt nach dem Ende der Räterepublik als Spitzel des Militärs tätig gewesen. Er hatte sich dann als extrem antimarxistischer, republik- und vor allem judenfeindlicher Agitator die Sympathie der Herren im Münchener Kriegsministerium erworben. Dort ging der gebürtige Österreicher, der im Weltkrieg Gefreiter im bayerischen Regiment List gewesen war, bald aus und ein. Hitlers besonderer Gönner war der als rücksichtsloser Draufgänger und guter Organisator bekannte bayerische Hauptmann Ernst Röhm. Er baute damals mit kräftiger Unterstützung der Reichswehr und Billigung der Landesregierung eine – wegen der strengen Abrüstungsbestimmungen des Versailler Vertrags vor den Siegermächten sorgfältig geheimgehaltene – Reservearmee auf.

In Hauptmann Röhms zahlreichen Waffenverstecken lagerten rund zwanzigtausend Gewehre und Pistolen, siebenhundertsechzig Maschinengewehre, elf schwere und einhundertneunundsechzig leichte Geschütze, außerdem rund dreihunderttausend Handgranaten, riesige Mengen Sprengstoff und acht Millionen Schuß Munition.

Als Herr über solche geheimen Arsenale war Röhm eine Schlüsselfigur bei allen Putschplänen, die damals in München geschmiedet wurden. Doch seine Vorliebe galt Hitler, dessen demagogische Fähigkeiten und dessen Rednertalent er bewunderte. Deshalb stellte er Hitler, mit dem er zu gegebener Zeit eine Revolution gegen die Berliner »Novemberverbrecher«-Regierung zu machen gedachte, Mannschaften einer Reichswehr-Minenwerfer-Kompanie als Leibwache sowie als Saalschutz bei Veranstaltungen zur Verfügung. Er sorgte auch für die militärische Bewaffnung und Ausbildung der Hitler-Anhänger, und die Kampfverbände der NSDAP, die »Sturmabteilungen«, abgekürzt SA, genannt wurden, bildeten 1923 bereits die geheime Reserve des bayerischen Reichswehrinfanterieregiments 19 und des Pionierbataillons 7. Die Führung dieser SA hatte ein beschäftigungsloser Fliegeroffizier, Hauptmann Hermann Göring, übernommen; Oberleutnant Rudolf Heß, Mitglied der »Thule«–Gesellschaft, war mit »speziellen Aufträgen« betraut.

Und für die richtige Stimmung bei dieser Bürgerkriegsarmee sorgte eine eigene Tageszeitung, die in München erschien und aus einer Gründung der »Thule«–Gesellschaft hervorgegangen war: das NSDAP-Zentralorgan »Völkischer Beobachter«. Dieses Blatt war wegen ständiger Mordhetze, Verunglimpfung des Reichspräsidenten und Beleidigung des Generals v. Seeckt vom Reichswehrminister Geßler verboten worden. Aber die bayerische Regierung lehnte es ab, das Erscheinen des »Völkischen Beobachters« polizeilich zu verhindern. Daraufhin bekam General v. Lossow vom »Truppenamt« in Berlin Order, Redaktion und Druckerei der Zeitung militärisch zu besetzen, doch der General verweigerte den Gehorsam. Diese offene Auflehnung und der anschließende Abfall der in Bayern stationierten Reichswehrregimenter vom Reich kennzeichneten die Lage in den ersten Novembertagen des Jahres 1923. Zudem hatte Hauptmann Röhm das Freikorps »Reichskriegsflagge« mobilisiert, und in Nordbayern warteten bis an die Zähne bewaffnete Kampfverbände unter Führung des einem Reichsgerichtsverfahren entflohenen Kapitäns Ehrhardt auf das Zeichen zum »Marsch auf Berlin«.

Am 6. November erklärte »Generalstaatskommissar« Ritter v. Kahr den Führern der zum Losschlagen bereiten ultra-rechten Organisationen: »Erst wenn alles dazu bereit ist, beginnt die Tat, und den Befehl dazu gebe ich!«, und Generalmajor v. Lossow versicherte den Putschisten, er werde mit seiner Reichswehrdivision gegen Berlin marschieren, »aber nur, wenn einundfünfzig Prozent Wahrscheinlichkeit für das Gelingen« spreche.

Ganz Deutschland erwartete nun den baldigen Aufstand der »Ordnungszelle Bayern« gegen das Reich; General Ludendorff war schon – wie drei Jahre zuvor beim Kapp-Lüttwitz-Putsch in Berlin – in München eingetroffen und von den Verschwörern als künftiger »Reichsdiktator« begrüßt worden. Aber v. Kahr und v. Lossow zögerten noch, ob sie es wagen sollten, den Kampf gegen die – bisher ganz friedliche – Reichsregierung aufzunehmen. Vielleicht, so meinten sie, sollten sie sich darauf beschränken, zunächst nur in Bayern unter den Fittichen einer rasch wiederherzustellenden Wittelsbacher-Monarchie eine Diktatur zu errichten und die Wirkung auf das übrige Deutschland abzuwarten.

Am Abend des 8. November 1923 versammelte v. Kahr im Bürgerbräukeller etwa dreitausend Vertreter von Wirtschafts- und Bauernverbänden, der katholischen Kirche und von gemäßigten rechten Organisationen, wohl um deren Stimmung zu testen. Nachdem er etwa dreißig Minuten zu diesem ihm sehr freundlich gesonnenen Publikum gesprochen hatte, drangen plötzlich Hitler und seine SA in den Saal. Mit einem Revolverschuß, einem rasch aufgestellten Maschinengewehr und der – erlogenen – Behauptung, Polizei und Reichswehr hätten sich schon seinem Kommando unterstellt, gelang es Hitler im Handumdrehen, die Versammlung einzuschüchtern und in einem Nebenzimmer die Herren v. Kahr, General v. Lossow und Oberst v. Seißer, den Kommandeur der bayerischen Sicherheitspolizei, dazu zu bewegen, sich mit ihm »an die Spitze der Bewegung« zu stellen. Sie taten es zögernd, mit allerlei inneren Vorbehalten, mehr genötigt als freiwillig. Erst als auch General Ludendorff erschien und sich an Hitlers Seite stellte, schwanden ihre letzten Zweifel.

Die übrigen Mitglieder der bayerischen Landesregierung wurden derweilen von einigen Bewaffneten unter dem Kommando von Oberleutnant Rudolf Heß in »Schutzhaft« genommen, in einen Wald bei München gefahren und die Nacht hindurch mit der Drohung eingeschüchtert, man werde sie, »sobald der Befehl kommt«, erschießen. Andere schwerbewaffnete SA-Kommandos verhafteten und verschleppten die führenden Sozialdemokraten Münchens. Etwa zweihundert SA-Leute verwüsteten und plünderten die Verlags- und Redaktionsräume des SPD-Organs »Münchner Post«, und »Rollkommandos« drangen in den frühen Morgenstunden des 9. November in die Wohnungen jüdischer Familien ein, hausten dort wie die Vandalen, mißhandelten die aus dem Schlaf Gerissenen und nahmen einige Männer »als Geiseln« mit.

Es war – am fünften Jahrestag des so disziplinierten und unblutigen Umsturzes vom 9. November 1918 – eine erste Kostprobe von dem, was ein Sieg der NSDAP in Deutschland bringen würde, ein Vorgeschmack des »Dritten Reiches«.

Am Vormittag des 9. November besetzte Hauptmann Röhm mit seinem Freikorps »Reichskriegsflagge« das Kriegsministerium. Von der Isar her nahte ein Zug von einigen tausend NSDAP-Leuten mit Ludendorff, Hitler und Göring an der Spitze; sie wußten noch nicht, daß sich das Blatt für sie inzwischen gewendet hatte. Denn über Nacht waren v. Kahr, General v. Lossow und Oberst v. Seißer zu der Einsicht gelangt, daß der Ludendorff-Hitler-Putsch gegen die Reichsregierung keine Aussicht auf Erfolg hatte. Er war sogar, so fanden sie nun, höchst gefährlich für ihre eigenen Pläne, die eine Wiedererrichtung der bayerischen Monarchie, eine Militärdiktatur mit christlich-sozialem Mäntelchen und die allmähliche Loslösung vom Reich vorsahen.

Sie hatten deshalb die ihnen noch gehorchende Landespolizei alarmiert, die die Putschisten entwaffnen und festnehmen sollte. Die erste Polizeikette an der Isar war zwar von Görings SA überrumpelt und zusammengeschlagen worden. Doch als die Putschisten dann durch die schmale Residenzstraße zogen, um den von Polizei und Militär bedrängten Leuten Röhms im Kriegsministerium Unterstützung zu bringen, stießen sie an der Feldherrnhalle auf ein starkes Polizeiaufgebot, das, Gewehre im Anschlag, ihnen Halt gebot.

Einer der Putschisten, Hitlers Leibwächter, der Metzgergeselle Ulrich Graf, sprang vor und rief: »Nicht schießen! Exzellenz Ludendorff und Hitler kommen!« Aber da krachten schon die ersten Schüsse. Der Zug geriet in Panik; die meisten flüchteten oder suchten Deckung. Vierzehn Tote lagen auf dem Pflaster, unter ihnen Theodor v. d. Pfordten, Rat am Obersten Bayerischen Landgericht, und Max Erwin v. Scheubner-Richter, der eigentliche Organisator des Putsches. Zwei weitere Nationalsozialisten erlagen später ihren Verwundungen.

Jetzt griffen v. Kahr und General v. Lossow »energisch« durch – nicht mit standrechtlichen Erschießungen, denn die Hitler-Leute waren ja keine »Roten«, aber immerhin wurden ein paar Putschisten vor Gericht gestellt: Hauptmann Röhm; der in dem Landhaus der Frau Hofrat Hanfstaengl in Uffing aufgespürte Hitler; dessen Vertrauensmann im Münchener Polizeipräsidium, Dr. Wilhelm Frick; ein der NSDAP angehörender hoher Beamter des Innenministeriums, Dr. Ernst Pöhner; Oberstleutnant a. D. Hermann Kriebel, militärischer Führer des »Deutschen Kampfbundes«; Leutnant Robert Wagner; Oberleutnant Heinz Pernet; Oberleutnant a. D. Wilhelm Brückner, der Kommandeur des »SA-Regiments München«, ja sogar Exzellenz General Erich Ludendorff.

Der Prozeß gedieh zur reinen Farce. Der Anklagevertreter, Staatsanwalt Hans Erhard – er wurde nach dem Zweiten Weltkrieg CSU-Politiker und bayerischer Ministerpräsident –, der Vorsitzende und die Beisitzer behandelten die »Herren Angeklagten« mit erlesener Höflichkeit, insbesondere den mit einer Luxuslimousine zur Verhandlung gekommenen General Ludendorff, den sie mit »Exzellenz« anredeten und lobten, daß er sich »anerkennenswerterweise« dem Gericht »zur Verfügung gestellt« habe. Ungerügt durften die Angeklagten den Reichspräsidenten beschimpfen, über die »Novemberverbrecher«-Regierung in Berlin herziehen und lange Propagandareden halten. Am Ende des wochenlangen Prozesses, bei dem man bei Erörterungen der Beziehungen der SA zur Reichswehr und Hitlers zu v. Kahr die Öffentlichkeit stets ausschloß – die

Protokolle darüber werden noch heute geheimgehalten! –, wurden am 1. April 1924 verurteilt: Adolf Hitler, Pöhner, Kriebel und Weber zu je fünf Jahren Festungshaft und 200 RM Geldstrafe; Röhm, Brückner, Pernet, Wagner und Frick zu je fünfzehn Monaten Festung. Für Ludendorff gab es – wie üblich – einen glatten Freispruch, »unter Überbürdung der Kosten auf die Staatskasse«.

Den Angeklagten Dr. Frick, Röhm, Pernet und Wagner wurden die Strafen zur Bewährung ausgesetzt; sie kamen sofort wieder auf freien Fuß. Hitler und die übrigen Verurteilten wurden ein paar Monate später, zu Weihnachten 1924, begnadigt und aus der Haft entlassen.

Der bayerische Justizminister Dr. Franz Gürtner – der später im Kabinett v. Papen und dann auch in der Regierung Hitler das Reichsjustizministerium leitete – sorgte dafür, daß der nach München zurückgekehrte Putschistenführer vierzehn Tage nach seiner Haftentlassung vom neuen bayerischen Ministerpräsidenten, dem Zentrumspolitiker Heinrich Held, zu einem Gespräch unter vier Augen empfangen wurde. Hitler versicherte bei dieser Gelegenheit seinem Gastgeber, daß er von jetzt an »nur noch mit legalen Mitteln« nach der Macht streben werde, und Held erklärte, daß er sich nur noch auf eine Zusammenarbeit mit den Wehrverbänden des alten Chefs von Röhm, Oberst Ritter v. Epp, einlassen werde; die schon von seinem Vorgänger aufgelöste SA bleibe verboten. (Die Ironie der Geschichte sorgte dafür, daß es weniger als zehn Jahre später Ritter v. Epp war, der die Regierung Held auf Befehl Hitlers absetzte und Reichsstatthalter in Bayern wurde.)

Während der »Verbüßung« seiner kurzen »Ehrenstrafe« in komfortabel eingerichteten Räumen der Haftanstalt Landsberg am Lech hatte Hitler jede erdenkliche Bequemlichkeit gehabt und die Zeit unter anderem dazu benutzt, seinem Sekretär Rudolf Heß das Buch »Mein Kampf« zu diktieren. Darin war bereits, jedem Leser klar erkennbar, der Weg vorgezeichnet, den Hitler, sobald er die Herrschaft über Deutschland angetreten haben würde, einzuschlagen gedachte: Beseitigung des »Systems« der parlamentarischen Demokratie, der Gewerkschaften, der Parteien und jeder Koalitionsfreiheit sowie der Rechte auf freie Information und Meinungsäußerung; Beseitigung aller Spuren der Revolution und Ausrottung aller sozialistischen Ideen; Bruch des Versailler Vertrags und aller anderen

Abkommen mit den Siegern des Ersten Weltkrieges; schnellste Wiederaufrüstung der Armee über den Vorkriegsstand hinaus und Wiedereinführung der allgemeinen Wehrpflicht, beides mit dem Ziel, Angriffskriege zu führen, die Vormachtstellung des Reiches wiederzugewinnen und dem deutschen Volk mehr »Lebensraum«, vor allem auf Kosten der slawischen Nationen, zu verschaffen; Versklavung und rücksichtslose Ausbeutung aller »minderrassigen« Völker, Ausrottung der Juden, Vernichtung aller »Lebensunwerten«; Entrechtung der Arbeitnehmer, Degradierung der Frauen zu bloßen Garanten eines ausreichenden und gesunden Nachwuchses und dessen »artgemäßer« Aufzucht; Errichtung einer brutalen Diktatur mit Hilfe einer ihm, dem »Führer«, blind ergebenen »Herrenmenschen«-Elite...

Zweiter Teil

Geschichten von O
wie oben

Ladies First

Früh zu Bett und früh wieder auf, macht gesund und reich im Kauf, so lautet, in freier Übersetzung, ein Ratschlag Benjamin Franklins, der in seinem Werk »Der Weg zum Reichtum« noch erläutert wird. Der große amerikanische Staatsmann und Erfinder (beispielsweise des Blitzableiters), der anno 1706 zu Boston, Massachusetts, als fünfzehntes Kind eines Seifensieders zur Welt kam und 1776 die Ausgabe des ersten amerikanischen Papiergeldes aus eigenem Vermögen decken zu helfen vermochte, wollte mit seinem Rat, sich früh zu Bett zu begeben, vornehmlich warnen vor alledem, was wir heute unter dem Begriff »Nachtleben« zusammenfassen. Doch er wäre gewiß – oder sagen wir besser: vielleicht – entzückt, böten wir ihm noch eine ganz andere Auslegung seines Sprichwortes an und dazu auch gleich noch einen Beweis für die Korrektheit seiner Schlußfolgerungen, auch bei gänzlich anderer Auslegung des von ihm empfohlenen frühen Insbettkommens, und zwar im noch zu schildernden Falle einer nun nicht mehr ganz jungen, aber immer noch sehr attraktiven Dame, die heute zu den angesehensten Mitgliedern der europäischen High Society zählt, sehr beträchtliches eigenes Vermögen besitzt, als umfassend gebildet und lebenserfahren gelten kann, sehr chic, ganz »O«, völlig »in« ist und sich einer vorzüglichen Gesundheit erfreut, zu deren regelmäßiger Überwachung ihr die besten Spezialisten der Welt zur Verfügung stehen.

Die Dame, deren glänzende Karriere zielstrebigen Jungaufsteigerinnen zur Ermunterung, zur Anleitung und zum idealen Vorbild dienen soll, kam Anfang der zwanziger Jahre zu Köln-Kalk, einem Vorort im leider verachteten rechtsrheinischen Teil der Domstadt, als drittes Kind des städtischen Straßenbahndepotarbeiters Karl Wilhelm Eusebius Schmitz und dessen zweiter Gemahlin, Frau Appollonia (»Plönn«) Waltraud, geborener Frechenich, verwitweter Adameit, an einem Sonntagmorgen zur Welt, wurde auf die Namen Maria Apollonia Anna Ehrentrudis getauft und kam mit sechs Jahren in die Volksschule zu Kalk, bald darauf auch zur ersten Heiligen Kommunion, nachdem sie einige Monate lang von Kaplan Wallenreuther in Fragen des Glaubens und der Sitte unterwiesen worden war, gemeinsam mit zwei Dutzend anderen rotznasigen Kalker Arbeiter- und Handwerkerkindern.

Mit zwölf Jahren – »Mia«, wie sie genannt wurde, war ein kräftiges, gesundes, auch ganz hübsches und aufgewecktes Mädchen geworden – begann, neben weiteren Volksschulbesuchen, der Ernst des Lebens für sie insofern, als sie in der nahen Metzgerei von Quirin Krings jeden Mittag und Abend den Laden sowie den hinteren Kühlraum zu putzen hatte. Bereits nach sehr kurzer Zeit trat Mia auch in intime Beziehungen zu Herrn Krings senior, einem stattlichen, nur etwas kurzatmigen Mittfünfziger, der das, was Mia ihm an (erbetenen) Gefälligkeiten erwies, mit Fleisch- und Wurstwaren, weit über das vereinbarte Deputat hinaus, recht großzügig zu vergelten pflegte, so daß die Schmitzens keinen Mangel mehr litten, zumal Mia auch Schmalz, Mehl, Brühwürfel, Gurken und Fleischsalate heimbrachte, ganz zu schweigen von den vielen kleinen und großen Geldstücken, die sie beim Aufwischen des Bodens unter den Holzgittern, mit denen er hinter der Ladentheke ausgelegt war, in der Nähe der Registrierkasse fand und die sie selbstverständlich nur zum geringsten Teil der Meisterin, einer ungewöhnlich korpulenten Blondine, aushändigte, vielmehr in summa einmal im Monat auf die Sparkasse trug.

Mia, die in ihrer Volksschulklasse zu den Besten zählte, war indessen nicht nur sparsam und fleißig, sondern auch tugendhafter als die meisten Mädchen im Viertel. Sie ließ sich weder auf unanständige Spiele mit Jungen ein noch sah man sie, als sie sich dem fünfzehnten Lebensjahr näherte, abends mit den Burschen herumlungern. Dem Rat ihrer älteren Schwester folgend, bewahrte sie ihre Jungfernschaft für »etwas Besseres« auf, und dieses Prinzip respektierte auch Meister Krings, zumal ihm dadurch unnötige Sorgen erspart blieben.

Das Bessere kam jedoch schon bald, denn mit fünfzehn Jahren und dem Abgangszeugnis der Volksschule trat Mia in den Dienst eines Herrn, der zur Hautevolée der Domstadt zählte. Besagter Herr, bei dem sie, wie sie damals noch sagte, »in Stellung ging«, war ein lebensfroher, sehr wohlhabender Junggeselle von Ende fünfzig, der in einem hochherrschaftlichen Haus am Sachsenring, das ihm gehörte, eine mit vielen schönen Möbeln eingerichtete Wohnung hatte. Herr Schaepen-Guilleaume – so hieß Mias neuer Dienstherr – verkehrte in ersten Kreisen, war Mitglied der vornehmsten Karnevalsgesellschaft, Förderer zahlreicher Vereine, handelte mit Antiquitäten und zählte zu den Stammgästen des Weinhauses Zum Walfisch, wo er auch die meisten Mahlzeiten einzunehmen pflegte, so daß er an die Kochkünste seines neuen Dienstmädchens keine großen Anforderungen stellte. Ja, er beachtete Mia anfangs kaum, doch das änderte sich rasch und gründlich, als er einmal mit einer leichten Grippe das Bett hüten mußte. Mia benutzte die Gelegenheit, mit ihrem neuen Chef endlich in engeren Kontakt zu kommen, auf zweierlei Weise, und sie hatte damit doppelten Erfolg. Zum einen offenbarte sie ihm, während sie in seinem Zimmer Staub wischte und Ordnung machte, ihren Bildungshunger (der übrigens im wesentlichen gesellschaftlicher Ehrgeiz war), indem sie ihm, schüchtern erst, dann mit nachlassender Scheu, allerlei Fragen stellte, etwa die Vorzüge ungeputzten alten Zinns oder die Unterschiede zwischen Meißner und Sèvres-Porzellan betreffend, ergänzt durch die Bitte, sich das eine oder andere Buch darüber aus der Bibliothek ausleihen zu dürfen; zum anderen aber ließ sie ihre sich gerade erst kräftig entwickelnden weiblichen Reize – scheinbar ganz unbewußt – auf den dafür durchaus noch empfänglichen Chef einwirken.

Das Resultat dieser Doppelstrategie war verblüffend, sogar für Mia selbst, die Herr Schaepen-Guilleaume übrigens in »Marianne« umbenannte, was ihm weniger vulgär erschien, denn er war ein Ästhet. Er nahm sie, als sie sich zu ihm setzte, dann nicht nur in sein Bett und weihte sie, die auch wir nun Marianne nennen wollen, in alle Geheimnisse der Liebe ein (die ihr im wesentlichen, wenn auch zum Teil nur theoretisch, bereits gut bekannt waren), sondern auch in die der Kunst und des Lebensgenusses. So brachte er ihr bei, Louis Quinze-Möbel von denen aus der Zeit des sechzehnten Ludwig zu unterscheiden (und die Bezeichnungen richtig auszusprechen), eine alte Buchara-Brücke einem nagelneuen Afghan vorzuziehen, beim Zumundeführen einer Tasse nicht den kleinen Finger abzuspreizen, zu Meeresfrüchten einen sehr trockenen Chablis anstatt lieblichen Mosel zu trinken (oder besser noch einen Pouilly), mit Lippenstift sehr sparsam umzugehen, hochdeutsch zu sprechen anstatt kölsch und vieles andere mehr – natürlich nicht alles auf einmal, sondern nach und nach, denn seine Beziehungen zu der noch nicht sechzehnjährigen Marianne blieben nicht auf die kurze Zeit seiner Bettlägerigkeit beschränkt, sondern entwickelten sich zu einer andauernden tiefen Leidenschaft.

Obwohl (oder auch weil) Marianne niemals irgendwelche Forderungen stellte, schenkte er ihr fast täglich irgend etwas – ein hübsches Kleidchen, eine Flasche Parfüm, ein Koffergrammophon oder ein halbes Dutzend Paar hauchdünne Strümpfe in Modefarben. Er ließ sie auch auf seine Kosten in der Berlitz-Schule einen Französisch-Kurs absolvieren und freute sich über ihre raschen Erfolge. Und als sie siebzehn Jahre alt geworden war, da kaufte er ihr sogar ein Abendkleid und nahm sie mit zu einem großen gesellschaftlichen Ereignis, der Karnevalsprinzen-Kürung im Gürzenich, und stellte sie dem Oberbürgermeister und den Honoratioren als seine Nichte vor. Als Marianne dann von diesen Herren als »gnädiges Fräulein« angeredet wurde, da fühlte sie sich, obwohl sie es damals noch ganz anders ausgedrückt hätte, bereits ganz und gar »in«...

Bald darauf erkrankte Herr Schaepen-Guilleaume ernstlich, kam in die Bonner Universitätsklinik und verstarb, ohne Marianne noch einmal wiedergesehen zu haben. Für diese war sein Tod ein schwerer Schlag, denn sie hatte ihn ganz gern gemocht, auch gehofft, daß er sie noch heiraten würde. Es zeigte sich dann, daß sie auch so zufrieden sein konnte, denn sie erbte ein Legat von fünfzigtausend Mark, von dem sie – einem Rat ihres toten Lehrmeisters folgend – etwa die Hälfte heimlich, denn es herrschte zu jener Zeit strenge Devisenbewirtschaftung, in die Schweiz brachte und bei einer Bank deponierte.

Dann zog sie nach Berlin, mietete sich, da sie dort niemanden kannte, in der Nähe des Kurfürstendamms ein möbliertes Zimmer in einer eleganten Pension und suchte sich, nachdem sie sich ein wenig umgesehen und ihre Garderobe ergänzt hatte, anhand von Zeitungsinseraten eine Stellung, wobei sie sehr wählerisch vorging. Nach etwa vier Wochen geriet sie an eine Firma, die – wie sie sehr bald merkte – eine getarnte Dienststelle des Reichssicherheitshauptamtes der SS, Abteilung Ausland-Abwehr, war, doch das legere Betriebsklima, die zahlreichen Vorteile, die die kleine und sehr liquide »Firma« ihr bot, und die noch sehr jungen, ziemlich forschen Chefs sagten Marianne zu. Umgekehrt war sie, wie ihr rasch bewußt wurde, den meist aus kleinbürgerlichem Milieu stammenden SS-Führern in Zivil, die sich »dienstlich« in den eleganten Grandhotels, auf Gesellschaften des diplomatischen Corps oder in den Golf- und Tennisklubs bewegen mußten und sich dabei noch ziemlich unsicher fühlten, eine bald unentbehrliche Hilfe.

Binnen kurzem war Marianne, die übrigens politisch indifferent blieb, nur gelegentlich »geschmacklose Sachen« rügte, auf »Firmen«kosten Englisch lernte, ihre Chefs recht burschikos, doch mit erstaunlich sicherem Gefühl in gesellschaftlichen Fragen beriet, auch mit ihnen allen in, wie sie es nannte, »kameradschaftlicher«, jedwede Komplikation vermeidender Weise schlief und bei den zahlreichen Festen der »Firma« als Gastgeberin fungierte, eine bekannte und allgemein bewunderte Erscheinung der Berliner Hautevolée des letzten Vorkriegsjahres und in einem Maße »O« und »in«, das ihren verstorbenen Lehrmeister entzückt hätte. So erlebte sie den Krieg, der bald begann, wie die ferne Begleitmusik zu einer amüsanten Gesellschaftskomödie, hatte keinerlei Nahrungs- oder Kleidungsprobleme, eine stattliche Reihe teils »dienstlicher«, teils »kameradschaftlicher« und nur vereinzelt ganz privater Liebhaber, so gute Informationen, daß sie für das böse Ende, das in absehbarer Zeit bevorstand, allerlei Vorkehrungen treffen konnte, und die Möglichkeit, Gold, Brillanten und Devisen zu horten, auch ihr Konto in der Schweiz fleißig zu vermehren.

Den bedeutendsten Vermögenszuwachs verdankte sie der Bekanntschaft mit einem jungen Mann, den sie in der italienischen Botschaft kennenlernte und dessen Name, wie sie wußte, auf einer für sein Leben sehr bedrohlichen Anweisung einer übergeordneten Dienststelle stand. Der junge Mann schien sich der Gefahr, in der er schwebte, durchaus bewußt zu sein, denn er machte Marianne das Angebot, eine halbe Million Dollar in der Schweiz zu ihrer Verfügung zu stellen, falls sie ihm damit eine rasche Ausreise ermöglichen könnte. Vermutlich glaubte er, sie werde, falls sie überhaupt auf den Vorschlag cinging, das Geld zur Bestechung des einen oder anderen sehr hohen Funktionärs benötigen, aber Marianne dachte nicht im Traum daran, auch nur einen Cent in fremde Hände gelangen zu lassen. Sie überwand ihren heimlichen Ekel vor einem der mächtigsten Männer des ihrer »Firma« übergeordneten Amtes, schlief mit ihm ein paar Wochen lang, bis sie von einer ungarischen Schauspielerin endlich abgelöst wurde, und überließ die von dem großen Boß im Austausch gegen diese Liaison vorher ausbedungene Ausreisegenehmigung dem gefährdeten jungen

Mann, sobald er ihr die Gutschrift des vereinbarten Betrages auf ihrem Konto in der Schweiz nachzuweisen imstande war. Sie brachte es sogar fertig, bei ihm den Eindruck einer Wohltäterin zu erwecken, die sich um seinetwillen in Lebensgefahr begeben hatte, ohne den geringsten eigenen Vorteil bei dem Geschäft zu haben – ein Umstand, der sich später als sehr nützlich erweisen sollte, als der von ihr Gerettete, Sohn eines amerikanischen Industriellen, nach Kriegsende als Besatzungsoffizier nach Deutschland zurückkehrte...

Die Weltuntergangsstimmung, die ihre Umgebung ergriff, als sich ein Jahr später die Rote Armee der Oder zu nähern begann, benutzte Marianne, einen jungen Luftwaffen-Offizier, der als Kurier für einen Tag nach Berlin gekommen war und den sie im »Venezia«, einem markenfreien Schlemmerlokal am Kurfürstendamm, das nur Eingeweihte kannten, aufgegabelt und sehr nett gefunden hatte, dadurch vor eiliger Rückkehr an die Front und fast sicherem Tod zu retten, daß sie kurzentschlossen für ihn und sich eine Heiratsgenehmigung nebst drei Tagen Sonderurlaub nach vollzogener Trauung erwirkte.

Die nächsten fünf Tage und Nächte waren eine einzige wilde, aus den unerschöpflichen Vorräten der »Firma« mit Unmengen von Champagner und edlen Spirituosen angefeuerte, zeitweise orgiastische Parodie auf Verlobungsfeier, Polterabend und Hochzeit. Weder die Braut noch der Bräutigam konnten sich erinnern, ob, gegebenenfalls von wem und wie sie eigentlich getraut worden waren.

Am sechsten Tag mußte der junge Ehemann wieder an die Front und fiel noch im Laufe der folgenden Woche bei der Verteidigung eines Oder-Brückenkopfes. Unter seinen Wertsachen und Papieren befand sich auch ein kurzer Brief an Marianne sowie ein Trauschein des Standesamtes Berlin-Wilmersdorf. Diesen Schriftstücken, die Marianne ein paar Tage später zugestellt wurden, konnte sie entnehmen, daß sie nun eine – knapp dreiundzwanzigjährige – Hauptmannswitwe mit Pensionsansprüchen war und seit kurzem amtlich »Maria Apollonia Anna Ehrentrudis Gräfin de la Ferrière und d'Herblais von und zu Königswarth«* hieß.

Einem letzten Wunsch ihres gefallenen Gemahls entsprechend, sollte sich Marianne eiligst von Berlin weg und »auf die

---

* Der Name wurde aus Gründen der Pietät geringfügig verändert.

Marienburg« begeben. Als Kölnerin dachte sie zunächst an »die Marienburg«, das vornehmste Villenviertel der Domstadt; ihre Freunde in der »Firma« fürchteten, es könnte nur die alte Ordensburg in der Nähe von Danzig gemeint sein, die sich leider längst in den Händen »des Iwans« befand. Doch es ergab sich dann, daß Mariannes künftiger Aufenthalt das erst gegen Ende des vorigen Jahrhunderts in pseudo-mittelalterlichem Stil erbaute Welfenschloß Marienburg auf dem Schulenberg bei Springe an der Leine sein sollte, das dem vormals regierenden Herzog von Braunschweig gehörte, Seiner Königlichen Hoheit Ernst August, Prinz von Hannover, von Großbritannien und Irland, Herzog zu Braunschweig und Lüneburg.

Marianne bekam von ihrer »Firma« einen »Marschbefehl« sowie den Auftrag, zwei Kisten mit Geheimmaterial (vornehmlich Cognac der Marke »Hennessy V.S.O.P.«) nach Schloß Marienburg zu »verlagern«, dazu einen Dienstwagen mit Fahrer, und verließ Berlin, wohlausgestattet mit Garderobe, Schmuck, Gold, Devisen und Proviant, gerade noch rechtzeitig vor der endgültigen Einschließung der Stadt durch die Rote Armee. Sie wurde an ihrem Reiseziel sehr freundlich aufgenommen und erlebte das Kriegsende und die Wirren der ersten Besatzungsmonate in sicherem Abstand von allen Unannehmlichkeiten und im Schutz des über dem Welfenschloß flatternden Union Jack, den Seine Königliche Hoheit, der Hausherr, als Prinz von Großbritannien vorsichtshalber hatte hissen lassen...

Marianne war eben ein Sonntagskind. Das zeigte sich auch, als sie im Herbst 1945 von niederrheinischen Amtsgerichten und Katasterämtern, einer Düsseldorfer Privatbank und der gräflich de la Ferrière und d'Herblais'schen Güter-, Forst- und Liegenschaftsverwaltung Nachricht erhielt, die ihr eine Vorstellung von dem enormen Umfang des Erbes gaben, das ihr von ihrem kurzfristigen Gemahl hinterlassen worden war. Allein der – zum Teil auch städtische – Grundbesitz, die beiden Schlösser und die wertvolle Gemäldesammlung verdreifachten ihr ohnehin schon beträchtliches Vermögen, und später sollten sich die Industrieaktien im Depot der Düsseldorfer Bank als ein Aktivposten erweisen, der alles andere in den Schatten stellte.

Wir täten übrigens Marianne bitter Unrecht, wollten wir annehmen, daß es ihr bei der Vermählung mit dem ihr fast unbekannten Hauptmann um dessen Vermögen gegangen wäre. Ausnahmsweise hatte sie dabei keinerlei materielle Vorteile im Auge gehabt. Das einzige, das sie – neben etwas Mitleid mit dem so netten und wohlerzogenen jungen Mann – zu ihrem plötzlichen Entschluß bewogen hatte, war der Wunsch, so rasch wie möglich Namen und Background zu wechseln...

Inzwischen ist mehr als ein Vierteljahrhundert vergangen. Aus Marianne, der ursprünglichen Mia Schmitz aus Kalk, nachmaligen Gräfin de la Ferrière und d'Herblais, wie sie sich kurz nannte, ist längst eine Lady Mary-Ann geworden, die mit dem jüngeren Sohn eines britischen Herzogs verheiratet ist und – neben einer piekfeinen Stadtwohnung in London S.W. 1, einem Landsitz in Buckinghamshire, einer Zwölf-Zimmer-Eigentums-Etage in Paris, Avenue Foch*, einer hübschen Villa am Cap d'Antibes und einer weiteren in Nassau, Bahamas – auch ein vornehmes altes Palais am Düsseldorfer Hofgarten ihr eigen nennt, von wo aus sie als immer noch sehr aktive und attraktive Vierzigerin sich in sehr dezenter – und für sie lukrativer Weise der Public Relations eines bedeutenden internationalen Erdöl- und Chemie-Konzerns annimmt, auch dessen diverser Anliegen an mitunter zunächst störrische, am Ende aber für ihre Argumente dann doch aufgeschlossene Gesetzgeber. Sie ist mit Konzernbossen, Erzbischöfen, Rennstallbesitzern, Bankiers und Ministern befreundet und einem – gelegentlich auch intensiven – Flirt mit diesen Herren selten abgeneigt, die Erzbischöfe dabei ausgenommen. Den eigenen Mann trifft sie nur gelegentlich, in Ascot oder Deauville, und sie ist dann vorbildlich nett zu ihm, obwohl er sich aus ihr – wie aus Frauen überhaupt – gar nichts macht. Immerhin hat er sie ja, wenn auch nicht ganz freiwillig, geheiratet und entging so – aber das ist eine lange, besser nicht wieder hervorgekramte, recht eigen- und etwas abartige, ja fast dämonisch zu nennende Geschichte – einer Verurteilung zu langer Zwangsarbeit in einem besonders intoleranten und klimatisch ungünstigen Land. Wenn demnächst – es ist nur noch eine Frage von Wochen – der ältere Bruder ihres Gemahls, der seit über zwanzig Jahren in einer privaten geschlossenen Anstalt untergebracht ist, von seinem Leiden erlöst sein wird, bekommt Marianne den Titel einer Mar-

---

* Selbstverständlich auf der Straßenseite mit den geraden Hausnummern, die absolut »o« ist, während die »ungerade Seite« nur von denen für vornehm gehalten wird, die dort wohnen.

chioness. Und Mariannes Schwiegervater wird bald darauf – so ist es abgemacht – seinen gesamten, auf etwa dreißig Millionen Pfund Sterling geschätzten Grund- und Aktienbesitz auf Mariannes Mann übertragen, wodurch – sofern der alte Herzog dann noch fünf Jahre lebt, aber dafür wird Marianne schon sorgen – die enorm hohe Erbschaftssteuer gespart wird. Sie bekommt übrigens die alleinige Verfügungsgewalt über das herzögliche Familienvermögen, wodurch ein Entmündigungsverfahren vermieden wird, das bei der Lebensweise ihres Gatten sonst unumgänglich wäre. Ja, und eines Tages wird sie Herzogin werden...

Schon heute verkehrt sie, die »tapfere junge Frau, die auf eigenen Füßen steht«, an mehreren europäischen Königshöfen und in den Familien zahlreicher Staatspräsidenten, nimmt sich nicht nur – übrigens gemeinsam mit der schönen Frau Dr. Gabriele Henkel und dem rüstigen Playboy und Kunstfreund Gunter Sachs – des »Modern Art Museums« in der Münchener Prinzregentenstraße an, sondern auch – als Kuratoriumsmitglied – des »Musée de l'Art Moderne« zu Paris, Avenue de New York, sitzt in den Ehrenpräsidien zahlreicher Vereinigungen unterschiedlichster Art, von der »International Groenendaels' Breeders' Association« über den »Nassau Yacht Club« bis zur »Distressed Gentlefolk's Aid Society«. Sie hat ihre eigene Loge in der »Royal Albert Hall«, darf den Chef des Pariser Bankhauses Rothschild »Guy« nennen, die Fürstin Bismarck »Ann-Mari« und den Onassis- und Kennedy-Schwager, Prinz Stanislaus Radziwill, schlicht »Stasch«.

Diese wenigen, ganz wahllosen Beispiele zeigen bereits, daß Mia Schmitz, nunmehrige Lady (und künftige Herzogin) Mary-Ann, in hohem Maße »in« ist, vielleicht – dieser Komparativ sei ausnahmsweise gestattet – »inner« als die meisten ihrer vornehmen Freunde und Bekannten. Sie hat es geschafft. Sie ist »o«, ganz »o«. Und sie kann von sich sagen, daß sie, wie Benjamin Franklin, von Kindesbeinen an fleißig gewesen ist, nach dem Sprichwort »Sich regen, bringt Segen« gehandelt und sich niemandem einfach so hingegeben hat, wie es die jungen Mädchen heutzutage tun, die mit jedem Kerl, der ihnen gerade gefällt, unbekümmert ins Bett steigen...

»Fugger? Fürscht? Nie gehört!«

Die Geschichte der Fugger ist, zumindest in Schulbuch-Fassung, rasch erzählt: Der erste wanderte, arm wie eine Kirchenmaus, vom Lechfeld in die Stadt Augsburg ein, webte sich reich, ließ seine Söhne etwas lernen und starb als angesehener Bürger. Die weiteren Generationen vermehrten den Wohlstand durch Handel und Bankgeschäfte, nahmen Einfluß auf die Politik, halfen Päpsten und Kaisern und fielen dabei auf die Nase, weil die hohen Herren ihre Schulden nicht zu bezahlen vermochten oder das nicht nötig zu haben glaubten. So verarmten die Fugger wieder, nicht ohne zuvor die Künste gefördert und für arme Mitbürger die Augsburger Fuggerei gestiftet zu haben, weshalb der reichste Fugger, Jakob II., heute noch Geldscheine oder Briefmarken gelegentlich zieren darf.

Diese Kurzdarstellung wird der wahren Bedeutung der Fugger für die deutsche und europäische Entwicklung kaum gerecht, weshalb sie in einigen Punkten noch ergänzt sei. Der an den gesellschaftlichen Verhältnissen der Vergangenheit uninteressierte Leser mag indessen die folgenden Seiten überschlagen. Er wird dann auf Seite 113 den Anschluß an die Gegenwart und einen zeitgenössischen Millionär aus dem Augsburger Webergeschlecht beim Mittagbrot mit dem Autor finden.

Als die Fugger vor rund sechshundert Jahren aus dem nahen Dorfe Graben im Lechfeld nach Augsburg zogen, waren sie zwar noch keine Millionäre – die gab es damals in Deutschland noch gar nicht! –, aber auch keine so armen Schlucker, wie die Legende uns weismachen will.

Hans Fugger, der Einwanderer, wurde nämlich später Ratsherr und Erster Zunftmeister der Weber, also gewissermaßen Verbandspräsident, was damals wie heute einen gewissen Wohlstand voraussetzte. Und da noch keiner je davon wohlhabend geworden ist, daß er selbst fleißig Tuch webte, darf angenommen werden, daß Hans Fugger ein mittlerer Unternehmer war, der andere für sich weben ließ, während er selbst, als Kopf des Unternehmens, die Produktion steuerte und den vorteilhaften Absatz der Erzeugnisse betrieb. Auch sein Sohn Jakob, Webermeister und Ratsherr wie sein Vater, der sich mit seinem älteren Bruder verzankte, dürfte wohl kaum je am Webstuhl gesessen haben, dafür um so häufiger im Kontor. Und was die Söhne Jakobs des Alten anging, von denen der jüngste als Jakob Fugger der Reiche geschichtliche Bedeutung erlangt hat, so hatten sie mit dem Familienhandwerk etwa noch so viel zu tun wie Barbara Hutton, die Erbin der Woolworth-Milliarden, mit dem Sonderangebot von Damenstrümpfen zu fünfundneunzig Pfennig das Paar in den Kettenläden ihres Konzerns. Die Familie hatte sich längst dem Handel, dem Bankgeschäft und dem Erzbergbau zugewandt; die Herstellung von Textilien rangierte weit unten auf der Liste sonstiger Firmentätigkeit.

Jakob der Reiche, der 1525 im Alter von sechsundsechzig Jahren kinderlos verstarb, gehört ohne Zweifel zu den bedeutendsten und einflußreichsten Persönlichkeiten der abendländischen Geschichte. Er war ein Finanzgenie und der erste Schöpfer eines weltumspannenden Konzerns.

Er baute das Fuggersche Kupfermonopol aus und beschäftigte in Spanien, Tirol, Kärnten und Ungarn Zehntausende von Bergleuten. Alle Versuche, mit Hilfe der Gesetzgebung dieses Monopol zu brechen, wußte er geschickt zu vereiteln.

Die zweite Säule seines Konzerns war ein weltweites Handelsgeschäft, das sich nicht auf Europa beschränkte, sondern von Amerika über Afrika nach Ostindien reichte. Der Katalog der gehandelten Waren war lückenlos: Von Getreide bis zu den kostbarsten Edelsteinen, von Kunstschätzen bis zu kräftigen Negersklaven, von billigem Tuch bis zum teueren Ablaß der Sünden war alles erhältlich.

Der zuletzt erwähnte Ablaßhandel gehört indes schon zu den Fundamenten der dritten Säule des Konzerns, dem Bankgeschäft, und dieses nahm mit zum Teil recht bizarren Finanztransaktionen erheblichen Einfluß auf den Gang der Geschichte.

Drei Beispiele sollen das verdeutlichen:

Nehmen wir zunächst die für ein Kreditinstitut ungewöhnliche Sparte des Sündenablasses und untersuchen wir, wie es zu dieser Programmerweiterung gekommen ist und welche weitreichenden Folgen damit verbunden waren.

Die Fugger-Bank stand bereits vorher in erfreulich enger Zusammenarbeit mit dem Heiligen Stuhl. Damals strömte viel Geld nach Rom, vom Peterspfennig über allerlei Einkünfte und Pfründe römischer Prälaten bis zu den Palliengeldern, die neuernannte Erzbischöfe an den Papst zu entrichten hatten. Bei den weiten und beschwerlichen Wegen, der Unterschiedlichkeit der Währungen und der Unsicherheit der politischen und postalischen Verhältnisse erwies sich die Einschaltung einer renommierten Bank als unerläßlich. Die Niederlassungen der Fugger in aller Welt kassierten also die diversen Kirchenabgaben, und die römische Zweigstelle diskontierte die Wechsel, die der Heilige Stuhl zog.

Das System funktionierte reibungslos und brachte die Fugger in engen Kontakt mit allen Kirchenfürsten, unter anderen auch mit Albrecht von Brandenburg, der mit dem Papst in unziemlicher Weise Streit angefangen hatte. Albrecht wollte nämlich, entgegen den kanonischen Bestimmungen, gleich drei hohe Würden auf sich vereinen: Er beanspruchte das Erzbistum Magdeburg, das Bistum Halberstadt und das Kur-Erzbistum Mainz. Der Heilige Vater wollte solche grobe Rechtsverletzung nicht dulden, jedenfalls nicht ohne erkleckliche Gegenleistung.

Die Fugger-Bank vermittelte und verschaffte dem unersättlichen Albrecht dreifachen päpstlichen Segen – gegen Zahlung von 30 000 Golddukaten an den Heiligen Stuhl. Da der Brandenburger nicht in seinen kühnsten Träumen an die Beschaffung solcher Summe denken konnte, kreditierten ihm die Fugger den Betrag und verrechneten ihn gleich gegen die fälligen Außenstände beim Vatikan. Dafür mußte Albrecht den gesamten Ablaßertrag seiner Diözesen an die Fugger-Bank abtreten. Fortan zogen die damals sehr populären Ablaßprediger in den Erz- und Bistümern Mainz, Magdeburg und Halberstadt nur noch in Begleitung von Fugger-Prokuristen umher, die die Schlüssel zu den Geldtruhen hatten. Sobald das Geld der Spender im Kasten klang, hieß es, sprang die Seele ihres verstorbenen Angehörigen aus dem Fegefeuer in den Himmel. Und jeden Abend machte der Bankprokurist »Kasse«, leerte die Geldtruhe und erteilte dem Bettelmönch Gutschrift.

Einer dieser in Fuggerbegleitung umherziehenden Mönche hiet Tetzel. Er erregte den speziellen Zorn eines temperamentvollen Theologen namens Luther, der daraufhin zu einer Reformation der Heiligen Römischen Kirche aufrief.

An der Wurzel der späteren Kirchenspaltung finden wir also ein Fuggergeschäft. Doch ehe wir die weitere Verquickung von Religion und Bankwesen in ihren Konsequenzen untersuchen, zunächst das zweite Beispiel: Die Kaiserwahl von 1519.

Anwärter auf die höchste Würde des Heiligen Römischen Reiches waren damals Herr François de Valois, König von Frankreich, und Herr Karl von Habsburg, König von Spanien und Herzog von Österreich. Das Wahlkomitee bestand aus den deutschen Kurfürsten, die sich nur in einem Punkte einig waren: Sie wollten sich ihre Entscheidung so teuer wie irgend möglich abkaufen lassen.

Da die Kaiserkandidaten selbst unvermögend waren, auf alle Fälle bei weitem nicht genug Geld zur Befriedigung der habgierigen Kurfürsten hatten, kamen nur sehr wohlhabende Außenstehende als Kurkäufer in Frage, an ihrer Spitze Herr Jakob Fugger aus Augsburg.

Der reiche Mann schwankte lange, ob er die Krone dem französischen Franz oder dem spanisch-österreichischen Karl kaufen sollte. Am Ende entschied er sich bekanntermaßen für den Habsburger, doch es verlohnt sich, einmal darüber nachzudenken, welch anderen Verlauf wohl die Weltgeschichte genommen hätte, wenn damals ein Franzose deutscher Kaiser geworden wäre.

Ohne daß wir uns in Hypothesen verlieren wollen, sei nur daran erinnert, daß mit der Wahl Karls die Kaiserkrone durch drei Jahrhunderte beim Hause Habsburg blieb. Hätte sich der reiche Mann aus Augsburg für Franz entschieden, hätten vielleicht die Häuser Valois und Bourbon jahrhundertelang die Kaiser des Reiches gestellt...

Jedenfalls setzte Jakob Fugger auf Habsburg und ließ sich die Kaiserwahl runde achthundertfünfzigtausend Gulden kosten. Karl V. wurde ein mächtiger Herrscher, in dessen Reich die Sonne niemals unterging, weil drei Viertel der bekannten Welt dazugehörten. Trotzdem blieb er in seinen Entscheidungen immer abhängig von den Augsburger Kaufleuten.

Jakob Fugger und seine Neffen finanzierten indes nicht nur Kaiserwahlen. Sie kauften auch Kardinäle, die ihrerseits dann Päpste wählten, die den Augsburgern genehm waren. Sie machten Weltpolitik durch Gewährung riesiger Kriegsanleihen an Kaiser und Könige. Sie ermöglichten die Niederwerfung der Bauernaufstände und Bergarbeiterrevolten, und ohne das Fugger-Geld wäre auch die Abwehr der nach Mitteleuropa vordringenden Türken unmöglich gewesen. Sie finanzierten schließlich auch den durch unappetitliche Eßweise und häufigen, blutigen Wechsel der Ehefrau bekannten König Heinrich VIII. von

England und waren nicht wenig erstaunt, als sie ihr Geld von diesem Monarchen ausnahmsweise einmal pünktlich und vollzählig zurückerhielten.

Vor allem aber brachten die Fugger – und damit wären wir beim dritten Beispiel – die Gegenreformation in Gang und unterstützten die Vorbereitungen, den nach ihrer Stadt benannten Religionsfrieden zu beenden und die gleichfalls nach Augsburg benannte Konfession auszurotten. Ohne die Fugger wäre niemals eine Katholische Aktion zustande gekommen, die dann noch lange nach dem Niedergang der Fugger-Macht fortwirkte und zu den Religionskriegen führte, die Mitteleuropa entvölkert und verwüstet haben.

Dabei zögerte Jakob Fugger wiederum lange – genau wie bei der Kaiserwahl –, ob er seine Millionen für oder gegen die Reformation einsetzen sollte. Erst als er durch im Grunde nebensächliche Randerscheinungen zu einer Stellungnahme gedrängt wurde, entschied sich der reiche Mann endgültig für den Papst und gegen die Reformatoren. Hätte Jakob noch etwas länger gewartet, hätte er vor allem etwas länger gelebt – wer weiß, ob es je zu einer Spaltung der Kirche gekommen wäre.

Nachdem sie sich jedoch einmal entschieden hatten, blieben die Fugger bei Rom und bekämpften fortan die Abtrünnigen in einem ihrer Macht und ihrem Reichtum angemessenen Ausmaß. Noch zwei Generationen nach Jakob dem Reichen hielten sich die Fugger über Wasser, obwohl die Habsburger und die Gegenreformation sie Millionen kosteten.

Der Dank vom Hause Habsburg war dürftig: Die Männer, die bestimmten, wer Kaiser und wer Papst wurde, erhielten von dem mächtigen Kaiserhaus, das ihnen praktisch alles verdankte, ein freundliches Schulterklopfen und einen Grafentitel. Das war nicht viel, wenn man bedenkt, daß schon die gehobenen Domestiken des Fugger-Haushaltes am Augsburger Weinmarkt päpstlicher Barone wurden, nur weil sie morgens beim Rasieren ihrem Herrn freundlich zugeredet hatten, dem Heiligen Vater doch die erbetene Anleihe gütigst zu gewähren.

Heute, fast fünfhundert Jahre nach dem Tode Jakobs des Reichen, ist von dessen Finanzgenie und Weltruhm nicht mehr viel übriggeblieben. Karl V. und die Habsburger sind vergessen. Das Kupfermonopol teilen sich andere Herren in anderen Ländern. Die Türken, für deren Abwehr von Europa die Fugger-Bank Unsummen aufgebracht hat, sind zu liebenswerten

NATO-Verbündeten avanciert, und selbst die Katholische Aktion ist angesichts der beide christliche Kirchen bedrohenden östlichen Gefahr etwas fragwürdig geworden.

Eines jedoch hat die Jahrhunderte überdauert, eine kleine Stiftung, die der sonst sozialen Anliegen gegenüber äußerst verschlossene Bankier vor seinem Tode machte: die Fuggerei.

Hier wohnen heute noch in dreiundfünfzig kleinen Häuschen insgesamt einhundertundsechs bestimmten Mindestanforderungen an Armut, Ehrsamkeit und Frömmigkeit entsprechende Familien gegen Entrichtung einer Jahresmiete von nur 1,76 DM.

Diese gemessen an den für Habsburg verpulverten Unsummen gewiß bescheidene Stiftung hat den Ruhm Jakobs des Reichen und seiner Familie über ein halbes Jahrtausend hinweg besser erhalten, als es selbst die Bildnisse vermochten, die Albrecht Dürer, Hans Burgkmair und andere große Meister von ihrem Freund und Mäzen angefertigt haben.

Indes sind auch noch andere Denkmäler fuggerischer Großzügigkeit erhalten, wobei es sich jedoch weniger um soziale Generosität als vielmehr um generöse Prachtentfaltung handelt.

Da ist zum Beispiel unter den vielen Fugger-Schlössern eines in Kirchheim an der Mindel im bayerischen Schwaben, ein herrliches Bauwerk der Spätrenaissance, dessen berühmter Zedernsaal mit einer von Meister Wendel Dietrich geschnitzten und von Johannes Fugger bezahlten Decke geschmückt ist, wie sie nördlich der Alpen nicht ihresgleichen hat.

Johannes Fugger, der Erbauer von Schloß Kirchheim und Großneffe Jakobs des Reichen, konnte sich jedoch der Zederndecke und der vielen anderen Kunstschätze seiner Residenz gewiß mehr erfreuen, als es die heutigen Schloßbewohner vermögen. Denn während der langen Winter des bayerischen Alpenvorlandes sind heute im Schloß nur drei von rund neunzig Wohnräumen geheizt: die Küche und zwei Wohnzimmer. Im berühmten Zedernsaal und in den langen Korridoren herrschen dann arktische Temperaturen, während in den nach Süden gelegenen Schlafzimmern und Salons das Thermometer an sonnigen Tagen mittags bis nahe an den Gefrierpunkt klettern mag.

Unter diesen Umständen erscheint es begreiflich, daß die Schloßbewohner von Oktober bis Mai weder die Zederndecke von Wendel Dietrich noch die vielen anderen Kunstschätze bewundern wollen, sondern lieber nahe dem großen Renaissance-Kachelofen bleiben, in dem dicke Buchenscheite krachend verbrennen.

Weshalb sie nicht auch die übrigen Räume wohnlich machen? Nun, da fehlt es zunächst an der Zentralheizung, sodann an Personal und schließlich auch an der Bereitschaft zu unnützen und überflüssigen Ausgaben. So begnügt man sich mit Kachelofen und Küchenherd, einem steinalten Dienerehepaar, das auch Küche und Keller versorgt, und ungeheizten Schlafzimmern, in denen zwar Gemälde von van Dyck oder Cranach hängen mögen, im Winter aber auch Eiszapfen.

Aus ähnlichen Gründen wie die Heizung entfällt auch jeder kulinarische Luxus. Die Mahlzeiten auf Schloß Kirchheim sind von spartanischer Einfachheit: Ein Teller Gerstensuppe, saure Nieren, vielleicht ein paar aufgebratene Kartoffeln vom Vortag, etwas Milchreis oder Kompott als Krönung und Abschluß des Menüs – so etwa sieht die normale Speisenfolge aus, die eher an die Weberahnen erinnert als an Jakob den Reichen, dessen Tafel Römisch-Kaiserliche Majestäten ob all der dargebotenen Köstlichkeiten in Verzückung geraten ließ.

Der jetzige Chef des Hauses und Schloßherr zu Kirchheim, mit dem an einem eiskalten Februartag ich ein Menü der beschriebenen Art einzunehmen die Ehre hatte, ist ein äußerst bescheidener und sympathischer Endsechziger, der bei aller rustikalen Schlichtheit den kultivierten Grandseigneur nicht verleugnen kann. Indes ist der Sinn dieses Schloßherrn nicht auf prächtige Kleidung, kulinarische und andere Genüsse oder gar eine Hofhaltung im Stile neudeutschen Protzentums gerichtet, sondern auf Erhaltung und Wahrung überkommener Besitztümer und Traditionen.

Joseph Ernst Fugger von Glött zu Kirchheim – den Fürstentitel erwarb sein Vater 1913 als bayerischer Kronobermarschall und Präsident der Reichsrätekammer – plauderte mit mir bei sauren Nieren und Milchreis über dies und das: Die teueren Reparaturen an der viele Quadratmeter großen Dachfläche des Schlosses, die kostspielige Wildfütterung in den Fugger-Wäldern und die leidige, wenn auch ehrenvolle Verpflichtung, das der Familie gehörende Schulhaus des Dorfes Kirchheim neu streichen zu lassen. Bei einer angebrochenen Flasche Bier, die wir uns teilten, sprachen wir alsdann über modernen Wohnkomfort im allgemeinen und die kalte Pracht von Kirchheim im besonderen.

»Ach, wissen Sie«, meinte der Fürst, und seine freundlichen Augen bekamen einen wehmütigen Ausdruck, »wenn ich manchmal nach München fahre und unterwegs die hübschen kleinen Häuschen sehe, wo es warm und gemütlich ist – dann erfüllt mich blasser Neid!«

Später, bei einem Täßchen Kaffee, berichtete mir der Fürst, daß er kürzlich in Spanien gewesen und dort einem bundesrepublikanischen Diplomaten begegnet sei, der ihn ehrfürchtig gefragt habe, ob seine Durchlaucht sich denn um die spanischen Bergwerke der Familie höchst persönlich kümmern müsse.

»Er hatte noch nichts von dem Staatsbankrott Philipps II. gehört, noch von unseren spanischen Millionenverlusten!« Als er dies schmunzelnd erzählte, kam mir zu Bewußtsein, wie eng sich noch ein Nachkomme 13. oder 14. Generation mit den Erfolgen und Niederlagen seiner Ahnen identifizieren kann. Geschichte wurde mit einem Schlag lebendig, und der Abfall der Niederlande, mit Fugger-Geld für Herzog Albas Truppen lange aufgehalten, stand plötzlich in unmittelbarer Beziehung zu der Kargheit des gerade genossenen Mittagsmahls. Hätte Alba gesiegt, hätte Philipp seine Fugger-Schulden bezahlt, wäre ich heute gewiß mit Braten und Wein bewirtet worden... So aber hieß es sparen.

Es wäre jedoch verfehlt, den Niedergang des Hauses Fugger so zu sehen, als seien die einstigen Weber nahe daran, den Ausgangspunkt ihrer sozialen Stellung wieder zu erreichen und vielleicht bald schon – wie die schlesischen Zunftkollegen – froh zu sein, sich einen gemäß den Bestimmungen des Reichsgesetzblattes geschlachteten Rüden einmal im Monat leisten zu können.

Der durch den Undank vom Hause Habsburg und die düsteren Transaktionen der bigotten Spanier Philipp und Alba ruinierte Anton Fugger hinterließ seinen Söhnen, darunter dem Kirchheim-Erbauer Johannes, immerhin sechs Millionen Goldkronen bares Vermögen, dazu zahllose Ländereien, Schlösser, Kunstschätze, Juwelen, Bergrechte und – Außenstände.

Das war, selbst mit fuggerischen Maßstäben gemessen, kein Pappenstiel! Und wenn auch die Forderungen, besonders die an das Kaiserhaus, abgeschrieben werden mußten und von den Rechten und Privilegien manches verlorenging, so stieg doch auch einiges an Wert, besonders der Kunst- und Grundbesitz. Rückfälle in Weberarmut gab es also nicht, wohl einige erstaunliche Manifestationen revolutionärer Gesinnung:

So stieg beispielsweise zur selben Zeit, da die schlesischen Weber das »Blutgerüst von Peterswaldau« sangen und Heinrich Heine den »König der Reichen« verfluchte, der »die Armen wie Hunde erschießen« ließ, ein Graf Theodor Fugger von Glött für Freiheit und Recht auf die Barrikaden, so daß er – wie es sich gehörte – zu Landau in der Pfalz standrechtlich erschossen werden mußte.

Der nächste Rebell, der für die Menschenrechte seinen Kopf riskierte und dafür nach Weberart in preußischen und bayerischen Zuchthäusern büßen mußte, war niemand anders als mein freundlicher Gastgeber auf Schloß Kirchheim, Fürst Joseph Ernst Fugger von Glött.

Im Jahre 1944 verurteilte ihn Hitlers Großinquisitor Roland Freisler wegen seiner aktiven Mitgliedschaft im Kreisauer Kreis der deutschen Widerstandsbewegung zu einer Zuchthausstrafe, die der Fürst dann in den Anstalten von Berlin-Tegel und Bayreuth-St. Georgen verbüßen mußte, bis ihn im Mai 1945 die Amerikaner befreiten – die Söhne jenes Kontinents, dessen Bewohner einst von der mit Fugger-Dukaten unterhaltenen spanischen Inquisition zu Hunderttausenden auf die grausamste Weise getötet worden waren. Und der Zufall fügte es, daß der Offizier aus der Neuen Welt, der den Fugger aus dem Zuchthaus entließ, ein reinblütiger Indianer war.

Der reizende alte Herr, den ein großmütiger Indianer aus dem Inquisitionszuchthaus befreite und in sein kaltes Schloß zurückschickte, ist indes nicht ganz so mittellos, wie es den Anschein haben mag. Wäre er, anstatt ins Zuchthaus, wie sein ähnlich freiheitlich gesinntes Familienmitglied anno 1848, vor die Gewehrläufe eines Exekutionskommandos gekommen, hätte Freisler ihn zwar wie einen Hund, aber nicht als Armen erschießen lassen können. Der nur nach Fugger-Maßstäben in beschränkten wirtschaftlichen Verhältnissen lebende Seniorchef des Hauses hat heute noch, vorsichtig geschätzt, hundertfünfzig Millionen Mark Vermögen – hauptsächlich in Grundbesitz und Industriebeteiligungen –, nicht eingerechnet den Wert der Gemäldesammlungen, Bibliotheken und anderen Kostbar-keiten, ganz zu schweigen von den vierhundert Quadratmetern Zedernholzschnitzerei des Wendel Dietrich.

Gewiß, gemessen an den rund sieben Millionen Goldduka-ten, die die spanischen und österreichischen Habsburger der Familie seit rund dreihundert Jahren schuldig geblieben sind, was – bei bescheidenem Zins und Zinseszins – eine Schuld-summe von rund hundert Milliarden Dollar in Gold ausmacht, wird man den heutigen Fugger-Reichtum mager und den Herrn Marcus Fugger, einem Neffen Jakobs des Reichen, zuge-schriebenen Ausspruch:»Die Habsburger sind uns ganz beson-ders teuer!« berechtigt finden.

Doch darf man sich durch die nach guter Hausväterart betriebene Sparsamkeit des derzeitigen Schloßherrn zu Kirch-heim und hunderfünfzigfachen Millionärs nicht darüber hin-wegtäuschen lassen, daß der so verarmte Fugger immer noch um ein Vielfaches reicher ist als die allermeisten neudeutschen Millionäre, bei denen wiederum der Aufwand mitunter an Jakob den Reichen gemahnende Ausmaße annimmt. Selbst dem »ersten Gentleman in Bayern«, Rudolf Münemann, ist Fürst Fugger-Glött um rund hundert Millionen Mark voraus, was die Vermögenssubstanz angeht. Dagegen dürfte Müne-manns Geldumsatz mit über vier Millarden Mark jährlich nur noch mit dem der Häuser Fugger und Rothschild während ihrer höchsten Blüte vergleichbar sein.

Vielleicht wird »Rudolf der Reiche«, der ja auch aus klein-städtischem Textilhandel hervorgegangen ist, eines Tages vor ähnlich wichtigen Entscheidungen stehen wie Jakob Fugger bei der Kaiserwahl und der Reformation. Es steht für ihn zu hoffen, daß er dann einkalkuliert, mit wieviel »Dank vom Hause Habsburg« ein Kaufmann rechnen darf, und daß er be-denkt, was vom Weltruhm der Fugger übriggeblieben ist: Sechsundfünfzig Arme-Leute Häuschen für hundertundsechs Familien, liebevoll gepflegt trotz der minimalen Jahresmiete und in der ganzen Welt bekannt als die Augsburger Fuggerei.

Die Feststellung, daß die Fuggerei das einzige ist, was den Weltruhm des Hauses Fugger über bewegte Jahrhunderte hin-weg erhalten hat, wird viele der heutigen deutschen Multimil-lionäre zur Vermehrung ihrer »Wohltätigkeits«-Bälle und -Basare veranlassen; nur einige wenige, beispielsweise Rudolf Münemann, werden erkennen, daß die Stiftung von hundertundsechs Wohnungen für bedürftige, alte Leute mehr war und ist als ein gottgefälliges Werk und eine hübsche Geste: Es ist eine Public-Relations-Leistung von höchster Vollendung!

Public Relations – alle deutschen Ersatzwörter wie »Öffentlichkeitsarbeit« und so weiter sind nur blasse Verlegenheitslösungen – darf man nicht mit bloßer »Publicity« verwechseln. Vielmehr ist darunter der langsame und mühevolle Aufbau eines Erscheinungsbildes, eines »image«, zu verstehen, das die Wirklichkeit völlig überdeckt, ohne daß Schein und Wirklichkeit sich in allen Punkten widersprechen müssen.

Jakob Fugger war, und das werden auch seine größten Bewunderer nicht zu leugnen vermögen, ein hartgesottener Geschäftsmann. Ihm und seinen Erben machte es nicht das mindeste aus, ihre ärmeren Mitbürger den Soldaten, dem Henker oder der Inquisition auszuliefern, wenn sie der Hauspolitik Ärger und Schwierigkeiten machten. Das gilt nicht bloß für die brutale Niederwerfung des »Bundschuh«-Aufstandes durch mit Fugger-Geld bezahlte Söldner, sondern auch für zahllose, blutig unterdrückte Revolten der eigenen Bergarbeiter und für die Beseitigung einzelner Widersacher. In der Renaissance war man nicht zimperlich, und wer die Macht hatte, scheute sich nicht, sie auch zu gebrauchen.

Dennoch ist das »Image« Jakobs des Reichen nicht von brutaler Machtgier bestimmt, sondern, stark vereinfacht, das eines sehr tüchtigen, sehr reichen Bürgers, der mit Kaisern und Päpsten wie mit seinesgleichen verkehrte und doch seine ärmeren Mitbürger nicht vergaß, ja ihnen sogar mit dem Bau der Fuggerei ein Opfer von unvergänglichem Wert brachte.

Keine noch so detaillierte Beweisführung, die dartut, daß die Fuggerei kaum mehr war als ein Krumen, der von des reichen Herrn Tisch fiel, kann an dem überlieferten »Image« des Jakob Fugger etwas ändern. Die Public-Relations-Leistung der Fuggerei-Stiftung ist perfekt, weil sie nicht an den kühlen Verstand appelliert, sondern – nach dem Erfolgsrezept moderner Groschenzeitungen – an Auge und Herz, und das nicht bloß für einen flüchtigen Augenblick, sondern ständig, seit fast einem halben Jahrtausend.

Nicht alle Multimillionäre sind in ihren Public Relations so gut beraten und so erfolgreich gewesen wie die Fugger, in Deutschland vielleicht am wenigsten die Rothschilds, die gegen das doppelte Handicap anzukämpfen hatten, märchenhaft reich und jüdischer Abstammung zu sein. So haben sich die Rothschilds, als der Mißerfolg ihrer Bemühungen um die Gunst der Öffentlichkeit offenkundig geworden war, aus Frankfurt, Wien und Neapel zurückgezogen, lange bevor Hitler an die Macht kam. Und auch in Paris und London, wo sie geblieben sind und heute noch wirken, beschränkten sie ihr Auftreten auf jene der Öffentlichkeit entrückte Sphäre der internationalen Hochfinanz, wo Sentimentalitäten und Ressentiments abgetan werden und nur reale Macht und kühler Verstand etwas gelten.

Waren die Rothschilds auch in ihren eigenen Public Relations alles andere als erfolgreich, so bieten sie doch ein hervorragendes Beispiel für die Wirksamkeit zäher Öffentlichkeitsarbeit anderer Familien, der sie als hochwillkommenes Objekt gedient haben.

Die Rothschilds galten und gelten noch heute als die reichsten Leute im Deutschen Reich des 19. und frühen 20. Jahrhunderts. Ihr Wohlstand wurde sprichwörtlich, ihre Macht legendär. Und doch zeigt schon eine flüchtige Untersuchung, daß es zur selben Zeit Dutzende von deutschen Familien gab, die bedeutend reicher und mächtiger waren als die Frankfurter Bankiers. Beginnen wir mit den absoluten Zahlen:

Die Liste der hundert Reichsten im Königlichen Preußen des Jahres 1910 nennt den Baron Max von Goldschmidt-Rothschild erst an vierter Stelle, mit hundertundsieben Millionen Mark Vermögen und rund 3,5 Millionen Mark Jahreseinkommen. Vor ihm rangieren zwei oberschlesische Magnaten, auf die wir gleich noch zurückkommen werden, und an erster Stelle der Millionärsliste steht Frau Bertha Krupp von Bohlen und Halbach mit hundertundsiebenundachtzig Millionen Mark Vermögen und siebzehn Millionen Mark Einkommen. Zwar stehen noch weitere fünf Rothschilds in der langen Liste, aber alle zusammen brachten es auf nur 8,5 Millionen Mark Jahreseinkommen, genau die Hälfte dessen, was Frau Bertha Krupp allein zur Verfügung stand. (Um keine Irrtümer aufkommen zu lassen: Zwei Krupp-Töchter mit zusammen siebzig Millionen Mark Vermögen und vier Millionen Mark Einkommen sind dabei gar nicht berücksichtigt!)

Von den weiteren Schwerindustriellenfamilien wie Stumm, Thyssen, Stinnes, Haniel, Borsig, Siemens, Röchling oder Henschel sei nur eine einzige herausgegriffen: Die Sippe der

Haniels. Mit einem Gesamtvermögen von rund vierhundert Millionen Mark, das sich auf zweiundzwanzig Personen verteilt, stellten sie die Rothschilds und selbst die Krupps weit in den Schatten. Es gab jedoch noch viel reichere und mächtigere Familien als die Haniels und Krupps.

Ehe wir uns ihnen zuwenden, sei daran erinnert, daß sich Reichtum nicht allein auf den Besitz von Geld und Vermögenswerten beschränkt. Ausschlaggebend ist der Nutzen, der aus dem Besitz gezogen wird und der durch Macht, Einfluß und Vorrechte beträchtlich erhöht werden kann. Unter diesem Gesichtspunkt betrachten wir nun einmal die Inhaber des zweiten, dritten, fünften und sechsten Platzes auf der preußischen Millionärsliste von 1910:

Nach Frau Bertha Krupp stand an zweiter Stelle Fürst Henckel von Donnersmarck mit hundertundsiebenundsiebzig Millionen Mark Vermögen und zwölf Millionen Mark Jahreseinkommen. Sein preußischer Grundbesitz umfaßte über dreiundzwanzigtausend Hektar. Er war außerdem als Großaktionär an zahlreichen Werken der oberschlesischen Montanindustrie sowie an Banken und sogar Warenhäusern beteiligt. Dazu kamen noch ein paar private Kohlenzechen mit fünfundvierzigtausend Bergleuten und 1,8 Millionen Tonnen Jahresförderung. Schließlich besaß der Fürst noch ausgedehnten Grundbesitz in Rußland und Österreich, dessen Wert in der preußischen Aufstellung natürlich fehlt. Dasselbe gilt auch für andere Familienmitglieder, die Grafen Lazarus und Arthur Henckel von Donnersmarck, die in Preußen nur weitere vierzig Millionen Mark Vermögen, knappe drei Millionen Mark Jahreseinkommen, lumpige sechzehntausend Hektar Land und eine eigene Kohlenförderung durch fünftausendzweihundert Bergleute von etwa zwei Millionen Tonnen jährlich aufweisen konnten.

Den dritten Platz auf der preußischen Millionärsliste nahm Christian Kraft Fürst zu Hohenlohe-Öhringen und Herzog von Ujest ein. Der Fürst hatte in Preußen hundertundeinundfünfzig Millionen Mark Vermögen und sieben Millionen Mark Jahreseinkommen. Insgesamt besaß er, einschließlich seiner Ländereien im württembergischen und thüringischen »Ausland«, etwa achtundvierzigtausend Hektar, eine Fläche, fast so groß wie der Bodensee!

Den fünften Platz unter Preußens Millionären durfte Hans-Heinrich Fürst von Pleß beanspruchen, der vierundachtzig Millionen Mark Vermögen und ein Jahreseinkommen von – angeblich! – nur 1,9 Millionen Mark auswies. Dabei gehörten ihm über fünfzigtausend Hektar Land in Oberschlesien mit einem besonders privilegierten Bergbaugebiet von sechshundertachtzig Millionen Quadratmetern! Er beschäftigte auf eigenen Kohlenzechen mehr als achttausend Bergleute, die täglich über siebentausend Tonnen Kohle förderten. Und natürlich hatten die Fürsten Pleß auch »auswärts« noch allerlei Geld und Besitz.

Den sechsten Platz schließlich nahm Graf Hans-Ulrich von Schaffgotsch ein, der rund achtzig Millionen Mark Vermögen und etwa fünf Millionen Mark Jahreseinkommen zu besitzen vorgab. Dabei umfaßte sein Grundbesitz etwa dreißigtausend Hektar allein in Oberschlesien, und die Gräflich Schaffgotschen Werke mit einem Aktienkapital von fünfzig Millionen Mark waren zu neunundneunzig Prozent im Besitz seiner Ehefrau.

Es gab noch einige weitere oberschlesische Magnaten – etwa den Herzog von Ratibor, Prinz zu Hohenlohe-Schillingsfürst mit dreiunddreißigtausend Hektar, den Fürsten zu Solms-Baruth mit fünfunddreißigtausend Hektar oder den Grafen Tiele-Winckler mit sechsundvierzigtausend Hektar, dazu ein bißchen Montanbesitz im Nennwert von vierundsiebzig Millionen Mark.

So kann es nicht weiter verwundern, daß das reiche Land Oberschlesien zu mehr als der Hälfte einigen wenigen hocharistokratischen Familien gehörte.

Vom immer noch beachtlichen Rest hatten sich Sippen minderen Adels die besten Stücke gesichert, zum Beispiel die Erben des Georg Giesche, der als bürgerlicher Kaufmann Anfang des 18. Jahrhunderts nach Oberschlesien gekommen war. Giesche hatte nicht bloß im Gebiet von Beuthen und Tarnowitz bis dahin ungenutzte Zinkspat-Vorkommen entdeckt; er hatte es auch verstanden, sich die Rechte daran, dazu besondere Privilegien und nebenbei auch einen Adelstitel zu sichern. Der Familienkonzern der Erben Georg von Giesches beschäftigte vor dem Ersten Weltkrieg mehr als dreißigtausend Arbeiter und Angestellte, wurde mit rund 300 Millionen Goldmark bewertet und besaß im oberschlesischen Bergbau eine dominierende Stellung – alles dank der einmaligen Tüchtigkeit ihres Ahnherrn und der kaiserlichen Gunst, deren er sich erfreute. Andere aristokratische Großgrundbesitzer, die es ja nicht nur in Schlesien, sondern überall im Reich gab, verdankten ihren Reichtum oft nicht einmal einer eigenen Entdeckung. Den Herzögen von Arenberg etwa, die im rheinisch-westfälischen Raum als »Herzöge zu Meppen« und »Fürsten von Recklinghausen« durch allerlei politische Stellungswechsel Privilegien eingeheimst hatten, zahlte der preußische Fiskus bis 1918 viele Millionen Mark für den in ihren »Gerechtsamen« ohne ihr Zutun entstandenen und staatlich betriebenen Bergbau. Und nach 1918 wurden die Arenberger für den Verlust dieser Privilegien mit neuen Millionen abgefunden.

Es würde zu weit führen, sie alle, alle aufzuzählen, die Zehntausende von Hektar Wald und Ackerland, Schlösser und Seen, ganze Stadtviertel, Fabriken, Brauereien, Banken und Bergwerke ihr eigen nennen, bloß weil ihr Urgroß-Oheim seine Töchter abwechselnd einem napoleonischen General und einem Erzherzog-Thronfolger zu Gespielinnen gab oder beim Wiener Kongreß dieselbe Dame zu erhaschen trachtete wie der Zar von Rußland. Wir sind wie kein anderes Land dieser Erde mit steinreichen Fürstlichkeiten gesegnet, von den Thurn und Taxis, Fürstenberg, Löwenstein im Süden über die Waldburg-Wolfegg-Waldsees und Hohenlohe-Ingelfingens zu den Sayn-Wittgensteins, Putbus und Bismarcks im Norden...

Es gab und gibt jedoch noch eine andere Kategorie von Fürstlichkeiten, von der bisher noch keine Rede war und die erstaunlicherweise auch nicht in der Liste der hundert reichsten Leute in Preußen vorkommt: Es sind diejenigen, die bis zum Jahre 1918 regierten, also hundert Jahre länger Gelegenheit hatten, ihre Beteiligung am Sozialprodukt weitgehend selbst zu bestimmen. Diese Hocharistokratie – von den Hohenzollern und Wittelsbachern bis zu den Schaumburg-Lippe und Reuß ältere und jüngere Linie – betrachtete zwar ihre mehr oder weniger großen Länder als ihr »von Gottes Gnaden« stammendes, rechtmäßiges Eigentum, machte aber doch in weiser Voraussicht der Dinge, die da kommen sollten, einen kleinen Unterschied zwischen Staatseigentum, Familien-Fideikommiß und Privatbesitz.

So umfaßte etwa das Fideikommiß des Hauses Hohenzollern in den preußischen Stammprovinzen rund siebenundneunzigtausend Hektar land- und forstwirtschaftliche Nutzfläche, wogegen der Prinz Friedrich Heinrich von Preußen weitere siebzehntausend, der letzte Kronprinz vierzehntausend und der Fürst von Hohenzollern-Sigmaringen sechsundvierzigtausend Hektar als privates Eigentum besaßen. Läßt man die Sigmaringer Seitenlinie beiseite, rechnet dagegen die kleineren Güter und Ländereien anderer Zollernprinzen hinzu, so ergibt sich eine Fläche von fast zweihunderttausend Hektar, das ist etwa viermal die Größe des Bodensees, die die Familie von Hohenzollern als Privateigentum behauptete. Es kann also kaum einen Zweifel daran geben, daß es reichere Leute in Preußen gab als die Rothschilds, die Krupps oder die Haniels.

Indes hatten die Hohenzollern, die anderen regierenden und nichtregierenden Fürsten, dazu die Familien Krupp, Haniel, Stumm, Thyssen und wie die Führer der neuen Geldaristokratie von Rhein, Ruhr und Saar sonst noch hießen, ein gemeinsames Interesse daran, daß nicht sie, sondern die Rothschilds als der Inbegriff des Reichtums schlechthin erschienen. Die Förderung der Rothschild-Legende gehörte zu ihren »Public-Relations« und wurde ergänzt von allerlei vagen Behauptungen, wonach »jüdische Monopolkapitalisten« das deutsche Volk ausplünderten und in Zinsknechtschaft hielten.

Nur sehr wenige deutsche Fürstlichkeiten und Montan-Magnaten konnten der Versuchung widerstehen, diesen soviel »appeal« enthaltenden Slogan mit all den unermeßlichen, ihnen zu Gebote stehenden Mitteln unters Volk zu bringen. Viele fanden auch nichts dabei, sich 1933 ein braunes Hemd anzuziehen und als »nationale Sozialisten« aufzutreten.

Zu den seltenen Ausnahmen, die aus Verantwortungsbewußtsein und religiösem Empfinden heraus gegen den Nationalsozialismus auftraten und ihn aktiv bekämpften, gehört der Großgrundbesitzer und hundertfünfzigfache Millionär Joseph Ernst Fürst Fugger von Glött zu Kirchheim.

Als ich das im Gespräch mit einem jungen Herrn erwähnte, der mir im F-Zug »Gambrinus« gegenübersaß und von seinem Begleiter, einem um vierzig Jahre älteren Notar, devot als »Hoheit« und in der dritten Person angeredet wurde, meinten Hoheit, sich nachdenklich über die von Schmissen zerhackte Wange streichend: »Fugger? Fürscht? Nie gehört! Oder meinen Sie diese Leute aus Augsburg – was waren sie doch gleich? Weber, nicht wahr?«

Wer das »Wirtschaftswunder« ersann

Im Frühjahr 1945 schien Deutschland am Ende zu sein; es war militärisch besiegt und von den Siegern vollständig besetzt. Ein Großteil der Bevölkerung war heimatlos geworden und auf der Flucht ins Ungewisse; die meisten jüngeren Männer und viele ältere befanden sich auf unabsehbare Zeit in Kriegsgefangenschaft. Das Land, dessen Städte verwüstet, dessen Industrie und Verkehr zum völligen Stillstand gekommen waren, hatte sich bedingungslos ergeben und harrte seiner restlosen Ausplünderung. Es herrschten Hunger, Wohnungsnot, Flüchtlingselend und Mangel an allem Lebensnotwendigen. Aber schon drei Jahre später, im Jahr der Währungsreform 1948, hatte sich das Leben im westlichen Teil Deutschlands, der bald darauf gegründeten Bundesrepublik, weitgehend normalisiert. Der Hunger war vertrieben, die Menschen hatten ein Obdach, waren zwar ärmlich, aber nicht mehr zerlumpt gekleidet, und sie hatten, selbst wenn sie, wie es vielfach der Fall war, noch keine Arbeit finden konnten, wieder Hoffnung geschöpft.

Unterdessen war auch die Industrie wieder in Gang gekommen. Der Index der industriellen Produktion erreichte im Durchschnitt des Jahres 1947 im Zweizonen-Wirtschaftsgebiet neununddreißig Prozent des Vorkriegsstandes (1936 = 100) und sank dann sogar noch, als die französische Besatzungszone hinzugerechnet wurde. Aber schon im Jahr darauf stieg der Index auf vierundfünfzig Prozent in der ersten, auf fast zweiundsiebzig Prozent in der zweiten Jahreshälfte. Oder, um dieses durch die Währungsreform bewirkte Wunder noch mehr zu verdeutlichen: im Januar 1948 waren es 49,4 Prozent, im November einundachtzig Prozent. Offenbar, so merkte man plötzlich, lagen die allen Kriegszerstörungen und Demontagen zum Trotz erhalten gebliebenen Kapazitäten hart unter der Grenze der im Jahr 1936 vorhanden gewesenen Leistungsfähigkeit, und sie hatten nur darauf gewartet, daß der Geldüberhang und die strengen Bewirtschaftungsvorschriften beseitigt, ein freier Markt und eine harte Währung eingeführt würden.

1949 erreichte die industrielle Produktion beinahe schon den Vorkriegsstand; man war, unter enormen Opfern der kleinen Leute, aus dem Gröbsten heraus. Das nächste Jahr, 1950, brachte die Entscheidung darüber, ob sich das so rasch und rigoros wiedereingeführte hochkapitalistische System mit freier Marktwirtschaft und nur indirekter staatlicher Lenkung fest etablieren oder in einer Krise, die plötzlich durch äußere Einflüsse ausgelöst worden war, versinken würde.

Das Ergebnis ist bekannt: Die westdeutsche Wirtschaft wurde zwar in die weltweite Krise des Sommers 1950 hineingezogen und kräftig geschüttelt; es kam zu sehr zahlreichen Konkursen und enormen Preisanstiegen bei den meisten Rohstoffen. Aber schon wenige Monate später zeigte es sich, daß man, alles in allem, den Sturm gut überstanden hatte, ja nun mit ihm ganz ausgezeichnet segelte, am besten die Stahlindustrie.

Insgesamt war der Produktionsindex des Jahres 1950 bereits auf 113,7 Prozent und damit über den Vorkriegsstand gestiegen. Es war der Anbruch jener Zeit, die man später mit kaum verhaltenem Stolz als das »Wirtschaftswunder« bezeichnet hat, wobei es über die eigentlichen Ursachen dieses kaum faßbaren Wandels, mit dem das kapitalistische System auf viele Jahrzehnte hinaus gesichert war, nur sehr vage Vermutungen gab.

Es war schließlich erst ein halbes Jahrzehnt seit der bedingungslosen Kapitulation vom 8. Mai 1945, ein Dreivierteljahrzehnt seit jenem Tage vergangen, an dem im Berliner Sportpalast Dr. Joseph Goebbels mit schrillem Pathos den »totalen Krieg« verkündet hatte, der – viele ahnten es damals bereits – zu einer totalen Niederlage geworden war.

Von denen, die schon nach der Sportpalast-Rede des Nazi-Propagandaministers mit der Katastrophe rechneten, ihre eigenen Vorbereitungen für den Tag des Zusammenbruchs trafen, aber auch bereits die Weichenstellungen zu planen begannen, die nötig sein würden, die Herrschaft der Konzerne in der Nachkriegszeit wiederherzustellen, hatten nicht wenige entscheidenden Anteil an der Festlegung des gesellschafts- und wirtschaftspolitischen Kurses des neuen Weststaats mit der »provisorischen« Hauptstadt Bonn. Man kann sogar sagen, daß die Gesellschafts- und Wirtschaftspolitik der Bundesrepublik nicht in Bonn oder zuvor in Frankfurt, sondern in Berlin, nicht erst in der Nachkriegszeit, sondern in ihren Grundzügen bereits im Zweiten Weltkrieg entworfen worden ist.

Diejenigen, die an dieser weit vorausschauenden Planung maßgeblichen Anteil hatten, konnten dann auch fast ausnahmslos Kommandoposten und Schlüsselstellungen in Politik und Wirtschaft der 1949 gegründeten Bundesrepublik einnehmen. Diese bis hinein in die sechziger Jahre einflußreichen Männer bildeten indessen nicht, wie man vermuten könnte, zur Zeit der Naziherrschaft einen heimlichen Zirkel von Verschwörern, die im Untergrund lebten, ständig in Sorge vor Entdeckung durch die Gestapo oder den SD der SS. Ihre zwar vor der Öffentlichkeit geheimgehaltenen, dieser bis heute weitgehend unbekannt gebliebenen, aber durchaus offiziellen Planungen für eine deutsche Nachkriegs-Wirtschaftsordnung nach dem Willen der Konzerne fanden keinesweg im verborgenen statt, sondern meist in Berliner Luxushotels wie dem »Adlon« oder dem »Esplanade«, unter dem Protektorat der »Reichsgruppe Industrie« (RI) und mit Wissen, ja oft sogar im Beisein hoher SS- und SD-Führer.

Den Vorsitz im RI-Präsidium führte Wilhelm Zangen, damals Generaldirektor des Mannesmann-Konzerns (später dessen Aufsichtsratsvorsitzender und in den fünfziger Jahren mit dem Großen Bundesverdienstkreuz mit Stern ausgezeichnet). Zangens Stellvertreter im RI-Präsidium war Rudolf Stahl, damals Chef des Salzdetfurth-Konzerns und der Mansfeld-Kupfer AG, auch Mitglied des Aufsichtsrats der Deutschen Bank. Stahl leitete den »Kleinen Arbeitskreis«, der sich mit Grundfragen der Nachkriegsplanung befaßte und dessen Gründung vor allen auf die Initiative des langjährigen RI-Hauptgeschäftsführers Dr. Karl Guth zurückging.

Hauptgeschäftsführer Dr. Guth, der das volle Vertrauen der in der RI organisierten Unternehmer, vor allem der leitenden Männer der großen Konzerne, aber auch das der Naziführung hatte, war der Schwager, Freund und Förderer eines 1897 in Fürth geborenen Wissenschaftlers, der in Rudolf Stahls »Kleinem Arbeitskreis« eine entscheidende Rolle spielte, weil er die theoretischen Grundlagen für die dort zu entwickelnde Nachkriegsplanung der Konzerne bereits weitgehend erarbeitet hatte. Dieser Wissenschaftler, der an der Nürnberger Handelshochschule Betriebs- und Volkswirtschaft, an der Universität Frankfurt am Main außerdem Soziologie studiert und 1924 als Volkswirt bei Franz Oppenheimer promoviert hatte, war nach vierjährigem Praktikum 1928 als wissenschaftlicher Mitarbeiter in das »Institut für Wirtschaftsbeobachtung der deutschen Fertigware« in Nürnberg eingetreten, das der bekannte Konsumforscher Wilhelm Vershofen leitete. Dort machte er Karriere, leitete zuletzt das Institut, das übrigens eng mit dem IG-Farben-Konzern und anderen Großunternehmen wie Siemens und Reemtsma zusammenarbeitete, und machte sich 1942, weil er keine Bindungen an Nazi-Organisationen eingehen wollte, als Forscher selbständig. Sein Ein-Mann-»Institut für Industrieforschung«, das sich mit der »wirtschaftlichen Situation nach dem Kriege« befaßte, erhielt die erforderlichen finanziellen Mittel von der RI und von einigen Konzernen, vor allem von Siemens.

Etwa vom Frühjahr 1944 an, als sich der Untergang des »Großdeutschen Reiches« bereits ankündigte, hatte sich der Leiter des Ein-Mann-Instituts mit seinen Vorstellungen davon, »wie denn das Leben nach einem verlorenen Kriege wirtschaftlich weitergehen solle«, bei seinen Förderern, vor allem bei der RI, weitgehend durchgesetzt. Er nahm nun an den Beratungen des »Kleinen Arbeitskreises« teil. Dessen Mitglieder – neben Zangen, Stahl und Guth, noch fünf Spezialisten: Anton Reithinger, Leiter der volkswirtschaftlichen Abteilung des IG-Farben-Konzerns; Günter Keiser, Leiter des Statistischen Büros der Wirtschaftsgruppe Privates Bankgewerbe; Paul Binder, RI-Abteilungsleiter für Steuerfragen; dessen Kollege von der RI-Abteilung Außenwirtschaft, Karl Albrecht, sowie Ferdinand Grünig, Leiter der Abteilung Zentrale Wirtschaftsbeobachtung der Reichswirtschaftskammer – waren vor allem von einer Denkschrift beeindruckt, die der neue Mann vom »Institut für Industrieforschung« verfaßt hatte und die sich mit der Konsolidierung der Reichsschulden und der Beseitigung des Geldüberhangs als möglicherweise wichtigsten Nachkriegsproblemen auseinandersetzte. Diese Denkschrift kursierte auch bei den wenigen Auserwählten aus Großindustrie und Bankwelt, die vom »Kleinen Arbeitskreis« ins Vertrauen gezogen und regelmäßig informiert wurden. Dies waren Friedrich Flick, Philipp F. Reemtsma, Heinrich Dinkelbach von den Vereinigten Stahlwerken, Geheimrat Hermann Schmitz von IG Farben, Fritz Jessen vom Siemens-Konzern, Karl Goetz von der Dresdner Bank und Oswald Rösler von der Deutschen Bank. Auch sie waren sehr angetan von dieser Denkschrift und von den für die Konzerne und das Großkapital sehr vorteilhaften Lösungsvorschlägen des Verfassers. Dessen Namen war übrigens Dr. Ludwig Erhard.

RI-Vizepräsident Rudolf Stahl, Erhards besonderer Förderer, hatte dessen Denkschrift am 1. August 1944 den sieben Wirtschaftsführern zugesandt und in seinem Begleitbrief zwar erklärt, die »streng vertraulichen Vorarbeiten zu einzelnen Problemen des späteren Friedenswiederaufbaus« wären »im Einvernehmen mit dem RWM« (Reichswirtschaftsministerium) durchgeführt worden. Aber im selben Atemzug drückte er auch seine erheblichen Zweifel daran aus, ob es »im gegenwärtigen Zeitpunkt opportun« wäre, konkrete Vorschläge »an interessierte behördliche Stellen« weiterzugeben (wobei daran erinnert sei, daß zehn Tage nach dem mißglückten Attentat auf Hitler noch die Großfahndung nach möglichen Mitverschwörern und anderen »Staatsfeinden« voll im Gange war und es wahrlich sehr riskant erscheinen mußte, in diesem Augenblick Pläne für die Zeit nach dem –verlorenen! – Krieg der Nazi-Ministerialbürokratie zu unterbreiten).

»Kontakte zum RWM, in denen das Programm der Nachkriegsplanungen der RI vorsichtig angedeutet wurde, scheinen denn auch erst durch eine Besprechung, die Karl Albrecht am 19. August 1944 ... führte, geknüpft worden zu sein«, meinte dazu auch Ludolf Herbst in den Vierteljahresheften für Zeitgeschichte (3/1977), wobei er sich auf das im Bundesarchiv befindliche Dokument R 7/2121 bezieht.

Dem Funktionär im Reichswirtschaftsministerium wurden die Denkschrift Ludwig Erhards und die sonstigen Pläne und Materialien des »Kleinen Arbeitskreises« jedenfalls erst Anfang November 1944 zugänglich gemacht, und zwar durch Rudolf Stahl selbst, der ihm am 14. November 1944 folgendes schrieb:

»Da, wie ich höre, am Freitag im Verfolg unserer letzten Zusammenkunft die von Ihnen dabei angeregte Aussprache mit Herrn Dr. Erhard stattfinden soll, gestatte ich mir, Ihnen in der Anlage eine mir heute zugegangene weitere Ausarbeitung des Herrn Dr. Erhard zu übersenden. Hierin ist auf meine Anregung hin der Versuch gemacht worden, die Problemstellung für den späteren Friedenswiederaufbau sowohl nach der Geld- wie nach der Güte(r)seite hin zu umreißen. Ich glaube, daß sich dieses Exposé als Unterlage für Ihre Unterhaltung mit Herrn Dr. Erhard gut eignet, wenn es auch noch nicht in unserem kleinen Arbeitskreise kritisch durchgearbeitet und ergänzt worden ist (zum Beispiel nach der Richtung des Wohnungsbaues).

Den Auszug aus der Erhard'schen Denkschrift über die Schuldenkonsolidierung nebst dem Koreferat des Herrn Dr. Keiser hierzu überreichte ich Ihnen bereits am Freitagabend. Ich habe Herrn Dr. Erhard gebeten, Ihnen seine ausführliche Denkschrift am Freitag persönlich zu übergeben. Demnächst lasse ich noch die Überlegungen von Dr. Albrecht zur Nachkriegswirtschaft unter besonderer Berücksichtigung der Außenwirtschaft nebst einem Koreferat des Herrn Dr. Erhard hierzu folgen sowie eine Reihe von Erhebungen bei den wichtigsten Wirtschaftsgruppen nach dem Ihnen am Freitag abend gezeigten Schema.

Wenn erst das Programm feststeht und von Ihnen gebilligt ist, wird es dann darauf ankommen, die einzelnen noch offenstehenden Probleme unter Heranziehung einiger fachlich und wissenschaftlich geschulter Kräfte (die uns unter anderem über das Erhard'sche Institut zur Verfügung stehen) – natürlich in diskreter Form – systematisch weiter durchzupflügen und auf diese Weise die unbedingt erforderliche Vorarbeit zu leisten, auf die sich die späteren Entschlüsse der staatlichen Wirtschaftsführung aufbauen können.

Für eine gelegentliche Mitteilung, ob Sie mit diesem Vorgehen einverstanden, wäre ich Ihnen dankbar. Zu einem mündlichen Gedankenaustausch über den ganzen Fragenkomplex stehe ich Ihnen selbstverständlich laufend zur Verfügung.

Heil Hitler!
Ihr sehr ergebener
gez. Stahl.«

In einem weiteren Brief Rudolf Stahls vom 13. Dezember 1944 an diesen hohen Beamten im Reichswirtschaftsministerium, mit dem er diesem ein ausführliches »Programm für die Bearbeitung wirtschaftlicher Nachkriegsprobleme vom Standpunkt der Industrie« sowie einen »Arbeitsplan« seines »Kleinen Arbeitskreises« übersandte, heißt es:»... Die beifolgende Programm-Skizze ist natürlich nur als ein erster Versuch zu betrachten, zumal sie bewußt nur eine stichwortartige Aufgliederung bringt. Von großem Wert für unseren Arbeitskreis wäre es daher, zu wissen, ob Sie mit der Disposition im Großen, ins-

besondere auch mit der Unterscheidung von Übergangssta-
dium und Friedenswirtschaft, einverstanden sind und uns
ermächtigen wollen, auf dieser Grundlage in enger Fühlung-
nahme mit Ihnen weiterzuarbeiten, oder ob Sie eine andere
Methodik vorziehen. Im Falle ihres Einverständnisses würden
wir Ihnen Ergebnisse der im Fluß befindlichen Untersuchungen ... jeweilig übermitteln, wie dies bezüglich der Denkschrift
von Herrn Dr. Erhard bereits geschehen ist ...«

Der Empfänger dieser beiden Briefe war SS-Gruppenführer
Otto Ohlendorf, seit November 1943 in Personalunion Ministe-
rialdirektor im Reichswirtschaftsministerium und Leiter des
Amts III (SD-Inland) im Reichssicherheitshauptamt, der Ter-
rorzentrale des »Dritten Reiches«.

Ohlendorf, Jahrgang 1907, hatte Jura und Volkswirtschaft
studiert, war schon 1925 der Nazi-Partei beigetreten und hatte
von 1936 an in der SD-Zentrale unter Dr. Reinhard Höhn am
Aufbau des geheimen Nachrichtendienstes und Spitzelappa-
rats teilgenommen. 1941 führte er die »Einsatzgruppe D«, die in
der südlichen Ukraine, auf der Krim und im Nordkaukasus
mindestens neunzigtausend Menschen, darunter Frauen, Kinder, Greise und auch Geisteskranke, zusammentrieb und
ermordete. Nach dem Krieg wurde er deshalb von einem amerikanischen Militärgericht zum Tode verurteilt und hingerichtet, während sein einstiger Vorgesetzter, Professor Reinhard
Höhn, 1956 die »Akademie für Führungskräfte der Wirtschaft«
in Bad Harzburg gründete, die er seitdem (und heute noch)
leitet.

Auch Reinhard Höhn, damals als Nachfolger Heydrichs Vor-
sitzender des Polizeiausschusses der »Akademie für Deutsches
Recht« und Leiter eines Instituts für Staatsforschung, das von
Himmler für die Dauer des Krieges »beordert« worden war,
hatte im Herbst 1944 Zukunftsplanung betrieben. Am 1. Oktober 1944 schrieb er in der Wochenzeitung »Das Reich«: »... Der
Eid auf den Führer verpflichtet nicht nur zu Lebzeiten des
Führers, sondern über dessen Tod hinaus zu Treue und Gehorsam gegenüber der nationalsozialistischen Idee ...« Einige
Wochen später, am 9. November 1944, wurde Professor Höhn
zum SS-Brigadeführer im Reichssicherheitshauptamt beför-
dert.

Als Stahl, ebenfalls im November 1944, Höhns erfolgreichen Schüler, den gerade zum SS-Gruppenführer Beförderten,

nunmehrigen Unterstaatssekretär Ohlendorf, in das Programm seines »Kleinen Arbeitskreises« einweihte, stellte er Ludwig Erhards Anteil an den Planungsarbeiten bewußt in den Vordergrund. »Daß Stahl zudem ein Zusammentreffen Erhards mit Ohlendorf verabredet hatte«, heißt es dazu in dem Beitrag von Ludolf Herbst, »und Ohlendorf in Aussicht stellte, Erhard werde ihm bei dieser Gelegenheit ›seine ausführliche Denkschrift... persönlich übergeben‹, verstärkte den Eindruck, daß die RI bestrebt war, das Erhardsche Institut aufzuwerten und ganz maßgeblich in die Planungs- und Koordinierungsarbeiten des RWM einzuschalten, ... vielleicht, um die Pläne des RWM auf ein der RI gemäßes Gleis zu schieben. Ob nun Stahl, Erhard oder Ohlendorf die Initiative ergriffen hatte, im November/Dezember 1944 schloß die Kooperation zwischen der RI und dem RWM in Sachen Nachkriegsplanung jedenfalls die Person und die Arbeitskraft Ludwig Erhards ein. Der Kontakt zwischen den beiden führenden Inspiratoren der jeweiligen Planungskonzepte, Erhard und Ohlendorf, ist offenbar entsprechend der Verabredung zustande gekommen«, was übrigens auch aus dem Arbeitsbericht des Ohlendorf unterstehenden Referats II/I im Reichswirtschaftsministerium vom 9. Januar 1945 klar hervorgeht.

Zu alledem ist anzumerken, daß Ludwig Erhard zwölf Jahre später als Wirtschaftsminister Adenauers großen Wert darauf gelegt hat – zwar nicht der breiten Öffentlichkeit gegenüber, die ohnehin nichts davon wußte, aber doch gegenüber seinen Freunden und Fachkollegen –, seine damalige Nachkriegsplanung als einen Akt des Widerstands gegen das Nazi-Regime erscheinen zu lassen. Dabei konnte er darauf hinweisen, daß auch Carl Goerdeler, der seit Ende August 1944 verhaftete und später hingerichtete Anführer der Verschwörer vom 20. Juli, ein Exemplar der Erhardschen Denkschrift erhalten hatte.

Indessen konnte bei Ludwig Erhard in Wahrheit weder von Widerstand noch von aktiver Unterstützung der Nazis die Rede sein. Er hatte nichts anderes im Sinn als – wie es in seiner Denkschrift hieß – »die Reichsgruppe Industrie... als geschlossene Phalanx zweckvollen kollektiven Handelns« in die Lage zu versetzen, die Katastrophe zu bewältigen, die er im Gefolge der sich abzeichnenden militärischen Niederlage des Reiches für die deutsche Wirtschaft kommen sah. Es ging ihm allein um ökonomische und gesellschaftspolitische Fragen, um die Beseitigung der Staatsschulden und des Geldüberhangs, um die Wiederherstellung der Kaufkraft der Mark, die Beendigung der Bewirtschaftung aller Lebensmittel und Gebrauchsgüter, um die Umstellung der Industrie auf Friedensproduktion, um die Verhinderung künftiger Sozialisierungsmaßnahmen und die Erhaltung des privatkapitalistischen Systems samt der Macht der großen Konzerne.

Alles dies konnte Erhard mit führenden Nazis wie dem SS-Gruppenführer Otto Ohlendorf ebenso freimütig erörtern wie später mit den amerikanischen Experten. Für beide war es gleichermaßen interessant zu erfahren, was nach Dr. Erhards Meinung nach Beendigung des Krieges zu geschehen habe, beispielsweise, ob in der – wie sich dann zeigte: drei Jahre dauernden – Übergangsphase zur Friedenswirtschaft der Lohn- und Preisstopp sowie der Geldüberhang und die Bewirtschaftung beibehalten werden sollten, wie es dann tatsächlich bis zur Währungsreform der Fall war.

Natürlich gehörte zu der im Dezember 1944 schon sehr weit gediehenen Nachkriegsplanung nicht nur die Binnen-, sondern auch die Außenwirtschaft, weshalb der »Kleine Arbeitskreis« der RI seine Untersuchungen mit denen eines »Arbeitskreises für außenwirtschaftliche Fragen« (AAF) koordinierte. Dieser AAF, der sich ebenfalls mit Nachkriegsplanung sowie mit den Möglichkeiten frühzeitiger Kontaktaufnahme mit den Konzernen und Banken der westlichen Alliierten, also der künftigen Besatzungsmächte, in kleinem Kreis befaßte, war am 23. März 1943 auf Anregung von Karl Albrecht, dem Außenwirtschaftsexperten der RI, gegründet worden. Ohlendorf war darüber ebenfalls – wenn auch wohl nicht über die zu den Kriegsgegnern gesponnenen Fäden – umfassend informiert worden.

Im Herbst 1944 stand der Arbeitskreis für außenwirtschaftliche Fragen unter der Leitung von Karl Blessing, dem deutschen Vertreter der Interessen des Unilever-Konzerns und Mitglied des »Freundeskreises des Reichsführers SS«. An den Arbeiten des AAF nahmen teil oder wurden darüber ausführlich informiert: Hermann Josef Abs (Deutsche Bank), Dr. Karl Rasche (Dresdner Bank), Kurt Freiherr v. Schröder (Bankhaus J. H. Stein), Anton Reithinger und Max Ilgner (beide IG Farben), Karl Lindemann (Norddeutscher Lloyd), Dr. Ludger Westrick (Vereinigte Aluminiumwerke), Hugo Stinnes (Siemens-Konzern), Philipp F. Reemtsma (Reemtsma Zigarettenfabriken) und Dr. Ernst Hellmut Vits (Vereinigte Glanzstoff-Fabriken), um nur die wichtigsten Wirtschaftsvertreter zu nennen, außerdem Karl Albrecht von der RI und Andreas Predöhl, Direktor des Kieler Instituts für Weltwirtschaft.

AAF und »Kleiner Arbeitskreis« waren also von 1943 an damit beschäftigt, über die Endphase des Zweiten Weltkriegs, den Zusammenbruch des »Dritten Reichs« und das erste Nachkriegs-Chaos hinaus die Erhaltung der gesellschaftlichen Verhältnisse und die Rettung dessen zu planen, was sie »freies Unternehmertum« nannten und bald auf amerikanisch »free enterprise« nennen würden. Chefplaner war dabei Dr. Ludwig Erhard, der 1949 erster Bundesminister der Wirtschaft der neugegründeten Bundesrepublik Deutschland wurde, deren Industrie 1950, nur fünf Jahre nach der größten Katastrophe der deutschen Geschichte, mit ihrer Produktion wieder den Vorkriegsstand erreicht hatte, deren Währung – auf Kosten der breiten Masse kleiner Sparer – nun völlig stabil war und deren von Erhard proklamierte »soziale Marktwirtschaft« zwar den Sozialismus hatte besiegen können, aber nun, im Sommer 1950, durch eine weltweite Krise ins Wanken geraten war.

Doch ehe wir uns näher mit dieser Krise und ihren überraschenden Auswirkungen befassen, sei noch kurz berichtet, was aus den Planern des »Kleinen Arbeitskreises« und des AAF der Jahre 1943 bis 1945 inzwischen geworden war: Ihr Chefplaner (seit 1947 Honorarprofessor für Wirtschaftspolitik der Universität München) Dr. Ludwig Erhard war Bundeswirtschaftsminister und stellvertretender Vorsitzender der CDU, auch designierter Nachfolger Konrad Adenauers, wenngleich dieser erhebliche Zweifel an seiner Eignung hatte.

AAF-Leiter Karl Blessing war 1948 in den Vorstand der Margarine-Union, einer deutschen Tochter des Unilever-Konzerns, zurückgekehrt und wurde später Präsident der Deutschen Bundesbank. AAF-Gründer Karl Albrecht wurde 1949 Hauptabteilungsleiter im Marshallplan-Ministerium des Vizekanzlers Blücher und übernahm 1953 die Hauptgeschäftsführung der Industrie- und Handelskammer Düsseldorf.

Ludger Westrick wurde Ludwig Erhards Staatssekretär im Bundeswirtschaftsministerium. Günter Keiser, im »Ständigen Arbeitskreis« der Vertreter der Wirtschaftsgruppe Privates Bankgewerbe, deren Volkswirtschaftliche Abteilung er damals geleitet hatte, übernahm 1950 die Abteilung Grundsatzfragen im Bundeswirtschaftsministerium als Ministerialdirigent und wechselte später zum Flick-Konzern über, wo er die Volkswirtschaftliche Abteilung der Feldmühle AG leitete.

Die Konzernmanager, Großaktionäre und Bankiers, die an der Nachkriegsplanung der RI im »Ständigen Arbeitskreis« oder im AAF mitgewirkt hatten, waren im Sommer 1950 fast ausnahmslos wieder auf ihren Kommandoposten; Friedrich Flick, der ja schon vom Kriegsverbrechergefängnis aus seinen Konzern wiederaufzubauen begonnen hatte, kam im August 1950 auf freien Fuß.

Einer der wichtigsten Nachkriegsplaner in Karl Blessings AAF, Hermann Josef Abs, galt schon 1950, als die Deutsche Bank AG noch auf alliierten Befehl hin »dezentralisiert« und in zehn Regionalinstitute aufgesplittert war, als deren heimlicher Chef und künftiger Generaldirektor, auch als »Bonns ungekrönter Finanzminister«, denn er gehörte, zusammen mit Robert Pferdmenges – der konfessionelle Proporz blieb auch hier gewahrt! – zu des Kanzlers engsten Beratern. Die westdeutsche Delegation bei der Londoner Schuldenkonferenz von 1951/52 wurde dann auch nicht von Bundesfinanzminister Fritz Schäffer, sondern von Abs geführt. Wiederholt bot ihm Adenauer einen Platz im Bundeskabinett an; später sollte Abs das Auswärtige Amt übernehmen. Aber der Bankier lehnte stets ab, denn er hatte, neben der Leitung der Deutschen Bank AG, bereits über vierzig Aufsichtsrats- und sonstige Vorsitze in Großunternehmen. Er war der Führer der Wirtschaft im Wirtschaftswunderland – das genügte ihm, und längst vergessen war, was OMGUS, das Office of Military Government of the United States of America, in seinem Bericht vom November 1946 über Hermann Josef Abs und sein Institut geschrieben hatte: »Abs war der Spiritus rector der niederträchtigen Deutschen Bank, die eine ungewöhnliche Konzentration wirtschaftlicher Macht mit aktiver Teilhaberschaft an der verbrecherischen Politik des Naziregimes verband...«

Wohlstand schickt sich nicht für alle

»Sollte in etwa zweihundert Jahren ein Kulturhistoriker auf die Idee kommen, die soziale Situation des Jahres 1950 in Deutschland nach den Reklame-Veröffentlichungen der deutschen Firmen zu beurteilen, so würde er zu überraschenden Schlüssen kommen«, schrieb Alfred Andersch damals. »Das deutsche Volk unserer Zeit würde ihm dann als eine vornehmlich in Fracks und Abendkleidern auftretende Spezies erscheinen, als eine Nation eleganter, reichlich dekolletierter Damen mit dreifach geschlungenen Perlenketten um die entzückenden Hälschen, breit, aber gut gebauter älterer Herren mit silbernen Schläfen und hochgewachsener jugendlicher Roués in Seidenrevers und Smokinghemden mit mattschimmernden Manschettenknöpfen ... «

Im krassen Gegensatz zu diesem Trugbild der sozialen Lage in der Bundesrepublik des Jahres 1950, wie es – von Andersch nur geringfügig übertrieben – die Zeitungsinserate und die Plakatwerbung der Markenartikelindustrie den Verbrauchern vorgaukelten, standen die nüchternen Zahlen. Die amtliche Statistik ermittelte für das Jahr 1950 »in 4-Personen-Arbeitnehmerhaushalten einer mittleren Verbrauchergruppe im Bundesgebiet (ohne Saarland und West-Berlin)« ein Gesamteinkommen von durchschnittlich 342,82 DM. Nach Abzug der Steuern und der Beiträge zu den gesetzlichen Versicherungen blieb dem Vierpersonenhaushalt ein Betrag von 305,08 DM im Monat. Von diesen »ausgabefähigen Einnahmen« verbrauchte die vierköpfige Familie tatsächlich 294,04 DM monatlich, und zwar zu fast genau der Hälfte für Lebensmittel, Getränke und sogenannte »Genußwaren«, zu etwas weniger als der Hälfte für »sonstige Lebensbedürfnisse«, worunter Wohnungsmiete, Heizung, Beleuchtung und Hausratanschaffungen verstanden wurden. Für Kleidung hatte die vierköpfige »mittlere Verbrauchergruppe« im Monat genau 38,81 DM zur Verfügung, davon pro Kopf im statistischen Durchschnitt nur etwa vier DM und ein paar Pfennige für Oberbekleidung und rund 2,60 DM für Schuhe.

Es kosteten aber im Jahre 1950, der amtlichen Statistik zufolge, jeweils im Bundesdurchschnitt: »Ein Paar Herren-Straßenschuhe, Rindbox, einfache Qualität als Schnürhalbschuh mit Ledersohle, Größe 42«, bereits 24,20 DM, »ein Paar Damen-Straßenschuhe, Boxcalf, 1. Qualität mit Ledersohle, Größe 38« sogar 29,60 DM. Ein zweiteiliger Straßenanzug für Herren erforderte durchschnittlich eine Ausgabe von 138 DM, mehr als die ganze vierköpfige Familie in einem Vierteljahr für Kleidung, Wäsche und Schuhwerk ausgeben konnte; ein einfaches Damenkleid aus Wollstoff kostete dagegen nur 58,00 DM, aber damit immer noch um über 20 DM mehr, als für den monatlichen Kleidungsbedarf der Familie zur Verfügung stand. Um das Bild abzurunden: Ein Herrenoberhemd mit festem Kragen aus Popeline mittlerer Qualität kostete im Bundesdurchschnitt von 1950 genau 13,76 DM, eine »Damengarnitur aus Kunstfaser, mittlerer Qualität und Ausführung, zweiteilig«, knapp acht DM, ein Paar wollende Herrensocken 3,40 DM, ein Damenschlüpfer (»Wolle, mittlerer Qualität, doppelter Schritt, ½ Bein, Größe 44«) 8,09 DM und ein Paar »Herren-Lederhandschuhe, Nappa, gefüttert« 19,22 DM.

Angesichts dieser Preise und der »ausgabefähigen Einnahmen« der großen Mehrheit waren nur sehr wenige Bundesdeutsche in der Lage, im Frack oder im Abendkleid und gar »mit dreifach geschlungenen Perlenketten« ihrem Vergnügen nachzugehen. Bei diesen wenigen Superreichen handelte es sich, zumindest, was die Inhaber der ganz großen Vermögen betraf, im Jahre 1950 um dieselben Familien, die auch schon ein halbes Jahrhundert zuvor zu den Reichsten im Deutschen Kaiserreich gehört hatten. Sofern 1945 ihr Hauptbesitz in den drei westlichen Besatzungszonen konzentriert gewesen war, hatten sie alle Versuche, sie die Folgen der größten Katastrophe der deutschen Geschichte entsprechend der Größe ihres Vermögens mittragen zu lassen, erfolgreich abgewehrt, die Entnazifizierung ebenso überstanden wie die Sozialisierungs-, Entflechtungs- und Dekartellisierungsmaßnahmen, den Lastenausgleich und die Währungsreform, von den zaghaften Bodenreform-Versuchen ganz zu schweigen.

Wie sie das schafften, sei an einem Beispiel erläutert, und zwar an dem der schon lange vor dem Ersten Weltkrieg zur Geld- und Macht-Elite des damaligen Reiches zählenden Familie v. Finck, deren Senior damals Wilhelm v. Finck war.

Wilhelm v. Finck war 1870 als Zweiundzwanzigjähriger aus Hessen nach München gekommen, wo er als Prokurist in die gerade gegründete Privatbank Merck, Christian & Co eingetreten war. Neun Jahre später hatte das Bankhaus bereits Merck, Finck & Co geheißen, bald darauf war es im Alleinbesitz der Familie Finck.

Wilhelm v. Finck besaß – wie sein Hofbiograph Bernhard Hoffmann es formuliert hat – »die seltene Gabe, nur gute Geschäfte zu machen«. Er gründete Brauereien, darunter die Löwenbräu AG, auch Deutschlands erste Wasserkraft-Überlandzentrale, die Isarwerke, beteiligte sich an der Gründung der Motorenwerke Augsburg-Nürnberg (M.A.N.) und war – dem »Millionärshandbuch« von 1913 zufolge – mit einem steuerpflichtigen Privatvermögen von etwa sechzehn Millionen Goldmark »der bedeutendste Privatbanquier Bayerns«.

Dem verschwenderischen König Ludwig II. verweigerte Wilhelm v. Finck die erbetenen Kredite. Dagegen kaufte er zielstrebig Land auf, vorzugsweise bei Zwangsversteigerungen. Bei seinem Tode im Jahre 1924 dehnte sich, so berichtet Bernhard Hoffmann, »sein Hauptbesitz im Osten von München... fast geschlossen auf die zwanzig Kilometer lange Strecke von Perlach bis Zorneding aus«. Dazu kamen Besitzungen im Westen und vor allem im Südwesten der Landeshauptstadt, am Kochel- und Barmsee, ja bis hin zur Vereinsalpe bei Mittenwald, insgesamt mehr als zweitausendsiebenhundert Hektar Felder, Wiesen und Wälder.

Gemeinsam mit einigen Freunden gründete Wilhelm v. Finck 1880 die Münchner Rückversicherungs AG, das erste Unternehmen seiner Art in Deutschland. Unter Fincks Vorsitz im Aufsichtsrat – er hielt diesen Posten vierundvierzig Jahre lang bis zu seinem Tode – bildete die »Münchner Rück« gewaltige Reserven und erwirtschaftete in fast jedem Jahr fünfundzwanzig Prozent Dividende. 1890 bekam die »Münchner Rück« eine Tochter, die »Allianz Versicherungs AG«, in deren Aufsichtsrat Wilhelm v. Finck ebenfalls lebenslang das Präsidium übernahm. Der neue Konzern entwickelte sich zum größten Direktversicherer des europäischen Kontinents, hortete im Ersten Weltkrieg systematisch Devisen und konnte so in den Jahren der großen Inflation die Auslandsverpflichtungen kleinerer Gesellschaften (und diese Konkurrenten gleich dazu) hilfreich übernehmen.

Da Wilhelm v. Fincks zum Konzernerben ausersehener ältester Sohn, Wilhelm junior, 1916 als Leutnant in Rumänien gefallen war, übernahm 1924 der jüngste Sohn, August v. Finck, das gesamte, viele hundert Millionen Reichsmark Industriebeteiligungen und Grundbesitz umfassende Vermögen seines verstorbenen Vaters, zum Teil treuhänderisch für seine älteren, bereits verheirateten Schwestern.

August v. Finck, geboren 1898 und beim Tode seines Vaters gerade sechsundzwanzig Jahre alt, durfte auch sogleich dessen Nachfolge in mehr als zwei Dutzend Aufsichtsräten antreten. Als neuer Chef des Bankhauses Merck, Finck & Co erhielt er auch den Vorsitz im Aufsichtsrat der »Allianz« und der »Münchner Rück«, die beide immer mehr Konkurrenzunternehmen ihrem Imperium angliederten. Auch der v. Fincksche Grundbesitz vergrößerte sich später noch beträchtlich, zumal während der Zeit der Weltwirtschaftskrise und Massenarbeitslosigkeit, als viele Zwangsversteigerungen Gelegenheit boten, weitere Güter und Forsten billig aufzukaufen. Dies alles geschah im wesentlichen ohne Zutun des noch jungen Erben, für den die alten Direktoren die Geschäfte führten. August v. Finck hielt sich dagegen mehr in den Münchener Salons und Clubs auf als im Bankhaus am Lenbachplatz, und in einem dieser Salons, dem der Frau Hanfstaengl, lernte er früh den Mann kennen und schätzen, der 1933 in Deutschland die Macht übernahm: Adolf Hitler.

Offen zum Nationalsozialismus bekannte sich August v. Finck allerdings erst nach Hitlers Einzug in die Reichskanzlei. Er trat der Partei bei, setzte sich sehr aktiv für die Nazis ein und wurde Senator der Deutschen Akademie, Mitglied des Generalrats der Deutschen Wirtschaft und des Präsidiums der Akademie für Deutsches Recht. Er bekleidete indessen nicht nur Ehrenposten, sondern übernahm auch eine Sonderaufgabe. Nachdem der nunmehrige »Führer der Reichskanzlei« ihm erklärt hatte: »Sie sind mein Mann! Sie müssen mir ein Haus der Deutschen Kunst bauen!«, sammelte August v. Finck unter Berufung auf Hitler bei den großen und kleinen Münchener Unternehmen insgesamt 11,9 Millionen RM und deckte damit die Baukosten des – heimlich als »Weißwurst-Tempel« verspotteten – Gebäudes zu mehr als neunundneunzig Prozent. Zum Dank hierfür wie auch für eine von ihm organisierte »Hermann Göring-Geburtstagsspende« durfte August v. Finck jüdische Bankhäuser »arisieren«, 1938 zunächst die angesehene Berliner Privatbank J. Dreyfus & Co, dann als Krönung das mächtige Wiener Haus der Rothschilds. Dessen Chef, Baron Louis Rothschild, war von der Gestapo verhaftet und nach langwierigen Lösegeldverhandlungen unter Zurücklassung seines gesamten riesigen Besitzes in die Schweiz entlassen worden. Zu welchen Bedingungen August v. Finck das Wiener Bankhaus Rothschild übernehmen konnte, ist bis heute ein Geheimnis geblieben. Die Gebäude des bis 1945 unter dem Namen »Eduard v. Nicolai & Co« firmierenden Instituts waren bei Kriegsende völlig zerstört, sämtliche Unterlagen abhanden gekommen. Baron Rothschild verzichtete auf alle Ansprüche zugunsten des österreichischen Staates und zog sich in die USA zurück; Merck, Finck & Co wurde mit keiner Restitutionsforderung behelligt. Die Klage der früheren Besitzer der Berliner Dreyfus-Bank gegen ihren »Arisierer« wies ein bayerisches Gericht ab. So konnte »Der Spiegel« die Finck-Bilanz der ersten Nachkriegszeit in der Feststellung zusammenfassen: »Das Münchener und das Berliner Bankgebäude zerstört, das Wiener eingebüßt, das Führer-Foto mit eigenhändiger Widmung vom Klavier abgeräumt – sonst alles gerettet!«

Allerdings mußte August v. Finck, nach 1945 vorübergehend als prominenter Nazi interniert, zunächst ein Berufsverbot hinnehmen und sein Bankhaus nebst allen Beteiligungen einem Treuhänder überlassen, bis das gegen ihn eingeleitete Spruchkammerverfahren rechtskräftig abgeschlossen war. Gegen Ende 1948 kam es zur Verhandlung. Allgemein erwartete man die Einstufung des Bankiers in die Gruppe der Belasteten, doch es geschah ein Wunder: Alle Belastungszeugen rückten der Reihe nach von ihren früheren Aussagen ab; der Ankläger selbst zog seinen ursprünglichen Bestrafungsantrag zurück und nahm es hin, daß der Bankier zum bloßen »Mitläufer« erklärt wurde.

Wie dieses Wunder zustande kam, darüber konnte man in der bundesdeutschen Presse seinerzeit recht Konkretes lesen, das August v. Finck dann nicht dementierte; es sei hier nicht wiederholt, sondern der Vorstellungskraft des Lesers überlassen, es sich auszumalen.*

---

* Wessen Phantasie dazu nicht ausreicht, findet mehr darüber und über Werdegang, Geschäfte und Gesamtbesitz des Bankiers Augsut v. Finck in: Bernt Engelmann, Das Reich zerfiel, die Reichen blieben, Hamburg 1972, neu aufgelegt als dtv-Taschenbuch Nr. 1061. Die Darstellung darin ist hier verkürzt wiedergegeben.

Jedenfalls kam der Milliardär, Rothschild-»Arisierer« und Intimus fast aller Nazigrößen mit einer Geldbuße von 1 000 (in Worten: eintausend) DM davon, die er aber keineswegs bezahlte, sondern sich, unter Berufung auf eine Knieverletzung, vom bayerischen Staat auf dem Gnadenwege erlassen ließ. Die unmittelbare Folge des milden Spruchkammer-Urteils war, daß August v. Finck sein Bankhaus samt allen Beteiligungen und auch sein sonstiges riesiges Privatvermögen nun wieder selbst verwalten durfte. Da der Treuhänder glänzend gewirtschaftet hatte, war der entnazifizierte Bankier nun reicher denn zuvor, hatten doch sogar die Aktiendepots der Berliner Filiale, der ehemaligen Dreyfus-Bank, noch nach der Besetzung Berlins durch die Rote Armee nach München geschmuggelt werden können.

Die Vorgänge, die das Spruchkammer-Verfahren begleitet hatten, sorgten immerhin dafür, daß sich die führenden Männer der westdeutschen Wirtschaft zunächst ein wenig von August v. Finck distanzierten; er mußte auf den Vorsitz im Aufsichtsrat erst bei der Bayerischen Vereinsbank, dann auch bei der »Allianz« und der »Münchner Rück« verzichten. Zwar kaufte der darüber empörte Bankier noch jahrelang gewaltige Pakete von Aktien dieser Konzerne auf, um damit die angestammten Präsidentensessel zurückzuerobern. Aber seine Gegner, die ihm sein, wie sie fanden, sie alle kompromittierendes Verhalten nicht verziehen hatten, blieben unerbittlich. Es kam schließlich zu einem Vergleich, bei dem August v. Finck seine Zukäufe gegen Stahlwerks-Aktien eintauschte und sich mit dem Vorsitz im Aufsichtsrat von Allianz-Tochtergesellschaften begnügte.

Gegenüber der bayerischen Staatsregierung konnte sich der entnazifizierte Bankier jedoch weit besser durchsetzen. Nach dem Gesetz und den Durchführungsbestimmungen, die Bodenreform betreffend, war August v. Finck zunächst zur Abgabe von fünfhundertfünfundsiebzig Hektar Land herangezogen worden. Sein Treuhänder hatte dagegen Einspruch erhoben und eine Ermäßigung der Landabgabe auf zweihunderteinundsiebzig Hektar – ziemlich genau ein Zehntel dessen, was der Bankier von seinem Vater geerbt hatte – nach zähem Kampf erwirkt. Der entnazifizierte Großgrundbesitzer ließ die Bemühungen des – von ihm übrigens in Ungnaden und ohne Dank entlassenen – Treuhänders durch seine Anwälte fortsetzen, erklärte sich dann aber zum Verzicht auf besagte zweihundert-einundsiebzig Hektar und auf weitere Rechtsmittel bereit, und damit schien der Fall erledigt zu sein. Er war es aber keineswegs.

Erst Jahre später stellten die Behörden mit Erstaunen fest, daß bei einem beträchtlichen Teil der v. Finckschen Landabgabe keine Übertragung im Grundbuch stattgefunden hatte. Anstatt auf sofortige Berichtigung des Versäumnisses zu dringen, gab der Freistaat Bayern dem Bankier erst noch weitere 41,4 Hektar zurück, »zum Zwecke des endgültigen Abschlusses« des Vergleichsverfahrens. In den folgenden Jahren – bis 1965 – rückte der Freistaat nach und nach weitere rund siebzig Hektar wieder heraus, darunter einstige Äcker, aus denen inzwischen Bau- und Bauerwartungsland geworden war, so daß sie – zumeist im Großraum München gelegen – enorme Wertsteigerungen erfahren hatten.

Diese bemerkenswerten Rückerstattungen wurden zum Teil damit begründet, daß der Bankier bei den Verhandlungen über seine Entschädigung vergleichsbereit gestimmt werden sollte. Denn der Freistaat fühlte sich verpflichtet, dem durch die angebliche Bodenreform um ein paar Parzellen gebrachten Großgrundbesitz angemessenen Schadenersatz zu leisten. Etwa vierhundert insgesamt in Bayern Betroffenen wurden mit zusammen rund zweiundsiebzig Millionen DM entschädigt und waren damit zufrieden; der einzige, der sich mit seinem Anteil nicht begnügte, war August v. Finck. Er forderte für sich allein, obwohl er sein ursprüngliches Abgabesoll zu neunzig Prozent nicht erfüllt hatte, erst zweiundfünfzig, dann vierunddreißig Millionen DM.

Was er dann tatsächlich erhielt und wieviel er im ganzen bei dieser Bodenreform-Farce auch noch verdient hat, läßt sich nur grob schätzen. Experten bezifferten August v. Fincks Gewinn im Rahmen der »Bodenreform« mit »weit über hundert Millionen DM«. Alles in allem konnte der Großgrundbesitzer durchaus zufrieden mit dem sein, was ihm Krieg und Nachkriegszeit gelassen hatten. Es gehörten ihm am Ende noch immer tausendfünfhundert Hektar – zweihundertundfünf Millionen Quadratmeter – größtenteils, nämlich zu vier Fünfteln, potentielles Bauland in der Nähe der Landeshauptstadt, die ihm für zwei Drittel davon – aber natürlich vergeblich – einen Kaufpreis von 800 Millionen DM anbot. Was den Rest betraf, so gehörte dem

Bankier unter anderem ein idyllischer, dreiundfünfzig Hektar großer Voralpensee nebst fast allen Uferterrains, eines der schönsten bayerischen Jagdreviere im Karwendelgebirge sowie eine Vielzahl Immobilien in der Münchener Innenstadt.

Das alles war (und ist) aber nur August v. Fincks privater Latifundienbesitz, dessen Wert man getrost auf ungefähr zwei Milliarden DM veranschlagen kann. Indirekt, nämlich durch seine vielfältigen Beteiligungen an immobilienreichen Versicherungs-, Brauerei-, Elektrizitäts- und Verkehrsunternehmen – zu den beiden letzten Gruppen gehören unter anderen die Isar-Werke, die Isar-Amper-Werke und die Tegernsee-Bahn AG –, besitzt er noch weit mehr, und nicht allein in Bayern.

Denn just zu der Zeit, da August v. Finck in seinem Entnazifizierungsverfahren mit einer – auf dem Gnadenweg erlassenen – Buße von tausend DM davonkam, erhielt er ja im Tausch gegen zusätzlich erworbene »Allianz«-Aktien einige Pakete, aus denen sich für ihn am Ende eine etwa dreiunddreißigprozentige Beteiligung an der Edelstahlwerk Witten AG und eine siebenunddreißigprozentige Beteiligung an der Stahlwerke Südwestfalen AG ergaben. Ein paar Jahre später stockte August v. Finck seinen Anteil an dem zweiten Unternehmen um 52,5 Prozent auf, so daß ihm danach die Stahlwerke Südwestfalen AG zu fast neunzig Prozent gehörten; der Kaufpreis für das hinzuerworbene Paket wurde damals mit hundertundfünfzehn Millionen DM angegeben.

»Sie können sich gratulieren: Ich habe den Posten angenommen!«

Es gibt Herrscher über große und über sehr große Reiche; es gibt mächtige und nahezu allmächtige Bosse. Und den ersten Platz unter den beinahe allmächtigen Herrschern über Riesenreiche nimmt noch immer ein Mann ein, dem auch nach alphabetischer Ordnung stets der Primat gebührte. Sein Name ist Hermann Josef Abs.

Er ist, unter anderem, Ehrendoktor der Universitäten Göttingen, Sofia und Tokio sowie der Wirtschaftshochschule Mannheim. Er trägt das Große Bundesverdienstkreuz mit Stern, den Stern zum Komturkreuz des Ritterordens vom Heiligen Grabe zu Jerusalem, das Großkreuz des Ordens »Kreuz des Südens«, das Großkreuz des Ordens Isabella der Katholischen und noch viele andere hohe und höchste Auszeichnungen.

Er ist Vorsitzender des Aufsichtsrats einer Reihe führender Gesellschaften, zum Beispiel bei der Daimler-Benz AG (»Mercedes«), beim Rheinisch-Westfälischen Elektrizitätswerk (RWE), bei der Deutschen Lufthansa, bei »Phoenix-Gummi«, »Salamander«, Philipp Holzmann, Gebr. Stumm, Vereinigte Glanzstoff, »Südzucker« oder auch der Kali-Chemie; sodann ist er stellvertretender Aufsichtsratsvorsitzender der Siemens AG und der Badischen Anilin- und Soda-Fabrik (BASF), der Dillinger Hüttenwerke und der Neunkirchener Eisenwerk AG.

Er ist außerdem Präsident der Gesellschaft zur Förderung des Schutzes von Auslandsinvestitionen und des Deutsch-Amerikanischen Wirtschaftsverbandes; er sitzt im Verwaltungsrat des Stifterverbandes für die Deutsche Wissenschaft und im Kuratorium der Deutsch-Spanischen Gesellschaft.

Und schließlich ist er als pensionierter Bankangestellter auch auf diesem Sektor noch ein bißchen tätig: Er ist Vorsitzender des Aufsichtsrats der Deutschen Bank AG, des mächtigsten Kreditinstituts der Bundesrepublik, dessen langjähriger Vorstandssprecher er war.

Die von ihm persönlich und unmittelbar kontrollierten Unternehmen beschäftigen zusammen weit über eine Million Arbeitnehmer; ihre Bilanzen wiesen im Jahre 1965 – als Abs noch dem Vorstand vorsaß – zusammen fast hundert Milliarden Mark aus – erheblich mehr als der ganze Bonner Bundeshaushalt desselben Jahres, aus dem die gewaltigen Rüstungsausgaben, die üppigen Subventionen für Landwirtschaft, Bergbau und andere Wirtschaftszweige, die kärgliche Kriegsopferversorgung und die nicht ganz so karge Berlin-Hilfe, die Beamtengehälter und -pensionen und tausend andere mehr oder weniger schöne, aber sämtlich kostspielige Dinge bestritten werden mußten.

Doch selbst das ist noch längst nicht alles: Denn über das von Abs einst – trotz sogenannter Vorstandskollegialität, bei der es eigentlich keinen Vorsitzenden und keine einsamen Beschlüsse geben soll – recht autokratisch geführte und immer noch größte bundesdeutsche Geldinstitut, die Deutsche Bank AG, hinaus kontrolliert und beherrscht dieser mächtigste Manager noch eine weitere Vielzahl von großen, mittleren und kleinen Unternehmen aller Art:

Dazu gehören Atomforschungszentren und Anzeigenagenturen, Brauereien und Büromöbelfabriken, Fischerei- und Filmunternehmen, Hochöfen und Hypothekenbanken, kaufhauskonzerne und Kühlhäuser, Obstplantagen und optische Werke, Webereien und Werften, Zeitungsverlage und Zigarettenfabriken.

Es läßt sich ohne Übertreibung sagen, daß der größere Teil des Wirtschaftslebens der Bundesrepublik Deutschland direkt oder indirekt unter dem Einfluß dieses einen mächtigen Managers steht, wie umgekehrt kein anderer bundesdeutscher Manager eine auch nur annähernd so große Macht besitzt wie Hermann Josef Abs.

Wie sieht nun ein Mann aus, der über hunderttausend Millionen Mark gebieten kann und auf dessen Wink hin neue Konzerne mit Zehntausenden von Arbeitsplätzen entstehen oder jahrzehntealte Unternehmen über Nacht zusammenbrechen; vor dem Generaldirektoren in Ehrfurcht erstarren und bei dem Minister und Staatssekretäre demütig um Audienz bitten müssen?

Als ich ihn in der Empfangshalle eines eleganten Sporthotels zum ersten Male von nahem sah und ihn – man halte es meiner damaligen Jugend und Unerfahrenheit zugute! – nicht gleich erkannte, da hielt ich ihn zunächst für einen englischen Landedelmann, dem man wegen seines schönen Titels einen dekorativen Posten in der Londoner City gegeben und dadurch in die glückliche Lage versetzt hatte, seine Ferien im sonnigen Ausland zu verbringen. Doch dann kamen mir Zweifel: Sein schwarzer Anzug aus feinstem Tuch wirkte viel zu elegant und saß entschieden zu korrekt – zumindest für ein Mitglied der englischen Aristokratie!

Und als der mächtige Mann nun seine gepflegten weißen Hände vor der leichten Rundung seines Bauches faltete, das von kurzen braunen Locken umkränzte Haupt ein wenig senkte und mild lächelnd zu Boden schaute, da korrigierte ich eilig meinen ersten Eindruck: Das konnte nur ein katholischer Geistlicher in Zivil sein, ein weltgewandter Prälat vielleicht oder auch ein reicher Benediktinerabt aus dem Rheinland, gebildet und kunstsinnig…

Aber gleich darauf endete diese milde Geste. Der Exprälat warf den Kopf in den Nacken; ein sehr spöttisches Lächeln verdrängte alle Demut aus seinen Zügen, und mit gesenkten Lidern betrachtete er – recht abfällig, wie es mir schien – einen Vorgang auf der Straße, direkt vor dem Hoteleingang: Dort hievte sich gerade ein prominenter und damals noch ziemlich populärer Bonner Politiker recht mühsam aus seinem Dienstmercedes, zündete sich dann unter Assistenz des Chauffeurs, des Wagenmeisters, dreier Pagen und mehrerer salutierender Polizisten eine dicke Zigarre an und stampfte schließlich, nach links und rechts leutselig grüßend und vor Selbstbewußtsein schier berstend, in die Hotelhalle.

Dort fiel sein Blick auf den großen Mann, den ich zunächst für einen Angehörigen der britischen landed gentry, dann für einen Prälaten gehalten hatte, und es war deutlich zu spüren, daß er jetzt nur noch halb soviel Freude an sich und seinem Auftritt hatte wie zuvor.

»Guten Tag, Herr Abs! Sie sind auch da?« ließ er sich mit etwas gequälter Herzlichkeit vernehmen.

»So ist es! Guten Tag, Herr Erhard!« erwiderte der Angeredete, und es klang, bei aller Höflichkeit, nicht übermäßig ermunternd zu weiterem Gespräch.

»Die beiden«, dachte ich damals, die Szene verfolgend, »die beiden mögen sich nicht…«

Heute, mehr als anderhalb Jahrzehnte später, weiß ich, daß mich mein damaliger Eindruck nicht trog: Die Sympathien, die der Groß- und Deutschbankier dem beleibten Adenauer-Nachfolger entgegenbrachte, waren minimal, und wann immer sich eine Gelegenheit bot, die christlich-demokratische Wahllokomotive und ihr sorgsam gepflegtes »Image« mit beißendem Spott zu bedenken, ließ Abs sie nicht aus. Wenn Erhard etwa von seinem »persönlichen Wirken« sprach und sich als Schöpfer des Wirtschaftswunders feiern ließ, so bemerkte Abs nachdenklich: »Ja, er hat durch vieles gewirkt, was er nicht tat ... «

Oder wenn es um die Kohlenkrise ging, und Ludwig Erhard mit dem ihm eigenen Pathos versicherte, »auch und gerade das weite Feld der Energiepolitik« gehörte zu seinen »besonders wichtigen Anliegen« und wäre ihm »Gegenstand unermüdlichen Wirkens« gewesen, so ließ Hermann Josef Abs sarkastisch verlauten, er wäre »leider außerstand zu erkennen, daß von der Bundesregierung überhaupt eine Energiepolitik betrieben wird«.

So kann es eigentlich nicht weiter verwundern, daß auch Professor Ludwig Erhard (Abs: »Für Honorarprofessor Erhard bedeutet es höchstes Glück, von einem richtigen Professor mit ›Herr Kollege‹ angeredet zu werden ... «) dem mächtigen Herrn der Deutschen Bank wenig Liebe entgegenbrachte und bei seinem Anblick so gut wie keine Freude empfand.

Indessen ist es Erhard – im Gegensatz zu Abs – nicht gegeben, für seine Abneigung so elegante Formulierungen zu finden, die sich in öffentlicher Rede anbringen lassen. Außerdem hatte der Kanzler Erhard weniger Grund, das Tun und Lassen des Bankiers Abs zu tadeln, als dies umgekehrt der Fall war. Und zu fürchten hatte er ihn nur als spöttischen Kritiker und – als möglichen Rivalen.

Denn wäre es nach Bundespräsident Heinrich Lübke gegangen, so hätte man im Herbst 1965 Hermann Josef Abs zum dritten Kanzler der Bundesrepublik gewählt, und Ludwig Erhard wäre aus der Politik ausgeschieden. Und jedesmal, wenn in Bonn eine Große Koalition zwischen Christ- und Sozialdemokraten in Erwägung gezogen wurde, stand der Name Abs auf der Liste der dann möglichen Kanzlerkandidaten an prominenter Stelle.

Andererseits war der Posten eines die Richtlinien der Politik bestimmenden Bundeskanzlers wohl das einzige, was Hermann Josef Abs noch hätte reizen können, seine führende Managerrolle aufzugeben und das Dirigentenpult zu wechseln. Das Amt des Bundesaußenministers ist ihm übrigens zweimal angeboten worden – 1953 von Konrad Adenauer, 1961 von Heinrich Lübke –, doch der Bankboß winkte jedesmal ab. »Sie sind bei der Suche nach einem geeigneten Außenminister wohl nur deshalb auf mich verfallen«, spöttelte er, wenn man ihn danach fragte, »weil ich fließend Englisch, Französisch, Spanisch und Holländisch spreche...« – »Und Deutsch...«ist man im Hinblick auf einen Teil der Prominenz geneigt hinzuzufügen.

Tatsächlich gibt es kein Ministeramt, das Hermann Josef Abs auch nur annähernd so viel Macht und Einfluß geben könnte, wie er bereits hat und woran auch jenes Gesetz, »Lex Abs« genannt, nicht viel hat ändern können, das der Bundestag im September 1965, noch kurz vor den Neuwahlen, verabschiedete – vermutlich um die besorgten Bürger für eine Weile zu beruhigen.

Der Paragraph 100 dieses Gesetzes beschränkt nämlich die Anzahl der Aufsichtsmandate, die ein einzelner ausüben darf, auf höchstens zehn. Ehrenämter und Posten in ausländischen Aufsichtsräten zählen dabei nicht mit. Hermann Josef Abs, bislang Inhaber von dreißig Mandaten, focht das nicht weiter an.

Die wichtigsten Positionen behielt er, und die anderen delegierte er an jüngere Vorstandsmitglieder der Deutschen Bank, soweit diese nicht selbst schon überreichlich eingedeckt waren. Manche seiner engsten Mitarbeiter saßen nämlich bereits ebenfalls in doppelt so vielen Aufsichtsräten, wie nach dem neuen Gesetz zulässig war.

Hermann Josef Abs findet das alles völlig in Ordnung und tut so, als könne er gar nicht begreifen, wie jemand an der stärksten wirtschaftlichen Machtkonzentration, die es je in Deutschland gegeben hat, Anstoß nehmen kann: »Was gut ist für die Deutsche Bank«, pflegt er zu sagen, »das ist auch gut für die deutsche Bundesrepublik...«

Im übrigen spottet der Bankboß sogar über die »Lex Abs«: »Die einschneidendste von allen Maßnahmen, die jemals zum Schutze meiner Gesundheit getroffen wurden«, nennt er das ihm so viele schöne Aufsichtsratsposten raubende Gesetz, und etwas wehmütig fügt er hinzu: »Ich werde künftig mehr Muße haben...«

In seiner nun schon über ein halbes Jahrhundert währenden Banklaufbahn hat sich Hermann Josef Abs wenig Muße gegönnt.

Im Jahre 1921 trat er in Köln, das damals von Oberbürgermeister Konrad Adenauer regiert wurde, in das Privatbankhaus Delbrück, von der Heydt & Co als Lehrling ein. Diese Berufswahl entsprach keineswegs seinen Neigungen, sondern war vielmehr eine Notlösung gewesen, zudem eine recht bittere: Denn Hermann Josef Abs, am 15. Oktober 1901 in Bonn geboren, hatte kurz nach dem Ende des Ersten Weltkrieges am Humanistischen Gymnasium der Beethovenstadt sein Abitur bestanden und entstammt einer gutbürgerlichen, streng katholischen Juristenfamilie. Sein Großvater, Rechtsanwalt und Notar in Bonn, hatte es in späten Jahren mit einiger Mühe zum königlich preußischen Justizrat gebracht und verfügte über allerlei nützliche Verbindungen, sowohl zur rheinischen Braunkohlenindustrie des Köln-Aachener Reviers als auch zur katholischen Zentrumspartei, die im Rheinland wie in Westfalen die einflußreichste politische Kraft darstellte.

Der alte Justizrat Abs wünschte, daß sein Enkel Jura studieren und dann, je nach Neigung und Talent, die großväterliche Praxis übernehmen oder in den Staatsdienst eintreten sollte; notfalls hätte er auch in die Wirtschaft oder gar in die Politik gehen können.

Enkel Hermann Josef, durchaus einverstanden, begann also sofort nach dem Abitur mit dem Studium der Rechtswissenschaft und trat in eine katholische Studentenverbindung ein. Doch schon nach einem Semester mußte er sein Studium wieder abbrechen: Der Familie Abs waren durch allerlei widrige Umstände die finanziellen Mittel ausgegangen.

Das jähe Ende des gerade erst begonnenen Studentenlebens war ein schwerer Schlag für den jungen Hermann Josef, doch noch weit bitterer empfand er den Akademikerdünkel seiner bisherigen Bundesbrüder, die den zum Bankkommis »abgerutschten« Exkommilitonen von einem Tag auf den anderen hochmütig schnitten – ein Verhalten, das sie später gewiß noch oft und tief bedauert haben!

Nach zweijähriger Banklehre in Köln ging Hermann Josef Abs als junger Devisenhändler ins Ausland. In Deutschland hatte die Inflation begonnen; die Chancen für eine rasche Karriere sahen nicht eben rosig aus. Da schien es aussichtsreicher, in fremden Ländern sein Glück zu versuchen. Sieben Jahre lang arbeitete der junge Abs bei Privat- und Großbanken in London, Paris, Amsterdam und sogar in Amerika. In dieser Zeit lernte er außerordentlich viel, was ihm später sehr nützlich werden sollte.

Im Jahre 1930 kehrte der Neunundzwanzigjährige zurück nach Deutschland und sah sich nach einem geeigneten Sprungbrett um, einer vorteilhaften Ausgangsposition für eine Laufbahn, die ihn zu Vermögen und Einfluß führen sollte. Die Chancen waren zunächst nicht sehr günstig: Die Weltwirtschaftskrise hatte auch Deutschland erfaßt; altangesehene Banken brachen über Nacht zusammen; es herrschten Massenarbeitslosigkeit und Elend.

Sich um eine Stellung bei einer der großen Banken zu bewerben, dünkte ihm aussichtslos: Devisenhändler stehen in der Bankwelt nicht gerade in sehr hohem Ansehen, und der Nachwuchs für Spitzenpositionen rekrutiert sich zumeist aus Leuten mit abgeschlossenem Studium der Volkswirtschaft oder Rechtswissenschaft. Allenfalls können hervorragende Beziehungen, ein Grafen- oder Prinzentitel oder glänzende Erfolge bei einem Konkurrenzunternehmen auch einmal einen Außenseiter emportragen.

Da Hermann Josef Abs zu diesem Zeitpunkt keine einzige dieser Voraussetzungen erfüllte, wandte er sich wieder dem Institut zu, bei dem er seine Lehrzeit absolviert hatte. Dort kannte man ihn zumindest und wußte seine Fähigkeiten zu schätzen. Bei der Berliner Schwesterbank des Kölner Unternehmens, dem Privatbankhaus Delbrück, Schickler & Co., konnte er bald darauf einen gutdotierten Posten antreten. Und viereinhalb Jahre später – inzwischen war das Dritte Reich angebrochen, und die jüdischen Teilhaber des altangesehenen Bankhauses mußten ihre Anteile verkaufen – erreichte er endlich die ersehnte Ausgangsposition: Er konnte für einen der ausscheidenden »nichtarischen« Chefs einspringen und zum Juniorpartner aufrücken.

Damit hatte er nach vierzehn Berufsjahren und auf allerlei Umwegen nun doch die Betondecke durchstoßen, die das Heer anonymer Angestellter am Aufstieg in die höheren Regionen der Bankwelt hindert.

Es dauerte nicht mehr lange, bis man in den Vorständen der Großbanken auf den fähigen und erfolgreichen jungen Privatbankier aufmerksam wurde. Bei passender Gelegenheit erkundigte man sich, ob er Neigung verspürte, seine unabhängige und einträgliche Position gegen einen (natürlich schlechter bezahlten, aber aussichtsreichen) Direktorposten bei der Deutschen Bank einzutauschen. Abs zögerte nicht lange und sagte zu.

Dabei war er sich durchaus im klaren darüber, daß er für eine noch ungewisse Karriere zahlreiche Unannehmlichkeiten in Kauf zu nehmen hatte. Das geringere Einkommen und die Aufgabe seiner Selbständigkeit waren nicht die einzigen Opfer. Hinzu kam der politische Druck, dem er als Direktor der Deutschen Bank ausgesetzt war, denn dieses größte Institut des auf einen Krieg zusteuernden Reiches war auf stramm nationalistischen Kurs ausgerichtet. Manche Vorstandsmitglieder, beispielsweise der (später mit dem Großen Bundesverdienstkreuz mit Stern ausgezeichnete) »Betriebsführer« Dr. Karl Ritter von Halt, bevorzugten auch in der Bank das Tragen von SA- und SS-Uniformen und gehörten – wie übrigens auch ein anderer erfolgreicher Manager, der spätere Bundesbankpräsident Carl Blessing – zum engeren Kreis der Freunde des »Reichsführers SS« Heinrich Himmler.

Der nach seiner Herkunft, seinem starken Glauben und seiner angelsächsisch beeinflußten Mentalität für den Nazismus untaugliche Abs verstand es indessen meisterhaft, den Umgang mit den braunen Herren nach Möglichkeit zu vermeiden und sich die Hände nicht schmutzig zu machen. Als Leiter der Auslandsabteilung des auch noch im Kriege auf seinen Weltruf sehr bedachten Instituts hatte er stets die Ausrede parat, daß er sich, im Interesse der wichtigen Wirtschaftsbeziehungen zu anderen, nichtfaschistischen Ländern, nicht allzusehr exponieren dürfe. Indessen ist Hermann Josef Abs weit davon entfernt, für sich selbst in Anspruch zu nehmen, er hätte dem Dritten Reich Widerstand geleistet.

»Jemand, der nicht von den Nazis gehenkt oder erschossen worden ist«, meinte er zu diesem Thema, »hat nach meinem Gefühl nicht das Recht, sich auf den Widerstand gegen Hitler zu berufen.«

Ähnlich streng dachten wohl auch die Siegermächte, denn im Jahre 1945 verhafteten sie den Bankdirektor und sperrten ihn drei Monate lang in das Hamburg-Altonaer Gefängnis, ohne Rücksicht darauf, daß der Arrestant kurz zuvor dem

Hauptquartier der britischen Besatzungszone seine Dienste angeboten und Vorschläge für eine Neuordnung des deutschen Geld- und Kreditwesens unterbreitet hatte.

Mit nur neunzig Tagen Haft kam Hermann Josef Abs indessen noch recht glimpflich davon: Sein einstiger »Betriebsführer« Ritter von Halt, der den Russen in die Hände fiel, blieb beispielsweise fünf Jahre lang eingesperrt, übrigens in demselben Konzentrationslager Buchenwald, das er Jahre zuvor mit seinem Freund Heinrich Himmler inspiziert hatte. Doch dafür durfte der braune Ritter sofort nach seiner Freilassung wieder einen Vorstandssessel der inzwischen neuerstandenen Deutschen Bank einnehmen.

Bei Hermann Josef Abs hingegen dauerte es noch eine ganze Weile, ehe er als entlassener, sorgsam entlauster und nur um etliche neue Erfahrungen reicherer Häftling zu neuen Würden aufsteigen konnte.

Immerhin wußte er die lange Wartezeit nutzbringend anzuwenden: In der Gegend von Bad Oeynhausen, dem Hauptquartier der britischen Besatzungszone, in Nürnberg, wo er in Kriegsverbrecherprozessen als Zeuge der Anklage auftrat, und im Raum Frankfurt, wo sich die obersten amerikanischen Okkupationsbehörden niedergelassen hatten, knüpfte der rührige Abs Beziehungen zu maßgebenden alliierten Wirtschaftsfachleuten an. In zahlreichen Memoranden legte er seine Vorstellungen vom Wiederaufbau der deutschen Wirtschaft und insbesondere des Bankwesens nieder. Seine Gedanken fanden bei Engländern wie Amerikanern zunehmendes Interesse, ihr Respekt vor der profunden Sachkenntnis und dem Einfallsreichtum dieses deutschen Bankiers stieg von Monat zu Monat. Und als im November 1948 die Kreditanstalt für Wiederaufbau gegründet wurde, die die Gegenwertsgelder von rund zwanzig Milliarden Mark Marshallhilfe verwalten und verteilen sollte, wurde Hermann Josef Abs zum Präsidenten dieser größten Geldsammelstelle der damaligen Zeit ernannt. Damit hatte sich Abs, noch ehe die Bundesrepublik entstanden war, schon eine der wichtigsten Schlüsselstellungen sichern können. (Allerdings reichte seine Macht zunächst nicht einmal aus, für das Dutzend Mitarbeiter des neuen Bankinstituts einen Mittagstisch einzurichten. Erst als er dem Wirt eines kleinen Frankfurter Gasthauses fünfhundert Reichsmark Vorschuß leistete, erklärte sich dieser von tiefem Mißtrauen erfüllte Mann schließlich doch bereit, den unbekannten Herrn Abs und seine Mannschaft an jedem Werktag mit einem der üblichen Vor-Währungsreform-»Stammgerichte« zu beköstigen.)

Hermann Josef Abs dachte indessen keineswegs daran, seine gesamte Energie der neuen Kreditanstalt für Wiederaufbau zuzuwenden. Er betrachtete seinen Präsidentenposten nur als eine günstige Ausgangsposition. Sein Hauptaugenmerk richtete er auf die Deutsche Bank AG oder richtiger: auf das, was von diesem einst mächtigsten Kreditinstitut noch übrig war.

In der sowjetischen Besatzungszone waren von der einst so reichen Bank nichts geblieben als ein paar wehmütige Erinnerungen. Im Westen hatte man das Filialnetz im Zuge der Dezentralisierung regional aufgeteilt und eine Vielzahl mittlerer Provinzbanken entstehen lassen, die untereinander keine Verbindung halten durften.

Abs sah nicht nur voraus, daß dies keine Dauerlösung war, sondern bemühte sich auch selbst mit immer neuen Argumenten und Initiativen um eine Wiedervereinigung, zwar nicht Deutschlands, aber doch der westdeutschen Nachfolginstitute der Deutschen Bank. Schon Anfang der fünfziger Jahre hatte er sein Ziel erreicht, und natürlich nahm er seinen Platz im Vorstandskollegium der neuerstandenen Deutschen Bank AG ein.

Die Legende berichtet, er habe seinen Kollegen anläßlich der ersten Vorstandssitzung vorgeschlagen, daß einer den Vorsitz führen sollte; man könnte ja in alphabetischer Reihenfolge verfahren, wodurch zwar er, Abs, nun zunächst das schwere und verantwortungsvolle Amt zu übernehmen hätte, aber erstens wüßte er ohnehin keinen Besseren, und zweitens werde man sich ja abwechseln ... Einer der älteren Vorstandskollegen erkundigte sich daraufhin vorsichtig, von bösen Ahnungen befallen, wann denn die erste Ablösung erfolgen sollte. Darauf Abs, sehr ernst: »Das steht natürlich allein in Gottes Hand, aber sterben müssen wir ja alle einmal ...«

Tatsächlich hat Hermann Josef Abs als primus inter pares den Vorsitz im Vorstand der Deutschen Bank AG behalten, bis er 1967 in den Ruhestand trat – zumindest als Bankdirektor. Denn nun übernahm er den Vorsitz im Aufsichtsrat seines Instituts, und seine übrigen Kontrollfunktionen behielt er bei.

Welche Macht ihm damit gegeben ist, läßt sich nur ahnen, doch gibt es einige Anhaltspunkte: Die Großen Drei – Deutsche, Dresdner und Commerzbank – kontrollieren durch ihre in die Aufsichtsräte delegierten Vorstandsmitglieder den größten Teil der westdeutschen Industrie. Sie nehmen Einfluß auf alle wichtigen Entscheidungen, bestimmen mit, was investiert, produziert, exportiert und verdient wird, überwachen Forschung und Entwicklung und beherrschen die Hauptversammlungen fast aller großen Aktiengesellschaften.

Denn: die Großen Drei sind nicht nur die einflußreichsten Kreditgeber der Industrie, sondern treten auch als die maßgebenden Eigentümer auf, ohne es eigentlich zu sein. Einmal sind sie durch das sogenannte Depotstimmrecht die bevollmächtigten Vertreter von Millionen kleiner und mittlerer Aktionäre, die die Verwaltung und Aufbewahrung ihrer Wertpapiere den Banken überlassen haben.

Zum anderen haben die Großen Drei auch die Kontrolle über ein Dutzend Investmentfonds, die die Ersparnisse von Millionen Investmentsparern in Aktien anlegen, deren Stimmrechte ebenfalls vom Bankmanagement wahrgenommen werden. Drittens aber – und das weiß man erst seit Anfang 1966, als eine Novelle zum Aktienrecht in Kraft trat, die einen gewissen Offenlegungszwang für Beteiligungen enthält – sind die Großen Drei auch durch eigenen Aktienbesitz maßgeblich an der Industrie der Bundesrepublik beteiligt. In ihren Portefeuilles liegt ein ziemlich gleichmäßig auf alle Branchen verteiltes Beteiligungsvermögen im Wert von fast vier Milliarden Mark!

So gehören der Dresdner Bank jeweils mehr als fünfundzwanzig Prozent Anteile an drei Grundbesitz- und Immobiliengesellschaften, achtzehn Kreditinstituten und zwanzig Industriefirmen, der Commerzbank an elf Kreditinstituten und zwölf Industriefirmen und der Deutschen Bank sogar an drei Treuhandgesellschaften, dreiundzwanzig Kreditinstituten und zwanzig Industrie-, Handels- und Schiffahrtsfirmen, darunter eine Beteiligung von mehr als fünfzig Prozent an der »HAPAG«, von mehr als fünfundzwanzig Prozent an der Karstadt AG, der Schokoladenfabrik Gebr. Stollwerck AG, der Süddeutschen Zucker-AG, dem Bauunternehmen Philipp Holzmann AG, den Bayerischen Elektrizitätswerken und der Daimler-Benz AG.

Diese ganze komplizierte Maschinerie, mit deren Hilfe die Großen Drei die Wirtschaft der Bundesrepublik beherrschen, wird von wenigen Schalthebeln aus bedient.

Dieselben Vorstandsmitglieder, die als Bankiers über die Kreditwünsche eines großen Industrieunternehmens entscheiden, gehören auch dessen Aufsichtsrat, nicht selten als Vorsitzende, an und beherrschen, dank dem Depotstimmrecht, den bankeigenen Investmentgesellschaften und den Beteiligungen am Unternehmen, die sich in den Händen der Bank befinden, jede Hauptversammlung.

Sie betreiben auch ihre eigene Personalpolitik: Als etwa der Verkaufschef der Dortmund-Hörder Hüttenunion, Heinz Barz, einen Umsatzrückgang von mehr als hundertfünfzig Millionen Mark melden mußte, warf ihn nicht der Vorstand, sondern der Aufsichtsratsvorsitzende, Hermann Josef Abs von der Deutschen Bank, kurzerhand hinaus. In einem anderen Fall verweigerte Abs seine Unterschrift unter den Anstellungsvertrag eines Industriemanagers, weil darin auch eine Witwenpension vorgesehen war. »Hier hat ein junges Mädchen ein pensionsberechtigtes Vorstandsmitglied auf Abbruch geheiratet – das wollen wir nicht unterstützen!« war sein einziger Kommentar.

Ein Stirnrunzeln eines der großen Bankbosse genügt, ein Unternehmen in Schwierigkeiten zu bringen; ein freundliches Wort, und alle Gerüchte über die Finanzsorgen einer Firma verstummen. Zu den Opfern gehören Gerechte und Ungerechte, etwa der vitale Willy Schlieker oder auch der unglückselige Oscar R. Henschel. Zu den begünstigten Favoriten zählen Multimilliardäre wie der greise Friedrich Flick.

Den ersten Platz unter den Großen Drei und damit auch die meiste Macht kann die Deutsche Bank beanspruchen. Ihre Bilanzsumme erreichte schon 1964 fast fünfzehn Milliarden Mark und ist weiter gestiegen, wogegen die Dresdner Bank »nur« zwölf Milliarden, die Commerzbank knapp zehn Milliarden Mark ausweisen konnten. Und den ersten Platz in der Deutschen-Bank-Gruppe nimmt Hermann Josef Abs ein ...

Als »Sprecher« des Vorstands, dann als Aufsichtsratsvorsitzender der Deutschen Bank AG, als Präsident des Verwaltungsrats der Kreditanstalt für Wiederaufbau und als Aufsichtsratsvorsitzender einer stattlichen Reihe führender Unternehmen ist Hermann Josef Abs natürlich auch ein maßgebendes Mitglied jener obersten Spitzengruppe des Managements, die – vor allem in den ersten Jahren des Wiederaufbaus – die Weichen der wirtschaftlichen, politischen und gesellschaftlichen Entwicklung des westdeutschen Teilstaates stellen half.

Die sonderbare Steuerpolitik der Bundesrepublik, die – im Gegensatz zu anderen Ländern einschließlich der USA – die Riesenvermögen und -einkommen schont und begünstigt; das über zwei Jahrzehnte hinweg betriebene Hinausschieben und Verwässern wichtiger Reformwerke, etwa auf dem Gebiet des Aktienrechts oder der Krankenversicherung; die seltsame, teils direkte, teils indirekte Subventionierung bestimmter Wirtschaftszweige oder auch die äußerst industriefreundliche Gesetzgebung, beispielsweise auf den Gebieten der Reinerhaltung des Wassers und der Luft sowie der Arznei- und Lebensmittelkontrolle – all diese und tausend andere für die Struktur und Entwicklung der Gesellschaft wesentliche Entscheidungen und Tendenzen sind dem Einfluß des Managements zuzuschreiben, das in Bundesfinanzminister Dr. Rolf Dahlgrün (früher Pheonix Gummiwerke AG), Bundesbankpräsident Carl Blessing (früher Margarine-Union AG) oder auch Bundesforschungsminister Dr. Gerhard Stoltenberg (früher Krupp) verständnisvolle Kollegen in staatlichen Schlüsselpositionen sitzen hatte oder noch hat.

Indessen wurden (und werden) die Weichen weniger von diesen Schlüsselstellungen aus gestellt als vielmehr aus dem Hintergrund, vom Top-Management selbst. Oberweichensteller Abs gehörte obendrein in den für die Entwicklung der Bundesrepublik entscheidenden Jahren zu den wenigen Auserwählten dieser Spitzengruppe, die von Konrad Adenauer voll und ganz akzeptiert wurden.

Als Rheinländer, als praktizierender Katholik und als ein in der Gesellschaft vor 1914 wurzelnder Konservativer und überzeugter Kapitalist war und ist Hermann Josef Abs ein Mann so recht nach dem Herzen Adenauers. Nur in einem Punkt mißbilligte der Alte von Rhöndorf die Einstellung des Groß- und Deutsch-Bankherrn: Abs war ihm ein wenig zu englandfreundlich; ein innigeres Verhältnis zu Frankreich wäre Adenauer lieber gewesen ...

Doch selbst aus diesem »Fehler« des Bankmanagers verstand Konrad Adenauer noch eine Tugend zu machen: Sobald schwierige Verhandlungen mit London zu führen waren, schickte der Kanzler den Bankier Abs an die Front. So stand

Abs beispielsweise an der Spitze der Bonner Delegation, die Westdeutschland auf der Londoner Konferenz zur Regelung der Vorkriegsschulden zu vertreten hatte. Er vereinbarte dort als Bevollmächtigter der Bundesregierung die Rückzahlung von vierzehn Milliarden Mark in kleinen Raten an Deutschlands Gläubiger. Es war dies, sozusagen, das Eintrittsgeld, das Bonn zu entrichten hatte, um Mitglied der EWG, NATO und Euratom werden zu dürfen...

Im Gegensatz zu den zahlreichen Politikern, die unter Konrad Adenauer ein Amt, aber keine eigene Meinung hatten, bekleidete Abs in diesen Jahren zwar keinen offiziellen Posten in Bonn, hatte aber entscheidenden Einfluß. Nicht selten nahm er auch auf Wunsch Adenauers an den Kabinettssitzungen teil und traf sogar, weit häufiger als die meisten Minister, mit dem Bundeskanzler zu vertraulichen Gesprächen zusammen.

Mindestens zweimal im Monat war er, gemeinsam mit Robert Pferdmenges, dem damaligen Mitinhaber des mächtigen Kölner Privatbankhauses Sal. Oppenheim junior & Cie. und Präsidenten des Bundesverbandes des privaten Bankgewerbes, bei Konrad Adenauer zu Gast in Rhöndorf, Am Zennigsweg 8a. Der in Wirtschafts- und Finanzfragen nicht sehr beschlagene Kanzler bevorzugte den Rat seiner Bankierfreunde, zu denen er entschieden mehr Vertrauen hatte als zu seinem Wirtschaftsminister Professor Ludwig Erhard.

Erhard revanchierte sich für diese Mißachtung – und für die vielen spöttischen Äußerungen des Bankiers Abs über ihn und sein Wirken –, indem er gegen den leidenschaftlichen Protest des um die Exportindustrie besorgten Managers im Jahre 1961 eine fünfprozentige Aufwertung der Deutschen Mark durchsetzte. Es war einer der wenigen Triumphe Ludwig Erhards, und erst die Verabschiedung der »Lex Abs« im Bundestag, durch die der Einfluß und das Einkommen des Bankmanagers verringert, seine Mußestunden vermehrt wurden, bereitete dem beleibten Vater des Wirtschaftswunders wieder ähnlich große Freude.

Bei dem einen oder anderen Leser könnte nun, zumal wenn er mit wirtschaftlichen Dingen wenig vertraut ist, der Eindruck entstanden sein, Hermann Josef Abs sei durch die Ablösung Adenauers durch Erhard weitgehend entmachtet, durch die »Lex Abs« zwar nicht gerade an den Bettelstab, aber doch vielleicht an den Rand des Ruins gebracht worden. Davon kann natürlich keine Rede sein. Kanzler kommen und gehen.

Mit dem einen ist man befreundet, mit dem anderen nicht. Für den Souverän der Deutschen Bank ist die Innigkeit seines Verhältnisses zum Staatschef eine Frage von sekundärer Bedeutung. Denn an Abs vorbeigehen und seine Wünsche völlig mißachten konnte auch Erhard, kann auch Kiesinger nicht.

Und was die Auswirkung der »Lex Abs« auf die Bezüge des mächtigen Bankbosses angeht, so kostet ihn das Gesetz, wenn es einmal voll zum Tragen kommt, kaum mehr als zwanzigtausend Mark im Monat. Anders ausgedrückt: Seine jährlichen Bruttobezüge, die eine runde Million Mark betragen, werden sich allenfalls um ein Viertel vermindern – ein gewiß recht schmerzlicher Verlust, doch noch keine finanzielle Katastrophe, zumal sich Hermann Josef Abs in den letzten anderthalb Jahrzehnten seiner steilen Karriere auch gewiß ein paar Millionen auf die hohe Kante hat legen können.

Gehälter und Tantiemen, selbst die Millionen auf dem Sparkonto, sind indessen für Hermann Josef Abs allenfalls Abfallprodukte. Ausschlaggebend ist nur die Macht, über die er verfügt.

Doch nicht einmal die Verminderung seines unmittelbaren Einflusses kann ihn sonderlich hart treffen: Die Aufsichtsratsposten, die er abgeben muß, werden von Männern seiner Schule und seines Vertrauens eingenommen werden. Die Kontrolle bleibt bei der Deutschen Bank AG – und damit letzten Endes bei König Abs.

Für einen Mann seines Formats sind also die konkreten Auswirkungen der »Lex Abs« nicht sehr erheblich. Wirklich schmerzen dürfte ihn allein die Tatsache, daß man es überhaupt gewagt hat, ihm Fesseln anzulegen, auch wenn sie kaum mehr als symbolische Bedeutung haben.

Denn darüber kann bei jemandem, der ihm einige Male begegnet ist, kein Zweifel bestehen: Hermann Josef Abs ist ein Mann von schier grenzenlosem Selbstbewußtsein, von enormem Geltungsbedürfnis und beträchtlicher Eitelkeit. Diese Eigenschaften werden indessen bei ihm – im Gegensatz zu vielen anderen eitlen Größen – durch zweierlei erträglich gemacht: einmal durch sein Genie, das man ihm, auch wenn man seine Ziele zutiefst mißbilligt, nicht absprechen kann; zum anderen durch die grandiose Selbstverspottung, die er betreibt.

»Wissen Sie«, hörte ich ihn einmal zu einem respektvoll lauschenden Gremium sagen, das gehofft hatte, seiner strengen
Aufsicht zu entgehen, »ich habe lange nachgedacht, wer wohl
der beste Mann wäre, bei Ihnen den Vorsitz zu führen. Es war
im Grunde Zeitverschwendung, denn ich hätte mir ja gleich
sagen können, daß dafür nur einer in Frage kommt...« Und
dann, nach einer kleinen Kunstpause und ehe sich die Herren
von ihrer Verblüffung erholt hatten: »Sie können sich gratulie-
ren: Ich habe den Posten angenommen!«

»Man sollte Ihnen ein Denkmal setzen«

Er gebietet nicht über Zigtausende von Beschäftigten. Er befehligt kein Montan-, Puddingpulver- oder Banken-Imperium. Er ist nicht einmal Angestellter wie die meisten Manager, auch wenn sie – wie Berthold Beitz – siebenstellige Jahresbezüge haben.

Nein, er ist sein eigener Unternehmer. Er hat nur wenige Mitarbeiter. Und er regiert, mit nichts als brillanten Ideen und nicht minder glänzenden Beziehungen, über das Reich der Träume des Millionenpublikums der Massenmedien. Er ist, obwohl waschechter Ungar, ein Mitgestalter des bundesdeutschen Wunders und ein Top-Manager von internationalem Rang.

Sein Name ist Josef von Ferenczy.

In Ungarn, so heißt es, können mehr Leute schreiben als lesen – so viele Dichter, Schriftsteller, Journalisten, Drehbuchautoren und Reklametexter entstammen diesem kleinen Land, in dem es vor noch gar nicht langer Zeit so zahlreiche Analphabeten gab.

In Ungarn, so sagt man auch, ist jeder halbwegs helle Kopf polyglott – mit wem wollte er sich sonst verständigen können? Tatsächlich leben, aus mancherlei Gründen, mehr Söhne der Pußta außerhalb Ungarns als im Lande selbst, und da nur wenige Nicht-Magyaren in der Welt die äußerst schwierige und von allen anderen Kultursprachen selbst in den Wurzeln grundverschiedene ungarische Sprache verstehen (geschweige denn sprechen), haben die Ungarn, sofern sie auf Umgang mit Angehörigen anderer Nationen Wert legen, notgedrungen ein Talent für Fremdsprachen entwickelt.

Ungarn sind aber nicht nur Sprachgenies und begabte Schriftsteller – sie stammen auch, wenn man ihnen selbst und der allgemeinen Anschauung glauben darf, in der überwältigenden Mehrzahl aus Budapest.

Nun, Josef von Ferenczy ist in dreifacher Hinsicht eine Ausnahme: er ist einer der ganz wenigen lebenden Ungarn von

Geist und Bildung, die noch nichts verfaßt haben – keinen Roman, kein Drehbuch, kein Werk der (ungarischen) Geschichte, kein Bühnenstück, kein Hörspiel, kein Couplet, keinen Zeitungsartikel, ja nicht einmal ein bißchen Lyrik! Er stammt auch nicht aus Budapest, und er gibt diese (für einen Ungarn) gewiß beschämende Tatsache sogar offen zu. Seine Wiege stand vielmehr in Kecskemét, einer wohlhabenden, von viel Pußta umgebenen Stadt von ausgeprägt magyarischem Typus an der Bahnlinie Budapest–Fülöpszállás, dort, wo die Nebenstrecke nach Tisza-Ung abzweigt.

Und schließlich konnte er, als er am 15. Juni 1951 in die Bundesrepublik Deutschland kam, sich nur in einer einzigen Sprache verständigen. Diese allerdings beherrschte er fließend und fehlerfrei: Ungarisch.

Er brachte also keine einzige jener Grundvoraussetzungen mit, unter denen ein ungarischer Emigrant im Ausland auf eine halbwegs gesicherte Existenz rechnen darf, und er war auch, als er nach Deutschland kam und in München ein bescheidenes Obdach fand, in wirtschaftlicher Hinsicht nicht eben auf Rosen gebettet, strenggenommen: auf überhaupt nichts. Denn, um der Wahrheit die Ehre zu geben, er besaß zu diesem Zeitpunkt keinen roten Heller, nicht einmal begründete Aussicht auf eine wesentliche Verbesserung dieser trostlosen finanziellen Lage.

Wenige Jahre später hatte er es trotzdem geschafft, und lange bevor er vierzig Jahre alt wurde, saß er bereits – um mit Berthold Beitz zu reden – »im letzten Loch« einer steilen Managerlaufbahn, hatte Geld und Einfluß, verfügte über glänzende Verbindungen innerhalb und außerhalb der Bundesrepublik und übte die nahezu unumschränkte Herrschaft über ein eigenes, mächtiges Reich aus.

Damit war Josef Ferenczy der erste Souverän seines altehrwürdigen Adelsgeschlechts, einer Sippe, die bis dahin nur eine relativ bescheidene Rolle im Komitat Pest, vornehmlich in der kreisfreien Stadt Kecskemét, gespielt hatte, ja der man sogar, wohl gerade wegen ihrer rühmlichen Bescheidenheit, gelegentlich die Zugehörigkeit zum magyarischen Kleinadel bestritten hat (und noch heute manchmal bestreitet). Indessen konnte die Familie solche kränkenden Zweifel stets entkräften, so beispielsweise – als Tante Ida gegen Ende des vorigen Jahrhunderts in das Brünner adelige Damenstift »Maria Stuhl« eintreten wollte (oder sollte) – mit einer umfänglichen, wappengeschmückten Ahnentafel, die der Kecskeméter Vizegespan von Földváry mit seiner eigenhändigen, schwungvollen Unterschrift beglaubigt hatte. Als Josef von Ferenczy die Oberrealschule von Kecskemét besuchte, waren solche feinen Standesfragen nicht mehr so brennend. Die k. u. k. österreichisch-ungarische Monarchie war längst in einer großen Staubwolke untergegangen; in Budapest regierte schon seit mehr als einem Jahrzehnt der Admiral Nikolaus Horthy als »Reichsverweser«, und das Interesse der Kecskeméter Jugend war mehr auf Motorräder, Kinobesuche und den gerade aufkommenden Swing gerichtet als auf Genealogie und die eventuelle spätere Aufnahme in den Sternkreuzorden.

Kaum hatte Josef von Ferenczy das Abitur bestanden, da zog es ihn weg von Kecskemét und in die glänzende Metropole des Landes, nach Budapest.

Er verließ jedoch die Latifundien seiner Sippe, deren Ausdehnung auf mindestens viertausend Joch – das Joch bekanntlich zu sechs Motika oder zwölfhundert Quadratklafter – geschätzt wurde, keineswegs als das, was Gregor von Rezzori »ein Bürschchen von fertigem Geld« zu nennen pflegt. Mit minimalem Startkapital versehen, ging er zunächst als Offiziersanwärter zum Militär, wo er es rasch zum Leutnant und später sogar zum Hauptmann brachte. Da die ungarische Armee ihre Offiziere ebenso kärglich besoldete, wie es fast überall in der Welt der Brauch ist, versuchte sich der junge Leutnant von Ferenczy außerdienstlich auch als Kaufmann – mit glänzendem Erfolg! Vielleicht wäre er heute General, führender Balkan-Stratege und daneben ein steinreicher, marktbeherrschender Unternehmer, hätten nicht die historischen Ereignisse der Karriere des ebenso feschen wie intelligenten Honved-Offiziers eine überraschende Wendung gegeben.

Da brach zunächst der Zweite Weltkrieg aus. Mit dem Krieg, in den auch Ungarn verwickelt wurde, wuchs der Druck der deutschen NS-Führung auf die Budapester Regierung. Und mit diesem für Ungarn höchst verhängnisvollen Einfluß verschlechterte sich die Lage der ungarischen Juden, die im Wirtschaftsleben des Landes eine dominierende Rolle spielten.

In dieser Situation entdeckte Josef von Ferenczy nicht nur sein Herz für die Verfolgten, sondern auch seine organisatorischen Talente. Mit großem Geschick und, so erstaunlich es klingen mag, ohne den geringsten Vorteil für sich zu suchen, widmete er sich in zunehmendem Maße, sozusagen nebenberuflich, dem Schutz jüdischer Unternehmen aller Branchen vor der drohenden »Arisierung«, indem er sich bei einer rasch steigenden Anzahl von Firmen zum nominellen Teilhaber, zum Geschäftsführer und schließlich, wenn sonst gar nichts mehr half, zum alleinigen Inhaber machen ließ. Dieses Verfahren rettete Ferenczys Schützlingen sehr beträchtliche Werte und damit vielen indirekt das Leben, und es ist unter denen, die das Inferno heil überstanden und sich ins Ausland gerettet haben, auch nicht einer, der sich rückblickend über den selbstlosen Helfer zu beklagen hätte.

(Etwas hängt ihm aus jener dunklen Zeit jedoch noch immer an: Unter den siebzehn Unternehmen, die damals mit dem Aushängeschild seines Namens geführt wurden, befand sich auch eine Obstimport- und -exportfirma. Als Ferenczy 1965 erstmals einer breiten bundesdeutschen Öffentlichkeit in einem Fernsehinterview der WDR-Magazin-Sendung »Monitor« präsentiert wurde, meinten die Reporter, ihn dem Bildschirmpublikum als »ehemaligen Gemüsehändler« vorstellen zu müssen...)

Übrigens verhielt sich der zeitweilige Obst- und Gemüsegroßhändler, Ölmühlenbesitzer, Bonbonfabrikant und Produzent von Babynahrung, um nur einige seiner vielen »Berufe« zu nennen, auch als Offizier korrekt, klug und vorausschauend. Im Juli 1944 beurlaubte er sich von der Armee, in der keine Lorbeeren mehr zu ernten, sondern nur noch verbrecherische Dummheiten zu begehen waren, und schloß sich der demokratischen Widerstandsbewegung an. Und am 18. Januar 1945, als die Rote Armee bis an die Donau vorstieß und in Pest einrückte, da war er wieder zur Stelle, in eleganter Felduniform, unbekümmert und furchtlos. Er hatte sich nichts vorzuwerfen. Was sollte ihm also geschehen?

Josef von Ferenczy war vermutlich der einzige ungarische Offizier, der sich in jenen kritischen Tagen im sowjetisch besetzten Pest in Uniform öffentlich zu zeigen wagte. Damit verblüffte er sogar die Russen, konnte zahlreiche Ausschreitungen und Plünderungen der siegestrunkenen Truppe verhindern und gehörte bald zu den wenigen unbelasteten Offizieren des alten Regimes, die die neue ungarische Volksarmee organisieren durften.

Über ein Jahr lang, vom 1. Juni 1945 bis zum 1. Juli 1946, leitete er die sogenannte Defensivabteilung des Verteidigungsministeriums. Doch während sich viele der neuen Herren mit blutigem Terror Respekt zu verschaffen suchten, hielt Ferenczy sich zurück, lieferte niemanden dem »Volksgericht« aus und begnügte sich mit dem Sammeln von Informationen, ihrer systematischen Auswertung sowie mit der Lösung organisatorischer Probleme.

So glänzend funktionierte seine Abteilung, daß er am 1. Juli 1946 zum Staatssekretär im Verteidigungsministerium ernannt wurde. Doch zu dieser Zeit legte er auf solche Beförderung schon keinen Wert mehr. Er sah deutlich, wohin der Hase lief, und er hegte nicht den leisesten Wunsch, sich in einer an Rakosis Fäden hängenden Marionettenregierung zu exponieren, zumal ihm klar war, daß das Regime über kurz oder lang mit der Bevölkerung in offenen Konflikt geraten müßte.

Also trat der neuernannte Staatssekretär von Ferenczy sein hohes Amt gar nicht erst an, sondern meldete sich einfach krank und zog sich in ein Sanatorium zurück. Als er nach Monaten immer noch nicht »gesundet« war, obwohl er in der Zwischenzeit, sozusagen vom Krankenlager aus, höchst lukrative Geschäfte, unter anderem mit der Schweiz, getätigt hatte, begannen die kommunistischen Genossen in der Regierung mißtrauisch zu werden. Dann ging man daran, seine vielfältigen Unternehmen, die er in die Nachkriegszeit hinübergerettet hatte, eines nach dem anderen zu enteignen.

Und dann, am 16. September 1948 – Ferenczy hatte gerade in weiser Voraussicht einige seiner nächsten Angehörigen über die österreichische Grenze in Sicherheit gebracht –, kam der vernichtende Schlag: Der Exabwehrchef und Beinahe-Staatssekretär Josef von Ferenczy wurde von der politischen Partei verhaftet und hinter Schloß und Riegel gesetzt. Damit schien sein Schicksal besiegelt. Doch nun zeigte sich, daß sich Ferenzcys Organisationstalent nicht allein auf den militärischen Nachrichtendienst beschränkte. Im siebenten Anlauf und mit Hilfe eines gestohlenen sowjetischen Militärautos schaffte er, was außer ihm nur ganz wenigen geglückt ist: die Flucht aus den Klauen der Geheimpolizei über die Grenze nach Wien, wo er am 30. Dezember 1948 eintraf.

In diesem Wien der ersten Nachkriegszeit hätte es sich, zumal wenn man, wie Ferenczy, über ein hübsches kleines Guthaben in der Schweiz verfügte, ganz angenehm leben lassen. Doch noch einmal ließ sich der junge Mann, der gerade die

Mitte Zwanzig überschritten hatte, auf politische Abenteuer ein, bei denen nicht nur einige zum Teil recht obskure ungarische Landsleute eine höchst zwielichtige Rolle spielten, sondern auch ein paar allzu ehrgeizige Beamte des US-Geheimdienstes. Das Ende vom Lied war, daß die Wiener Sicherheitsbehörden die Neutralität der Republik Österreich ernstlich bedroht sahen und am 15. Juli 1950 Josef von Ferenczy und seine ungarischen Freunde verhafteten.

Erst nach langen, bangen Wochen ließ man diejenigen der Arrestanten, die sich keiner kriminellen Delikte schuldig gemacht hatten, gegen Kaution auf freien Fuß und – ein letztes Mal mit Hilfe des amerikanischen Geheimdienstes – über die Grenze nach Bayern entkommen. (Das Verfahren gegen Josef Ferenczy wurde übrigens im Oktober 1965 vom österreichischen Staatspräsidenten höchstpersönlich eingestellt.)

Ferenczy, der zu den so Davongekommenen gehörte, erreichte München, wie bereits geschildert: völlig mittellos, der Landessprache unkundig und mit keinen anderen Fachkenntnissen als jenen, denen er seine mißliche Lage zu verdanken hatte.

Vier Jahre dauerte es, ehe der im bayerischen Exil mit allerlei, regelmäßig fehlschlagenden Projekten ein kärgliches Leben fristende ungarische Flüchtling eines Tages sein wahres Talent entdeckte: einen sicheren Instinkt für »Stoffe«, die beim Publikum »ankommen«, sei's als Lesestoff in Illustrierten und anderen populären Wochenblättern, sei's als Filmstoffe für Kino und Fernsehen.

Diese rein subjektive Entdeckung wurde durch eine mindestens ebenso wichtige objektive Wahrnehmung ergänzt: Den Traumfabriken der Massenmedien fehlte es keineswegs an finanziellen und technischen Mitteln, wohl aber an Ideen und eben an jenen publikumswirksamen Stoffen, die mit sicherem Griff aufzuspüren Josef von Ferenczy sich nun anheischig machte. Alles, was ihm dazu fehlte, war ein bißchen Startkapital.

Er verdiente es sich und machte dabei zugleich die Probe aufs Exempel, indem er seinen neuentdeckten Instinkt für publikumswirksame Stoffe die Feuertaufe bestehen ließ: Die Fußball-Weltmeisterschaften 1954, die gerade bevorstanden, erschienen Ferenczy als ein absolut sicheres Thema für einen abendfüllenden Film. Darüber hinaus wußte er, wer die Filmrechte zu vergeben hatte, und arrangierte mit diesem Gremium ein Treffen im »Regina Palast-Hotel« in München.

Der Verhandlung standen nur zwei, sozusagen technische, Schwierigkeiten im Wege: Ferenczy besaß zu diesem Zeitpunkt nicht einmal so viel Bargeld, wie man für den Besuch eines Luxushotels als Mindestreserve für extreme Notfälle benötigt. Und er brauchte einen Dolmetscher, denn keiner seiner Verhandlungspartner war jener einzigen Sprache mächtig, die Ferenczy beherrschte.

Also besorgte er sich einen Begleiter, der Deutsch, Englisch, Französisch und Ungarisch gleichermaßen fließend sprach, und sicherte ihm als Lohn für seine Mühe eine fünfzigprozentige Gewinnbeteiligung zu.

Mit Hilfe dieses sprachkundigen stillen Teilhabers kaufte Ferenczy in der Halle des »Regina Palast-Hotels« die Filmrechte an den Fußball-Weltmeisterschaften für, sage und schreibe, zweihunderttausend Deutsche Mark und verkaufte sie binnen einer Stunde an einen von der Idee begeisterten Filmproduzenten weiter. Von dem Gewinn dieses erfolgreichen Nachmittags blieben ihm, nach erfolgter Teilung mit dem Dolmetscher, bare zwanzigtausend Mark – das ersehnte Startkapital!

Die weitere Entwicklung vollzog sich etwas weniger dramatisch. Mit System und großer Zähigkeit begann Ferenczy nun, seinen ersten großen Erfolg als »Stoff«-Makler auszubauen, wobei er sich zunächst auf Filmthemen konzentrierte.

In seiner kleinen Schwabinger Appartementwohnung in der Zentnerstraße, wo er mit seiner Frau Katharina – einer bildhübschen, eleganten und sehr gescheiten, zudem etwas Deutsch sprechenden Ungarin –, seiner Schwiegermutter und seinen, damals noch kleinen Söhnen hauste, begann er nun die Landessprache seiner Wahlheimat zu erlernen und, mit Unterstützung von Ehefrau und Schwiegermutter, allwöchentlich die in den deutschen Illustrierten und anderen auflagenstarken Blättern erscheinenden Romane und Tatsachenberichte einer strengen Eignungsprüfung zu unterziehen. Wenn er fest davon überzeugt war, auf einen wirklich publikumswirksamen Stoff gestoßen zu sein, griff er zum Telefon und avisierte einem ihm geeignet erscheinenden Filmproduzenten, daß er in Kürze einen »Stoff« erwarten dürfe, der ein grandioser Leinwanderfolg und Kassenmagnet zu werden verspräche.

Die Überlegung, von der er dabei ausging, war denkbar einfach: Der durchschnittliche Illustriertenleser ist auch der durchschnittliche Kinobesucher, und wem eine Fortsetzungsgeschichte in einer Illustrierten gut gefallen hat, freut sich, sie verfilmt zu sehen.

Die große Frage war nur: Was gefiel dem Publikum? Welche der tausend Geschichten würde die Millioneninvestition einer Verfilmung lohnen?

Schon der erste Versuch zeigte, wie sicher Ferenczys Instinkt war: Eine (von Will Berthold verfaßte) Illustriertenstory über die Abenteuer des deutschen Spions Gimpel (der, im Gegensatz zu dem einfallsreichen, überlegenen und faszinierend intelligenten Helden des »Tatsachen«-Berichts, in Wirklichkeit seinem Namen alle Ehren gemacht hatte!) wurde auf Ferenczys Rat und Vermittlung hin unter dem Titel »Spion für Deutschland« verfilmt – und zu einem großen Kassenerfolg.

In der bundesdeutschen Filmbranche (und bei den Illustrierten) begann man nun auf den knapp dreißigjährigen Wahl-Münchener mit dem schmalen Menjou-Bärtchen und den flinken braunen Augen aufmerksam zu werden, und auch unter den Erfolgsautoren der Wochenblätter sprach es sich schnell herum, daß Josef von Ferenczy, dieser nur gebrochen Deutsch sprechende und stets mit ungewöhnlicher Eleganz gekleidete Schwabinger Ungar, über offenbar glänzende, für alle Beteiligten äußerst lukrative Filmbeziehungen verfügte.

Indessen ließ sich die großartige Idee, publikumswirksame Illustriertengeschichten zu verfilmen, nicht gesetzlich schützen. Um im Rennen zu bleiben, mußte sich Josef von Ferenczy bald etwas Neues einfallen lassen. Nun, auch sein nächster Plan war ebenso einfach wie erfolgreich: Es genügte nicht, die Illustriertenstoffe erst auf Filmeignung zu prüfen, wenn sie schon gedruckt und von Hunderttausenden gelesen wurden. Dann konnten auch andere zugreifen. Man mußte vielmehr, um einen sicheren Vorsprung zu haben, die Manuskripte vor ihrer Veröffentlichung lesen. Das aber bedeutete, daß man selbst im voraus entscheiden mußte, was beim Publikum Erfolg haben würde und was nicht.

Von der Hochachtung getragen, die er sich mit dem »Spion für Deutschland« erworben hatte, machte Ferenczy nun die Runde durch die Redaktionen der großen bundesdeutschen Wochenblätter.

Wo immer er einen »Stoff« entdeckte, der zum Abdruck vorbereitet wurde und von dem sein sicherer Instinkt ihm sagte, daß eine Verfilmung lohnend sein mußte, bot er seine Vermittlung an. Und da die Summen, die die Filmindustrie für erfolgversprechende Stoffe auszugeben bereit war, die im Illustriertengeschäft üblichen Honorare bei weitem überstiegen, rief sein Angebot stets große Freude hervor.

Meist wurden sehr einbringliche Geschäfte daraus, von denen alle profitierten; die Autoren, die kräftig mitverdienenden Verleger, die Redakteure, deren Ansehen (und Gehälter) stiegen, und natürlich auch Ferenczy, der rührige Vermittler.

Im Jahre 1957 gründete er die »FPA« (Film- und Presse-Agentur) und bezog eine kleine altmodische Villa in der Mottlstraße im Norden Schwabings. Zu diesem Zeitpunkt war er bereits gut im Geschäft, und es waren durch seine Vermittlung schon so viele Illustriertenromane und -tatsachenberichte verfilmt worden, daß man ihm in den Redaktionen aller großen Blätter hoffnungsvoll entgegensah, wenn er irgendwo auftauchte.

Eine (keineswegs vollständige) Liste der durch Ferenczys Vermittlung bis zum Jahre 1960 zustande gekommenen Flimmerwerke läßt erkennen, wie gut das neue Unternehmen florierte: Neben dem »Spion für Deutschland« finden wir den »Arzt von Stalingrad«, den »Soldatensender Calais« und die »Geheimaktion Schwarze Kapelle«, neben der »Division Brandenburg« das »Kriegsgericht« und das »Strafbataillon 999«, außerdem »Kriegsbräute« und »Nachts, wenn der Teufel kam«.

Es waren indessen nicht nur Kriegsfilme, die Ferenczys Rührigkeit dem bundesdeutschen Kinopublikum bescherte, sondern auch Titel wie »Die Botschafterin«, »Off Limits«, »Madeleine Tel. 13 62 11«, »Morgen wirst du um mich weinen« und »Ich war ihm hörig«, ferner abendfüllende Dokumentarstreifen wie »Die Diktatoren« und der »Nürnberger Prozeß«, die er selbst produziert hat.

So erfolgreich und gewinnbringend diese Tätigkeit auch war, so merkte Ferenczy doch bald, daß ein noch weit größerer Markt der Erschließung harrte: Nicht nur der deutsche Film litt an Stoffmangel und nahm gierig die von Ferenczy angebotenen und in den Illustrierten schon verarbeiteten Erfolgsromane und Tatsachenberichte auf; auch die Illustrierten selbst klagten darüber, daß es ihnen an erfolgversprechenden The-

men und Autoren fehle. Der Wettbewerb, in dem die Bilder-
blätter untereinander lagen, war äußerst hart, und nur pak-
kende, zum ständigen Kauf des sie publizierenden Organs reizende Fortsetzungsromane oder -berichte konnten noch die
Auflagen erhöhen. Ständige Auflagensteigerung aber war die
einzige Chance, im Konkurrenzkampf nicht zu unterliegen,
denn von der Anzahl der verkauften Exemplare hing (und
hängt noch heute) das Anzeigengeschäft ab, das allein die Illustrierten rentabel macht.

Der Einzelverkaufspreis von damals meist fünfzig Pfennig
deckte bei weitem noch nicht die Herstellungskosten (und
auch heute, bei weit höheren Verkaufspreisen deckt der Erlös
nur einen Bruchteil).

So hing (und hängt) der Fortbestand einer Illustrierten im
wesentlichen davon ab, ob sie imstände wäre, ihren Lesern fes-
selnde Serien zu servieren.

Sobald Josef von Ferenczy gelernt hatte, daß der Kampf der
Illustrierten um Leser (und damit um Anzeigen, die wiederum
die Existenz garantieren) seit dem Siegeszug des Fernsehens
nicht mehr mit aktuellen Fotos ausgefochten werden konnte,
sondern nur noch mit Fortsetzungsromanen und Tatsachen-
serien, stellte er einige Beobachtungen an.

Er fand mancherlei Erstaunliches heraus: Einmal, daß die
interessanten »Stoffe« keineswegs rar waren, sondern sozusagen auf der Straße lagen; man brauchte sich nur danach zu
bücken. Zum anderen, daß die Illustriertenredaktionen offenbar »betriebsblind« geworden sein mußten: Sie blickten wie
hypnotisiert auf die Konkurrenz, ahmten einander sklavisch
nach und erkannten oftmals nicht den Wert einer guten
Geschichte, selbst wenn das Manuskript vor ihnen lag.

Drittens aber fand Ferenczy den typischen Illustriertenleser.
Er taufte ihn den »Straßenbahn-Menschen«, weil er, beispielsweise in der Straßenbahn, die Zeit totschlagen muß und dies
auf möglichst angenehme, mühelose und spannende Weise
tun möchte. Ein Fortsetzungsroman, der ihm dies ermöglicht,
findet seinen dankbaren Beifall. Doch solch Lesestoff muß
bestimmte Voraussetzungen erfüllen: Er muß voll Aktion sein,
ohne lange Betrachtungen, Reflexionen und gar Landschafts-
und Personenbeschreibungen. Wie der Held und die Heldin
aussehen, kann getrost der Phantasie des Lesers überlassen
bleiben; ein paar Äußerlichkeiten genügen als Anhaltspunkte.

Vor allem muß der Leser in einem ständigen Erlebnisstrudel gehalten werden, und am Ende der Fortsetzung muß ein dramatischer Höhepunkt eingebaut sein, der den gefesselten Leser auf das Erscheinen der nächsten Folge warten läßt.

Es darf in der Geschichte nur wenige Hauptpersonen geben – nach Ferenczy höchstens sieben –, und diese müssen sich untereinander in möglichst einfacher, direkter Rede verständigen. So besteht denn die richtige Geschichte für »Straßenbahn-Menschen« vorwiegend aus flotten Dialogen. Dazwischen sind spannende Szenen eingestreut, die rasch wechseln.

Rückbezüge sind verpönt – der Leser müßte sich ja erst besinnen, was er vorher schon einmal gelesen hat! –, desgleichen komplizierte Wechsel von der Vergangenheit in die Vorvergangenheit. Und natürlich muß jede Story ein befriedigendes Ende haben...

Solche Geschichten für »Straßenbahn-Menschen« mußten, so überlegte Ferenczy, den Erfolg der Illustrierten garantieren. Es konnte auch nicht schwer sein, geeignete Autoren zu finden, die dergleichen, sozusagen nach Maß, anfertigten. Man mußte ihnen nur, neben kräftigem finanziellen Anreiz, ein paar Grundideen bieten, und die lagen ja, wie er bereits herausgefunden hatte, in genügender Menge auf der Straße.

Also beschloß er, den Versuch zu machen, mit eigenen oder angekauften Ideen und Themen von geeigneten Autoren eine Reihe von Illustriertenserien fertigstellen zu lassen und damit dieselben Redaktionen zu beliefern, von denen er bisher seine Film-»Stoffe« bezogen hatte. Er war sicher, daß die eine oder andere erfolgreiche »Straßenbahn«-Geschichte sich dann auch noch zur Verfilmung eignen würde.

Wie es kaum anders zu erwarten war, wurde das neue Verfahren ein durchschlagender Erfolg: In wenigen Jahren entwickelten sich Josef von Ferenczy und seine »FPA« zu einem festen Begriff und zu einer Art von Zentralredaktion der auflagenstarken bundesdeutschen Wochenpresse – von der Millionenillustrierten »Stern« bis zu Blättern wie »7 Tage«.

Doch so gut das Verfahren auch war, nach dem Ferenczy seine Romane und Serien anfertigen ließ, entscheidend für das gute Gelingen blieben zwei andere Faktoren: sein untrüglicher Instinkt für die Publikumswirksamkeit einer Story und sein phänomenales Verkaufstalent. Fast immer gelang es ihm, selbst den ungläubigsten Verleger davon zu überzeugen, daß Ferenczy nur »Stoffe« anbot, deren Erfolg absolut sicher war.

Mitunter war eine ganze Redaktion fest entschlossen, den Ankauf einer von Ferenczy angebotenen Serie zu verhindern, und nachdem sie der Verleger dann »gegen besseres Wissen« doch angenommen hatte, noch fester davon überzeugt, daß sich solch unüberlegtes Tun als böser, auflagenhemmender Mißgriff erweisen werde.

Und wenn dann, entgegen allen Prognosen, die Verkaufsziffern stiegen und die Leserpost in Waschkörben in die Verlagshäuser getragen wurde, feierten sie Ferenczy mit Champagner und flehten ihn an, die Erfolgsstory auf das dreifache Maß ihrer ursprünglichen Länge strecken zu lassen.

Im Jahre 1959 brachten die sieben führenden deutschen Illustrierten zusammen achtundsiebzig Fortsetzungsromane oder Tatsachenberichte, davon vierunddreißig, also fast die Hälfte, unter Mitwirkung Josef von Ferenczys.

Im Februar 1962 berechnete der »Spiegel«, daß »allein in diesem Monat ... mindestens zwölf Fortsetzungsberichte in deutschen Illustrierten, mindestens sechs Fortsetzungsberichte in Wochenblättern wie »Heim und Welt« oder »7 Tage«, rund vierzig Nachdrucke in deutschen Tageszeitungen und mindestens fünfundvierzig Fortsetzungsromane in anderen westeuropäischen Blättern« von »FPA«-Ferenczy stammten.

Insgesamt lieferte Josef von Ferenczy allein (und liefert noch heute) rund die Hälfte des gesamten Lesestoffs der Illustrierten- und Wochenblattkonsumenten, darunter Erfolgsserien wie »Ich war Cicero« von Hans Nogly, »Der perfekte Mord« von Frank Arnau, »Mein dunkler Traum« von Linda Strauß, »Hütet eure Töchter!« von Heinz L. Nouhuys, »Das Mädchen Anuschka« von Henry Pahlen, »Die Frühreifen« von Fritz Rotter, »Die Primadonna« von Hans Wolfgang, »Champagner mit dem Chef« von Claus Bela oder »Die Letzten beißen die Hunde« von M. P. Schaeffer.

Auch der erfolgreiche Romancier und brillante Journalist Hans Habe arbeitet gelegentlich mit Ferenczy zusammen und schrieb für ihn unter anderem die außerordentlich publikumswirksame Serie »Meine Herren Geschworenen!«.

Die Aufzählung ließe sich mit vielen hundert Titeln und Autorennamen über viele Seiten hinweg fortsetzen. Allein

Ferenczys früherer Star-Autor Will Berthold, spezialisiert auf Themen aus der NS-Vergangenheit, verfaßte für ihn – außer Drehbüchern – die Illustriertenserien »Prinz-Albrecht-Straße«, »Nachts, wenn der Teufel kam«, »Lebensborn«, »Dirlewanger«, »Etappe Paris«, »Division Brandenburg«, »Schlachtschiff Bismarck«, »Fallschirmjäger«, »Malmedy (I und II)«, »Getreu bis in den Tod« und »Vom Himmel zur Hölle«.

Binnen vier Jahren erlangte Josef von Ferenczy eine Schlüsselstellung auf dem Markt der »Stoffe«, die die Traumwelt von Millionen Illustrierten- und Wochenblattlesern füllen. Er enthob die Illustriertenbosse der Mühe, sich mit den manchmal höchst eigenwilligen, unzuverlässigen oder skurrilen Autoren herumzuschlagen oder gar (schlimmer noch!) mit den bizarren Gestalten selbst, die als Meisterspione, Schlagersänger, Abenteurer, Filmstars, Call-Girls, Feldherren, Sportkanonen, Playboys oder Bettgefährten gekrönter Häupter weltberühmt geworden waren und nun ihre »Lebensbeichten« verhökerten.

Und er nahm den Autoren die zeitraubende und lästige, mitunter auch bedrückende und demütigende Arbeit an, ihre Ware den Redaktionen selbst anzubieten. Außerdem hob er das Preisniveau kräftig an, und obwohl Ferenczy meist 25 Prozent der ausgehandelten Honorare kassierte, verdienten die Autoren an den von ihm vermittelten »Stoffen« weit mehr, als sie allein zu erzielen imstande gewesen wären.

Will Berthold zum Beispiel, der es dank Ferenczy vom Polizeireporter der »Süddeutschen Zeitung« zum Star-Autor und Besitzer einer prächtigen Villa in Ronco bei Ascona brachte, faßte die Gefühle der Serienschreiber für ihren nur gebrochen Deutsch sprechenden Makler und Betreuer in einer kurzen, aber prägnanten Buchwidmung zusammen: »Ohne Ihnen – nix verdienen!«

Als ich Josef von Ferenczy kennenlernte, stand er bereits hoch oben auf der Leiter des Erfolges. Er hielt gerade im Garten seiner Schwabinger Villa großen Hof.

In einem sportlich-eleganten Dreß, mit scharfgebügelter Gabardinehose, flauschigem Pullover, einen bunten Seidenschal im offenen Hemdkragen, saß er lässig zurückgelehnt im Gartensessel, zur Rechten auf weiß lackiertem Tischchen ein weißes Telefon, zur Linken eine weiß lackierte, fahrbare Hausbar. Eine bunte Schar meist recht prominenter Gäste stand oder saß (auf weißen Boulevard-Möbeln) um ihn herum.

Dann erschien eine von Ferenczys Erfolgsautorinnen, dem Meister ihre Aufwartung zu machen. Er erhob sich, küßte ihr galant die Hand, und während er sie mit den anderen Gästen bekannt machte, hörte ich die Dame ihn leise fragen, ob er ihr jüngstes Werk gut verkauft habe.

Ferenczy hob überrascht die Brauen. War es möglich, daß jemand auch nur die leisesten Zweifel an seiner Tüchtigkeit hegte? Dann flüsterte er ihr etwas zu, mit kleinem, selbstzufriedenem Lächeln. Es muß sich um eine unerwartet hohe Summe gehandelt haben, denn die erfolgreiche Schriftstellerin blieb wie angewurzelt stehen und riß freudig überrascht die porzellanblauen Augen auf.

»Donnerwetter«, staunte sie. »Wie machen Sie das nur?«

Ferenczy erwiderte auf diese Frage nur mit einer Geste, die zu besagen schien, daß ihm seine angeborene Bescheidenheit verbiete, wahrheitsgemäß zu antworten.

Der Zufall wollte es, daß ich am Abend desselben Tages die Illustriertenbosse traf, die gerade von Meister Ferenczy das jüngste Werk der Erfolgsschriftstellerin angekauft hatten. Verleger und Chefredakteur glühten schier vor Begeisterung und waren des Lobes voll für jenen Herrn ihres Hauses, der die Verhandlungen mit Ferenczy eröffnet hatte.

»Aber es war gewiß sehr teuer...?« wagte ich zu fragen.

Der Verleger sah mich überrascht an. »Wenn der Stoff das bewirkt, was ich von ihm erwarte«, sagte er dann, »war er fast zu billig! Ich schätze, unsere verkaufte Auflage wird um mindestens fünfzigtausend Exemplare steigen...!«

Sie stieg, wie ich später sah, um zweihundertzehntausend Exemplare. Der Verleger konnte sich die Hände reiben, die Redaktion strahlte, die Autorin wunderte sich immer noch über ihr hohes Honorar, Ferenczy hatte gut mitverdient, und das breite Publikum hatte neue Traumgestalten, mit denen es sich identifizieren konnte...

Tatsächlich hat es Josef von Ferenczy verstanden, mit den Autoren wie mit den maßgebenden Persönlichkeiten aller großen Verlagshäuser, obwohl sich diese untereinander auf das heftigste befehden, gleichermaßen enge, zum Teil sogar freundschaftliche Beziehungen zu unterhalten. Man weiß, daß er diskret ist: daß er nicht eine Redaktion gegen die andere ausspielt; daß er sein Wissen um die Geheimnisse der großen Verlagshäuser für sich behält.

Überall wird er sofort vorgelassen, kann – manchmal im Handumdrehen – Projekte unter Dach und Fach bringen, an denen andere Vermittler monatelang (und dann oft noch vergebens) basteln, und er verfügt über ein Reservoir – in der Branche respektlos »Stall« genannt – von zeitweise über siebzig Autoren, von denen er nicht wenige fest unter Vertrag hat.

Diese bevorzugte und gesicherte Position verdankt Ferenczy, der inzwischen aus der Mottlstraße in eine geräumige und mit viel Pracht eingerichtete Villa in Bogenhausen umgezogen ist, nicht allein seiner Zuverlässigkeit, Pünktlichkeit und strengen Korrektheit, auch nicht bloß seiner Diskretion und nicht einmal nur seinem Organisationstalent, das es ihm gestattet, seine marktbeherrschende »Zentralredaktion« mit nicht mehr Hilfskräften als zwei tüchtigen Sekretärinnen zu betreiben. Selbst seine zähe Energie und sein auch von Gegnern anerkannter, unermüdlicher Fleiß hätten allein ihm diese Stellung niemals beschert.

Entscheidend für seinen Erfolg ist das Phänomen, daß er die Publikumswirksamkeit einer Geschichte mit nachtwandlerischer Sicherheit zu beurteilen vermag. Oder, wie er selbst zu sagen pflegte, als er etwas Deutsch gelernt hatte: »Bitterschön, ich bin kein Goethe! Ganze Geheimnis ist ja soo einfach: weiß ich eben, was Leute wollen lesen. Dazu muß man nicht sein Fachmann von Literatur – dazu genügt Gefühl!«

Inzwischen spricht Ferenczy fließend Deutsch, wenn auch mit einem unverkennbaren ungarischen Akzent. Aber in seinem Herzen haben die männlichen und weiblichen »Straßenbahn-Menschen« eine stete Bleibe. Auf sie horcht er, wenn er ein Manuskript rasch überfliegt und dabei die Handlung der Geschichte, sozusagen visionär, vor sich sieht. Und die »Straßenbahn-Menschen« in seinem Herzen, die Millionen braver Hausfrauen, ernster Verwaltungsbeamter, fleißiger Stenotypistinnen, schwer arbeitender Autoschlosser, Kellnerinnen, Bergleute oder Sparkassenangestellter, applaudieren begeistert – oder wenden sich uninteressiert und gelangweilt ab. Sie geben ihm die Kraft, sich durchzusetzen, lassen ihn an einen Erfolg glauben, auch wenn alle Experten ungläubig den Kopf schütteln, setzen ihn instand, die Zuständigen zu einer Veröffentlichung zu bewegen, selbst wenn sie schwören, im Falle eines Fiaskos wäre es das endgültig letzte Geschäft, das sie mit

Ferenczy gemacht hätten. Die »Straßenbahn-Menschen« – auch wenn sie inzwischen Autofahrer geworden sind – nicken ihm dann ermunternd zu und versprechen, künftig, um Ferenczys willen, noch mehr Illustrierte zu kaufen und dann der Redaktion zu schreiben, wie gut ihnen die neue Fortsetzungsgeschichte gefällt ...

Man könnte nun zu dem voreiligen Schluß gekommen sein, es bei Josef von Ferenczy mit einem erfolgreichen, etwas bizarren Naturtalent, keineswegs jedoch mit einem modernen Manager zu tun zu haben. Doch dieser Eindruck trügt: Unter der Hand hat sich der talentierte Einzelgänger weit mehr aufgebaut als eine erfolgreiche Film- und Presse-Agentur mit guten persönlichen Beziehungen des Chefs zu den Spitzen der Branche.

Und er, der Chef selbst, ist keineswegs bizarr, sondern ein nüchterner Geschäftsmann, dessen Metier es nur mit sich bringt, daß er mit kühlen, mächtigen Bossen ebensogut verhandeln muß wie mit halbverrückten, aber genialen Spezialisten für die eine oder andere »Stoff«-Art oder gar mit den »literarischen Mannequins«, die viel zu berichten haben, aber nicht schreiben können.

Ferenczys Traumfabrik ist ein mächtiges Imperium, und es ist für das bundesdeutsche Wirtschaftsleben nicht weniger wichtig als mancher große Konzern, wahrscheinlich sogar weit weniger entbehrlich.

Denn auf einen Stahlproduzenten, einen mittleren Chemiekonzern, ein Dutzend Brauereien oder eine Traktorenfabrik kann die Wirtschaft zur Not verzichten. Doch die Massenerzeugung von Illusionen, Entspannung, Erlebnisersatz, Nervenkitzel und Alltagsvergoldung kann sie ganz bestimmt nicht entbehren, zumal dabei ja auch, neben Lebensfreude, zugleich jene tausend geheimen Konsumwünsche geweckt werden, die wie lautlose, aber mächtige Elektromotoren die gesamte Wirtschaft in Schwung halten und zu immer neuen Höchstleistungen treiben.

Die Massenmedien, die die Bevölkerung mit Illusionen und Sensationen versorgen, teils Sehnsüchte stillen, teils Wünsche wecken, sind nicht nur der Film, das Fernsehen und die Illustrierten. Noch über eine ganze Reihe weiterer Kanäle werden die Bedürfnisse breiter Schichten auf mehr oder minder subtile Weise befriedigt. Die Rohstoffe, die für die diversen Prozesse benötigt werden, sind stets dieselben: Informationen, Idole und Ideen.

Ferenczy liefert, wenn nötig, alle drei und dazu die richtigen Formeln für ihre Aufbereitung.

Er ist – wie jenes Duftwasser aus Köln – immer dabei: Ob es um Public Relations geht oder um Taschenbücher (von denen er einige hunderttausend Stück selbst verlegt und verkauft hat) oder um eine Starbesetzung (er engagierte einmal selbst die Callas – für fünfhunderttausend Dollar!) oder um einen Fußball-Roman von »Radi« Radenković oder um einen fünften (oder sexten) Aufklärungsfeldzug seines Vertragsautors Oswalt Kolle ... Er hat ein Büro in Zürich, ein anderes im Zentrum von Paris. Er ist auf der Via Veneto in Rom, in der Londoner Fleet Street und am New Yorker Times Square vertreten. Er verhandelt mit ernsten Managern der amerikanischen Time-LIFE—Gruppe ebenso wie mit dem exzentrischen Modemaler Salvadore Dali. Wenn Expremier Georges Bidault in einem geheimen Versteck seine Memoiren schreibt – Ferenczy hat die Weltrechte. Wenn Kanada von einem Skandal erschüttert wird, in dessen Mittelpunkt eine Deutsche, Gerda Munsinger, steht – ehe noch die Weltpresse ihre Reporter entsandt hat, ist die Dame schon bei Ferenczy unter Vertrag. Wenn der Krupp-Ex-Kronprinz Arndt von Bohlen und Halbach unter Ausschluß der Öffentlichkeit eine österreichische Prinzessin, Hetty von Auersperg, heiratet – wer sitzt inmitten der »engeren Familie«, zwischen Königlichen Hoheiten und Bertholt Beitz? Natürlich Josef von Ferenczy...

Er ist an mehreren privaten Fernsehproduktionen beteiligt. Er unterhielt – zur Blütezeit der CCC-Filmproduktion – eine Partnerschaft mit Artur (»Atze«) Brauner. Er steht heute in einer freundschaftlichen und für beide Seiten vorteilhaften Geschäftsbeziehung zur mächtigen Bertelsmann-Gruppe, und er hat tausend Pläne, die, wenn er sie alle realisieren könnte, ihn zum übermächtigen Herrscher machen würden.

Indessen muß er sich damit begnügen, der Top-Manager seiner Branche zu sein. Denn er hat ein Handikap, das seiner unermüdlichen Schaffensfreude Grenzen zieht: Er macht alles Wichtige allein (auch wenn ihn seine Söhne, Andreas und Csaba, inzwischen kräftig in der Firma unterstützen).

Einmal, so erzählte er mir, versuchte er es mit Lektoren, die für ihn unter einigen hundert Manuskripten, die sich auf seinem Schreibtisch aufgetürmt hatten, eine Vorauswahl treffen sollten. Das Ergebnis war niederschmetternd: Die von den Lektoren über den grünen Klee gelobten Arbeiten erwiesen sich als Nieten. Von den Manuskripten, die sie weggeworfen hatten, fischte sich Ferenczy zwei aus dem Papierkorb. Beide wurden zu Taschenbuch-Bestsellern, Film- und Illustriertenerfolgen ...

So muß er denn alles allein lesen, seinem Herzen zur Prüfung vorlegen und gegebenenfalls so teuer wie möglich verkaufen. Seine wöchentliche Arbeitszeit beträgt bis zu achtzig Stunden, streng eingeteilt nach einem unerbittlichen Terminkalender, und ganz und gar im Dienste jener Traumfabrik, die Lieschen Müller und Gottfried Schulze den grauen Alltag vergessen läßt, sie über Ärger mit dem Chef, Liebeskummer, Steuererhöhungen, Mißwirtschaft und drohenden Atomkrieg hinwegtröstet ...

»Man sollte Ihnen ein Denkmal setzen«, sagte ich zu ihm, »es gibt so viele Denkmäler für Leute, die solche Ehre gar nicht verdient haben ...«

»Ich wäre zufrieden«, meinte er mit wehmütigem Lächeln, »wenn man mir wenigstens einen Paß gäbe ... Es gibt so viele Leute, die einen deutschen Paß haben ...«

Er sprach den Satz nicht zu Ende. Aus Höflichkeit. Wenn es nach Lieschen Müller und Gottfried Schulze ginge: Josef von Ferenczy hätte einen schönen bundesdeutschen Paß und eine goldgeränderte Ehrenurkunde.

So aber ist er – trotz all seiner Erfolge – noch immer der staaten- (wenn auch nicht mehr mittel-)lose Flüchtling aus Kecskemét.

»Haben Sie nicht einen deutschen Vorfahren, mit dem Sie die Behörden beeindrucken können?« erkundigte ich mich teilnahmsvoll. »Vielleicht einen mit Verdiensten um die deutsche Kultur im Ausland?«

Ferenczy lächelte.

»Meine Großtante Ida war Vorleserin bei der Kaiserin Elisabeth ... Aber wer weiß, was sie hat vorlesen müssen?«

Dritter Teil

Wie wir wurden, was wir sind

Ging unser Mittelalter
schon zu Ende?

Als eine lange Nacht hat ein kluger und mutiger Kritiker der
Verhältnisse seiner Zeit, der Dichter Ludwig Börne (1786–1837),
das deutsche Mittelalter bezeichnet. Und er fügte hinzu, der
Glaube sei darin das Nordlicht gewesen.

Wann hat diese lange, finstere Nacht begonnen? Und was
noch wichtiger ist: Wann ging sie zu Ende? Und schließlich:
Welcher Glaube hielt die Menschen in dem Irrtum befangen,
ein neuer Morgen bräche an?

Der Beginn des Mittelalters – darin sind sich die Historiker
weitgehend einig – ist etwa um das Jahr 400 unserer Zeitrech-
nung anzusetzen. Dabei muß man sich darüber im klaren sein,
daß sich der Begriff des Mittelalters, wie wir ihn verwenden,
nur auf das Abendland bezieht. Andere Kulturkreise, zum Beispiel der des Islam oder Chinas, werden davon überhaupt nicht
berührt. Und schließlich ist auch noch zu bedenken, daß die
ganze Einteilung unserer – wie auch jeder anderen – Geschichte
in bestimmte große Zeitabschnitte etwas durchaus Willkür-
liches und eigentlich nur aus praktischen Erwägungen heraus
zulässig ist.

Erst die deutschen Humanisten des frühen 16. Jahrhunderts
prägten den Begriff »Mittelalter«, um darzutun, daß sie damit
den mehr als ein Jahrtausend währenden Zeitabschnitt zwischen dem Verfall der Antike und deren vermuteter Wiederge-
burt meinten. Deshalb setzten sie den Beginn der das Mittelalter ihrer Meinung nach beendenden Neuzeit mit dem der deutschen Renaissance gleich und datierten beides etwa um das
Jahr 1500.

Nun kann man ihnen darin zwar beipflichten, daß der Untergang der römischen Sklavenhalter-Gesellschaft, die so viele
Jahrhunderte lang weite Teile Europas und den ganzen Mittelmeerraum beherrscht hatte, tatsächlich ein tiefer Einschnitt, ja
so etwas wie eine Zeitenwende war. Dabei ist es ziemlich
gleichgültig, ob man das Altertum schon mit Kaiser Konstantin
um das Jahr 330, mit dem Einfall der Hunnen in Osteuropa und
dem Beginn der dadurch ausgelösten großen Völkerwanderung

(etwa um 375) oder mit der Vernichtung des weströmischen Restreichs durch aufständische germanische Söldner unter Odoaker im Jahre 476 enden läßt.

Was aber die Dauer des abendländischen und insbesondere des deutschen Mittelalters betrifft, so müssen an der Meinung der Humanisten, daß mit ihnen und der von ihnen bewirkten Renaissance (=Wiedergeburt) bereits die Neuzeit begonnen habe, erhebliche Zweifel erlaubt sein.

Schon die Datierung eines Beginns einer »deutsches Mittelalter« genannten Epoche um das Jahr 400 fordert zu dem Einwand heraus, daß es nach dem Ende des antiken, von Rom aus regierten Sklavenhalter-Reiches zunächst überhaupt noch nichts gab, was sich »deutsch« hätte nennen können oder wollen.

Im 3. und 4. Jahrhundert lebten am Mittel- und Niederrhein einige westgermanische Stämme unter römischer Oberhoheit; sie wurden mit dem Sammelnamen »Franken« bezeichnet. Ein Teil der Franken drang in der Völkerwanderungszeit weit nach Westen vor und siedelte sich in Nordgallien an. Die in Gallien noch intakte römische Verwaltung verstand es, sich die fränkischen Anführer zu Bundesgenossen zu machen. Und gemeinsam mit den römischen Legionären verteidigten nun die Franken die letzte Bastion West-Roms gegen andere von Osten her eindringende Germanenstämme. Dabei gewannen die Franken rasch die Oberhand und fühlten sich bald als die eigentlichen Herren im Lande. Das hinderte sie jedoch nicht, den römischen Verwaltungsapparat weitgehend zu übernehmen und damit auch das Lateinische als Amtssprache, nachdem Chlodwig, ein junger Anführer aus dem Stamm der salischen Franken, im Jahre 486 der römischen Herrschaft in Gallien auch formell ein Ende bereitet hatte. Er eroberte mit den von ihm geeinten Frankenstämmen das Gebiet zwischen Somme und Loire, besiegte um 496 auch die Alemannen und unterwarf sich deren Land bis zu den Alpen. Nachdem er das Frankenreich nach Süden hin bis an die Garonne ausgedehnt und alle seine Rivalen beseitigt hatte, trat er als König als die Spitze eines fränkischen Einheitsstaats, der vom Rhein bis Bordeaux und Toulouse reichte. Seine Söhne setzten diese Eroberungspolitik fort, nun nach Osten hin. Sie unterwarfen die Thüringer und die Bayern, so daß das Frankenreich um 550 von der Biscaya bis zur Saale und zum Böhmerwald reichte.

Schon unter Chlodwig waren die starken Reste der Römer in die fränkische Gesellschaft integriert worden, und umgekehrt hatte sich die fränkische Oberschicht in vieler Hinsicht den bereits christianisierten Römern angepaßt. Chlodwig selbst war 496 katholischer Christ geworden, wohl nicht zuletzt, um sich dadurch die Unterstützung der reichen Bischöfe und Klöster zu sichern. Er hatte sich auch schon insoweit als Nachfolger der römischen Kaiser gefühlt, als er deren Staatsdomänen in Gallien samt Sklaven, Vieh und Inventar in Besitz nahm und zu seinem Privateigentum erklärte. Chlodwigs Unterführer folgten diesem Beispiel und eigneten sich die herrenlosen Güter geflohener Römer an. Und auch die Bischöfe und Klöster konnten unter Chlodwig und dessen Nachfolgern ihren ohnehin schon sehr umfangreichen Grundbesitz durch großzügige königliche Schenkungen noch beträchtlich vermehren.

Die guten Beziehungen zum König, an dessen Hof sie Ämter übernahmen, sowie die Möglichkeit, sich bewaffnete Gefolgsleute zu halten und während der häufigen Feldzüge die eigenen großen Güter durch Verwalter und diesen unterstellte Arbeitskräfte weiter gut bewirtschaften zu lassen, gaben den Angehörigen der alten und neuen Oberschicht rasch eine deutliche Überlegenheit gegenüber der Masse der fränkischen Freien.

Diese Bauernkrieger, die das Gros des schlagkräftigen Heeres bildeten und das Frankenreich geschaffen hatten, wurden zunehmend abhängiger und ärmer. Je häufiger sie zu Feldzügen aufgeboten wurden, desto mehr mußten sie ihre Höfe vernachlässigen und gerieten in Schulden.

Die ursprüngliche Gleichheit aller freien Franken innerhalb der Dorfgemeinschaften verwandelte sich zunehmend in eine Abhängigkeit der bäuerlichen Massen von Staat und Kirche sowie von königlichen Unterführern und Höflingen, die zugleich Großgrundbesitzer waren.

Dieses System wachsender Ungleichheit und Ausbeutung wurde in Gang gehalten und stabilisiert vom staatlichen Verwaltungsapparat und von der Kirche, zwei scheinbar verschiedenen Einrichtungen, die jedoch weitgehend miteinander identisch waren. Denn es waren vor allem die als beinahe einzige des Lesens und Schreibens kundigen Kirchenmänner, die im fränkischen Reich die Verwaltungsarbeit verrrichteten, zugleich sorgten sie aber mit den Mitteln der Religion für Gehorsam gegenüber der Obrigkeit.

Überhaupt wirkte nun das Christentum, obwohl es doch ursprünglich die Brüderlichkeit, die Nächstenliebe und die Barmherzigkeit zu seinen höchsten sittlichen Forderungen erklärt hatte und im Frühstadium seiner Ausbreitung deutlich sozialistische Züge aufwies, jetzt als starke Stütze der beginnenden administrativen Unterdrückung und feudalistischen Ausbeutung. Die Kirchenmänner predigten dem Volk Demut, Fügung in die Unfreiheit sowie jene Hoffnung auf ein besseres Leben nach dem Tode, die ein Aufbegehren gegen irdische Ungerechtigkeit sinnlos und schädlich erscheinen lassen mußte.

Unter Chlodwig und seinen Söhnen wurden die Weichen gestellt für die ganze nachantike Entwicklung der abendländischen und damit auch der deutschen Gesellschaft: Die ursprüngliche germanische Vorstellung von der Gleichheit aller Freien, vom Gemeineigentum der Sippen und Dorfgemeinschaften und der Demokratie des Things, der über alle wichtigen Angelegenheiten beschließenden Volksversammlung, wurde durch eine Gesellschaft verdrängt, die auf der Ungleichheit ihrer Mitglieder basierte. Im Bündnis mit den Resten der römischen Sklavenhaltergesellschaft und der an sie angepaßten christlichen Kirche schufen die Frankenkönige die Grundlage der Feudalherrschaft. Staatsapparat und Heer dienten nunmehr, neben der Sicherung der gewaltigen Eroberungen, der systematischen Unterdrückung des Volkes, seiner allmählichen Entrechtung und wachsenden Ausbeutung durch das Königshaus, den neuen Adel und die katholische Geistlichkeit.

Es spielte dabei für die Masse des Volkes kaum eine Rolle, daß sich die Privilegierten untereinander und auch mit den Königen häufig stritten, daß bei diesen unerhört blutigen und grausamen Machtkämpfen, oftmals auch zwischen Vätern und Söhnen, die Nachkommen Chlodwigs schließlich unterlagen und daß 751 mächtige Unterführer aus dem Geschlecht der Arnulfinger Könige des Frankenreichs wurden.

Der bedeutendste Arnulfinger, die man dann nach ihm später Karolinger nannte, war Karl, der von 768 bis 814 regierte und in der traditionellen Geschichtsschreibung als »der Große« bezeichnet wird. Karl fiel schon bald nach seiner Thronbesteigung in das bis dahin freie, noch nicht christianisierte Land der

Sachsen ein, dessen Oberschicht teilweise mit den Franken sympathisierte, weil sie hoffte, sich mit deren Hilfe die sächsischen Bauern untertan machen zu können. Mit Jahr für Jahr wiederholten Heerzügen, bei denen mehrmals Frankenheere vernichtend geschlagen wurden, gelang es Karl schließlich, die Sachsen zu unterwerfen.

Karl ließ alle sächsischen Kult- und Thingstätten sowie zahlreiche Siedlungen zerstören. Die Bevölkerung wurde mit Massentaufen zwangsweise zum Christentum »bekehrt«. Wer Widerstand leistete oder auch nur dazu fähig schien, wurde hingerichtet – so allein an einem Tag mindestens (nach fränkischen Angaben) viertausendfünfhundert sächsische Geiseln bei Verden an der Aller. Als weiteres Mittel der Disziplinierung wandte Karl die Versklavung und zwangsweise Umsiedlung zahlreicher Sachsen in andere Reichsteile an.

Durch immer neue Eroberungen dehnte er danach das Frankenreich bis Nordspanien, Mittelitalien, Dänemark und weit in die slawischen Siedlungsgebiete östlich der Elbe und Saale aus, machte sich Böhmen tributpflichtig und ließ sich im Jahre 800 unter dem Jubel des römischen Stadtadels vom Papst zum Kaiser krönen. Die Kolonialherrschaft, die er mit Waffengewalt in den Gebieten errichtet hatte, aus denen ein Jahrhundert später Deutschland entstand, vernichtete die Reste der germanischen Urgesellschaft.

An deren Stelle trat eine weltliche und geistliche Feudalherrschaft mit einer nicht mehr demokratischen, sondern streng obrigkeitlichen Verwaltung und Gerichtsbarkeit sowie einer allmählichen Versklavung der meisten ehemals freien Bauern. Dadurch verbreiterte sich die gesellschaftliche Kluft zwischen Adel und Klerus auf der einen, der Masse der Landbevölkerung auf der anderen Seite.

Durch erzwungene Abgaben von landwirtschaftlichen Erzeugnissen und unentgeltliche Arbeitsleistungen, sogenannte Frondienste, vor allem aber durch immer neue Aufgebote der noch verbliebenen Freien zum Heeresdienst wurde die Bauernschaft, also die überwältigende Mehrheit der Bevölkerung, immer ärmer und abhängiger, Adel und Geistlichkeit dagegen zunehmend reicher und mächtiger. Auch beanspruchte nun die Kirche nicht nur den zehnten Teil aller Erträgnisse; sie benutzte auch alle ihr zur Verfügung stehenden Mittel, um die Bauern dazu zu bewegen, ihr Land einem Kloster oder einem

Bischof zu schenken. Dafür verhieß die Kirche nicht nur die sofortige Rückgabe der Grundstücke nebst allem, was sich darauf befand – nun allerdings in Pacht gegebenes Bischofs- oder Klostergut –, sondern auch mancherlei Vorteile auf Erden wie im Jenseits: Wer seine Stellung als freier Bauer aufgab und »Höriger« einer kirchlichen Einrichtung wurde, brauchte nicht mehr Kriegsdienst zu leisten und konnte weiter sein Land bestellen. Vor allem aber, so versicherten die Mönche, erwarb sich jeder, der Eigentum und Freiheit den Gottesmännern schenkte, die ewige Seligkeit nach dem Tode, wogegen Widerspenstigen die schrecklichsten Höllenstrafen drohten.

Eine weitere Einnahmequelle, auch gegenüber dem Adel, schuf sich die Kirche mit Hilfe angeblich wundertätiger Überreste von Heiligen, sogenannter Reliquien. Denn die Knochen, Schädel, Holzsplitter, Nägel oder Tuchfetzen, die von Heiligen stammten oder stammen sollten, bewirkten bloß dann – so lehrte die Geistlichkeit ihre Gläubigen – mitunter Wunder, wenn die Bitte darum nicht nur von inbrünstigem Gebet, sondern auch von reichlichen Spenden begleitet war.

Die Menschen, die im 9. Jahrhundert im Gebiet zwischen Rhein und Oder, Nordsee und Alpen lebten – es waren höchstens zwei Millionen, nicht mehr als die heutige Einwohnerschaft Hamburgs –, wurden während der ganzen feudalistischen Epoche, die mit der fränkischen Kolonialherrschaft begann, zum allergrößten Teil in völliger Unbildung gehalten. Anfangs konnten selbst die Feudalherren weder lesen noch schreiben. Die einzigen Stätten kultureller Betätigung waren die Klöster, und diese vermittelten Bildung nur an die Söhne der Reichen und Mächtigen sowie an diejenigen Begabten aus der Masse des Volkes, die bereit waren, Mönche zu werden. Und auch diesen Wenigen wurde lediglich nur soviel an Bildung zuteil, wie der Kirche von ihrem Standpunkt aus erforderlich schien.

Deutschland war zu dieser Zeit größtenteils noch ein fast wegeloser Urwald. Die wenigen Menschen – im Durchschnitt höchstens sieben je Quadratkilometer – lebten vornehmlich in den Niederungen der Flußtäler. Die hohe Sterblichkeit, vor allem im Säuglings- und Kindesalter, bewirkte eine durchschnittliche Lebenserwartung von nicht mehr als 22 Jahren. Der Zivilisationsstand war äußerst niedrig, nicht nur im Vergleich zu heute, sondern auch zu dem der römischen Oberschicht am Rhein sechs Jahrhunderte zuvor. Aber trotz des totalen Mangels an Bildung und Information in der gesamten Unterschicht, die etwa 95 Prozent der Bevölkerung ausmachte, trotz strenger Aufsicht, militärischer Überwachung und genauer kirchlicher Kontrolle aller »sündigen« Gedanken bei der allwöchentlichen Beichte und trotz geringer Möglichkeiten, regional oder gar überregional miteinander in Kontakt und zum Meinungsaustausch zu kommen, gab es vor allem im Land der Sachsen, dessen Lage etwa dem des heutigen Niedersachsen entspricht, immer wieder Aufstände der Bauernschaft gegen ihre Unterdrücker und Ausbeuter.

In den Jahren 841 bis 843 kam es dort zur größten Erhebung der frühfeudalistischen Zeit, dem Stellinga-Aufstand. Nachdem ein königliches Heer die anfangs erfolgreiche Rebellion niedergeworfen und ein furchtbares Strafgericht gehalten hatte, erhoben sich die sächsischen Bauern abermals, doch wiederum vergeblich.

Mehr als zweihundert Jahre später, von 1073 bis 1075, kam es erneut zu einem großen Bauernaufstand in Sachsen, bei dem zahlreiche Herrensitze, Fronhöfe und Burgen zerstört und alle Unterdrücker, die nicht mehr rechtzeitig hatten fliehen können, grausam getötet wurden. Doch auch diese Erhebung wurde von einer gutgerüsteten königlichen Streitmacht unterdrückt und blutig bestraft.

Es waren nun nicht mehr Frankenkönige, die die Herrschaft über das Sachsenland und die anderen östlich des Rheins gelegenen Gebiete ausübten. Denn um das Jahr 900, nachdem zuvor das riesige Frankenreich unter die Enkel Karls aufgeteilt worden war, ging im Ostteil, den man als das Land der Deutschen zu bezeichnen begann, die Herrschaft der Karolinger zu Ende. Der letzte, Ludwig das Kind, der elf Jahre lang unter der Vormundschaft zweier Bischöfe nominell regierte, starb 911. Ein paar Jahre lang, während ungarische Reiterheere immer wieder ins Land einfielen und es ausraubten, schien es so, als würde der Staat in mehrere Stammesherzogtümer zerfallen.

Aber 919 wählten die Mächtigsten unter den Feudalherren, weil sie im Interesse der Aufrechterhaltung des für sie so nützlichen Systems die Notwendigkeit einer Zentralgewalt erkannt hatten, den sächsischen Herzog Heinrich zum neuen deutschen König. Erst mit diesem Wahlkönig, der dann auch in Schwaben und Bayern die ihm dort zunächst verweigerte Anerkennung erzwang, beginnt – mit mehr als fünfhundertjähriger Verspätung – die mittelalterliche Geschichte des ersten deutschen Staates.

Am feudalistischen System änderte sich damit jedoch gar nichts. Für die überwältigende Mehrzahl der Menschen, die zu Beginn des 10. Jahrhunderts in Deutschland lebten, war der Übergang der Herrschaft von den Frankenkönigen auf den Sachsenherzog völlig ohne Belang. Es war für sie so, als ginge in der heutigen Bundesrepublik ein großes Tochterunternehmen eines ausländischen Konzerns in den Besitz deutscher Großaktionäre über, und an die Stelle des bisherigen ausländischen Generaldirektors träte nun ein erprobtes Mitglied der alten Geschäftsleitung, ein Deutscher, den seine deutschen Kollegen zum »Vorstandssprecher« gewählt hätten.

Für die zigtausend Beschäftigten des Unternehmens, die Männer und Frauen an den Fließbändern, in den Montagehallen, an den Schreibmaschinen des Sekretärinnen-Pools oder auch in der stumpfsinnigen Datenverarbeitung, für die Fahrer und Pförtner, Heizer und Schlosser, Kantinenköche und Putzfrauen und sogar für die Männer vom »Werkschutz«, denen allen der neue Ober-Boss seinen »Hier-bin-jetzt-ich-Herr-im-Hause«-Standpunkt mitteilen läßt, ändert sich damit so gut wie nichts. Die Bänder, Maschinen und Diktiergeräte laufen deshalb nicht langsamer, die Arbeitszeit wird nicht kürzer, die Lohntüte nicht voller. Infolgedessen ist der Wechsel an der Spitze des Unternehmens allenfalls für die ranghöchsten leitenden Angestellten von Interesse; die Masse der sogenannten »Betriebsfamilie« wird davon überhaupt nicht berührt. Und der Fließbandarbeiter Schulze, die Locherin Pizzinini, der Hallenputzer Nikeadopolos, der Lohnbuchhalter Müller und selbst Fräulein Huberti vom statistischen Büro werden sich nicht einmal den Namen des neuen Generaldirektors merken.

So ähnlich war es im frühen deutschen Mittelalter, nur daß damals die Masse des Volkes, von dessen Arbeit die adligen und geistlichen Herren lebten, nicht einmal eine ausgehängte Mitteilung über die Wahl Heinrichs zum deutschen König hätte lesen können, ja auch deren Verlesung, etwa durch einen schriftkundigen Mönch, nicht zu folgen imstande gewesen wäre. Denn natürlich hätte man damals eine solche Mitteilung in lateinischer Sprache abgefaßt (so wie die europäischen Kolonialherren Afrikas tausend Jahre später ihre Zeitungen nicht in

Sesuto oder Suaheli, sondern in ihrer Herrensprache lesen wollten).

Unter König Heinrich und von 936 an unter dessen zum König gewählten Sohn Otto festigte sich der feudalistische Staat. Durch die Aufstellung eines Heeres von gepanzerten Reitern und den Bau von steinernen Burgen, die eine ständige militärische Besatzung erhielten, konnten sowohl die Ungarn vernichtend geschlagen als auch die Volksmassen besser in Zucht gehalten werden. König Otto I. garantierte den Bischöfen und Äbten volle Unabhängigkeit gegenüber den Herzögen und Grafen, schenkte ihnen weiteren Landbesitz, übertrug ihnen in ihren Bereichen auch bei schweren Verbrechen die Rechtsprechung und betraute geistliche Würdenträger mit hohen weltlichen Ämtern. Damit schuf er sich ein Gegengewicht gegen die Stammesherzöge, die nach Selbständigkeit strebten.

Mit dem Aufbau dieses Herrschaftssystems, bei dem die einander in Schach haltenden geistlichen und weltlichen Feudalherren im Namen des Königs, dem sie direkt unterstanden, die Masse des Volkes in völliger Unterdrückung hielten, war die Gründungsphase des ersten deutschen Staates gegen Ende des 10. Jahrhunderts abgeschlossen.

Die Masse des Volkes bestand zu dieser Zeit aus einigen wenigen freien und sehr zahlreichen abhängigen Bauern, sogenannten Hörigen, zum nicht geringen Teil auch aus Leibeigenen und Sklaven, die alle schwere Arbeit zu verrichten hatten. Über deren Lebensverhältnisse wissen wir sehr wenig.

Sie selber konnten keine Aufzeichnungen hinterlassen, denn sie waren samt und sonders Analphabeten. Ihre Ausbeuter aber hielten es für nicht der Mühe wert, der Nachwelt genaue Berichte über das Los ihres Arbeitsviehs zu hinterlassen.

Alles, was wir aus jenen Jahrhunderten über das Leben der breiten Masse zur Kenntnis nehmen können, sind Nachrichten, die aus der Sicht der Herrschenden von Interesse waren. Doch auch diese können mitunter sehr aufschlußreich sein.

So gibt es einige tausend dokumentarische Beweise dafür, was damals ein Leibeigener seinen weltlichen oder geistlichen Ausbeutern wert war auf Heller und Pfennig. – Ein einziges Beispiel, das sogar schon aus dem späten Mittelalter stammt, nämlich aus dem Jahre 1333, sei hier angeführt: »Ich Konrad der Truchseß von Urach, Ritter, thue kund ... daß ich dem Ersamen geistlichen Herren, dem Abt und dem Konvent des Klosters zu Lorch hab geben die zwei Frawen Agnes und ihr Schwester Mahilt, Degan Reinbolts seligen töchter, und ihre Kindt, die davon kommen mögen, um drei Pfund Heller...«

Das heißt, auf heutige Verhältnisse übertragen: Der Personaldirektor eines mittleren Provinzunternehmens, Nichtakademiker, aber Reserveoffizier, verkauft aus seinem Privatbesitz die beiden Töchter seines kürzlich verstorbenen Gärtner-Chauffeurs an die hochwürdigen Patres eines nahen Klosters, wobei das Eigentum an den beiden minderjährigen Mädchen sowie an ihren noch zu zeugenden Nachkommen nach Erlegung des Kaufpreises von schätzungsweise achtzig Mark unwiderruflich an die geistlichen Herren übergeht.

Doch zurück zu König Otto, der 961 auch noch Oberitalien eroberte und vom Papst im Jahr darauf zum Kaiser gekrönt wurde. Er betrieb mit besonderem Nachdruck die schon von seinem Vater begonnene Unterwerfung der jenseits der deutschen Ostgrenzen lebenden Slawen und dehnte das Reich bis an die Oder aus. Beides, Italienzug nebst Krönung durch den Papst und Ostkolonisation, war beispielgebend für die Politik seiner Nachfolger, doch sollte sich dieses Streben nach Expansion, Beute, Machtzuwachs und erhöhtem Ansehen sowohl für Deutschland als auch für das Kaisertum als verhängnisvoll erweisen, weil dadurch die innere Entwicklung und die zentrale Lenkung der Stammländer vernachlässigt wurden.

Bei der deutschen Landbevölkerung war durch verbesserte Anbaumethoden die landwirtschaftliche Produktion gestiegen. Dies führte zu einer Arbeitsteilung zwischen Geräteherstellern und Gerätebenutzern. Der einzelne Haushalt machte nicht mehr alles selbst – Hausbau, Feldarbeit, Anfertigung von Kleidung, einfachen Möbeln, Kochgerät, Haus- und Ackerbauwerkzeug, Netze, Stricke, Waffen und so weiter –, sondern überließ dies immer mehr einigen Spezialisten. Diese wiederum gaben ihre Landwirtschaft ganz oder doch weitgehend auf und tauschten ihre handwerklichen Erzeugnisse gegen das, was sie ihrerseits benötigten. So entwickelte sich ein – dann immer weiter spezialisiertes – Handwerk, dessen Angehörige jedoch genauso wie zuvor als Bauern in den verschiedenen Graden der Abhängigkeit von den Feudalherren lebten.

Auch der bis dahin in Deutschland noch ganz unbedeutende Handel nahm im 10. und 11. Jahrhundert einen kräftigen Aufschwung, und zwar auch mit dem Ausland. Aus Frankreich und dem Mittelmeerraum importierte man Öl, Wein, Gewürze, allerlei Luxuswaren und besonders gute Waffen für die reichen Herren; aus den noch nicht unterworfenen Ländern der Slawen kamen vor allem Pferde, Getreide, Wachs, Salz, Fische, Honig, Bernstein und nicht zuletzt Sklaven. Bestimmte slawische Stämme – daher auch das Wort »Sklave« – eigneten sich nach Ansicht der Ausbeuter besonders gut für schwere Zwangsarbeit, weil ihre Angehörigen kräftig, unterwürfig und fleißig waren. Und da Deutschland – wiederum vom Standpunkt der Feudalherren aus – viel zu wenig Arbeitskräfte hatte, manche unterworfene Stämme sich auch äußerst schwer zähmen ließen, führte man billige Zwangsarbeiter ein, so wie später die weißen Eroberer Amerikas Negersklaven aus Afrika.

Der Aufschwung von Handel und Handwerk führte dazu, daß sich nicht nur die alten, weitgehend verfallenen Römerstädte im Rhein- und Donautal wieder zu beleben begannen, sondern daß auch zahlreiche neue Städte entstanden, zumeist aus Märkten, die nun regelmäßig abgehalten wurden, wo immer sich Siedlungen von Bedeutung – etwa an Bischofssitzen, neben größeren Klöstern, im Schutze von Burgen oder Königspfalzen – gebildet hatten.

Zunächst waren auch diese Städte nur eine Ansammlung von armseligen Häusern aus Holz und Lehm, die Stroh- oder Schindeldächer hatten. Mit ihren Schmalseiten bildeten sie enge, krumme Gassen, die höchst selten gepflastert waren. Abfälle und Unrat lagen überall herum; es gab weder Wasserleitungen noch Kanalisation noch Straßenbeleuchtung wie einst in den römischen Großstädten.

Von solchen Städtchen hatte Deutschland um das Jahr 1000 erst etwa vierzig, bis 1100 waren es schon knapp hundert. Und um 1200 hatte sich ihre Anzahl bereits auf etwa zweihundert vermehrt, wobei allerdings die meisten weniger als tausend, oft nur hundert oder noch weniger Einwohner zählten.

Sogar nach drei weiteren Jahrhunderten, etwa um 1500, als unser Mittelalter angeblich schon vorüber war und die Neuzeit bereits begonnen hatte, wiesen die allermeisten der nun rund dreitausend Städte des Reiches, nämlich zweitausendvierhundertfünfzig, weniger Einwohner auf als heute ein kleines Dorf.

Nur ganz wenige wie Köln, Lübeck, Straßburg, Danzig, Breslau, Nürnberg, Augsburg, Ulm oder Erfurt konnten mit Einwohnerzahlen zwischen zwanzig- und dreißigtausend aufwarten.

Diese Siedlungen, die von den Königen, später auch von den anderen Feudalherren, gegen hohe Abgaben ihr Markt- und Stadtrecht, mancherlei Zollfreiheiten und in zunehmendem Maße ein Recht auf innere Selbstverwaltung erhielten, erlangten für ihre Bewohner ein größeres Maß an Freiheit, als man es bis dahin in Deutschland gekannt hatte. Die ummauerten Städte und ihre bewaffneten Bewohner konnten sich gegen die Willkür der Feudalherren einigermaßen schützen. Sie wurden deshalb Anziehungspunkte für alle, die nicht länger bloße Ausbeutungsobjekte sein wollten. »Stadtluft macht frei«, lautete die Parole. Doch diese städtische Freiheit war weder vollständig noch galt sie für alle. Nur wer in der Stadt Haus- und Grundbesitz hatte, wer selbständig ein »ehrsames« Handwerk oder Gewerbe ausübte und aus eigenem Vermögen erheblich zu den Gemeinschaftsaufgaben beisteuern konnte, hatte volles Bürgerrecht.

So entwickelte sich in den deutschen Städten des Mittelalters eine neue gesellschaftliche Ordnung: An der Spitze standen die Häupter einer Handvoll begüterter Kaufmanns- und Handwerkerfamilien, die stets aus ihren Reihen die Bürgermeister stellten und die Stadt wie kleine Souveräne regierten. Diese Großbürger oder Patrizier beherrschten den Rat der Stadt, verteilten alle Pfründen und Machtpositionen unter sich, entwickelten ein kräftiges Selbstbewußtsein, später sogar eine eigene Kultur, und paßten sich in ihrem Lebensstil dem Adel an, dem sie sich gleichwertig fühlten.

Die weniger wohlhabenden Mitglieder des Kaufmanns- und Handwerkerstandes nahmen den zweiten Platz ein; auch sie waren als Haus- und Grundbesitzer mit eigenem Betrieb oder Geschäft vollberechtigte Bürger, nur weit weniger einflußreich als das Patriziat.

Die breite Unterschicht dagegen, die aus »unehrlichen« Handwerkern – wie etwa den Henkern oder Schindern (= Abdeckern) – sowie der gesamten Gesellschaft, allem Hausgesinde, den Tagelöhnern, Prostituierten und Almosenempfängern bestand, waren Stadtbewohner ohne Bürgerrechte, wenngleich nicht völlig rechtlos. Sie hatten jedenfalls im allgemeinen ein etwas leichteres Los als die Hörigen und Leibeigenen auf dem Lande. Vor allem konnten sie sich, anders als die weit verstreut lebenden Bauern, untereinander beraten, sich gegenseitig informieren, wohl auch heimlich miteinander verbünden und gemeinsam versuchen, ihre Lebensbedingungen allmählich zu verbessern.

Doch wenn nun hie und da ein paar junge Leute die ihnen eingeflößte Angst vor der »Sünde« der geradezu »ketzerischen« Unbotmäßigkeit und deren angeblich so furchtbaren Folgen im Jenseits, vor allem aber den sehr realen, entsetzlich grausamen Strafen, die ihnen von ihren irdischen Herren bei Wiederergreifung drohten, mutig überwanden und aus der Hörigkeit oder gar Leibeigenschaft in eine Stadt flohen, dann waren sie erst »nach einem Jahr und einem Tag« in Sicherheit, weil sie dann nicht mehr zurückgefordert werden konnten. Dabei darf man sich keine falschen Vorstellungen vom Umfang der jetzt einsetzenden Landflucht machen: Der Anteil der Stadtbewohner an der – damals etwa nur drei Millionen Menschen ausmachenden – Gesamtbevölkerung Deutschlands lag im 10. Jahrhundert bei etwa zwei Prozent und stieg bis gegen Ende des 14. Jahrhunderts, als es schätzungsweise zwölf Millionen Deutsche gab, auf etwa acht Prozent an. Erst im 16. Jahrhundert, als angeblich die Neuzeit schon begonnen hatte und Deutschland an die zwanzig Millionen Einwohner zählte, waren mehr als ein Zehntel davon Städter, allerdings noch keineswegs Bürger mit entsprechenden Rechten.

Anders ausgedrückt: Die überwältigende Mehrzahl der Deutschen, stets mehr als neun Zehntel, blieb das ganze Mittelalter hindurch auf dem Land, zumeist hörig oder leibeigen, in völliger Unbildung und ohne Berührung mit der Kultur. Und auch in den Städten waren die meisten Menschen minderen Rechts, Analphabeten und kaum mehr als »sprechende Werkzeuge« ihrer bürgerlichen Herren.

Deshalb sind die meisten der aus dem deutschen Mittelalter überlieferten Geschehnisse und Gepflogenheiten für uns auch ziemlich uninteressant. Romantischer Minnegesang und ritterliches Turnier, illuminierte Handschriften, die Reichskleinodien und selbst die herrlichen Plastiken, etwa der Uta von Naumburg oder des Bamberger Reiters – sie sind zwar Zeugnisse einer mittelalterlichen Kultur, aber für das deutsche Volk des Mittelalters waren sie etwa so bedeutungsvoll wie für die afrika-

nischen Kolonialvölker Englands um 1880 die Gedichte Long-
fellows, das Polo-Spiel, die Prachtausgabe der Werke von Walter Scott auf dem Nachttisch des schnurrbärtigen weißen
Herrn, der sich von einem barfüßgen Analphabeten das Früh-
stück ans Bett bringen ließ und ihn prügelte, wenn er etwas Tee
verschüttete, oder das pompöse Denkmal der Königin Victoria
auf dem Rasen vor dem Gouverneurspalast.

Und so, wie es den Untertanen Ihrer Majestät in Sierra
Leone und anderswo in der Welt damals völlig gleichgültig sein
konnte (und auch war), ob gerade Mr. Gladstone oder Lord
Beaconsfield aus weiter Ferne ihre Geschicke lenkte, wem die
Mehrheit der Suezkanal-Aktien gehörte und ob das Empire in
Gefahr war, wenn Kosaken am Khaiberpaß gesehen worden
sein sollten, so war es auch für die meisten Deutschen des Mittelalters absolut belanglos (und wurde auch so empfunden),
wer gerade Kaiser war, in welches Gerangel um die Macht er
sich mit dem Papst, den Herzögen und der eigenen Familie einließ, ob und wie er die Reichsidee zu verwirklichen suchte, und
wie diese oder jene blutige Auseinandersetzung mit wirklichen
oder angeblichen Feinden des Reichs nun ausging.

Die Masse des Volkes nahm aber auch kaum davon Notiz,
wenn in der Nachbarregion Menschen, in einer ganz ähnlichen
Lage wie sie selbst, verzweifelten Widerstand gegen ihre Unterdrücker leisteten, was mitunter vorkam.

So wurden beispielsweise im Jahre 1234 die Bauern des Ste-
dingerlandes, die sich gegen den Bischof von Bremen aufge-
lehnt hatten, von einer viermal stärkeren Polizeitruppe besiegt,
ausgeplündert, gefoltert und zu Tausenden hingemordet, ohne
daß ihre gleichfalls unterdrückten Nachbarn sie auch nur
bedauert, geschweige denn ihre Partei ergriffen hätten. Die
Volksmasse des Mittelalters hatte kein Zusammengehörigkeitsgefühl, das über die Familie, das eigene Dorf oder allenfalls
die engere Gegend hinausgereicht hätte, erst recht kein Empfinden für die Ungerechtigkeit des Systems der Unterdrückung
und Ausbeutung, sondern höchstens für die Ungerechtigkeit besonderer, sie selbst betreffender Auswüchse dieses
Systems.

Die Schuld der Stedinger hatte übrigens darin bestanden,
daß sie dem Erzbischof, ihrer »von Gott eingesetzten« Obrigkeit, die Abgaben verweigert hatten. Diese »Sünde« bewog den
Papst, sie zu »Ketzern« zu erklären und einen Kreuzzug gegen

sie anzuordnen. Die Ordnungshüter, die dann die Exekution vornahmen, waren »Soldaten Christi«, deren Grausamkeit, Habgier und Geilheit angeblich durchaus Gottes Willen entsprach. Denn wer sich als Untertan gegen die Obrigkeit auflehnte, der mußte – so erklärte es die Kirche –, damit er seine Freveltat auch wirklich bereue, wohl auch zur Abschreckung anderer, so hart bestraft werden, wie es die in ihren angeblich göttlichen Rechten verletzte geistliche oder weltliche Obrigkeit für nötig hielt.

Die Erde wäre nun einmal ein Jammertal, und jeder wäre glücklich zu preisen, der von Gott ins Jenseits abberufen würde. Wer sein glücklicherweise meist kurzes Erdendasein – die durchschnittliche Lebenserwartung lag noch im 14. und 15. Jahrhundert unter dreißig Jahren! – in Demut, unbedingtem Gehorsam und rastloser Arbeit verbracht hatte, dem winkte immerhin die Aussicht auf ein Plätzchen im Paradies. Wer aber aufsässig, faul und ungehorsam war, dem wurde schon auf Erden ein kleiner Vorgeschmack dessen zuteil, was ihm im Jenseits angeblich drohte, nämlich Höllenstrafen, die den Menschen bis in die sadistischen Details hinein ausgemalt und nicht selten von Henkersknechten vorgeführt wurden.

Also fanden sich die meisten Deutschen des Mittelalters, wenn auch seufzend, mit ihrem harten Schicksal ab. Es war besser, meinten sie, sich nicht aufzulehnen, ohne Murren zu schuften und die meisten natürlichen Regungen so gut es ging zu unterdrücken, selbst solche, die durchaus im Einklang mit der Lehre Christi gestanden hätten, wie beispielsweise Mitleid mit einer gefolterten Ketzerin, die gestern noch eine freundliche Nachbarin gewesen war.

Für das Schicksal Fremder, das heißt: derer, die man nicht näher kannte, hatte man ohnehin kein Interesse. Wer wie die Bauern oder auch die städtischen Handwerksgesellen bis zu sechzehn Stunden am Tag vornehmlich für andere arbeiten mußte, dabei noch Hunger, Angst vor Schlägen und eigene Sorgen aller Art hatte, der war voll damit beschäftigt, sich und die Seinen einigermaßen durchzubringen. Totale Unbildung und äußerst geringe Information taten ein Übriges, das Interesse der Masse des Volks auf den Umkreis zu beschränken, der sich vom Kirchturm des eigenen Dorfes oder Städtchens aus überblicken ließ, und kein Zusammengehörigkeitsgefühl mit den Unterdrückten der Nachbarregion oder gar anderer Provinzen

entstehen zu lassen. Um so mehr Solidarität und Klassenbe-
wußtsein entwickelten die Ausbeuter, und das begann schon
bei den Bürgern der Städte. Dort schlossen sich die Kaufleute
in Gilden, die Handwerker in Zünften zusammen, stellten
genaue Regeln für die Unterdrückung der Gehilfen, Gesellen
und Lehrlinge auf, verhinderten nach Kräften die Entstehung
von Konkurrenz und ließen niemanden hochkommen, der sich
in das System nicht einfügte. Die Strenge der hierarchischen
Ordnung und die Undurchlässigkeit der sozialen Schranken,
die von der Geistlichkeit als gottgewollt bezeichnet wurden
(obwohl die Kirche in ihren eigenen Institutionen begabten
Nachwuchs auch aus der Unterschicht durchaus für sich heran-
zubilden wußte), förderten die Gleichgültigkeit des Volkes
gegenüber dem Zeitgeschehen.

Immerhin ereignete sich schon im deutschen Mittelalter das
eine oder andere, das nicht bloß für eine Handvoll Mächtige
und deren nächste Umgebung von Belang war, sondern auch
die große Mehrheit der Bewohner Deutschlands aus ihrer Teil-
nahmslosigkeit riß, mal für kurze, mal für längere Zeit. Es
waren dies Vorgänge, die auch der Stumpfeste nicht unbeach-
tet lassen konnte, weil sie ihn unmittelbar berührten und er
sich ihren Auswirkungen gar nicht entziehen konnte. Da waren
zunächst die Einfälle fremder Völker, beispielsweise der große
Mongolensturm, der erst nach der Schlacht bei Liegnitz im
Jahre 1241 endete. Vor den wilden Reitern, deren straff organi-
siertes Reich vom Chinesischen Meer bis nach Mitteleuropa
reichte, zitterte damals das ganze Abendland.

Die mongolischen Krieger wußten jeden Widerstand zu brechen. Sie plünderten und verbrannten alle eroberten Städte
und Dörfer, schonten niemanden und nichts. Sie hatten bereits
Krakau und Breslau vernichtet, ganz Schlesien verwüstet und
waren drauf und dran, über Böhmen nach Bayern und über
Brandenburg nach Nord- und Westdeutschland vorzudringen.
Sie blendeten ihre Gefangenen, wenn es sich um noch arbeits-
fähige Männer handelte, mit glühend gemachten Eisen, um sie
danach zu lebenslänglicher Zwangsarbeit in die Silberberg-
werke der Karpaten zu treiben. Frauen und Mädchen hatten
die Wahl, entweder als Sklavinnen gehaltene Soldatenhuren zu
werden oder sich mit den Greisen und Kindern abschlachten
zu lassen. (Übrigens, eine Heldengestalt der traditionellen
deutschen Geschichtsschreibung, der Stauferkaiser Fried-

rich II., nahm sich diese mongolischen Methoden zum Vorbild seiner eigenen Tyrannei, wie wir noch sehen werden.)

Und da waren umgekehrt die großen Raubzüge, an denen sich viele Deutsche aus allen Schichten beteiligten und die angeblich allein der Befreiung Jerusalems und anderer heiliger Stätten des Christentums von den »ungläubigen« Moslems dienen sollten. In Wahrheit waren es aber nur zum geringeren Teil religiöse Motive, vielmehr vorwiegend die Habgier und Abenteuerlust der großen und kleinen Herren und ihres Anhangs, denen die Ausbeutung der Bauern daheim zu langweilig und unergiebig geworden war.

Diese sogenannten »Kreuzzüge«, die gegen Ende des 11. Jahrhunderts in Frankreich ihren Ausgang nahmen, bewirkten in Deutschland mancherlei, von dem noch zu reden sein wird. Nach anderthalb Jahrhunderten immer neuer Raubzüge nach Kleinasien, schlug die Kreuzzugsidee sozusagen nach innen um: Man begann mit großer Energie und äußerster Grausamkeit die »Ketzer« im eigenen Land zu verfolgen. Und als dieses Gemetzel überhand nahm und sich auch gegen Reiche und Mächtige zu richten begann, da lenkten Kirche und weltliche Mächte den Kreuzzugsgedanken auf ein neues Ziel: die Eroberung Osteuropas.

Für eine breite Unterschicht der Halb- und Unfreien, Ausgebeuteten und von Bildung und Kultur Ausgeschlossenen bedeuteten die Kreuzzüge eine unerhörte Chance, zwar nicht für eine Veränderung der Gesellschaft, wohl aber für eine Verbesserung des eigenen Loses. Durch Raub, Mord, Plünderung und jedes andere Verbrechen konnte man nun ohne Furcht vor Strafe in den Besitz von Gütern kommen, die sonst nur der Oberschicht vorbehalten waren. Die Kreuzfahrer waren nämlich keineswegs nur Ritter. Den Zügen hatten sich Menschen aller Schichten angeschlossen, sogar entlaufene Leibeigene, dazu viel fahrendes Volk und auch manche Räuberbande.

»Gott will es!«, hatte Papst Urban II. 1095 von allen Kanzeln verkünden lassen. »Wer von euch bis heute Räuber war, der soll nun ein Ritter sein; wer gegen seine Brüder wütete, mag gegen die Barbaren ziehen; wer um schnöden Mammon wucherte, kann jetzt den ewigen Lohn erringen. Allen aber, die ins heilige Land ziehen, ... sichere ich im Namen des allmächtigen Gottes die Vergebung ihrer Sünden zu!«

Es war indessen nicht nur der verheißene himmlische Lohn, der die Kreuzfahrer anlockte. Mindestens ebensosehr reizten die Schätze des Morgenlandes und der soziale Aufstieg, den ihr Besitz bedeuten würde. Zwar gingen die meisten Kreuzfahrer elend zugrunde, doch die wenigen, die tatsächlich mit reicher Beute heimkehrten, waren dann vermögende Leute und stiegen nicht selten in den Adel auf, dem sie zuvor hörig gewesen waren.

Für die Masse der Bevölkerung aber wirkte sich der Strom von Gold, Juwelen und anderen Schätzen, der während der nächsten einhundertfünfzig Jahre aus dem Orient nach Deutschland floß, ganz anders aus: Er machte den zurückgebliebenen Teil der Ausbeuter, für den Geld und Luxus bislang keine Rolle gespielt hatte, sehr viel anspruchsvoller und entsprechend habgieriger.

Bauernerhebungen

Mit der Entdeckung Amerikas durch Christoph Kolumbus im Jahre 1492 und des Seewegs nach Ostindien durch Vasco da Gama um 1498 lassen viele der traditionellen Geschichtsbücher das Mittelalter enden und die europäische (also auch die deutsche) Neuzeit beginnen. Doch für die Masse des deutschen Volkes brachte die blutige Eroberung und Ausplünderung der »beiden Indien«, vor allem die der »Neuen Welt«, nur dreierlei: die Syphilis, das Tabakrauchen und die Kartoffel. Während sich die Geschlechtskrankheit und der Tabakkonsum bereits um die Mitte des 16. Jahrhunderts in Deutschland auszubreiten begannen, wurde die Kartoffel erst um 1765 von König Friedrich II. zwangsweise in Preußen eingeführt und erst um 1850 zu jenem Volksnahrungsmittel, mit dem die chronische Hungersnot der unteren Schichten endlich überwunden und ein sprunghafter Anstieg der Einwohnerzahl Deutschlands erreicht werden konnte.

Einigen wenigen Deutschen brachten die Entdeckungen neuer Erdteile und Seewege aber schon frühzeitig unerhörten Gewinn. Zu ihnen gehörte die Augsburger Patrizierfamilie Welser, die nicht nur am Massenexport afrikanischer Sklaven in die amerikanischen Kolonien und an den Einfuhren der Kolonialprodukte nach Europa glänzend verdiente, sondern um 1530 mit einem gutbewaffneten Söldnerheer sogar ein eigenes Kolonialreich erwarb, das sich in der Breite der Küste des heutigen Venezuelas über ganz Südamerika erstreckte und ein Vierteljahrhundert lang Eigentum der Welser blieb.

Auch andere Patrizierfamilien wurden etwa um die Zeit der Entdeckung Amerikas außerordentlich reich, am allerreichsten die ebenfalls in Augsburg beheimateten Fugger, die als Bankiers der Päpste und Kaiser auch eine maßgebliche politische Macht darstellten.

Es wäre aber völlig verfehlt, aus dem enormen Reichtum und Einfluß einzelner deutscher Bürgerfamilien nun zu folgern, daß das Bürgertum der deutschen Städte schon die Herrschaft des Adels abgelöst und womöglich den Feudalismus beseitigt hätte; daß mit dem Reichtum auch Kultur und Bildung in die Städte eingezogen und allen Schichten gleichermaßen zuteil geworden wären oder daß durch den Aufstieg Bürgerlicher eine demokratische Entwicklung begonnen hätte. In Wirklichkeit kam es in den Jahrzehnten um 1500 lediglich zu Machtverschiebungen innerhalb der herrschenden Klassen, begleitet von Versuchen der Volksmassen, sich endlich von der Unterdrückung und Ausbeutung zu befreien. Da diese Versuche samt und sonders scheiterten, änderte sich an der Lage der großen Mehrheit so gut wie nichts.

Deutschland, dessen Einwohnerzahl seit dem Nachlassen der großen Seuchen erst um 1500 wieder den ungefähren Stand von 1380, nämlich knapp vierzehn Millionen, erreicht hatte, war noch zu 85 Prozent ein Agrarland. Die Bauern und ländlichen Handwerker lebten, mit geringfügigen Ausnahmen, nach wie vor in einem Zustand der Unfreiheit, Unbildung, Kulturlosigkeit und harten Ausbeutung durch adlige und geistliche Feudalherren. Mehr als ein Drittel des gesamten Bodens gehörte kirchlichen Einrichtungen.

Den städtischen Arbeitern, Handwerksgesellen, Dienstboten und der Mehrzahl der im Bergbau Beschäftigten ging es um 1500 kaum besser als den hörigen Bauern und oft sogar schlechter. Auch einem großen Teil des niederen Adels, besonders der Ritterschaft, fehlte die wirtschaftliche Unabhängigkeit. Doch die Ritter, deren Aufgabe es einst gewesen war, als schwerbewaffnete Reiter, die sich selbst ausrüsteten, für den Kaiser eine schlagkräftige, jederzeit mobilisierbare Verfügungstruppe zu bilden, fanden sich schwerer mit ihrem Schicksal ab, Untertanen der weltlichen und geistlichen Landesfürsten zu werden. Sie waren die ersten, die revoltierten.

Doch ehe wir uns diesen und anderen Aufständen zuwenden, wollen wir noch die übrigen Teile der deutschen Gesellschaft jener Zeit um 1500 kurz betrachten: Da waren zunächst und als Mächtigste die deutschen Fürsten sowie die Grafen, Bischöfe, Äbte reicher Klöster und sonstigen Landesherren, die sich von der kaiserlichen Zentralgewalt bereits weitgehend unabhängig gemacht hatten und nach völliger Selbständigkeit und Machtzuwachs auf Kosten des Kaisers, der Städte, der Ritterschaft sowie benachbarter Standesgenossen strebten.

Da waren unter den Fürsten als eine besondere Klasse die Kurfürsten, damals sieben, nämlich die Erzbischöfe von Köln, Mainz und Trier, der Pfalzgraf bei Rhein, der Herzog von Sachsen, der Markgraf von Brandenburg und der König von Böhmen. Sie hatten das Vorrecht, wenn eine Vakanz auf dem Thron des Reiches eintrat, mit einfacher Mehrheit ein neues Reichsoberhaupt zu wählen. Dieses Privileg, verbunden mit einem unantastbaren und unteilbaren, stets nur dem Nachfolger als Ganzes vererbten Besitzstand an Ländern, in denen sie Souveräne waren, gab den Kurfürsten die Möglichkeit, sich immens zu bereichern. Denn sie verkauften ihre Stimme stets der Partei, die ihnen am meisten bot, und ließen sich zudem vom zukünftigen Kaiser mit immer neuen Rechten und Einkünften versehen, wodurch die Zentralgewalt weiter geschwächt wurde.

Korrupter als die Kurfürsten waren nur noch die römischen Kardinäle jener Zeit, und entsprechend waren auch die Päpste, die sie wählten: geldgierige, genußsüchtige, absolut skrupel- und schamlose Gestalten, die vor keinem Verbrechen zurückschreckten. Sie glichen mehr den Mafia-Bossen unserer Tage als einem Oberhaupt der abendländischen Christenheit mit dem Anspruch, Stellvertreter Gottes auf Erden zu sein.

Bei solcher Führung ist es kaum verwunderlich, daß auch die kirchlichen Einrichtungen in Deutschland völlig verkommen waren. Sie ähnelten, um bei dem Beispiel der Mafia zu bleiben, in vieler Hinsicht deren Organisation, zumal wenn sie mit immer neuen Tricks und Einschüchterungsmethoden pfennigweise Millionen aus dem Volk preßten, nicht etwa zu gutem Zweck, sondern nahezu ausschließlich zur Finanzierung des luxuriösen und lasterhaften Lebens der Bandenchefs sowie deren Verwandtschaft, Leibgarde, Gangsterliebchen und juristischen Ratgebern, sprich: Kirchenfürsten, deren Neffen, Nichten, unehelichen Kindern, Prälaten, Offizieren, Mätressen und Räten. Und wie die Mafia heute, so scheute damals die Kurie, wenn es um fette Pfründen, Erbschaften oder politischen Einfluß ging, vor absolut nichts zurück: nicht vor der Ausrottung ganzer Sippen durch Gift oder Dolch und auch nicht vor Wucher, Zuhälterei großen Stils, Hehlerei, Mädchenhandel oder anderen unchristlichen, aber einträglichen Verbrechen.

Bei alledem war die niedere Geistlichkeit, das Heer der Kapläne, einfachen Mönche und Laienbrüder, nur das Fußvolk, das mit den Krumen zufrieden sein mußte, die von der Herren Tisch fielen. Doch diese »ausführenden Organe« waren zugleich eine Landplage, denn ihnen oblag es ja, das Geld einzutreiben, das ihre Oberen verpraßten. Es waren ihrer so viele, daß sie in manchen deutschen Großstädten den achten Teil der Einwohnerschaft ausmachten, und sie stammten meist aus dem handwerklichen Mittelstand oder vom Land, während die höhere und hohe Geistlichkeit als Versorgungsanstalt für die nachgeborenen Söhne der Feudalherren und Patrizier angesehen wurde.

In den deutschen Städten, soweit sie nicht unbedeutende Nester wie die meisten, sondern mächtige Stadtstaaten waren, hatte sich um 1500 nur insofern etwas verändert, als sich der gesellschaftliche Abstand zwischen den reichen Großkaufleuten und Bankiers, die die eigentlichen Herrscher waren, und den Meistern der Handwerkerzünfte beträchtlich vergrößert hatte. Und nur in der obersten städtischen Schicht, dem Patriziat, und in deren Gunst entwickelte sich – ähnlich wie an den großen Fürstenhöfen – die Kultur der Renaissance. Die breite städtische Unterschicht und der ganze Mittelstand blieben von Kunst und Wissenschaft, vom Humanismus, von den großen naturwissenschaftlichen Entdeckungen und von den Produkten der aufblühenden Buchdruckerkunst ebenso ausgeschlossen wie die gesamte Landbevölkerung und die meisten Angehörigen des niederen Adels.

Die Fülle großer Talente aus dem Volk – wie etwa, um nur drei Beispiele zu nennen, der Goldschmiedesohn Albrecht Dürer, der Holzschnitzer Tilman Riemenschneider oder der Nürnberger Erzgießer Peter Vischer – brauchte nur deshalb nicht, wie in den Jahrhunderten zuvor, in der Mehrzahl zu verkümmern, weil sie im Patriziat sowie an den geistlichen und weltlichen Fürstenhöfen Auftraggeber fanden, die unerhörten Luxus treiben konnten.

Aber sie blieben samt und sonders von der Gnade der großen Herren abhängig. Und als Riemenschneider bei den revolutionären Kämpfen die Partei der Unterdrückten gegen ihrer aller Ausbeuter ergriff, da wurde er nicht bloß fallengelassen, sondern man ließ ihn auch von den Henkersknechten fürchterlich zurichten und ihm jedes Finger- und Handgelenk einzeln brechen, damit er nie wieder ein Kunstwerk schaffen könne.

Damit sind wir bei den großen und sehr blutigen gesellschaftlichen Auseinandersetzungen der Zeit um 1500, vor allem den Bauernkriegen, von denen man allein – hätten sie zu einem Erfolg geführt – die Berechtigung ableiten könnte, vom

Ende des deutschen Mittelalters und vom Beginn der Neuzeit zu sprechen. Doch sie scheiterten sämtlich.

Schon in den letzten Jahrzehnten des 15. Jahrhunderts waren in Deutschland hie und da kleinere Bauernerhebungen zu verzeichnen gewesen. So hatte 1476 ein Dorfmusikant, der Pfeifer Hans Böheim von Niklashausen, den fränkischen Bauern gepredigt, daß die Armen von allen Abgaben und Frondiensten befreit werden müßten. Auch sollte jeder jagen, fischen und sich Holz holen dürfen, wo er wollte. Diese damals unerhört kühnen und »ketzerischen« Gedanken ließen die Menschen aufhorchen; sie strömten in Scharen herbei und bereiteten einen Aufstand vor. Doch noch ehe sie zu den Waffen gegriffen hatten, schlugen die Feudalherren zu, erstickten die Revolte und ließen das »Pfeiferhänslein« öffentlich foltern und hinrichten.

Doch die einmal erweckten Träume von verminderter Unterdrückung und Ausbeutung wirkten weiter. Von 1493 an organisierten sich die Bauern am Oberrhein in einer geheimen Vereinigung, die sie den »Bundschuh« nannten, weil die Landbevölkerung, im Gegensatz zum gestiefelten und gespornten Adel, Schuhe trug, die mit Lederriemen zusammengebunden wurden. Die »Bundschuh«-Forderungen gingen noch über die des »Pfeiferhänsleins« hinaus: Kein Pfaffe sollte mehr als eine Pfründe besitzen; Zins- und Preiswucher wollte man abschaffen, die Gesetze gerechter machen und die Richter selbst wählen.

Die »Bundschuh«-Verschwörungen wurden immer wieder aufgedeckt, und zwar stets auf die gleiche Weise: Geistliche, die den Bauern die Beichte abnahmen und sie gründlich ausfragten, erfuhren davon und meldeten, unter Verletzung des Beichtgeheimnisses, der Obrigkeit das soeben Erfahrene. Dann wurde der Betreffende verhaftet und so lange gefoltert, bis er alles, was er wußte, preisgab. Das – zumindest vorläufige – Ende waren Massenverhaftungen und -hinrichtungen.

Nur ein »Bundschuh«-Führer, Joß Fritz aus Untergrombach bei Bruchsal, zeigte sich den unerhörten Schwierigkeiten gewachsen, die entstanden, wenn man abergläubische Analphabeten ohne mehr als regionales Zusammengehörigkeitsgefühl und ohne Kontakt zu den Stadtbewohnern in gleicher, erbärmlicher Lage zum Umsturz einer festgefügten Ordnung bewegen wollte, die von Adel, Patriziat, Geistlichkeit, den Fürsten und dem Kaiser mit allen ihnen zur Verfügung stehenden Mitteln verteidigt wurde. Joß Fritz organisierte zwischen 1501 und 1517 eine ganze Reihe von Aufständen, die zwar sämtlich scheiterten und jedesmal ein blutiges Strafgericht zur Folge hatten; aber Joß Fritz gelang es stets, sich selbst und einen Teil der Organisation zu retten und so den revolutionären Funken nicht verlöschen zu lassen. Er entwickelte auch ein politisches Konzept: Alle Fürsten und Adligen sollten entmachtet und enteignet werden; im Bündnis mit den Armen der Städte sollte ein »Reich der Gerechtigkeit« mit einem Volkskaiser an der Spitze geschaffen und darin die wahre Lehre Christi verwirklicht werden.

Joß Fritzens Gedanke, daß Bauern und Städter gemeinsam gegen ihre Ausbeuter kämpfen müßten, setzte sich unabhängig von ihm in Württemberg durch, wo sich 1514 die Bevölkerung gegen den Herzog erhob. Dieser Aufstand des »Armen Konrad«, wie er genannt wurde, war eine kaum organisierte Revolte der Armen in Stadt und Land, die zwar auch bald niedergeschlagen wurde, aber die revolutionäre Stimmung in Württemberg wachhielt.

Auch in zahlreichen Städten außerhalb jener Südwest-Ecke Deutschlands, in der die Bauernrevolten auf die städtischen Unterschichten übergriffen, kam es um 1500 zu Erhebungen gegen die Herrschenden, so zwischen 1481 und 1491 in Köln, Hamburg, Regensburg, Zittau, Braunschweig, Osnabrück und Rostock, 1509 in Erfurt, zwischen 1512 und 1514 in Duisburg, Aachen, Neuß, Lüttich, Worms, Speyer, Andernach, Göttingen, Höxter, Nordhausen, Pirna, Schwäbisch Hall, Ulm und Regensburg. Meist handelte es sich um reine Kommunalpolitik, Unzufriedenheit der kleinen Handwerker mit dem Ratsregime der reichen Patrizier und Gerangel um Ratssitze und Steuergerechtigkeit. Häufig siegten die Herrschenden und ließen dann – wie 1483 der Rat von Hamburg den oppositionellen Anführer Henrik von Lohe – die gefährlichsten Aufrührer köpfen. In einigen Fällen waren die Revolten erfolgreich, wie 1513 in Köln – wo der »Bundschuh«-Führer Joß Fritz seine Hand mit im Spiel gehabt haben soll – sowie in Aachen und Neuß. In Köln wurden damals einige Ratsherren und Bürgermeister aus dem Patriziat zum Tode verurteilt und hingerichtet, Reformen zugunsten der ärmeren Handwerker durchgesetzt und die Stadtverfassung geringfügig demokratisiert. Häufig schlossen bei diesen Revolten der städtischen Mittelschichten Zünfte und Gilden eilige Kompromisse mit dem alten Rat, sobald sich die Unterschicht am Aufstand zu beteiligen begann und alle Besitzenden gleichermaßen bedrohte. Außerdem nutzten die Landesfürsten und geistlichen Feudalherren die städtischen Revolten nicht selten dazu aus, der einen oder anderen Seite zu Hilfe zu kommen und dabei selbst die Herrschaft über die aufrührerische Stadt zu übernehmen.

Im ganzen gesehen waren alle diese Aufstände in Stadt und Land jeweils nur von örtlicher Bedeutung, ohne rechten Zusammenhang und ohne klare Ziele. Es fehlte ihnen die beflügelnde Idee, die gemeinsame Führung und jener mächtige Schwung, der nötig ist, um eine in vielen Jahrhunderten gewachsene und mit der Herrschaft vertraute Macht zu brechen.

Ein paar Jahre lang – etwa in der Zeit zwischen dem Sieg der Handwerker in Köln von 1513 und dem badischen Bauernaufstand von 1517 – sah es ganz so aus, als ob alles Aufbegehren vergeblich wäre, weil niemand recht wußte, was man eigentlich wollte. Doch dann bekamen die örtlich verstreuten Revolten in den Augen der Unzufriedenen ganz plötzlich einen Sinn, denn zu Wittenberg hatte jemand, den alle verstanden, der Frechheit der Ablaßprediger Einhalt geboten und von diesem Detail her die Notwendigkeit einer Reform, zunächst der Kirche, an Haupt und Gliedern proklamiert.

Der Einfluß Luthers war ungeheuer groß und von bis dahin noch nie erlebter Wirkung. Seine in den folgenden Jahren herausgegebenen Schriften, »An den christlichen Adel deutscher Nation«, »Von der babylonischen Gefangenschaft der Kirche« und »Von der Freiheit eines Christenmenschen«, wurden auch vom Volk, das nicht lesen konnte, mit ungeahntem Jubel aufgenommen. Entlaufene Mönche, Studenten, mitunter selbst Ritter, vor allem aber die Dorfkapläne und armen Pfarrer, lasen den Menschen vor, was da ein mutiger Mann zu schreiben gewagt hatte, und erklärten es ihnen.

Und als Luther 1521 vor dem Reichstag zu Worms standhaft geblieben war; als deutlich wurde, daß er mächtige Freunde hatte, die ihm Rückhalt gaben; als der Kaiser sein »Wormser Edikt« erließ – »Wir gebieten allen bei Strafe, daß ihr den Martin Luther nicht hauset, hofet, atzet oder tränket, sondern ihn, wo ihr könnt, gefangen nehmet und an die kaiserliche Majestät sendet. Seine Anhänger soll jedermann niederwerfen und fangen und ihre Güter und Besitz nehmen und für sich behalten.

Seine bösen und verführerischen Schriften soll niemand kaufen, verkaufen, lesen, abschreiben und drucken oder drucken lassen, sondern sie vertilgen.« – und dieses nur die gegenteilige Wirkung zeigte, nämlich Luther und seine Schriften noch populärer machte, da war die revolutionäre Stimmung im Lande allgemein. Luther hätte der Führer einer ganzen Nation, die sich ihrer Zusammengehörigkeit erst bewußt zu werden begann, der Befreier der Menschen vom geistlichen und vom weltlichen Feudalismus werden können. Denn die Bauern und Handwerker, Bergleute und Schiffer, Tagelöhner, Dienstboten, Bettler, entlaufenen Mönche, Studenten, verarmten Ritter, abgemusterten Landsknechte und in den Wäldern versteckt lebenden Flüchtlinge – von Flandern bis zu den in Abhängigkeit von den Ordensrittern gehaltenen Kolonisten in Polen und im Baltikum, von den nordfriesischen Bauern und Fischern bis zu den Hirten der Alpentäler –, sie alle warteten nur auf den erlösenden Aufruf, sich von der Unterdrückung und Ausbeutung zu befreien, ihre geistlichen und adligen Feudalherren zu erschlagen und einen Staat der Gerechtigkeit zu schaffen.

Schon verließen Mönche und Nonnen in Massen die Klöster, Priester heirateten, Städte enteigneten kirchliche Ländereien und nahmen sie in Besitz, und in Zwickau, wo er auf Empfehlung Luthers eine Predigerstelle erhalten hatte, erklärte ein Einunddreißigjähriger, Thomas Müntzer, Sohn eines begüterten Handwerkers aus Stollberg im Harz, ein Mann, der studiert und dessen große Gelehrsamkeit Luther beeindruckt hatte, den kleinstädtischen Tuchmachergesellen, Bergleuten und Dienstboten, daß die Armen auch schon auf Erden ein Recht auf ein besseres Leben hätten und daß sie von den reichen Kaufleuten ausgebeutet würden.

Es tat der Popularität und politischen Wirksamkeit dieses revolutionären Agitators keinen Abbruch, daß ihn die Zwikkauer Ratsherren sogleich davonjagten. Im Gegenteil, Müntzers Anhang wuchs, zumal die Leute wußten, daß er ein Freund Martin Luthers war. Als Wanderprediger zog er durch Thüringen und das Vogtland, und wo er hinkam, verkündete er, jetzt wäre die Zeit gekommen, wo die Bösen untergehen und die wahren Christen siegen würden. Die Bösen, erläuterte er, wären die Fürsten, Grafen, Bischöfe, Bürgermeister, kurz, die Reichen und bislang Mächtigen, die Christen hingegen die Armen und Unterdrückten, Ausgebeuteten und Entrechteten.

Man vermag sich kaum vorzustellen, welchen völlig anderen Verlauf die deutsche Geschichte genommen hätte, wären sich Luther und Müntzer damals einig gewesen. Die Reformation hätte nicht allein der Kirche, sondern der ganzen Gesellschaft eine neue Struktur geben können. Doch es ist müßig, sich das auszumalen, denn Luther war mit Müntzers sozialrevolutionären Thesen durchaus nicht einverstanden. Schon 1521, als das Volk in Wittenberg die Kirchen gestürmt, die Heiligenbilder zerstört und die Schätze des Klerus beschlagnahmt hatte, war er eilig angereist gekommen und hatte acht Tage lang den »Bilderstürmern« die Leviten gelesen: Ein wahrer Christ, so erklärte damals schon der Anführer der deutschen Reformation, müsse sich vor Aufruhr und Empörung hüten. Luther, der bei einem der mächtigen, mit einer sanften Kirchenreformation (und Einbeziehung der Klostergüter durch den Landesherrn) einverstandenen Feudalherren, dem Herzog Friedrich von Sachsen, einen sicheren Unterschlupf gefunden hatte, beobachtete in den folgenden Jahren mit Sorge jede Radikalisierung der unteren Volksschichten. Er ließ den Bürgermeistern der Städte, in denen Thomas Müntzer seine Lehren verkünden wollte, heimliche Warnungen zukommen, und als dann auch noch im Sommer 1524 die Bauern Süddeutschlands einen Aufstand begannen und sich dabei auf Luther beriefen, der doch erklärt hatte: »Ein Christenmensch ist ein freier Herr über alle Dinge und niemandem untertan«, da war der Reformator außer sich. Doch zunächst wetterte er nur gegen Müntzer, die gleichfalls urchristlich-sozialrevolutionäre Sekte der Täufer und andere »himmlische Propheten«, die sich gegen die gottgewollte Ordnung auflehnten.

Thomas Müntzer antwortete mit der Schrift »Hochverursachte Schutzrede«, worin es hieß: ».. . die Grundsuppe des Wuchers, der Dieberei und Räuberei sind unsere Herren. Sie nehmen alle Kreaturen zum Eigentum ... Darüber lassen sie dann Gottes Gebot ausgehen unter die Armen und sprechen: Gott hat geboten, du sollst nicht stehlen ... Die Herren machen das selber, daß ihnen der arme Mann feind wird. Die Ursache des Aufruhrs wollen sie nicht wegtun. Wie kann es auf die Länge gut werden? So ich das sage, muß ich aufrührerisch sein!« Müntzers Agitation fiel auf äußerst fruchtbaren, schon aufgebrochenen Boden.

Feuer am Horizont

Inzwischen war in dem von den Bourbonen absolutistisch regierten Frankreich die Revolution ausgebrochen. Nachdem am 14. Juli 1789 die mit ihren dreißig Meter hohen Mauern als uneinnehmbar geltende Zwingburg von Paris, die Bastille, vom Volk und mit ihm sich verbündenden Soldaten eingenommen worden war und man dort die Staatsgefangenen befreit, den Kommandanten getötet und das verhaßte Bauwerk dem Erdboden gleichgemacht hatte; nachdem der König von Frankreich gezwungen worden war, seinen Hof von Versailles mitten in das aufrührerische Paris zu verlegen, und nachdem unter dem Jubel Frankreichs und der halben Welt von den Revolutionären die Menschenrechte verkündet worden waren, begann man auch in Deutschland aufzuhorchen.

Die Bauern und Arbeiter, die von den Vorgängen in Frankreich hörten, nahmen die Nachrichten mit ungläubigem Staunen auf. Die Bürgerschaft, zumal die im Westen Deutschlands, wurde von plötzlicher Hoffnung erfüllt, daß auch sie vielleicht bald ihre Gleichberechtigung erlangen würde und dann nicht mehr vor dem verhaßten Adel und Klerus zu katzbuckeln brauchte. Die großen und kleinen Landesfürsten und ihre Höflinge, Mätressen, Minister und Generale aber taten so, als wäre nichts geschehen; sie feierten weiter ihre Feste, ritten zur Jagd, vertaten das dem Volk abgepreßte Geld auf alle mögliche Weise und ließen weiterhin jeden ohne Gerichtsurteil einsperren oder hinrichten, der ihnen lästig war. Aber insgeheim begannen sich die Herrschaften doch Sorgen zu machen, zumal als immer mehr Aristokraten aus Frankreich in die deutschen Kleinstaaten flüchteten und die Schreckensnachrichten aus Paris sich zu häufen begannen.

Die Reaktionen der einzelnen deutschen Landesherren waren sehr unterschiedlich. Der für seine Zeit als ungemein fortschrittlich und tolerant geltende Markgraf Karl Friedrich von Baden, damals Herr über ein unmittelbar an das revolutionäre Frankreich grenzende Ländchen mit hundertsechzigtausend Einwohnern, wurde sehr nervös. Er ließ beispielsweise seinen eigenen Leibarzt Leuchsenring, einen würdigen älteren Herrn und Familienvater, der seine Sympathie für jene erklärt hatte, von denen die Menschenrechte verkündet worden waren, »zum erschreckenden Exempel« mit fünfundzwanzig Stockschlägen züchtigen. Auch befahl er für seine »Armee« – bestehend aus 35 Mann Leibwache, 41 Husaren, 840 Mann regulären Truppen und einer 138 Mann starken Invaliden-Kompanie – erhöhte Bereitschaft.

Herzog Karl Eugen von Württemberg begab sich 1791 selbst nach Paris. Er wollte das Ungeheuerliche, das da vor sich ging, persönlich in Augenschein nehmen, dazu steckte er sich vorsichtshalber eine republikanische Kokarde an seinen Dreispitz. Nachdem er einige einflußreiche Politiker mit hohen Summen bestochen hatte, versuchte er sein französisches Besitztum Mömpelgard (Montbélier) an die Revolutionsregierung zu verkaufen. Seine Bemühungen kamen jedoch um zwei Jahre zu spät; die Nationalversammlung vereinnahmte die württembergische Exklave ohne Entschädigung des darob sehr betrübten und nachdenklichen Herzogs.

In den geistlichen Kurfürstentümern am Rhein, besonders in Koblenz, das zum Herrschaftsbereich des Erzbischofs von Trier gehörte, stellte man den aus Frankreich geflüchteten Adligen, deren Anzahl ständig wuchs und die, unbekümmert um den Ernst der Stunde, ihren gewohnten Müßiggang fortsetzten, großzügig zahlreiche öffentliche Gebäude und große Mengen an Waffen aus den Zeughäusern zur Verfügung.

Aber als dann im Dezember 1791 den geistlichen Kurfürsten von Trier und Mainz ein geharnischtes Ultimatum aus Paris zuging, das mit einem Vorgehen französischer Truppen drohte, falls die Ansammlung feindseliger, einen bewaffneten Angriff auf die französische Nation vorbereitender Emigranten in den deutschen Kurerzbistümern nicht unverzüglich aufgelöst werde, da wandten sich die zutiefst erschrockenen geistlichen Landesherren mit verzweifelten Hilferufen an den fernen Kaiser. Und als dieser ihnen antworten ließ, er werde ihnen zwar notfalls jede mögliche Unterstützung zukommen lassen, doch nur unter der Bedingung, daß sie den französischen Revolutionären keinen weiteren Vorwand zum Angriff böten, da wurden die Emigranten-Verbände in Koblenz und Mainz schleunigst wieder entwaffnet und aufgelöst.

Trotzdem war es fast unvermeidlich, daß es binnen kurzem zum Krieg kam zwischen dem revolutionären Frankreich und seinen absolutistischen Nachbarstaaten, vor allem den Fürsten des Deutschen Reiches. Der in Paris unter Hausarrest stehende Bourbonen-König Ludwig XVI. einerseits, der Papst in Rom und einige Fürsten, vor allem der König von Schweden, andererseits, hetzten zum Krieg gegen das »gesetzlose« Frankreich, das »gotteslästerliche« Freiheit, Gleichheit und Brüderlichkeit eingeführt, des Königs Majestät beleidigt und die Kirche enteignet hatte. Österreich, Rußland, Preußen, Spanien, die deutschen Fürsten mit dem Herzog von Braunschweig an der Spitze, Großbritannien, die italienischen Kleinstaaten, kurz, ganz Europa war sich darin einig, daß in Frankreich wieder die alte Ordnung hergestellt werden müßte. Jede weitere Ausdehnung der Bewegung für die Menschenrechte und die bürgerlichen Freiheiten mußte den herrschenden Systemen der Unterdrückung und Ausbeutung durch weltliche und geistliche Feudalherren gefährlich werden.

Im April 1792 setzte der Preußenkönig Friedrich Wilhelm II., der Neffe und Nachfolger Friedrich II., seine Truppen gegen Frankreich in Marsch; die Reichsarmee unter Befehl des Herzogs von Braunschweig sowie kaiserliche Truppen aus den habsburgischen Besitzungen in Belgien schlugen nun ebenfalls los, und englische Flotteneinheiten blockierten die wichtigsten französischen Häfen. Nach anfänglichen Rückschlägen der kriegsunerfahrenen Revolutionstruppen und einem Volksaufstand in Paris, bei dem der mit dem Feind konspirierende König Ludwig XVI. abgesetzt und gefangengenommen, die Republik ausgerufen und die Herrschaft des Großbürgertums durch eine echte Volksvertretung ersetzt wurde, mobilisierte der nun das Land regierende Wohlfahrtsausschuß das Volk von Frankreich. Massen von Freiwilligen, vor allem Bauern, Handwerksgesellen, Manufakturarbeiter und ehemalige Soldaten des Königs sammelten sich unter den Fahnen der Republik. Und diese, im Gegensatz zu den Soldaten der Fürsten ohne brutalen Zwang zusammenhaltende, für eine sie begeisternde Idee, die Bewahrung der gerade erst errungenen Freiheit, entschlossen kämpfende Volksarmee zeigte sich bald allen Gegnern überlegen. Auch wuchs nun in den Ländern der Fürsten, die die französische Republik gemeinsam vernichten wollten, vor allem in den unteren Volksschichten, aber auch beim gebildeten Bürgertum, der Widerwille, gegen die Freiheit der Nachbarn und für die Fortdauer der eigenen Unterdrückung zu Felde zu ziehen. Diese Gefühle faßte der in Göttingen lebende

Dichter Gottfried August Bürger in die Verse: »Für wen, du gutes deutsches Volk / behängt man dich mit Waffen / Für wen läßt du von Weib und Kind / und Herd hinweg dich raffen? / Für Fürsten- und für Adelsbrut / und für's Geschmeiß der Pfaffen!«

Im Kurerzbistum Mainz, das die französischen Revolutionstruppen im Oktober 1792 kampflos besetzen konnten, wurde unter dem unbeschreiblichen Jubel des Volkes die erste deutsche Republik ausgerufen, während sich Adel und Geistlichkeit, allen voran der Kurerzbischof mit seinen Mätressen, Schatztruhen und aus den Kirchen eilig zusammengerafften Kostbarkeiten, heimlich aus dem Staube machten.

In Baden und in der Pfalz, sogar in Sachsen und in Preußisch-Schlesien brachen Volksaufstände aus, doch wurden sie, sofern sie nicht, wie am Rhein, Unterstützung durch die französischen Revolutionsarmeen fanden, brutal niedergeschlagen. In Breslau bot die preußische Regierung sogar Artillerie gegen die demonstrierenden Handwerksgesellen und Arbeiter auf und kartätschte die Wehrlosen zusammen; mehr als dreißig Tote blieben auf dem Platz.

Auch in Mainz mußte Deutschlands erste Republik, deren Volksvertreter – überwiegend bislang der Geistlichkeit hörige Bauern – sich zu »Stellvertretern des freien, deutschen Volkes« erklärt hatten, fünf Monate nach der Befreiung wieder vor der Übermacht der Feudalherren die Waffen strecken und ein furchtbares Strafgericht über sich ergehen lassen, nachdem die französischen Truppen sich vorübergehend hatten zurückziehen müssen.

Der revolutionäre Geist, der das deutsche Bürgertum zunächst erfaßt hatte, erlahmte angesichts dieser Niederlage sehr rasch und verwandelte sich gar in Abscheu vor der Revolution, als in Paris der radikale Flügel des mit der Unterschicht verbündeten Bürgertums die Macht an sich riß, die letzten Überreste der alten Feudalherrschaft beseitigte, das Christentum abschaffte, dem König, der Königin und zahlreichen weiteren, mit dem Feind heimlich im Bunde stehenden Hocharistokraten den Prozeß machte und die zum Tode Verurteilten samt und sonders sofort hinrichten ließ. Diese Selbstverteidigung der Revolution wird in den traditionellen deutschen Geschichtsbüchern auch heute noch als »die Schreckensherrschaft« bezeichnet – als ob diese blutige Abrechnung mit den

Unterdrückern schrecklicher gewesen wäre als die jahrhundertelange mitleidlose Ausbeutung des Volkes durch die weltlichen und geistlichen Feudalherren; als ob die Guillotine, deren man sich dabei bediente, als ein weniger menschliches Instrument bezeichnet werden könnte als die Folterwerkzeuge der bourbonischen Henker!

Man schätzt, daß während der sogenannten »Schreckensherrschaft« etwa zwölftausend Menschen der Guillotine zum Opfer fielen, darunter sicherlich auch viele Unschuldige, in der großen Mehrzahl aber erklärte Feinde der Volksregierung. Zwar ist diese Zahl beeindruckend, und damals erschrak ganz Europa davor. Aber man vergaß dabei, daß die Bourbonen Jahr für Jahr weit mehr Menschen zu Tode foltern, als Galeerensklaven langsam zugrunde gehen, ohne Gerichtsurteil in den Verliesen ihrer Festungen verfaulen oder durch skrupellose Habgier brotlos werden und an irgendeinem Straßenrand verhungern ließen, als in der ganzen Französischen Revolution ums Leben gekommen sind.

Aber die Bourbonen-Könige und ihr aristokratischer Anhang waren eben – und das saß den Menschen, besonders in Deutschland, noch tief in den Knochen – angeblich die »geheiligte«, auch mit ihren wüstesten Ausschweifungen und widerlichsten Verbrechen über jedes Gesetz erhabene, »von Gott eingesetzte« Obrigkeit. Und die Prälaten und Äbte, die zwei Drittel des französischen Bodens als ihr Eigentum, die das Land bestellenden Bauern als ihre Sklaven betrachtet und ausgeplündert hatten, waren schließlich gesalbte Priester. Deshalb siegte nun bei den meisten deutschen Bürgern und Intellektuellen der anerzogene Respekt über den gesunden Menschenverstand. Zwar träumten sie noch ein wenig von Freiheit, Gleichheit und Brüderlichkeit, und – wenn dies gefahrlos möglich war – redeten und sangen sie auch davon. Aber sie schraken schaudernd zurück vor den unausweichlichen Konsequenzen eines Kampfes für solche Ideale gegen mächtige, skrupellose und zu allem entschlossene Unterdrücker, die nur mit einer ihrer eigenen Brutalität entsprechenden Entschlossenheit dazu zu bringen waren, ihre angemaßten Schmarotzer-»Rechte« Stück für Stück aufzugeben.

Bis zum Sommer 1793 war es nicht sicher, ob die französische Republik dem Ansturm der Heere aller europäischen Fürsten würde standhalten können. Doch im Herbst desselben

Jahres trat die große Wende ein. Die Volksheere Frankreichs siegten an allen Fronten: Bei Dünkirchen erlitten die unter britischem Oberbefehl kämpfenden Hannoveraner und Hessen eine vernichtende Niederlage; die Österreicher wurden an der Sambre in die Flucht geschlagen, und die französische Moselarmee konnte das Elsaß halten, während an der Mittelmeerküste die von den Engländern besetzte Festung Toulon kapitulieren mußte.

Zu diesen großen militärischen Erfolgen kam ein für die französische Republik äußerst glücklicher, ansonsten tragischer und folgenschwerer Umstand: das Ausscheiden Preußens aus dem Kampf gegen die siegreiche Revolution. Diese Entlastung hatte Frankreich dem russischen Zarenreich zu verdanken, das die Beschäftigung der europäischen Großmächte im Westen des Kontinents dazu benutzt hatte, weite Teile des östlichen Polen und Litauen zu besetzen. Die preußische Regierung fand dadurch das Gleichgewicht an seiner Ostgrenze bedroht – so jedenfalls lautete die amtliche Erklärung. In Wahrheit sah man in Berlin nur eine neue günstige Gelegenheit, die preußischen Grenzen weiter nach Osten hin vorzuschieben – ebenfalls auf Kosten Polens, das schon 1772 erhebliche Gebietsverluste an Rußland, Preußen und Österreich hatte hinnehmen müssen.

In Berlin meinte man, ehe sich die Russen alles aneigneten, sollte sich der König von Preußen lieber rasch auch noch ein großes Stück aus dem polnischen Kuchen schneiden, statt am Rhein mitzuhelfen, die reichsfürstlichen und kaiserlichen Interessen zu verteidigen. Und so begann Preußen, seine Truppen aus dem Krieg gegen Frankreich zurückzuziehen, um bei der zweiten Teilung Polens mit dabei zu sein. Und während nun preußische Regimenter am Mittellauf der Weichsel in Stellung gingen, um die mutige Erhebung der Polen gegen die russische und deutsche Fremdherrschaft blutig niederzuwerfen, brach am Rhein die längst vom Angriff zur nur noch schwachen Verteidigung übergegangene Front der deutschen Fürstenheere zusammen. Im Sommer 1794 war der Krieg, soweit er Deutschland betraf, so gut wie entschieden, das ganze linke Rheinufer französisch geworden und der Angriff der Revolutionstruppen auf Belgien und Holland schon im vollen Gange.

Doch in der Zwischenzeit gelang es dem Großbürgertum in Frankreich, das sich nun von außen kaum noch bedroht fühlte, durch einen Staatsstreich die den Interessen der Großhändler und Bankiers gefährlich werdende Herrschaft des revolutionären Wohlfahrtsausschusses zu beenden. Die Kämpfe zwischen den Radikalen aus dem Volk und den bürgerlich gemäßigten Republikanern dauerten noch bis zum Frühjahr 1795. Dann war die Revolution zu Ende, und das Großbürgertum der Kaufleute, Reeder, Manufakturbesitzer, reichgewordenen Heereslieferanten, Schwarzmarkt-Schieber, Seidenfabrikanten und Bankiers hatte mit Hilfe des im Krieg verdienten Geldes die Armee fest in der Hand. Ein letzter Volksaufstand wurde ebenso niedergeschlagen wie eine Verschwörung zur Wiederherstellung der Bourbonen-Herrschaft. Nun fehlte nur noch ein »starker Mann«, der bereit war, die Diktatur zu übernehmen, in deren Schutz das Großbürgertum ungestört seinen Geschäften nachgehen konnte.

Dieser Mann fand sich in der Person des während der Revolution vom kleinen Leutnant zum General aufgestiegenen korsischen Bürgersohns Napolione di Buonaparte, der sich bereits, weil das französischer klang, Napoléon Bonaparte zu nennen begann. Dieser ungemein ehrgeizige General, dessen glänzende Siege ihn zum vergötterten Helden der Armee und des Bürgertums machten, sollte von nun an für zwei bewegte Jahrzehnte die Geschicke, nicht nur Frankreichs, sondern fast ganz Europas, vor allem aber Deutschlands, bestimmen und dem Zeitalter seinen Stempel aufdrücken.

Im April 1795 schloß der König von Preußen, Friedrich Wilhelm II., ein Schwachkopf, der Wachs in den Händen seiner hübschen Mätresse und der ihm von dieser zugeführten blutjungen Grafentöchter war, hinter dem Rücken seiner Verbündeten mit Frankreich zu Basel einen Sonderfrieden. Zuvor hatte sich Preußen bei der dritten, nunmehr vollständigen Aufteilung Polens nochmals ein großes Stück dieses unglücklichen Landes einschließlich der Hauptstadt Warschau angeeignet.

Damit war jedem endgültig klar, daß alle schönen Worte, mit denen man den Krieg gegen das revolutionäre Frankreich zu einer Art von Kreuzzug gegen die Ketzer und Königsmörder verklärt hatte, nichts anderes waren als die Verbrämung nackter Interessenpolitik: Preußen, das vorgab, das Königtum, die »Legitimität« und die »gottgegebene Ordnung« zu schützen, war selbst zum brutalen Zerstörer des alten polnischen Königtums geworden und hatte – wie ein zeitgenössischer Publizist es formulierte – »Polens Rechte hinweggeschoben wie altes Gerümpel«. Ohne mit der Wimper zu zucken war Preußen nun bereit, das linke Rheinufer mit Aachen, Köln, Koblenz, Mainz und Trier den Franzosen preiszugeben und ihnen ganz Süddeutschland als »Interessen- und Einflußsphäre« zu überlassen. Dafür dehnte der König von Preußen seine Herrschaft bis vor die Tore von Kowno, Grodno und Radom aus, machte Warschau, Bialystok und Ostrolenka zu Garnisonen seiner Regimenter und weitere drei Millionen Polen und Litauer zu preußischen Untertanen.

Der Abfall Preußens von seinen Verbündeten bewirkte zunächst, daß sich diese einmal aufrafften und den Franzosen Düsseldorf, Mainz, Mannheim und Heidelberg wieder entrissen. Aber schon im nächsten Frühjahr, 1796, brach die Rheinfront endgültig zusammen. Baden und Württemberg schlossen eilig einen Sonderfrieden nach preußischem Vorbild. Zwei französische Armeen marschierten durch Süddeutschland gegen Wien, während General Napoléon Bonaparte von Süden her, aus Norditalien, in einer kühnen Zangenbewegung ins Herz des Habsburgerreiches vorstoßen sollte.

Zwar gelang es den Truppen des Kaisers, die durch Bayern nach Österreich vordringenden Franzosen aufzuhalten und vorübergehend bis an den Schwarzwald zurückzuwerfen; aber General Bonaparte drang mit seiner Armee von Süden her unaufhaltsam vor. Er hatte bereits die ganze Lombardei erobert; der Papst und die Könige von Sardinien und Neapel kapitulierten eilig in der Hoffnung, dadurch ihre verrotteten Feudalherrschaften wenigstens teilweise zu retten, als seine Siege bei Argol und Rivoli ihm 1797 die letzten Schranken zum Vormarsch auf Wien öffneten. Nun war auch der Kaiser bereit, einen Waffenstillstand und bald darauf den Frieden von Campo Formio zu schließen. Er gab darin ganz Oberitalien und die Niederlande preis, verzichtete auf die Rheinlande und brach damit dem Reich, über das er dem Namen nach noch immer herrschte und das formell noch weitere sieben Jahre in totaler Ohnmacht fortbestand, das Rückgrat. Die vielen hundert deutschen Zwergstaaten-Tyrannen, die sich bis dahin hochmütig und mitleidlos in ihr Gottesgnadentum gehüllt hatten, verzichteten jetzt auch auf den äußeren Anschein von Adel und Würde. Es gab keine Erniedrigung, die sie nicht bereitwilligst auf sich nahmen, um nur ja ihre Souveränität und damit das Recht, ihre Untertanen zu unterdrücken und auszubeuten, so lange wie möglich zu retten. Sie feilschten und bettelten, winselten und krochen um die Vertreter Frankreichs, schoben ihre kaum mannbaren Töchter den Revolutionsgeneralen, die sie noch ein paar Tage zuvor als Müllkutscher und Bauernlümmel bezeichnet hatten, katzbuckelnd in die Betten und gierten nach den fetten Abteien und Bistümern, deren »heilige Rechte« sie eben noch verteidigt hatten und mit denen sie jetzt für ihre Gebietsverluste entschädigt zu werden hofften.

Dies schien nun das höchst verdiente Ende jahrhundertelanger feudaler und absolutistischer Tyrannei, skrupelloser Mißachtung aller Menschenrechte und schamloser Ausbeutung zu sein, die Stunde der Befreiung der Deutschen von landesfürstlicher Unterdrückung, zwar nicht aus eigener Kraft, aber aus der des Nachbarvolkes, das so erfolgreich sein schweres Joch abgeschüttelt hatte und sich im endlichen Besitz der Freiheit wähnte. Aber nichts dergleichen geschah.

Das französische Volk, das sich seine Rechte blutig erkämpft hatte, behielt davon soviel, wie es sich nicht mehr nehmen ließ, auch nicht von dem Diktator, der nun seine Herrschaft antrat. Das deutsche Volk aber mußte erfahren, daß die Freiheit niemandem je als Geschenk zuteil wird, sondern daß man sie selbst entschlossen und gewaltsam nehmen und dann mit Zähnen und Klauen verteidigen muß – wenn man nicht weiter in Knechtschaft leben will.

Weberaufstand

Um 1840 hatten die großen und kleinen Staaten des »Deutschen Bundes« zusammen schon fast sechsundvierzig Millionen Einwohner. Allein im Königreich Preußen lebten jetzt nahezu sechzehn Millionen Menschen. Die Industrialisierung hatte beträchtliche, der Eisenbahnbau geradezu stürmische Fortschritte gemacht. Die Länge der Schienenwege war von einhundertvierzig Kilometern im Jahre 1838 auf rund fünfhundertfünfzig Kilometer im Jahre 1840 gestiegen, und 1845 hatten die Dampfeisenbahnen bereits zweitausenddreihundert Kilometer betriebsfertige Strecken zur Verfügung.

Wenngleich immer noch fast drei Viertel der Bevölkerung Deutschlands außerhalb der Städte lebten und vornehmlich in der Landwirtschaft tätig waren, so hatte sich doch bereits eine deutliche Strukturveränderung ergeben. Die Anzahl derer, die die Landwirtschaft nur noch nebenbei betrieben und ihren Haupterwerb in der Rübenzuckerfabrikation, in Schnapsbrennereien und beim Eisenbahnbau fanden, nahm stetig zu und förderte, zusammen mit der von den Gutsherren energisch betriebenen Auflösung von Pachtverträgen und Einbeziehung von freigemachten Bauernstellen in die zu Großbetrieben ausgeweiteten Rittergüter, die Bildung eines Landarbeiter-Proletariats.

Gleichzeitig nahm die Abwanderung vom Land in die größeren Städte in rasch wachsendem Maße zu. Viele junge Leute hofften, dort als Handwerksgesellen bessere Arbeitsbedingungen und ein freieres Leben zu finden als auf den großen Gütern. Aber das städtische Handwerk konnte sich schon damals gegen die sich stürmisch entwickelnde Industrie kaum noch behaupten, und das Überangebot von Arbeitskraften drückte auf die Löhne. Bei den sehr rasch wachsenden Einwohnerzahlen – in Berlin zum Beispiel lebten 1835 schon zweihundertfünfundsechzigtausend Menschen, 1846 waren es bereits vierhundertundachttausend – wurde die Lage der breiten Unterschicht zunehmend schlechter; die Ausbeutung wuchs, und die Masse der Handwerksgesellen, Dienstboten und Fabrikarbeiter mußte bei immer längeren Arbeitszeiten und steigendem Akkord mit Hungerlöhnen auszukommen versuchen. Bettel, Gelegenheitskriminalität und Straßenprostitution nahmen in erschreckendem Maße zu.

Man errechnete damals, daß eine vier- bis fünfköpfige Familie bei äußerst bescheidenen Ansprüchen mit vier Talern in der Woche gerade auskommen könnte. Aber nur sehr wenige Familienväter hatten einen so hohen Wochenlohn. Im Durchschnitt verdiente ein Berliner Fabrikarbeiter, der an sechs Wochentagen je zwölf bis dreizehn Stunden schwere körperliche Arbeit verrichtete, nicht mehr als drei Taler und einige Groschen*. Beim Eisenbahnbau gab es zwei bis zweieinhalb Taler wöchentlich, und in Städten wie Breslau, Hamburg, Altona, Dresden oder Köln betrug der Tagelohn durchschnittlich etwa sechseinhalb Groschen. Der Lohn der Frauen war noch weit geringer, Weißnäherinnen und Strickerinnen kamen selbst in Berlin auf höchstens vier Groschen am Tag, häufig waren es aber nur zwei bis drei Groschen. In den meisten Arbeiterhaushalten mußten auch die Kinder in die Fabrik, weil sonst die Familie verhungert wäre. In der Textilindustrie arbeiteten Kinder schon vom vierten Lebensjahr an, und auch das in Preußen 1839 erlassene Verbot, Jugendliche unter neun Jahren in Fabriken, Zechen und Hüttenwerken zu beschäftigen, änderte wenig. Fabrikanten und Eltern setzten sich – wenn auch aus unterschiedlichen Gründen – über diese »weltfremde« Verordnung kurzerhand hinweg.

Besonders groß war die Not bei den Baumwoll- und Leinenwebern. Der durchschnittliche Wochenlohn lag mit zwei Talern drei Groschen erheblich unter dem Existenzminimum. Die Bandwirker von Elberfeld-Barmen kamen auf durchschnittlich anderthalb Taler Wochenlohn, weil – wie es in einem Bericht aus dem Jahre 1847 heißt – »durch Spulen und Kettenscheren so viele Kinder und alte Leute Arbeit« fänden. In vielen Spinnereien waren über 70 Prozent der Belegschaft Kinder im Alter zwischen fünf und zwölf Jahren.

Dabei waren die Verhältnisse im Rheinland und in Westfalen, woher diese Angaben stammen, immer noch um einiges besser als in Sachsen und Schlesien; die Löhne in Elberfeld-Barmen galten als die höchsten im ganzen Westen. Dennoch mußte die Barmer Zeitung im Jahre 1845 bekennen, daß »der Lohn der Arbeiter kaum für das tägliche Brot reicht . . .« Für die

---

* Ein Taler hatte 30 Silbergroschen zu je 12 Pfennigen.

meisten Familien waren Kartoffeln die einzige Nahrung, aber auch die Wohnverhältnisse waren miserabel:»Der hohen, unerschwinglichen Miete wegen wohnt der Arbeiter in den entlegensten Gassen, in armseligen Höhlen ohne Luft und Sonne. Der Hausrat, die Bettung, die Kleidung, die Kost eines Bettlers, eine Unreinlichkeit, ein Qualm, eine Ausdünstung, die kaum zu atmen erlauben.«

In der Textilindustrie der preußischen Provinz Schlesien, wo die Löhne der Arbeiter noch niedriger, ihr Hunger und Elend noch größer waren als in Westdeutschland, setzte im Winter 1843/44 eine Absatzkrise ein, besonders bei Webereierzeugnissen. Die Fabrikanten waren gezwungen, ihre Preise herabzusetzen, und weil sie keine Gewinneinbußen erleiden wollten, kürzten sie die ohnehin äußerst kargen Löhne ihrer Arbeiter. Besonders hart betroffen waren die großen Weberdörfer Langenbielau mit über zwölftausend und Peterswaldau mit knapp sechstausend Einwohnern, die ersten hauptsächlich Heimarbeiter der Gebrüder Dierig, die zweiten vornehmlich Beschäftigte der Firma Zwanziger.

Im Frühsommer 1844 erreichte die Not der Weber ein nicht länger zu ertragendes Ausmaß, und es kam zu schweren Unruhen. Über deren Ursachen heißt es im Bericht des Kreislandrats von Reichenbach, daß nicht allein der Hunger die Weber zur Empörung getrieben hätte, sondern auch ihr »wirklicher, langgenährter Haß gegen einzelne durch ihren Arbeitsschweiß reich gewordene und im Überfluß hochmütig schwelgende Fabrikherren«.

Langenbielau und Peterswaldau bildeten den Ausgangspunkt und das Zentrum eines Aufstands, den der Schriftsteller Wilhelm Wolff miterlebt und später so geschildert hat: »Endlich, um zwei Uhr nachmittags, den 4. Juni 1844 trat der Strom über seine Ufer. Eine Schar Weber erschien in Nieder-Peterswaldau und zog auf ihrem Marsche alle Weber aus den Wohnungen rechts und links an sich. Alsdann begaben sie sich nach dem wenig entfernten Kapellenberge, ordneten sich paarweise und rückten so auf das neue Zwanzigersche Wohngebäude los. Sie forderten höheren Lohn und – ein Geschenk! Mit Spott und Drohen schlug man's ihnen ab. Nun dauerte es nicht lange, so stürmte die Masse ins Haus, erbrach alle Kammern, Gewölbe, Böden und Keller und zertrümmerte alles . . ., zerriß die Bücher, Wechsel und Papiere . . .«

Dabei sangen die Arbeiter ein Lied, das sie selbst verfaßt hatten und das mit den Worten begann: »Ihr Schurken all, ihr Satansbrut, ihr höllischen Kujone, ihr freßt der Armen Hab und Gut, und Fluch wird euch zum Lohne...«

Von Peterswaldau aus, wo die Aufrührer auch alle anderen Gebäude der Firma Zwanziger verwüsteten, griff der Aufstand auf die Nachbardörfer über. In Langenbielau zertrümmerten am 5. Juni mehrere tausend Weber alle Geschäftsräume der Gebrüder Dierig. Dann versammelten sie sich vor der Villa ihrer Arbeitgeber, die ihnen eilig Geld und Lebensmittel versprachen und sich auch bereit erklärten, über höhere Löhne und verbesserte Arbeitsbedingungen zu verhandeln. Auf diese Weise konnten die Dierigs die Menge hinhalten, bis das von den Fabrikanten angeforderte preußische Militär in Langenbielau eintraf und sofort in die Volksmenge zu schießen begann. Nach drei Gewehrsalven, die elf Menschen, darunter Frauen und Kinder, töteten und weitere 24 schwer verwundeten, ging die Arbeiterschaft mit Steinen und Knüppeln zum Gegenangriff über. Die Soldaten flüchteten, und mit ihren zurückgelassenen Gewehren und Säbeln bewaffnete sich nun das Volk, stürmte das Dierigsche Haus und verschanzte sich darin.

Der Sieg der aufständischen Textilarbeiter war jedoch nur von kurzer Dauer. Bereits am nächsten Morgen kam das Militär zurück, diesmal in Stärke von vier Kompanien Infanterie und mit mehreren Geschützen. Gleichzeitig riegelten Kavallerieeinheiten das Dorf Langenbielau von den umliegenden Ortschaften ab, die ebenfalls von starken Infanterieverbänden besetzt wurden. Vor dieser Übermacht mußten die Weber kapitulieren; rund hundertfünfzig von ihnen wurden als Gefangene nach Breslau gebracht und dort von einem Sondergericht abgeurteilt, das in rund neunzig Fällen lange Zuchthausstrafen verhängte, darunter auch gegen Minderjährige, von denen der Jüngste gerade fünfzehn Jahre alt war. Alle Verhafteten wurden mißhandelt und auf Anordnung des Gerichts mit bis zu dreißig Peitschenhieben »gezüchtigt«.

Der schlesische Weberaufstand von 1844, die erste Erhebung des deutschen Industrieproletariats, hat zahlreiche Dichter und bildende Künstler zu Werken angeregt, in denen sie sich mit den Unterdrückten und Ausgebeuteten solidarisierten. Gerhart Hauptmann widmete sein in Peterswaldau spielendes Drama »Die Weber« den Aufständischen des Jahres 1844;

Käthe Kollwitz schuf einen Zyklus von Radierungen, die das revolutionäre Geschehen jenes Frühsommers zum Gegenstand haben. Und auch Heinrich Heine, der von Zensur und Geheimpolizei verfolgte, zur Emigration nach Frankreich gezwungene große deutsche Dichter, stellte sich mit seinem Gedicht »Die Weber«, dessen Wortlaut nachstehend wiedergegeben ist, auf die Seite der geschundenen Opfer frühkapitalistischer Profitgier. Seine Verse überliefern uns die starke revolutionäre Stimmung, die damals in weiten Teilen der brutal ausgebeuteten deutschen Industriearbeiterschaft herrschte, und sie haben in den hundertdreißig Jahren, die seitdem vergangen sind, nichts von ihrer Eindringlichkeit verloren. (Übrigens, nichts eingebüßt an Reichtum und wirtschaftlicher Macht hat auch die Textilfabrikantenfamilie Dierig, bis 1945 in Langenbielau, seitdem in Augsburg. Ihre zu einem multinationalen Konzern angewachsene Firmengruppe gehört heute zu den führenden Unternehmen der bundesdeutschen Textilindustrie und erzielt jährliche Inlandsumsätze, die dicht an fünfhundert Millionen DM liegen.)

Die Revolte der schlesischen Weber im Juni 1844 war weder das Werk einer überörtlichen Organisation noch das praktische Ergebnis theoretischer Überlegungen. Sie war ein Ausbruch der Verzweiflung und des Hasses. Und sie war zum Scheitern verurteilt, nicht allein wegen der Übermacht des preußischen Militärs, sondern auch und gerade deshalb, weil es noch keine sich über ganz Deutschland erstreckende, erst recht keine internationale Organisation der Arbeiterschaft gab und weil dort, wo organisatorische Ansätze vorhanden waren, die festen Grundsätze fehlten, das klare Programm und die den Kampf und seine Ziele untermauernde Theorie. Ohne diese Voraussetzungen, so schrieb im Herbst desselben Jahres 1844 ein damals gerade vierundzwanzigjähriger Barmer Fabrikantensohn, dessen ganzes Streben auf eine radikale Veränderung der unerträglich gewordenen sozialen und politischen Verhältnisse gerichtet war, an einen engen Freund, »ist doch alles noch halbes Dösen und bei den meisten blindes Umhertappen«.

Der dies schrieb, war Friedrich Engels, Sproß einer wohlhabenden, konservativen und streng protestantischen Bürgerfamilie. Er hatte in Berlin studiert und im heimatlichen Wuppertal das sorglose Leben des Besitzbürgertums wie das Elend des Industrieproletariats kennengelernt. Der junge Mann war

1842 Mitarbeiter der in Köln erscheinenden, sehr fortschrittlichen Rheinischen Zeitung geworden. Bei einem Besuch der Redaktion dieses Blattes im November 1842 hatte er dort den Empfänger des zitierten Briefs, Dr. Karl Marx, kennengelernt.

Marx, zwei Jahre älter als Engels und Sohn eines Trierer Notars, hatte in Bonn und Berlin Rechtswissenschaft, Geschichte und vor allem Philosophie studiert. Da es für ihn aussichtslos war, sich um einen Lehrauftrag zu bewerben – er war von jüdischer Herkunft, und auch seine Ansichten waren den Behörden sehr verdächtig –, hatte er sein großes Wissen und seine unermüdliche Arbeitskraft in den Dienst der Rheinischen Zeitung gestellt. In einer Reihe von Artikeln entwickelte er eine bis dahin unbekannte Theorie, wonach das Verhalten der verschiedenen gesellschaftlichen Gruppen und Klassen vor allem von materiellen Dingen – vom Mangel an Nahrung etwa oder von krasser Profit- und Machtgier – bestimmt wird und daß zwischen den Herrschenden und den ausgebeuteten Massen ein krasser Unterschied der Interessen, ja ein unüberbrückbarer Widerspruch besteht. »Meine Untersuchung mündete in dem Ergebnis«, schrieb er, »daß Rechtsverhältnisse und Staatsformen weder aus sich selbst zu begreifen sind noch aus der sogenannten Entwicklung des menschlichen Geistes, sondern vielmehr in den materiellen Lebensverhältnissen wurzeln.«

Die Weber

Im düstern Auge keine Thräne,
Sie sitzen am Webstuhl und fletschen die Zähne:

»Deutschland, wir weben dein Leichentuch,
Wir weben hinein den dreifachen Fluch –
     Wir weben, wir weben!

Ein Fluch dem Götzen, zu dem wir gebeten
In Winterskälte und Hungersnöthen;
Wir haben vergebens gehofft und geharrt,
Er hat uns geäfft und gefoppt und genarrt –
     Wir weben, wir weben!

Ein Fluch dem König, dem König der Reichen,
Den unser Elend nicht konnte erweichen,
Der den letzten Groschen von uns erpreßt,
Und uns wie Hunde erschießen läßt –
     Wir weben, wir weben!

Ein Fluch dem falschen Vaterlande,
Wo nur gedeihen Schmach und Schande,
Wo jede Blume früh geknickt,
Wo Fäulnis und Moder den Wurm erquickt –
     Wir weben, wir weben!

Das Schiffchen fliegt, der Webstuhl kracht,
Wir weben emsig Tag und Nacht –
Altdeutschland, wir weben dein Leichentuch,
Wir weben hinein den dreifachen Fluch.
     Wir weben, wir weben!«

                              Heinrich Heine

Trotz Verbot – im unaufhaltsamen Vormarsch

Dem neuen Reichstag, der am 17. November 1881 eröffnet wurde, legte Bismarck sein Regierungsprogramm in Form einer »kaiserlichen Botschaft« vor: Darin hieß es, daß »die Heilung der sozialen Schäden nicht ausschließlich im Wege der Repression sozialdemokratischer Auseinandersetzungen, sondern gleichmäßig auf dem der positiven Förderung des Wohles der Arbeiter zu suchen sein werde«.

Im Klartext bedeutet dies: Da die Anwendung der Peitsche zur Unterdrückung der Sozialdemokratie offenbar nicht ausreichte, wollte man es zusätzlich mit Zuckerbrot versuchen, die Arbeiterschaft zu zähmen und den »roten Agitatoren« abspenstig zu machen. Die neue Sozialgesetzgebung sah zunächst eine Betriebsunfallversicherung vor, die durch eine gesetzliche Organisation des Krankenkassenwesens ergänzt werden sollte. Schließlich verhieß Bismarcks Botschaft denjenigen, die durch Alter und Invalidität erwerbsunfähig würden, »ein höheres Maß staatlicher Fürsorge, als sie ihnen bisher zuteil werden konnte«.

Das Krankenkassengesetz, das den Reichstag dann während des ganzen Jahres 1882 beschäftigte, sah in seiner schon am 31. Mai 1883 in Kraft tretenden Schlußfassung eine umfassende Reform des Krankenkassenwesens vor. Das Gesetz bürdete den öffentlichen Krankenkassen, für die die Arbeiter zwei Drittel der Beiträge aufzubringen hatten, auch die Kosten der Heilung von Unfallgeschädigten und die übrigen Leistungen für die ersten dreizehn Wochen auf. Da die in einem zweiten Gesetz zu regelnde Unfallversicherung allumfassend sein sollte, hatte dies den Vorteil, daß nun auch alle in Gewerbe und Handwerk beschäftigten Arbeiter sowie die Angestellten mit einem Jahreseinkommen bis zweitausend Mark versichert waren, und zwar von Beginn der Krankheit oder der Unfallschädigung an, ohne Wartezeiten. Von 1885 an sollten auch die Arbeiter der Eisenbahnen und der Binnenschiffahrt, von 1886 an sogar die Land- und Forstarbeiter in die Krankenkassen aufgenommen werden, und durch Statut konnte die Krankenversi-

cherung auch auf vorübergehend Beschäftigte, Hausange-
stellte, Handlungsgehilfen, Lehrlinge und selbst die Beschäftigten der Heimindustrie ausgedehnt werden.

Das Unfallversicherungsgesetz, dessen dritter Entwurf dem
Parlament im März 1884 zuging und das am 27. Juni 1884 von
einer Mehrheit aus Konservativen, Nationalliberalen und Zentrum angenommen wurde, betraf alle Betriebsunfälle von
Arbeitern und Angestellten, außer den selbstverschuldeten.
Bei unfallbedingter Erwerbsbeschränkung wurden für deren
Dauer und entsprechend ihrer Höhe nunmehr Rentenentschä-
digungen gewährt, was gegenüber der bisherigen Praxis, bei
der Unfallopfer sich mit kärglichen Abfindungen von seiten der
privaten Haftpflichtversicherungen begnügen mußten, häufig
auch leer ausgingen, einen großen Fortschritt bedeutete,
zumal die Kosten der Unfallversicherung von den Unterneh-
mern über deren Berufsgenossenschaften aufzubringen waren,
die staatlicher Aufsicht unterstellt wurden.

Die sozialdemokratische Reichstagsfraktion arbeitete an
dem Gesetzeswerk in sachlicher Weise mit, konnte auch einige
wichtige Abänderungen und Verbesserungen erreichen,
stimmte aber in der Schlußabstimmung gegen beide Gesetze,
weil sie – wie Dietz zur Begründung vor dem Plenum ausführte
– kaum eine soziale, schon gar keine sozialistische Forderung
erfüllten. Er kritisierte die Pflicht der Krankenkassen, die
Unfallbehandlung dreizehn Wochen lang übernehmen zu müssen, so daß die Arbeiterschaft, die zwei Drittel der Beiträge aufzubringen hätte, für etwas in Anspruch genommen werde, was
eindeutig unter die Haftpflicht der Unternehmer falle.

Die ablehnende Haltung der Sozialdemokratie gegenüber
der Bismarckschen Sozialreform entsprach dem einstimmig
gefaßten Beschluß eines Kongresses, der Ende März und Anfang April 1883 in Kopenhagen stattfand. Schon Anfang Januar
hatte der »Sozialdemokrat« zu Delegiertenwahlen aufgefordert, die bis Ende Februar abgeschlossen sein sollten, »worauf
den Delegierten weitere Mitteilungen zugehen« würden.

»Obwohl der Natur der Dinge nach sehr viele Personen Ort
und Zeit des Kongresses erfuhren«, wußte Franz Mehring zu
berichten, »wurde die deutsche Polizei doch vollständig
getäuscht. Unter dem Befehle des Polizeirats Krüger hielt ein
Kordon von Spitzeln die schweizerische Grenze von Lindau
bis Basel besetzt; als dann in deutschen Blättern die Nachricht

auftauchte, daß der Kongreß im Norden tage, preschte Krüger nach London, um hier zu erfahren, daß der Kongreß in Kopenhagen getagt habe und bereits abgeschlossen sei. Die Polizei konnte ihre ohnmächtige Wut über ihre gründliche Niederlage nur noch dadurch bekunden, daß sie in Kiel und Neumünster mehrere heimkehrende Delegierte, darunter einige Reichstagsabgeordnete, wider Recht und Gesetz auf ein paar Stunden sistierte.«

Der Kopenhagener Kongreß hatte, wie es in Bebels Erinnerungen heißt, »seine Geschäfte zur allseitigen Befriedigung seiner sechzig Delegierten erledigt ... Innerhalb Deutschlands waren vom 5. August 1881 bis zum 28. Februar 1883 in den (geheimen) Sammelstellen 95 000 Mark eingelaufen, daneben nach Zürich ... 20 729 Franken gesandt worden. In den drei Belagerungsgebieten war der Geist der Partei am ausgezeichnetsten, opferten die Genossen am großartigsten und besaß das Parteiorgan die stärkste Verbreitung.« Die Abonnentenzahl des *Sozialdemokrat* war seit dem Wydener Kongreß »aufs Vierfache gestiegen; das Blatt deckte nicht nur seine Kosten, sondern konnte schon mit der Rückzahlung der ihm (von Karl Höchberg) gemachten Vorschüsse beginnen«.

Mit der Vorbereitung des kommenden Reichstagswahlkampfes wurde die Fraktion betraut. Sie erhielt den Auftrag, ein Wahlmanifest sowie eine Instruktionsbroschüre zum Schutz gegen ungesetzliche Übergriffe der Behörden und der herrschenden Klassen auszuarbeiten. Als Ziel der Partei bei den Wahlen wurde nicht die Eroberung möglichst vieler Mandate, sondern die möglichst zahlreicher Stimmen festgelegt.

Die Haltung des Parteiorgans wurde im ganzen gebilligt, ebenso, nach eingehender Aufklärung einzelner Punkte, die Gesamthaltung der Reichstagsfraktion. Über die anstehende Sozialreform erklärte der Kongreß einstimmig ohne Debatte, daß er »nach dem bisherigen Verhalten der herrschenden Klassen weder an ihre ehrlichen Absichten noch an ihre Fähigkeiten« glaube, vielmehr davon überzeugt sei, daß die »angebliche Sozialreform nur als taktisches Mittel« benützt werde, »um die Arbeiterschaft vom richtigen Wege abzulenken«. Wohl aber hielt es der Kongreß »für die Pflicht der Partei und ihrer parlamentarischen Vertreter«, bei allen für die wirtschaftliche Lage des Volks bedeutsamen Vorschlägen, gleich welchen Motiven sie entsprängen, die Interessen der Arbeiterklasse energisch wahrzunehmen, selbstverständlich ohne »auch nur einen Augenblick auf die Gesamtheit der sozialistischen Forderungen zu verzichten«.

»Dies war«, wie es bei Franz Mehring dazu heißt, »klar, nett und rund die Antwort des Proletariats auf die ›Botschaft des Kaisers‹«, mit der Bismarck sein Reformwerk angekündigt hatte, mit dem er der Sozialdemokratie das Wasser abzugraben, zumindest aber Verwirrung in ihren Reihen zu stiften hoffte. Schließlich war in Kopenhagen, wie Mehring hinzufügte, »eine traurige Pflicht ... erfüllt worden, durch die Huldigung, die dem Andenken des Mannes gespendet wurde, der seit vier Jahrzehnten die proletarische Bewegung zweier Welten mit seinen gewaltigen Gedanken befruchtet hatte: Karl Marx war am 14. März 1883 gestorben ... Ernst und erschütternd klang das große Leben aus. Doch es erlosch nicht in hoffnungsloser Nacht wie einst das Leben eines Lessing ..., sondern im aufdämmernden Frührot der besseren Zeit ... Sein Erbe übernahm Friedrich Engels, der noch zwölf Jahre lang unermüdet für das internationale Proletariat gearbeitet und geschafft hat ...«

Fast zur gleichen Zeit, da Marx in London zu Grabe getragen wurde, begann in Deutschland unter dem Sozialistengesetz eine ernsthafte Beschäftigung jüngerer Theoretiker mit den Marxschen Lehren. Ein junger Königsberger, Conrad Schmidt, der im Geiste Johann Jacobys erzogen worden war, hatte als erster den Versuch unternommen, sich in der Zeit härtester Sozialistenverfolgung ausgerechnet mit einer Arbeit über Probleme des wissenschaftlichen Sozialismus zu habilitieren. Nachdem er damit an den deutschen Universitäten abgewiesen worden war, fand er Publikationsmöglichkeiten dort, wo er sie zunächst weder vermutet noch gesucht hatte: bei der verbotenen Sozialistischen Arbeiterpartei, für die er im folgenden Jahrzehnt die *Sozialistischen Monatshefte* herausgab.

Die Führer der deutschen Sozialdemokratie hatten inzwischen erkannt, daß es im vierten Jahr der Ausnahmegesetze nicht mehr in erster Linie darauf ankam, den Widerstandsgeist der Anhänger zu stärken, vielmehr nun dem Kampf um politische Macht und politische Rechte ein klares Konzept und ein festes theoretisches Fundament zu geben.

»So zerfetzte der ›Sozialdemokrat‹«, wie Franz Mehring aus dieser Zeit berichtet hat, »in einer Reihe lehrreicher Artikel das

Märchen vom sozialen Königtum . . ., die sinnlose Vorstellung, als ob jede ›Verstaatlichung‹ ein Schritt zum Sozialismus sei. Er wies nach, daß die . . . Aufgabe der Sozialdemokratie zur Zeit, wo sich der Staat in den Händen der schlimmsten Arbeiterfeinde befinde, nicht darin bestehen könne, den Einfluß des Staates zu verstärken und sein Machtgebiet zu erweitern, sondern nur darin, die proletarischen Klasseninteressen zu fördern und zu wahren . . . Beraten von Engels, hat Eduard Bernstein durch seine Leitung des ›Sozialdemokraten‹ mindestens ebensoviel zur theoretischen Aufklärung der deutschen Arbeiterklasse beigetragen wie zu ihrer praktischen Schulung.« Ergänzt wurde diese theoretische Aufklärung durch eine wissenschaftliche Monatsschrift, die *Neue Zeit,* die vom Januar 1883 an in Stuttgart erschien. Dorthin hatte sich Johann Dietz nach seiner Verbannung aus Hamburg und Harburg gewandt und angefangen, aus den Überresten der Leipziger Genossenschaftsdruckerei, die ebenfalls nach Stuttgart »ausgelagert« worden waren, einen getarnten Parteiverlag aufzubauen.

Die Redaktion der *Neuen Zeit* übernahm dann der 1854 in Prag geborene Karl Kautsky, der Anfang 1880, zusammen mit Bernstein, unter Karl Höchbergs Fittichen in Zürich am *Sozialdemokrat* und anderen Zeitschriften mitzuarbeiten begonnen hatte. Wie Bernstein war auch Kautsky durch das gründliche Studium des »Anti-Dühring« und eine Aussprache mit Engels und Marx in London im Jahre 1881 zum überzeugten Marxisten geworden, und so vertrat er denn auch in der von 1883 an in Stuttgart erscheinenden *Neuen Zeit* die einheitliche und geschlossene Weltanschauung, wie sie von Marx und Engels begründet worden war – »nicht jedoch«, wie Mehring hinzugefügt hat, »in irgendeinem dogmatisch-ausschließlichen Sinne, der am wenigsten marxistisch gewesen wäre. Weit entfernt zu sagen, daß der Marxismus überhaupt das letzte Wort der Menschheit sei, hielt Kautsky nur darauf, daß der Marxismus in der Neuen Zeit *sein* letztes Wort sprechen könne. Ehe eine Weltanschauung überwunden werden kann, muß sie sich historisch ausgelebt haben, und wie relativ immer die Wahrheit sein mag, die ihr innewohnt, so steht eine solche relative Wahrheit hoch über der absoluten Unwahrheit der Konfusion, die überhaupt nicht logisch zu denken vermag. Geschult durch vielseitige Studien . . ., schied Kautsky . . . mit unerbittlicher Kritik den Marxismus in seiner historischen Eigentümlichkeit aus dem Wuste des Allerweltsozalismus, der sich um ihn gehäuft hatte ...«

1884 sah sich Kautsky gezwungen, mit der *Neuen Zeit* ins Exil zu gehen; er gab die Zeitschrift dann – nun in noch engerem Kontakt mit Engels – von London aus heraus. Doch zunächst hatte er damit – soweit es die Durchsetzung der marxistischen Theorie betraf – noch wenig Einfluß auf die praktische Politik der Partei, die zur Vorbereitung der Reichstagswahlen, die am 28. Oktober 1884 stattfanden, einen dreißig Seiten langen Aufruf herausgab, dessen Kernsatz – »Unser Programm ist einfach: Wir wollen eine gerechte und vernünftige Regelung der wirtschaftlichen Verhältnisse durch den Staat!« – Engels, Kautsky und Bernstein hart getroffen haben muß, glaubten sie doch, solchen Lassalleanismus längst überwunden zu haben.

Indessen hatte dieses Wahlprogramm, das im übrigen keine Konzessionen an bürgerliche Auffassungen machte, nichts anderes zum Ziel, als der Partei möglichst viele Stimmen zu gewinnen, und da durfte es weder mit – den Arbeitern noch unverständlicher – marxistischer Theorie befrachtet werden noch durch allzu klassenkämpferische Töne potentielle neue Wähler verschrecken.

Die Chancen für ein gutes Abschneiden der Sozialdemokratie bei den Wahlen vom Oktober 1884 standen nicht schlecht, da in diesem Wahlkampf das Sozialistengesetz vergleichsweise milde gehandhabt wurde. Der Grund dafür, daß beispielsweise nicht mehr alle, sondern nur noch etwa die Hälfte aller sozialdemokratischen Versammlungen verboten wurden und daß zumal die preußische Polizei Anweisung hatte, sich während des Wahlkampfes bei der Drangsalierung der bislang vogelfreien »Roten« zumindest streng an die gesetzlichen Vorschriften zu halten, hatte politische Gründe: Im Frühjahr 1884 hatten sich etliche mit Bismarcks Politik unzufriedene Nationalliberale von ihrer Fraktion getrennt und mit der Fortschrittspartei in einer neuen, »Freisinnige Partei« genannten Gruppierung zusammengeschlossen. Die neue Partei, die über neunundneunzig Mandate verfügte und in entschiedener Opposition zu Bismarck stand, drohte dem Kanzler gefährlich zu werden, um so mehr, als sie die Sympathie des Kronprinzen Friedrich Wilhelm hatte, der über kurz oder lang seinem schon sechsundachtzigjährigen Vater auf dem Thron Preußens und des Deutschen Reichs folgen würde. Bismarck mußte also, wollte er seine Machtposition dauerhaft sichern, für ein schlechtes Abschneiden der Freisinnigen sorgen, und in Berlin, in Schlesien und Sachsen sowie in den nord- und mitteldeutschen Kleinstaaten konnten nur die Sozialdemokraten der Freisinnigen Partei Wähler abnehmen. Also ließ der Kanzler in allen Hochburgen des Freisinns die Sozialdemokraten während des Wahlkampfes weit weniger scharf verfolgen als in den Jahren zuvor. Auch andere Zeitumstände waren der verbotenen Partei günstig, denn im Sommer 1884 wurde viel gestreikt, was zur Politisierung der Arbeiterschaft beitrug.

Indessen übertraf das Wahlergebnis vom 28. Oktober 1884 noch die kühnsten Erwartungen: Die Sozialdemokratie konnte fast fünfhundertfünfzigtausend Wähler für sich gewinnen, zweihundertachtunddreißigtausend mehr als 1881, und die Anzahl ihrer Sitze im Reichstag auf vierundzwanzig verdoppeln! Neun Direktmandate, vornehmlich in Wahlkreisen erobert, in denen der Kleine Belagerungszustand herrschte, machten deutlich, daß Bismarcks Kampf gegen die »rote Horde von Reichsfeinden« nur eine wesentliche Stärkung der verfolgten Sozialdemokratie bewirkt hatte: In Hamburg I siegte August Bebel, in Hamburg II Johann Dietz, in Altona wieder Frohme. Leipzig-Land wurde von dem dreiunddreißigjährigen Journalisten Louis Viereck, der von München aus mit Hilfe der *Süddeutschen Post* und der Wochenschrift *Recht auf Arbeit,* die sich mit praktischer Sozialpolitik beschäftigte, Pionierarbeit für die Partei in Bayern leistete, schon im ersten Wahlgang erobert. Berlin IV – Äußere Stadt Ost – aber gewann zur allgemeinen Überraschung Paul Singer.

Singer, der schon vor Beginn des Wahlkampfes mit der Gründung des *Berliner Volksblatts,* das als der Partei nur »nahestehend« legal erscheinen konnte, der Berliner Sozialdemokratie ein Sprachrohr geschaffen hatte und ihr Fraktionsvorsitzender in der Stadtverordnetenversammlung war, hatte die schwere Aufgabe gehabt, einen Wahlkreis zurückzuerobern, der nach der Auswanderung Fritzsches nach Amerika an die Fortschrittspartei gefallen war. Doch nicht nur deren Kandidat hatte, nunmehr für die Freisinnigen, Berlin IV energisch verteidigt und einen sehr heftigen und polemischen Wahlkampf gegen Singer geführt; vielmehr war auch der Hofprediger Dr. Stöcker in Berlin IV gegen Singer angetreten und hatte seine Anhängerschaft mit sozialdemagogischen Sprüchen und antisemitischen Hetzparolen gegen den »Juden und Reichsfeind« Singer mobilisiert. Indessen war die Arbeiterschaft des Berliner Ostens gegen beides bereits immun; Paul Singer errang mit doppelt so vielen Stimmen wie seine Gegenkandidaten einen triumphalen Sieg. Weitere Direktmandate konnten Ignaz Auer, Stolle und Geiser in Sachsen sowie Wilhelm Blos in Reuß ältere Linie erobern, und bei den Stichwahlen gewann die Partei noch fünfzehn Reichstagssitze hinzu: Hasenclever wurde in Breslau II gewählt, Julius Kräcker in Breslau I, Wilhelm Liebknecht wieder in Offenbach, Max Kayser im sächsischen Wahlkreis 22 Auerbach-Reichenbach und Karl Grillenberger in Nürnberg.

Als parlamentarische Neulinge zogen der Zigarrenmacher Heinrich August Meister (Hannover), der Hutmacher August Heine (Magdeburg), der Gerber Georg Schumacher (Solingen), der Kaufmann Friedrich Harm (Elberfeld-Barmen), der Holzschnitzer Hugo Carl Rödiger (Reuß jüngere Linie), der Lehrer Adolf Sabor (Frankfurt am Main), der Schuhmacher Wilhelm Bock (Gotha) und als besondere Überraschung Georg v. Vollmar, der München II für die Partei gewonnen hatte, in den neuen Reichstag ein. Schließlich eroberte der gelernte Tischler und Redakteur Wilhelm Pfannkuch auch noch Berlin VI (Äußere Stadt Nord) und Wilhelm Blos erstmals Braunschweig I; sein schon im Fürstentum Reuß ältere Linie errungenes Mandat wurde bei der Nachwahl von dem Schlosser Wilhelm Wiener erfolgreich verteidigt.

Alles in allem hatte die Sozialdemokratie einen triumphalen Erfolg errungen. Zwar war sie gegenüber der bürgerlichen Opposition von siebenundsechzig Freisinnigen und sieben süddeutschen Demokraten, erst recht gegenüber den neunundneunzig Zentrumsabgeordneten, mit denen meist noch die vierunddreißig Fraktionslosen, Polen, Welfen und Vertreter Elsaß-Lothringens stimmten, auch gegenüber den achtundsiebzig Konservativen und einundfünfzig Nationalliberalen nur eine der kleineren Gruppierungen im neuen Reichstag. Aber es mußte doch jedem zu denken geben, daß die seit Jahren verbotene und hart verfolgte Sozialdemokratie nun schon fast ebenso stark geworden war wie Bismarcks Hausmacht, die – aus den Freikonservativen hervorgegangene – Deutsche Reichspartei, die achtundzwanzig Abgeordnete zählte und der fast alle Regierungsmitglieder angehörten.

Mit vierundzwanzig Mandaten hatte die Sozialdemokratie erstmals volle Fraktionsstärke und damit auch das Recht, selbst Anträge einzubringen und in allen Ausschüssen vertreten zu sein. Sie war damit weit stärker als bisher an der parlamentarischen Arbeit beteiligt, und das zwang die Fraktion, die ja für die Dauer des Verbots der Partei zugleich deren geschäftsführender Vorstand war, zu einer Doppelstrategie: Zum einen mußte sie weiterhin deutlich machen, daß sie den Militärstaat und dessen Kanzlerdiktatur grundsätzlich ablehnte, was dann unter anderem dadurch zum Ausdruck kam, daß die Fraktion in den Haushaltsausschuß keinen Vertreter entsandte, da sie ein für allemal jedem Budget ihre Zustimmung zu verweigern gedachte. Zum anderen aber brachten die Sozialdemokraten nun Gesetzentwürfe ein, die zeigten, wie eine Sozialreform im herrschenden System aussehen könnte.

Ein umfassender Entwurf für eine Arbeitsschutzgesetzgebung, den die Fraktion dem neuen Reichstag vorlegte und der dann nach langer Diskussion mit überwältigender Mehrheit als »revolutionäre Utopie« abgelehnt wurde, sah unter anderem vor: Begrenzung der Arbeitszeit auf täglich zehn Stunden für Erwachsene, auf acht Stunden für Jugendliche; Verbot der Sonn- und Feiertagsarbeit mit den unumgänglichen Ausnahmen, Verbot der Kinderarbeit, der Frauenarbeit auf Hochbauten und unter Tage, der Nachtarbeit unter Festlegung der zulässigen Ausnahmen; ein umfassendes System der Überwachung der Arbeitsverhältnisse durch ein Reichsarbeitsamt, örtliche Arbeitsämter und -kammern sowie Schiedsgerichte; wöchentliche Lohnzahlung am Freitag und Festlegung eines gesetzlichen Mindestlohns, wobei dieser letzte Punkt innerhalb der sozialdemokratischen Fraktion heftig umstritten war, auch auf viel Widerspruch in der Mitgliedschaft stieß, die überhaupt die parlamentarische Arbeit ihrer Abgeordneten mit einigem Mißtrauen verfolgte. Zwar gab es in allen wichtigen Fragen, insbesondere was die Militär-, Wirtschafts-, Zoll- und Handelspolitik der Regierung Bismarck betraf, keinerlei Meinungsverschiedenheiten, weder innerhalb der Reichstagsfraktion noch zwischen Fraktion und Mitgliedschaft, und auch die neue Kolonialpolitik, mit der sich das Deutsche Reich gerade anschickte, größere Gebiete Afrikas und Südostasiens sowie Inselgruppen im Pazifik zu »erwerben«, wurde grundsätzlich von allen Sozialdemokraten abgelehnt, und doch ergab sich dann in einer Detailfrage eine heftige Kontroverse innerhalb der Fraktion.

Eine Mehrheit, geführt von Ignaz Auer, Johann Dietz und Karl Grillenberger, war für die Subventionierung einiger Postdampfschiffsverbindungen, die weniger der imperialistischen Politik als dem internationalen Verkehr dienten; eine Minderheit, vertreten durch Bebel, Liebknecht und v. Vollmar, war strikt dagegen. Beide Seiten hatten gute Gründe anzuführen, und nicht zuletzt dachten die Befürworter auch an die vielen arbeitslosen Hamburger Werftarbeiter, denen eine Belebung des Schiffsbaus durch Subventionen wieder zu Arbeit und Brot verhelfen könnte. Schließlich einigten sich beide Gruppen darauf, mit einem Zusatzantrag zu fordern, daß nur neue, auf deutschen Werften gebaute Dampfschiffe subventioniert werden dürften, und, falls diese Forderung abgelehnt werden sollte, geschlossen gegen die ganze Vorlage zu stimmen, wie es dann auch geschah.

Damit war der Streit innerhalb der Fraktion erledigt, doch ausgerechnet an dieser gar nicht mehr aktuellen Detailfrage entzündete sich alsbald eine heftige Debatte, an der sich weite Teile der Mitgliederschaft beteiligten. Als erste protestierten die Züricher gegen die Entscheidung der Fraktionsmehrheit; im *Sozialdemokrat* erschien eine harte Kritik, der sich die Leipziger, Rostocker und selbst die Königsberger Sozialdemokraten sogleich anschlossen. Am 20. März 1885 verbat sich die Fraktion energisch jede Einmischung und wies die im *Sozialdemokrat* erschienenen Angriffe als »durchaus ungehörig« zurück.

Damit wurde der Streit erst richtig angefacht, denn nun wandten sich viele der illegalen Ortsvereine, an der Spitze die Frankfurter Genossen, gegen die »diktatorische Maßregelung« des Parteiorgans durch die Fraktion, gegen den »Sumpf des Parlamentarismus«, in dem die revolutionäre Arbeiterbewegung zu versinken drohe, und was dergleichen Übertreibungen mehr waren. Indessen kam es durch Bebels Vermittlung in kurzer Zeit zu einer Einigung zwischen Fraktion und *Sozialdemokrat,* und dieser veröffentlichte dann eine Erklärung, worin die Genossen im Reichstag anerkannten, daß der *Sozialdemokrat* nicht ihr Organ sei, sondern das der Gesamtpartei und daß dies auch so bleiben müsse. Dagegen stimmte die Redaktion des *Sozialdemokrat,* geführt von Eduard Bernstein, der Reichstagsfraktion darin zu, »daß die Einheit und Aktionsfähigkeit der

Partei unter allen Umständen aufrechterhalten werden, daß die Fraktion, solange sie unter dem Kriegszustande des Ausnahmegesetzes die Leitung habe, unbedingt auf die Unterstützung aller Genossen zählen« müsse, sobald sie einmal einen bestimmten Beschluß gefaßt habe.

Damit war der müßige Streit um eine drittrangige Detailfrage, auf die die Fraktion ohnehin keinerlei praktischen Einfluß hatte, zwar formal aus der Welt geschafft, aber die erregten Gemüter waren noch lange nicht besänftigt. »Bis in die Spalten der bürgerlichen Blätter spann sich die innere Fehde fort«, erinnerte sich Franz Mehring, »und erst nach Monaten glätteten sich wieder die Wellen. Auf beiden Seiten gab sich eine Empfindlichkeit und Überreizung kund, die in gar keinem Verhältnisse zu dem eigentlichen Gegenstande des Streites stand ... Die Behauptung, daß die sozialdemokratische Partei durch den ›eisernen Reifen‹ des Sozialistengesetzes zusammengeschmiedet würde, gehörte eben zu den wohlfeilen Halbwahrheiten des Liberalismus; sie stand auf gleicher Stufe mit der Behauptung, daß geistige Bewegungen durch gewaltsame Mittel nicht unterdrückt werden könnten; die sehr relative Wahrheit dieser Behauptung läßt sich nirgends so klar erkennen wie aus der Geschichte des deutschen Liberalismus, der sie mit so großem Pathos zu predigen pflegt. Die sozialdemokratische Partei wurde durch ganz andere Reifen zusammengehalten als durch das Sozialistengesetz. Um dies Gesetz zu entkräften, schloß sie sich gewiß um so enger und fester zusammen, aber die Kraft dazu schöpfte sie aus ihren historischen Existenzbedingungen, nicht aus einer brutalen Unterdrückung, die, soweit sie überhaupt wirkte, nur zerstörend und verwirrend wirken konnte ... Sie wirkte aufregend und erbitternd auf das unmittelbar betroffene Proletariat. Ein Symptom dieser Überreizung, die in dem nun schon ins siebente Jahr währenden Kampf um Leben und Tod von selbst entstehen mußte, war der Streit um die Dampfersubvention, die heftige Reibung zwischen der Fraktion und der Partei. Das Sozialistengesetz erheischte, daß die Leitung der Partei der parlamentarischen Fraktion übertragen wurde, daß überhaupt der Reichstagstribüne, dem einzigen Ort in Deutschland, wo noch ein freies Wort möglich war, eine Bedeutung zufiel, die der bürgerliche Parlamentarismus an und für sich nicht beanspruchen konnte ... (Die Fraktion) tat mit ihrer stärkeren Beteiligung an den parlamentarischen Arbeiten nur, was sie nicht lassen durfte ... Eine gewisse Zwiespältigkeit lag freilich in der Natur der Dinge: einerseits enttäuschte nach den furchtbaren Anstrengungen der Wahlschlacht das fruchtlose Klappern der parlamentarischen Mühle ..., andererseits regte sich namentlich da, wo der Druck des Sozialistengesetzes am schwersten auf den Arbeitern lastete, doch immer wieder die Befürchtung, daß sich die Fraktion, nur um etwas zu erreichen, mit den bürgerlichen Parteien zu tief einlassen und im parlamentarischen Treiben versumpfen könne. Die souveräne Selbständigkeit der Partei hüteten gerade die ältesten und treuesten Mitgliedschaften als ihr köstlichstes Kleinod.«

Bismarck und auch die Liberalen sahen sich indessen enttäuscht, was die von ihnen erhoffte Spaltung der Sozialdemokratie betraf. Unter Bebels geschickter Führung und gefördert durch zahlreiche Streiks, die alle internen Streitigkeiten vergessen ließen, wuchs die Partei wieder fest zusammen. Bismarck aber reagierte darauf mit erheblichen Verschärfungen des Sozialistengesetzes und Anweisungen an Justiz und Polizei, wieder schärfer gegen die führenden Sozialdemokraten, vor allem gegen die Fraktionsmitglieder, vorzugehen. Der Kleine Belagerungszustand, verbunden mit erneuten Ausweisungen, wurde über eine Reihe weiterer Städte und Kreise verhängt, so über Spremberg, Frankfurt am Main, Hanau, Höchst, Offenbach, die Obertaunuskreise und über Stettin.

Im Juli 1886 wurde auch Paul Singer, inzwischen der anerkannte Führer der Berliner Sozialdemokraten, ausgewiesen. Da die Behörden Demonstrationen befürchteten, wurde Singer nur eine Frist von vierundzwanzig Stunden bewilligt, seine Abreise auf eine Vormittagsstunde festgesetzt, der Schlesische Bahnhof, wo er den Zug besteigen sollte, im weiten Umkreis abgesperrt, und nur die nächsten Angehörigen durften den Verbannten bis zum Bahnsteig begleiten. Doch – so berichtete später ein Augenzeuge – »plötzlich lief auf dem gegenüberliegenden Bahnsteig ein Stadtbahnzug ein, alle Fenster dicht belagert. Kaum hielt der Zug, brach die Menge in brausende Hochrufe auf Singer, auf die Sozialdemokratie aus. Wenig später lief ein anderer Zug ein – das gleiche Bild. Und nun wiederholte sich diese Demonstration in ständiger Folge – auf dem Schlesischen Bahnhof, solange Singer dort noch wartete, dann unterwegs auf den Bahnhöfen, die sein Zug passierte; überall waren die Bahnsteige und die entgegenkommenden

Stadtbahnzüge besetzt mit Arbeitern, die trotz Lohnausfall und drohender Maßregelung herbeigeeilt waren, um ihrem Vertreter Lebewohl zu sagen und den herrschenden Klassen die Ungebrochenheit der sozialistischen Bewegung zu beweisen... «*

Die bürgerliche Presse kam nicht umhin, die Bravour und die glänzende Organisation dieser und ähnlicher Aktionen, wie sie auch in Leipzig stattfanden, zu erwähnen, und das Resultat war ein neuer Prestigegewinn für die verbotene Partei, eine verstärkte Nachfrage nach dem illegal vertriebenen *Sozialdemokrat.*

Das Verteilernetz dieser Wochenzeitung war im Sommer 1886 bereits so dicht und so gut gegen jeden polizeilichen Zugriff abgeschirmt, daß es kaum noch Verzögerungen bei der Belieferung der Abonnenten gab. In den mehr als zehn Jahren, in denen das Blatt dem Verbot zum Trotz in ganz Deutschland verbreitet wurde, gelang es der Polizei nur ein einziges Mal, einen Großteil der Auflage abzufangen. Doch schon zwei Tage später gelangte ein Nachdruck mit der Balkenüberschrift »Trotz alledem, Ersatz für das Gestohlene« an alle Bezieher.

Um diese Zeit hatte der *Sozialdemokrat* bereits damit begonnen, regelmäßig Warnungen vor erkannten Geheimpolizisten und Lockspitzeln zu veröffentlichen, die die Behörden in die illegalen Organisationen einzuschleusen versucht hatten und deren genaue Beschreibung im Zentralorgan unter der dafür eingerichteten Rubrik »Eiserne Maske« bald eine wichtige Rolle im täglichen Kleinkrieg der Parteibasis mit der Polizei spielte. Die präzisen Beschreibungen, mit denen der *Sozialdemokrat* aufwarten konnte, beruhten auf Informationen, die der glänzend funktionierende Nachrichten- und »Sicherheits«-dienst der »Roten Feldpost« Julius Mottelers der Redaktion nach Zürich, dann nach London lieferte, denn dorthin wichen Schriftleitung und Druckplattenherstellung aus, nachdem sie auf Druck Bismarcks hin die Schweiz hatten verlassen müssen.

Im Herbst 1886 begannen die sogenannten »Geheimbund-Prozesse«: Reichstagsabgeordnete und andere bekannte Führer der Sozialdemokratie wurden nach Paragraph 128 des Reichsstrafgesetzbuches wegen Geheimbündelei angeklagt,

---

* Nach mündlichen Überlieferungen meines Großvaters Friedrich Wilhelm Worbs.

und da es keine hinreichenden Beweismittel gab, begnügte man sich mit Spitzelberichten, wonach die Angeklagten den verbotenen *Sozialdemokrat* abonniert oder doch gelesen hätten. Aufgrund einer Entscheidung des willfährigen sächsischen Oberlandesgerichts in Freiberg erfüllten Bezug oder Lektüre einer illegal vertriebenen Druckschrift bereits den Tatbestand der Geheimbündelei, und so konnten, gestützt auf dieses Urteil, in München, Stuttgart, Düsseldorf, Berlin, Leipzig, Hamburg, Kassel, Breslau und rund fünfzig weiteren Städten Prozesse gegen Hunderte von Sozialdemokraten stattfinden, von denen die meisten zu Gefängnisstrafen verurteilt wurden. Bebel erhielt sechs Monate, Auer neun Monate Gefängnis. In Elberfeld mußten von siebenundachtzig Angeklagten zwar dreiundvierzig freigesprochen werden; die übrigen vierundvierzig aber wurden zu Freiheitsstrafen bis zu einem Jahr verurteilt. Aber hier wie auch anderswo waren die »trotz schwerer Verdachtsmomente mangels hinreichender Beweise« Freigesprochenen monatelang in Untersuchungshaft gewesen und erhielten dafür keinerlei Entschädigung.

In Leipzig, wo es bei der Ausweisung des Tischlers Richard Schumann eine Schlägerei mit Polizisten in Zivil gegeben hatte, bei der niemand zu ernstlichem Schaden gekommen war, kamen zur Anklage wegen Geheimbündelei noch solche wegen Aufruhrs, Landfriedensbruchs, Widerstands und Körperverletzung sowie im Fall Schumanns wegen Rädelsführerschaft. Elf Angeklagte wurden zu zusammen fünfundzwanzig Jahren, Schumann zu vier Jahren Zuchthaus verurteilt. Schumann starb schon wenige Wochen später, vermutlich an den erlittenen Mißhandlungen; ein weiterer Verurteilter verfiel wenig später in Wahnsinn.

In Breslau, wo Ende November 1887 das Landgericht unter Ausschluß der Öffentlichkeit gegen achtunddreißig Angeklagte wegen Geheimbündelei verhandelte, wurden neunundzwanzig Sozialdemokraten, darunter der Reichstagsabgeordnete Julius Kräcker, zu Gefängnisstrafen bis zu einem Jahr verurteilt. Ursprünglich hatte es noch weit mehr Beschuldigte gegeben. Unter denen, die einer Anklage gerade noch entgingen, jedoch fortan in ihrer Personalakte mit einem roten Kreuz als Sozialistenfreunde gekennzeichnet waren, befand sich auch der damals fünfundzwanzigjährige, als Dichter noch fast unbekannte Gerhart Hauptmann.

Die »Geheimbund«-Prozesse, die weitere Ausdehnung des Kleinen Belagerungszustands und die massenhaften Ausweisungen waren indessen nur der Auftakt zu einem Wahlkampf, der alles in den Schatten stellte, was die Sozialdemokraten bislang bei Reichstagswahlen an Unterdrückung, Behinderung und Manipulation erlebt hatten. Bismarck ging es bei diesen Wahlen, die am 21. Februar 1887, dem Faschingsdienstag, stattfanden, vor allem darum, eine sichere parlamentarische Basis zu finden, die seine Stellung über die bald zu Ende gehende Regierungszeit des schon neunzigjährigen Kaisers Wilhelm I. hinaus festigen sollte.

Eigens für die »Faschingswahlen«, wie sie genannt wurden, brachte Bismarck ein sogenanntes »Kartell« zustande, ein Wahlbündnis der Konservativen, der Reichspartei und der ihm hörigen Mehrheit der Nationalliberalen. Dieses Kartell, das bereit war, seine auf weitere Aufrüstung und koloniale Eroberungen gerichtete Diktatur bedingungslos zu unterstützen, traf Wahlabsprachen, die einen Konkurrenzkampf untereinander ausschlossen, wodurch sie eine Schwächung zugunsten der übrigen Parteien vermeiden wollten.

Bismarck war es dabei gleichgültig, ob Freisinn oder Sozialdemokratie einen Wahlkreis eroberte, wo das Kartell ohnehin keine Chancen hatte, und so gab es diesmal keine Schonung für die Sozialdemokraten, im Gegenteil: Die Behörden holten alles nach, was sie 1884 dem Kanzler zuliebe versäumt hatten. Der *Sozialdemokrat* schrieb:»Es war keine Wahl, es war ein Kesseltreiben, ein Überfall, eine moralische und physische Vergewaltigung, ein Plebiszit im schlechtesten bonapartistischen Sinne – nur roher, heuchlerischer, verlogener, wie das der niedrigere Bildungsstand unseres Junkertums mit sich bringt. So plump und brutal konnte es Bonaparte der Kleine« (gemeint war Napoleon III.) »nicht treiben – die französische Durchschnittskultur, die der unsrigen leider überlegen ist, setzte ihm kategorische Schranken.«

Indessen brachte weder das von der Kartell-Presse immer wieder beschworene Schreckgespenst eines angeblich drohenden französischen Überfalls auf das »ungenügend gerüstete« Deutsche Reich noch die von der Polizei inszenierten Unruhen – wie in Stettin, wo gegen eine friedliche sozialdemokratische Versammlung das Militär mit aufgepflanztem Bajonett eingesetzt wurde, wobei es einen Toten und zahlreiche Verletzte, alsdann massenhafte Ausweisungen gegeben hatte – dem Kartell die Mehrheit der Wählerstimmen. Für das bismarcktreue Bündnis hatten 3,5 Millionen Wähler gestimmt, dagegen aber vier Millionen. Die Sozialdemokraten hatten diesmal siebenhundertdreiundsechzigtausend Stimmen errungen, zweihundertdreizehntausend mehr als drei Jahre zuvor, und danach hätte die Partei vierzig Mandate beanspruchen können. Doch tatsächlich erhielt sie nur elf, und ihre Fraktion schrumpfte so auf weniger als die Hälfte zusammen. Der Grund hierfür lag in der – wie der *Sozialdemokrat* schrieb – »jämmerlichen Feigheit« der Freisinnigen, die überall dort, wo sie in Stichwahlen gegen das Kartell anzutreten hatten, die Sozialdemokraten um Hilfe anbettelten und sie auch erhielten, doch dort, wo – wie in Berlin III und in Kiel – Absprachen zwischen Freisinn und Sozialdemokratie jeder Gruppe ein Mandat mehr eingetragen hätten, lieber die »Kartellbrüder um Unterstützung anflehten«.

Doch da es nach den Beschlüssen aller bisherigen Kongresse den Sozialdemokraten weniger auf Reichstagsmandate, vielmehr auf kräftigen Stimmenzuwachs ankam, konnte die Partei nach den Faschingswahlen eine durchaus positive Bilanz ziehen. Sie hatte neun Jahre mehr oder minder harter Verfolgung hinter sich und in dieser Zeit ihre Anhängerschaft verdoppelt; sie war mit anarchistisch-sozialrevolutionären Tendenzen wie mit sozialreformerischen Anpassern fertiggeworden, hatte ihre Konflikte zwischen Fraktion und Mitgliederschaft endgültig beigelegt und mit ihrer straffen »inneren Organisation« lange Jahre der Illegalität ohne Schaden überstanden.

Dies alles war Gegenstand der fünftägigen Beratungen, die Anfang Oktober 1887 auf einem nach St. Gallen – genauer: nach Schönewegen bei Bruggen, nahe St. Gallen – einberufenen Kongreß stattfanden.

»So ungebeugt und ungebrochen wie je trat die Partei ihren Verfolgern entgegen«, schrieb Eduard Bernstein darüber im *Sozialdemokrat*. »Gleich der erste Beschluß des Parteitags tadelte scharf die Flucht von Genossen wegen drohender Prozesse oder Gefängnisstrafen.«

Ein weiterer Beschluß richtete sich gegen anarchistische Taktiken, wie sie gerade in Rußland und den USA zur Anwendung kamen, und verurteilte jede Anwendung individueller Gewalt. Sie führe nicht zum Ziel, sei vielmehr schädlich und verwerflich, weil sie das Rechtsgefühl der Masse verletze.

»Für die individuellen Gewaltakte bis aufs äußerste Verfolgter und Geächteter machen wir die Verfolger und Ächter verantwortlich; wir begreifen die Neigung zu solchen als eine Erscheinung, die sich zu allen Zeiten unter ähnlichen Verhältnissen gezeigt hat und die gegenwärtig durch bezahlte Lockspitzel für die Zwecke der Reaktion gegen die arbeitende Klasse ausgenützt wird«, lautete der Schlußsatz der Erklärung, womit sich der Parteitag vor dem Verdacht schützte, die blinde Abscheu des ängstlichen Bürgertums zu teilen.

Als einen Monat später in Chicago sieben Anarchisten hingerichtet werden sollten, richteten Bebel, Liebknecht, Singer und Grillenberger im Namen der deutschen Sozialdemokraten einen Appell an den Gouverneur von Illinois, Menschlichkeit walten zu lassen, unbekümmert um die gehässige Auslegung dieses Telegramms durch die Konservativen.

Bismarck beantwortete die feste Haltung, die die Partei auf ihrem dritten Kongreß in St. Gallen gezeigt hatte, mit der Vorlage eines neuen, erheblich verschärften Sozialistengesetzes. Danach sollten alle bisher vorgesehenen Strafen verdoppelt, darüber hinaus bei jeder Verurteilung auf Aberkennung der Staatsangehörigkeit und Ausweisung aus dem Reichsgebiet nach verbüßter Freiheitsstrafe erkannt werden können. Ein weiterer Zusatz sah Gefängnis nebst anschließender Ausweisung auch für alle jene vor, »die im Ausland an Versammlungen zur Förderung sozialdemokratischer Bestrebungen«, also als Delegierte an Parteikongressen, teilnahmen.

Noch besonders verschärft und erweitert sollten die Bestimmungen werden, die sich gegen die Verbreitung des *Sozialdemokrat* richteten; das bloße Annehmen oder auch nur die Aufbewahrung eines einzigen Exemplars galt nach dem Entwurf als Beihilfe oder Anstiftung zu einem Verbrechen.

»Der gewalttätigste aller Raubvögel«, spottete daraufhin der *Sozialdemokrat,* »erklärt sich für unfähig, den Kampf mit dem Rotkehlchen zu führen, dessen unerschrockenes Lied ihn verdrießt.« Die Fraktion aber legte dem Reichstag umfassendes Beweismaterial über die Lockspitzelwirtschaft des Innenministers v. Puttkamer vor. Was Bebel und Singer dem Plenum dazu vortrugen und dokumentarisch bewiesen, rief die Entrüstung selbst zahlreicher Abgeordneter der Kartellparteien hervor. Bismarcks Gesetzentwurf scheiterte, vor allem deshalb, weil sein Minister v. Puttkamer indirekt alles bestätigte, was Bebel und

Singer ihm vorwarfen. Die ehrlichen Leute, die sich von polizeilich beauftragten Provokateuren nicht zu Gewalttaten hatten anstiften lassen und das Selbstverständliche getan hatten, nämlich andere vor diesen Agenten zu warnen, nannte v. Puttkamer »eine Bande von Strolchen«, fügte allerdings hinzu, auch seine bezahlten Spitzel seien »freilich keine Gentlemen, aber ohne solche Staatsstützen« könne die Sicherheit »nicht einen Tag« lang aufrechterhalten werden. Die Schweiz bedrohte er mit »Maßnahmen«, um sie an ihre »Pflichten gegenüber den benachbarten Großmächten zu erinnern«. Als der Minister abschließend beteuerte, er müßte ja vor Scham in die Erde sinken, wenn er, was die Verwendung von Lockspitzeln beträfe, kein reines Gewissen hätte, antwortete ihm ein eisiges Schweigen des ganzen Hauses; nur auf der äußersten Rechten kam für Sekunden zaghafter Beifall auf, der sogleich wieder verstummte.

Am 18. Februar 1888 wurde schließlich das bisherige Sozialistengesetz unverändert und mit einhundertvierundsechzig gegen achtzig Stimmen zum vierten und letztenmal verlängert, jedoch gegen Bismarcks Wunsch nur noch bis zum 30. September 1890.

Kurz darauf, am 9. März, starb Wilhelm I.; sein Nachfolger, der von Bismarck wegen seiner liberalen Neigungen mit Argwohn betrachtete Friedrich III., war bereits ein todkranker Mann und starb schon neunundneunzig Tage später, und nun bestieg dessen ältester Sohn als Wilhelm II. den Thron Preußens und des Deutschen Reiches. Der neue Kaiser war erst neunundzwanzig Jahre alt, Bismarck, den er vom Großvater und Vater als Kanzler übernahm, war schon dreiundsiebzig. Einstweilen bekundete der junge Kaiser seine tiefe Verehrung für Bismarck, aber Hofprediger Stöcker wollte ihn schon im August 1888 sagen gehört haben: »Sechs Monate will ich den Alten verschnaufen lassen. Dann regiere ich selbst!«

Für die deutsche Sozialdemokratie brachte der zweifache Thronwechsel zunächst keine Veränderung ihrer Lage. Die Partei blieb verboten, die Verfolgung durch Polizei und Justiz ging weiter; der auf alle sozialdemokratischen Hochburgen ausgedehnte Kleine Belagerungszustand wurde nicht gelockert, und allein die seit den Faschingswahlen zusammengeschmolzene Reichstagsfraktion vermochte legal und öffentlich kundzutun, was ihr von einer Dreiviertelmillion Wählern erteilter Auftrag war.

Ende November 1888 erließ sie einen Appell, der zu verstärkter Agitation »bis in die entlegenste Hütte« aufforderte; es stände ein Kraftprobe bevor, aus der die Sozialdemokratie als Sieger hervorgehen müßte und würde. »Die Zeiten sind uns günstig wie nie zuvor!«

Tatsächlich erlebte das Deutsche Reich gerade einen kräftigen Wirtschaftsaufschwung; zahlreiche neue Industrien entstanden, überall wurde modernisiert und erweitert, und immer größere Scharen von Arbeitern strömten vom Land in die rasch wachsenden Industriestädte, wo sie das Heer der in elenden Mietskasernen hausenden Proletarier vermehrten.

Zugleich wuchs die allgemeine Unzufriedenheit mit den trotz stark vermehrter Profite der Unternehmer nicht über den Stand von 1883 angehobenen Löhnen sowie mit den drückenden Arbeitsbedingungen, wobei die vielen unbezahlten Überstunden als ärgstes Übel empfunden wurden.

Am 24. Februar 1889 kündigte das von Paul Singer herausgegebene *Berliner Volksblatt* Arbeitskämpfe an, wie sie die Reichshauptstadt noch nicht erlebt hätte. Doch die dann in Berlin beginnenden Streiks, mal des einen, mal des anderen Berufszweigs, wurden weit in den Schatten gestellt von einem gänzlich unerwarteten Arbeitskampf an ganz anderer Stelle.

Ausgerechnet im rheinisch-westfälischen Steinkohlenbergbau, wo bislang weder die Sozialdemokratie noch die ihr nahestehenden Gewerkschaften hatten Fuß fassen können, entwickelte sich plötzlich eine Streikbewegung ungeahnten Ausmaßes: Am 3. Mai 1889 gingen etwa viertausend Bergleute an der Ruhr nicht zur Arbeit, weil eine Lohnaufbesserung, die man ihnen versprochen hatte, ausgeblieben war und die Zechenleitungen den Empfang einer Delegation abgelehnt hatten. Bis zum 6. Mai waren bereits fünfunddreißigtausend Bergleute im Ausstand. Am 9. Mai streikten schon siebzigtausend, und am 13. Mai waren es fast hunderttausend. Binnen einer Woche waren sämtliche Zechen des Ruhrreviers durch den Streik stillgelegt, und die dreizehntausend Bergleute der Saargruben sowie annähernd zwanzigtausend schlesische und über zehntausend sächsische Kumpel schlossen sich ihm an.

Die Sozialdemokratie hatte wenig Einfluß auf diesen Massenstreik, der weder vorbereitet worden war noch klare Ziele hatte. Nachdem bereits im westfälischen Bereich Militär gegen die Streikenden eingesetzt worden war und es sieben Tote und zahlreiche Verletzte unter den Arbeitern gegeben hatte, beschlossen die Kumpel des Ruhrreviers, eine dreiköpfige Delegation nach Berlin zu entsenden, die den Kaiser um Hilfe bitten sollte – ein Unternehmen, das sozialdemokratische Streikführer gewiß verhindert hätten, wären sie beteiligt gewesen.

Wilhelm II. versprach den ehrerbietig lauschenden Arbeitervertretern in einer von ihm rasch improvisierten Ansprache dann auch nur eine wohlwollende Prüfung ihrer Anliegen durch die Behörden und fügte hinzu, dies gelte jedoch nur für den Fall, daß sich keinerlei sozialistische Tendenzen bei ihnen bemerkbar machten. Sollte dies geschehen, so würde er »mit unnachsichtiger Strenge einschreiten, denn für Mich«, so schloß der Kaiser wörtlich, »ist jeder Sozialdemokrat gleichbedeutend mit Kaiser- und Vaterlandsfeind!«

Der Streik endete dann im Juni mit einem für die Arbeiter recht dürftigen Ergebnis, hatte aber zur Folge, daß die Bergleute den Sozialdemokraten, deren Zeitungen als einzige rückhaltlos für sie eingetreten waren, fortan weniger abweisend begegneten.

Ebenfalls zugunsten der verbotenen Partei wirkten sich die Debatten im Reichstag um die Alters- und Invalidenversicherung aus, das letzte der großen Gesetzeswerke, mit denen Bismarck die Arbeiterschaft mit dem Staat versöhnen wollte. Dieses Zuckerbrot, das »die Peitsche des Sozialistengesetzes weder aus der Welt schaffen noch vergessen lassen kann«, wie der *Sozialdemokrat* dazu schrieb, wurde von Bebel im Reichstag heftig kritisiert: »Was dem Arbeiter näher liegt, sind Maßregeln, welche die täglichen Arbeits- und Lebensbedingungen aller dauernd verbessern sowie Gesetze über Arbeitszeit, Arbeitsschutz und andere, die ihm Freiheit der Organisation und die Möglichkeit des freien Lohnkampfes gewähren, ihn in die Lage versetzen, sich als freier Mensch zu fühlen und seine materielle Lage selbst zu verbessern.«

Des weiteren kritisierte die sozialdemokratische Fraktion die Gesetzesvorlage, weil sie die Arbeiter zwang, vom 17. Lebensjahr an Beiträge zu zahlen, um erst mit siebzig Jahren eine kleine Rente zu erhalten. Ein weiterer Einwand war, daß die Altersrenten frühestens nach dreißig, die Invalidenrenten erst nach sechs Beitragsjahren fällig wurden. Wenn auch die Lebenserwartung bei der Unterschicht seit den sechziger Jahren etwas gestiegen war, so wurden doch nur wenige Arbeiter so alt, daß sie in den Genuß der Rente kommen konnten. Eduard Bernstein schrieb dazu: »Die große Mehrheit der Arbeiter, die in der Agitation standen, war im Durchschnitt dreißig Jahre alt. Was konnte in ihren Augen eine Altersversicherung sein, bei der die Arbeiter erst mit siebzig Jahren rentenberechtigt wurden und dann eine Rente von etlichen Pfennigen pro Tag erhalten sollten? Nicht erst in vierzig, in zwanzig, ja vielleicht in weniger als zehn Jahren mußte ja der ganze bürgerliche Krempel zusammengebrochen sein...«

In solchen Hoffnungen wurden die aktiven Sozialdemokraten noch bestärkt durch ein Ereignis im Sommer 1889: Am 14. Juli, dem hundertsten Jahrestag des Sturms auf die Bastille, trat in Paris – wie von der deutschen Sozialdemokratie auf ihrem Kongreß in St. Gallen gefordert – ein internationaler Sozialistenkongreß zusammen, an dem mehr als vierhundert Delegierte aus zweiundzwanzig Ländern teilnahmen. Die Deutschen als die stärkste ausländische Delegation stellten einen der beiden Vorsitzenden; Wilhelm Liebknecht wechselte sich mit Edouard Vaillant, einem der überlebenden Führer der Pariser Kommune von 1871, im Präsidium ab. Der Kongreß, der zur Gründung der II. Internationale führte, stand unter der Parole »Proletarier aller Länder, vereinigt euch!« und bekannte sich schon durch die im Saal angebrachte Losung: »Politische und wirtschaftliche Enteignung der Kapitalistenklasse, Vergesellschaftung der Produktionsmittel!« uneingeschränkt zu den Lehren von Karl Marx und Friedrich Engels.

In einer einstimmig angenommenen Resolution forderte die II. Internationale alle ihr angeschlossenen Parteien auf, gegen die wachsende Militarisierung und gegen die Kriegspläne der herrschenden Klassen aufzutreten. In Übereinstimmung mit Engels, der in den Monaten zuvor im *Sozialdemokrat* für die Wiederbelebung der Internationale geworben hatte, wurde die Erhaltung des Friedens »als die erste und unerläßliche Bedingung jeder Arbeiter-Emanzipation« bezeichnet. Weiter hieß es in der Entschließung, »daß der Krieg, das traurige Produkt der gegenwärtigen ökonomischen Verhältnisse, erst verschwinden wird, wenn die kapitalistische Produktionsweise der Emanzipation der Arbeit und dem internationalen Triumph des Sozialismus Platz gemacht hat«.

Der Kongreß erklärte weiter, es sei die Pflicht der Arbeiter, die Arbeiterinnen in ihre Reihen aufzunehmen. Er forderte für die Arbeiter beider Geschlechter und ohne Unterschied der Nationalität gleiche Löhne für gleiche Arbeit sowie unbeschränktes Koalitions- und Vereinsrecht. Endlich beschloß der Kongreß, daß alljährlich am 1. Mai eine allgemeine Kundgebung des internationalen Proletariats für den Achtstundentag stattfinden solle.

Mit alledem hatte sich die deutsche Sozialdemokratie, wie es schien, eindeutig auf die Lehren von Marx und Engels und diesen entsprechend auf den Internationalismus festgelegt. Indessen traf dies weit mehr auf die jungen Intellektuellen zu, die inzwischen zur Partei gestoßen waren und als Mitarbeiter der Parteipresse Einfluß gewonnen hatten, denn auf die große Mehrheit der Anhängerschaft und die mit der Parteileitung beauftragte Reichstagsfraktion. Allerdings breiteten sich marxistische Auffassungen jetzt auch in der deutschen Arbeiterschaft aus.

»Die jungen Leute, die die verschiedenen Organisationen der Partei und der Fachvereine führten«, heißt es dazu bei Hedwig Wachenheim, ». . . suchten in jener bewegten Zeit, in die sie selbst nur in gewissen Abschnitten aktiv eingreifen konnten, wie bei politischen Wahlen und . . . Streiks, einen Ausweg aus den für sie bewegungslosen, monotonen Stunden . . . Sie suchten nach Themen für Diskussionen und brauchtes geistige Führung. So lasen sie viel, nicht wie einst Bebel, um sich zu bilden und als gebildete Menschen Politik zu machen, sondern um eine radikale Richtschnur für ihre Politik zu finden, die die Reichstagsfraktion nicht geben konnte, die sich immer um einen Ausgleich in ihren eigenen Reihen bemühen mußte . . . und durch viele Schwierigkeiten im Umgang mit der Mitgliedschaft gehemmt war. Noch immer wurde Lassalle gefeiert, aber . . . die Hoffnung, daß die Arbeiterbewegung sich nach ihrem Einzug ins Parlament als dritte Kraft zwischen Feudalismus und Bürgertum etablieren könne, war in die Ferne gerückt. Für Lassalles aktiven Optimismus war unter dem Sozialistengesetz wenig Raum.« Viel gelesen wurde eine Broschüre über die *Arbeiterinnen- und Frauenfrage der Gegenwart,* die eine junge Lehrerin aus Sachsen, Clara Zetkin geborene Eißner, verfaßt hatte. Sie war als Mittzwanzigerin Ende der siebziger Jahre in Zürich Sozialdemokratin und Mitarbeiterin der Roten Feldpost geworden, hatte Ende 1882, aus der Schweiz ausgewiesen, in Paris studiert und dort einen russischen Marxisten, Ossip

Zetkin, geheiratet. Bei einem Besuch in Leipzig war sie 1886 erstmals öffentlich für die Partei als Rednerin aufgetreten, und auf dem Gründungskongreß der II. Internationale am 14. Juli 1889 hatte sie ein viel beachtetes Referat über die proletarische Frauenbewegung gehalten.

Clara Zetkins Broschüre, August Bebels *Die Frau und der Sozialismus* sowie Friedrich Engels' 1884 erschienene Schrift *Der Ursprung der Familie, des Privateigentums und des Staates* fanden viele Leser bei den jungen Arbeitern. Im Schlußkapitel der Schrift von Engels wurde ihnen die Marxsche Lehre in knappster Form erläutert: die Theorie von der wachsenden Armut der Massen in einer Gesellschaft, die den Reichtum in den Händen einer anzahlmäßig kleinen Klasse konzentriert; die Ablehnung der Auffassung vom Staat als der Verwirklichung der sittlichen Idee und als Mittel, die Klassengegensätze zu mildern. Da fanden sich Sätze, die die Arbeiter verstanden und die ihnen gefielen, wie etwa: »Hier (im Bismarckschen Reich) werden Kapitalisten und Arbeiter gegeneinander balanciert und gleichmäßig geprellt zum besten der verkommenen preußischen Krautjunker.« Und dann folgte eine Bewertung des allgemeinen Wahlrechts, unter dem das Proletariat zunächst »solange es seiner Selbstemanzipation entgegenreift, der Schwanz der Kapitalistenklasse sein wird«. Wählt das Proletariat dann seine eigenen Vertreter, so ist das »allgemeine Stimmrecht der Gradmesser der Reife der Arbeiterklasse ... Mehr kann und wird es nie sein im heutigen Staat, aber das genügt auch...«

In einer anderen älteren Schrift von Friedrich Engels, *Zur Wohnungsfrage,* die der Leipziger *Volksstaat* 1872 veröffentlicht und dann als Broschüre herausgebracht hatte, konnten die jungen Arbeiter ihre herbe Kritik an den kleinbürgerlichen Strömungen in der Partei und zumal in der Reichstagsfraktion, »wo man die Umwandlung des Privateigentums in gesellschaftliches Eigentum in die unbestimmte Zukunft verlegt« hätte, bestätigt finden. Da gefiel ihnen weit besser, was Engels selbst Ende 1885 – in seinem Vorwort zu Marx' *Enthüllungen über den Kommunistenprozeß* – prophezeit hatte: Die nächste große europäische Revolution finde in achtzehn Jahren, also etwa 1904, statt.

Engels' Kritik an der bestehenden Gesellschaft und dem vergleichsweise »zwerghaften Bemühen« der Reichstagsfraktion, ihre Mängel zu beheben, fiel unter dem Sozialistengesetz auf fruchtbaren Boden. Es leuchtete den Arbeitern ein, daß das

Streben nach politischer Macht unter den gegebenen Umständen sinnlos war; daß man das Wahlrecht zwar ausüben mußte, aber nicht als Mittel, Macht zu erwerben, sondern nur als Gradmesser der eigenen Reife. Die Auffassung, daß das Proletariat seiner Selbstemanzipation entgegenreifen müsse, um dann zu dem im *Kommunistischen Manifest* beschriebenen Zeitpunkt des Zerfalls der Bourgeoisie geistig für die Revolution gerüstet zu sein, war eine passende Begründung für die Scheu vor gewaltsamen Methoden zur Überwindung des Sozialistengesetzes.

Aber die eigentliche Beschäftigung mit der marxistischen Theorie blieb im wesentlichen beschränkt auf jüngere Funktionäre, die ihrerseits einzelne Gruppen in einzelnen Gebieten beeinflußten. Die entscheidenden Motive für das Zusammenhalten und Erstarken der sozialdemokratischen Arbeiterschaft blieben, wie Hedwig Wachenheim schreibt, »die in den wirtschaftlichen Kämpfen unentbehrliche Solidarität, die Gemeinsamkeit des Lebens, die Isolierung von der nichtproletarischen Welt und das Gefühl, ungerechte Behandlung durch den Staat zu erleiden. Diese Gefühle hatten wenig Bedeutung für die jungen Akademiker, die sich jetzt für die Partei interessierten. Für sie wurde der Marxismus zum Anker, der sie in dem Boden befestigte, den sie betraten. Sie sahen es als ihre Aufgabe an, die sozialistische Wissenschaft unter den Arbeitern zu verbreiten ... Sie hatten das Gefühl, den Stiefkindern von Staat und Gesellschaft zu dienen, und auch, da die Bewegung, der sie dienten, zur politischen Bedeutung aufsteigen würde, das nicht zu unterschätzende Gefühl auf sie zukommender politischer Macht.«

Tatsächlich gab es um die Jahreswende 1889/90 bereits begründete Hoffnungen, daß die verbotene Partei schon in Kürze zu erheblich größerer politischer Bedeutung gelangen könnte. Wenige Wochen nach dem Pariser Gründungskongreß der II. Internationale, zu Beginn der Herbstsession des Reichstags, legte Bismarck dem Parlament einen Gesetzentwurf vor, der das Sozialistengesetz nicht mehr auf eine bestimmte Zeit verlängern, sondern es verewigen sollte. Konservative und Reichspartei waren bereit, dem zuzustimmen, doch die Nationalliberalen und das Zentrum wollten zumindest die polizeilichen Ausweisungsbefugnisse beseitigt haben, wogegen den Konservativen auch ein verewigtes Gesetz ohne solche Befugnisse zu milde erschien.

Bismarck hielt sich zurück, weil er offensichtlich bei einem Scheitern der Vorlage keine persönliche Niederlage erleiden wollte. Auch spielte er mit dem Gedanken, den Reichstag, sollte er sich widerspenstig zeigen, aufzulösen und vor den Neuwahlen sich »Anlaß zu ernsteren Eingriffen« zu verschaffen, wie er laut Protokoll im Kronrat schon andeutete. Er dachte wohl an die Möglichkeit, eine Stimmung wie vor den Wahlen von 1878 zu erzeugen, als nach den beiden Attentaten auf Wilhelm I. auch ein militärisches Vorgehen gegen die »sozialdemokratischen Kaisermörder« und ein Blutbad von der Mehrheit der Bevölkerung gutgeheißen worden wären. Die Schuld daran hätte er dann jenen zuschieben können, die zuvor im Reichstag gegen harte Unterdrückungsmaßnahmen eingetreten wären.

Doch es kam gar nicht zu der erwarteten heftigen Kontroverse um das Für und Wider einer Milderung der Regierungsvorlage; sie scheiterte an der fehlenden Regie des Kanzlers und an Mißverständnissen zwischen den bürgerlichen Fraktionen. Die Konservativen stimmten gegen das Gesetz, weil es den Ausweisungsparagraphen nicht enthielt, gingen jedoch von der Annahme aus, das Zentrum, das die Streichung dieser Bestimmung bei den Ausschußberatungen durchgesetzt hatte, würde bei der Schlußabstimmung mit den übrigen Kartellparteien für das Gesetz votieren und so die Vorlage retten. Zum allgemeinen Erstaunen stimmte die Zentrumsfraktion aber gegen das Gesetz und brachte es damit zu Fall. Mit einhundertsiebenundsechzig gegen achtundneunzig Stimmen wurde es am 25. Januar 1890 vom Plenum zurückgewiesen. Zwar blieb das alte Sozialistengesetz offiziell noch bis zu seinem Ablauf am 30. September 1890 in Kraft, und bereits am 20. Februar wurde ein neuer Reichstag, diesmal für fünf Jahre, gewählt, dem der abgelehnte Gesetzentwurf von neuem hätte vorgelegt werden können. Aber praktisch machten die Behörden keinen Gebrauch mehr von dem auslaufenden Gesetz, und dem neuen Reichstag wurde die Vorlage nicht mehr präsentiert. Die bürgerlichen Parteien waren sich darüber einig, daß die mit dem Sozialistengesetz betriebene Politik der Unterdrückung und Verfolgung versagt hatte.

Auch wenn Bismarck die Absicht gehabt hätte, nun mit einem entschlossenen Coup den Sozialdemokraten unter rücksichtslosem Einsatz des Militärs den Garaus zu machen – er äußerte wenig später, er hätte zu dieser Zeit nach einem General gesucht, der kaltblütig genug gewesen wäre, »die Sozialdemokraten in ihrem Blute zu ersticken« –, so bot sich ihm dazu keine Gelegenheit mehr.

»Zunächst«, so hat es Franz Mehring geschildert, »stieß Bismarck mit dem Kaiser zusammen. Nicht als ob der Kaiser das Sozialistengesetz beseitigen wollte: im Kronrat am 24. Januar« – einen Tag vor der Schlußabstimmung im Reichstag – »hatte er die Annahme des ›gemilderten‹ Gesetzes befürwortet. Aber er wünschte, für die auf den 20. Februar angesetzten Neuwahlen ... das Panier sozialer Reformen aufgeworfen zu sehen. Am 5. Februar wurden zwei kaiserliche Erlasse veröffentlicht, deren einer die Fortbildung der Arbeiterschutzgebung, namentlich die Beschränkung der Arbeitszeit, versprach, während der andere die Einberufung einer internationalen Arbeiterschutzkonferenz anordnete ... Die Erlasse erregten großes Aufsehen und verstärkten die hohe Flut, die zugunsten der Sozialdemokraten lief, unter deren moralische Erfolge sie mit Recht von den Arbeitern gerechnet wurden.«

Das Zentralwahlkomitee der Partei, das aus Bebel, Liebknecht, Singer, Grillenberger und Meister bestand, verzichtete diesmal auf einen Wahlaufruf. Es gab nur einige technische Anweisungen, warnte vor Störungen gegnerischer Versammlungen, riet zu strengster Sachlichkeit und forderte strikteste Disziplin. Die Arbeiter wußten, worauf es ankam, und sie waren entschlossen, diesmal mit der »Bismärckerei« so abzurechnen, daß dem Kanzler und seinem Kartell Hören und Sehen vergehen sollten. Doch das Wahlergebnis vom 20. Februar 1890 übertraf dann noch die hochgespannten Erwartungen selbst der größten Optimisten: Mit 1 427 000 Stimmen, die für ihre Kandidaten abgegeben wurden, war die deutsche Sozialdemokratie mit einem Schlag zur stärksten Partei im Deutschen Reich geworden! Sie erhielt fast zwanzig Prozent aller abgegebenen Stimmen, und schon im ersten Anlauf konnte sie zwanzig Reichstagssitze erobern: Berlin IV und VI für Singer und Liebknecht, Hamburg I, II, III sowie Altona für Bebel, Dietz, Metzger und Frohme, München II für v. Vollmar, Nürnberg für Grillenberger, ferner Leipzig-Land, Mittweida, Chemnitz, Glauchau-Meerane, wo Ignaz Auer siegte, Zwickau-Grimmitschau, Stollberg-Schneeberg, beide Fürstentümer Reuß, Magdeburg, Solingen, Elberfeld-Barmen sowie erstmals auch Mülhausen im Elsaß.

Das waren im Verhältnis zu den gewonnenen Wählerstimmen, die der Partei eigentlich achtundsiebzig statt nur zwanzig Reichstagssitze hätten sichern müssen, jedoch erst hart errungene Anfangserfolge; zu den Hürden, die das Wahlrecht und die behördlichen Schikanen den Sozialdemokraten errichtet hatten, war noch erschwerend hinzugekommen, daß kurz vor der Wahl drei prominente Kandidaten – Wilhelm Hasenclever, Max Kayser und Julius Kräcker – verstorben waren, die durch Neulinge hatten ersetzt werden müssen. Nun aber standen noch in achtundfünfzig Wahlkreisen Stichwahlen an, und es fragte sich, wie sich die Partei verhalten sollte, wo sie bei nur geringen eigenen Chancen die Entscheidung zwischen zwei bürgerlichen Kandidaten zu treffen hatte.

In St. Gallen war für solche Fälle unbedingte Stimmenthaltung beschlossen worden, als man noch unter dem Eindruck der bitteren Erfahrungen bei den Faschingswahlen gestanden hatte. »Jetzt aber lag es in der Hand der sozialdemokratischen Wähler«, heißt es dazu bei Franz Mehring, »durch die Unterstützung der bürgerlichen Opposition den gigantischen Humbug der Faschingswahlen zu sühnen, durch die völlige Zerschmetterung des Kartells allem verräterischen Spiele mit dem Sozialistengesetze ein Ziel zu setzen. Die klare politische Notwendigkeit siegte über alle formellen Bedenken; bereits am 22. Februar gab das Zentralwahlkomitee die Stichwahlparole aus: Nieder mit dem volksfeindlichen Kartell! Nieder mit den Verewigern des Sozialistengesetzes! Es forderte alle Genossen auf, bei Stichwahlen zwischen bürgerlichen Parteien für alle Kandidaten zu stimmen, die sich gegen jedes wie immer geartete Ausnahmegesetz, gegen jede Verschärfung der Strafgesetze, gegen jede Verkümmerung des allgemeinen Wahlrechts verpflichten würden. Ausdrücklich wurde auf Gegendienste anderer Parteien verzichtet, wurde hervorgehoben, daß nur im Interesse der Partei und des öffentlichen Wohls so verfahren werden müsse.«

Diese blitzartige Korrektur der Kongreßbeschlüsse, die gegen alle marxistischen Grundsätze eine Wahlunterstützung der bürgerlichen Demokraten empfahl, wurde in diesem besonderen Fall selbst von Engels gutgeheißen, unter dessen Augen Eduard Bernstein von London aus im *Sozialdemokrat* schrieb: »Das Kartell zu stürzen, erfordert das Interesse der Arbeiter. Von dieser Hauptaufgabe darf kein lokales Interesse, keine Gemütsanwandlung den Blick wenden!«

Tatsächlich brachten die Stichwahlen Bismarck und seinem Kartell aus Konservativen, Reichspartei und Nationalliberalen eine neue, vernichtende Niederlage: Von ihren bisher zweihundertzwanzig Sitzen im Reichstag verloren die Kartellparteien fünfundachtzig, die Nationalliberalen allein siebenundfünfzig. Das Zentrum konnte die Anzahl seiner Mandate von achtundneunzig auf einhundertsechs erhöhen, die Freisinnigen aber konnten mit Hilfe der Sozialdemokratie die Anzahl ihrer Reichstagssitze mehr als verdoppeln, von zweiunddreißig auf sechsundsechzig.

Damit war das bisherige Regierungsbündnis in eine hoffnungslose Minderheit geraten; auch eine Koalition der Konservativen mit dem katholischen Zentrum war unmöglich. Für Bismarcks Balanceakte mit wechselnden Mehrheiten gab es keine parlamentarische Basis mehr; seine Politik war gescheitert.

Daß die Sozialdemokraten bei den Stichwahlen für sich selbst nur noch fünfzehn weitere Mandate erringen konnten, so daß sie im neuen Reichstag mit nunmehr insgesamt fünfunddreißig Abgeordneten, mehr als dreimal so vielen wie zuvor, vertreten waren, hatte gegenüber der Zerschmetterung des Bismarckschen Kartells zweitrangige Bedeutung. Immerhin konnte die Partei auch dabei etliche neue Wahlkreise gewinnen: Königsberg, Niederbarnim, Bremen, Lübeck, Glückstadt, Halle, Calbe-Aschersleben, Mannheim und sogar München I, wo der Gastwirt Georg Johann Birk als Neuling gegen den nationalliberalen Brauereibesitzer Johann Sedlmayr angetreten war.

Insgesamt hatte sich die Wahltaktik der Partei glänzend bewährt. Sie war enorm gestärkt aus den Wahlen hervorgegangen, bei denen sie einen – wie der *Sozialdemokrat* triumphierend festellte – »fast berauschenden Sieg« errungen hatte. Bismarcks Entlassung schon wenige Tage später, am 14. März 1890, vollendete ihn.

Das Scheitern aller Unterdrückungsgesetze, der völlige Zusammenbruch des Kartells und das Anwachsen der verbotenen Sozialdemokratie zu der an Wählerstimmen stärksten Partei hatten zum Sturz des »Eisernen Kanzlers«, ihres ärgsten Verfolgers, entscheidend beigetragen.

Was einschlug und populär wurde

»Was einschlug und populär wurde, stand nicht gerade auf den Höhen der Kunst«, berichtet Annemarie Lange. »Die ›Schlager‹ waren teils Einsprengsel in den großen Ausstattungsrevuen des Apollo-Theaters, das Paul Lincke leitete, oder des Metropols, wo Giampetro und die Massary ihre Glanzrollen hatten – beides bedeutende Künstler. Das große Publikum kannte sie aber nur in ihren Glanzrollen, Giampetro etwa in seinem ›Donnerwetterlied‹, eine – halb im ›Simplicissimus‹-Stil, halb bewundernde – Satire auf den Hochmut und Adelsstolz der Berlin-Potsdamer Gardeoffiziere, oder der Massary gurrende Stimme in ›Madame Dubarry‹ – ›Ach Joseph, ach Joseph, was bist du so keusch/das Küssen macht so gut wie kein Geräusch – . . . Oder das berühmte ›Es war in der Leipziger Straße . . .‹ (›Erst kamen die Blusen und Kleider/und dann die Jupons voller Pli . . .‹) in Nelsons kleinem Kabarett am Nollendorfplatz . . .«

Paul Lincke war gebürtiger Berliner. Er schrieb die Musik für das Metropol-Theater (die heutige Komische Oper in der Behrenstraße) und dirigierte dort seine großen Revuen, wie zuvor im eigenen Apollo-Theater, im nachtblauen Frack und mit weißen Glacéhandschuhen. Am populärsten wurde sein »Glühwürmchen«, das jeder Leierkastenmann dudelte, in Berlin W ebenso wie in N und S und O, das die »Jnädije« ebenso summte wie ihr Dienstmädchen.

Walter Kollo – er hieß eigentlich Kollodziezski und stammte aus Masuren – schrieb die Musik zu den frechen, sehr volkstümlichen Texten von Hermann Frey – »Komm, hilf mir mal die Rolle drehn/Du bist so dick und stramm«, auch zu dem bekanntesten Schlager, der ein volles Jahr lang im »Tingeltangel« von Buggenhagen am Moritzplatz den Saal füllte und den ganz Berlin sang: »Und dann schleich ich still und leise/immer an der Wand lang . . .«

Der dritte sehr populäre Komponist war Jean Gilbert – der eigentlich Max Winterfeld hieß und aus Hamburg stammte –, der am Thalia-Theater das Orchester dirigierte und – eigens für

Joseph Giampetro – »In der Nacht/in der Nacht/wenn die Liebe erwacht« komponierte, ebenfalls »Puppchen, du bist mein Augenstern« und viele andere Schlager, die zuerst in Berlin, dann in ganz Deutschland populär wurden.

Schließlich noch einer, über den der junge Tucholsky schrieb:»Am Klavier: Rudolf Nelson. Die wippenden, gleitenden, koketten Refrains dieser Lieder ›perlen‹ über die Tasten, kaum bewegen sich seine Finger, aber da, wo der Kehrreim einzusetzen hat, spürt man seine Freude an dem Schlager...«

Von den Sängern und Sängerinnen dieser leichten Muse, der Operette, der Revue und des Kabaretts, waren die in Berlin berühmtesten zweifellos Giampetro, Fritzi Massary (aus Wien) und Guido Thielscher (aus dem oberschlesischen Königshütte). Thielscher, berühmt geworden als »Charley's Tante«, spielte von 1906 an ständig am Metropol-Theater.

»Und dann«, heißt es bei Annemarie Lange, »schneite eines Tages 1906 in das neueröffnete Kabarett ›Roland von Berlin‹ in der Potsdamer Straße eine kleine untersetzte Person mit brandrotem Wuschelkopf und Stummelpfeife, von Kollo am Flügel begleitet, mit einem Schlager von Hermann Frey und einem so ›urkomischen‹ Entenwackeltanz herein, daß noch in der Nacht die Plakate neu gedruckt werden mußten – Claire Waldoff. Sie fand und traf den richtigen Berliner Ton (›Wenn der Bräutjam mit de Braut so mang die Felder jeht‹) und eroberte die Herzen im Sturm. Sie war und blieb der Liebling der Berliner, drei Jahrzehnte lang.«

Von Klaus Budzinski stammt diese Charakterisierung: »Claire Waldoff brachte Liebeslust und -leid der Berliner Hinterhöfe so entwaffnend elementar auf die Bühne, daß keine Peinlichkeit aufkommen konnte. Sie rührte und erheiterte zugleich wie sie – stämmig und kurz – da oben stand ... Sie konnte grölen, daß ›die Wand wackelte‹, und im nächsten Augenblick brach ihre Stimme und hing dünn und wehmutsvoll im Raum ... Und die Waldoff war es auch, die für Tucholskys Gedicht ›Mutterns Hände‹ den rechten Volkston fand. Indessen hielt sich das Volk, aus dessen Mitte Tucholsky dichtete und Claire Waldoff sang (obwohl sie beide ›Intellektuelle‹ waren), mehr an die handfesten Sachen wie ›Wer schmeißt denn da mit Lehm?‹ oder ›Hermann heeßt er‹...« Übrigens, die Waldoff, diese typische »Berliner Pflanze«, die wie keine Zweite »Zille-Typen« glaubhaft darstellte, ist geradezu das Paradebeispiel für berlinische Total-Assimilation eben erst Zugerei-ster: Sie stammte aus Gelsenkirchen. Und überdies wohnte sie, wie auch ihr großer Bewunderer, der gebürtige Sachse Heinrich Zille, gar nicht in Berlin, sondern in Charlottenburg.

Die selbständige Stadt Charlottenburg, von den Berlinern als »Schlorrndorf« verspottet, entwickelte sich von etwa 1900 an mit rasender Geschwindigkeit. Es gab dort neben älteren Landhaus- und Villenvierteln zum Grunewald hin und »hoch-herrschaftlichen« Mietshäusern am und um den Kurfürsten-damm und die Uhlandstraße herum auch ausgedehnte Proleta-rierviertel, die Charlottenburg bis 1910 zu einer der beiden am dichtesten bevölkerten Städte der Welt machten. Heinrich Zille wohnte in der Sophie-Charlotten-Straße 88, vier Treppen hoch, »da, wo das Volk lebt«, und dabei war der »vornehme« Kaiser-damm gleich um die Ecke.

Charlottenburg war stolz auf seine neue Technische Hoch-schule, das neue Schiller-Theater, das neue Aquarium am Zoo, der ebenfalls zu Charlottenburg gehörte, obwohl die Berliner so taten, als hätten sie ihn und jedes neue Tier darin selbst erfunden. Am Charlottenburger »Ku'damm« wurde alljährlich die Ausstellung der – dem Kaiser verhaßten – »Berliner Sezes-sion« eröffnet, und der Charlottenburger Oberbürgermeister Schustehrus nahm daran als einziger offizieller Repräsentant in vollem Amtsornat teil – in der berechtigten Hoffnung, Kaiser und preußische Regierung würden sich mächtig darüber ärgern. In der Gegend um den Zoo, in der Joachimsthaler und der späteren Budapester Straße – noch hieß sie Kurfürsten-damm und bildete dessen Anfang – eröffneten täglich neue Cafés, Bars, Restaurants und Hotels. Das Hotel Eden pries sich an als »das Neueste und Vollkommenste, was Berlin W zu bie-ten hat«, und dabei lag es in der Stadt Charlottenburg.

Zwar waren die Grenzen Charlottenburgs, ebenso die von Schöneberg und Deutsch-Wilmersdorf, nur noch auf dem Stadtplan erkennbar. Aber der Lokalpatriotismus der Eingeses-senen dieser und anderer Vorstädte war mindestens so groß wie noch heute der vieler Spandauer, die deutlich zu unterscheiden wissen zwischen »der Stadt«, also ihrer, und dem fernen Berlin.

Jedes der zur selbständigen Stadt erhobenen Dörfer baute sich eilig ein pompöses Rathaus, »auf Zuwachs«, wie die Berli-ner spotteten, als das Schöneberger Rathaus kurz vor dem Ersten Weltkrieg endlich fertiggestellt war (wobei sie ja nicht ahnen konnten, wie sehr der Berliner Westen es einmal brauchen würde). Als sich selbst die kleine Kolonie Wilhelmsruh hoch im Norden ein Rathaus zulegte, obwohl dort eine Volksschule viel dringender benötigt worden wäre, ließ dies auch ältere Städte der näheren Umgebung Berlins nicht mehr ruhen. So meinte der Magistrat von Köpenick, es sich, den zweiundzwanzigtausend Einwohnern der Stadt und der Welt schuldig zu sein, das historische Rathaus aus dem Mittelalter abzureißen und sich ein prächtiges neues bauen zu lassen: ein neogotisches Backsteingebäude mit vierundfünfzig Meter hohem Turm, das 1904 feierlich seiner Bestimmung übergeben werden konnte, ohne daß man davon in Berlin oder gar anderswo in der Welt Notiz nahm. Erst zwei Jahre später wurde dieses Rathaus, ja ganz Köpenick, mit einem Schlag weltberühmt, nämlich nach dem 16. Oktober 1906.

In den Wochen zuvor hatte Wilhelm II. wieder zahlreiche markige Reden gehalten und kräftig mit dem Säbel gerasselt, war herumgereist, hatte Paraden abgenommen und seinen »Onkel Eduard«, den englischen König, empfangen, der hinterher dem französischen Außenminister Delcassé gegenüber erklärte: »Durch seine unglaubliche Eitelkeit fällt mein Neffe auf alle Speichelleckereien seiner Umgebung herein ... «

Beim Empfang König Eduards hatte der Kaiser – er liebte solche Verkleidungen über alles – die Uniform eines anglo-indischen Regiments getragen, dessen »Chef« er ehrenhalber war; zum nachmittäglichen Gegenbesuch in der britischen Botschaft legte Wilhelm II. »natürlich« britische Admiralsuniform an, zum abendlichen Besuch der Königlichen Oper – es gab den »Fliegenden Holländer« – trug er, »passenderweise«, wie er fand, deutsche Admiralsuniform, zum anschließenden Souper erschien er in der des Regiments Garde du Corps, des »ersten Regiments der Christenheit«. Onkel Eduard hingegen trug seinen Frack, und der Kaiser fand, der englische König hätte ausgesehen wie ein ganz gewöhnlicher Zivilist; erst die Uniform, erklärte er, »verschafft die erforderliche Autorität!«

Der 16. Oktober 1906 in Köpenick sollte ihm voll und ganz recht geben: Der Schuster Wilhelm Voigt, fast sechzig Jahre alt, von denen er knapp die Hälfte in Zuchthäusern verbracht hatte – bereits als Siebzehnjähriger war er wegen Urkundenfälschung und Betrugs, wobei es nur um ein paar Mark ging, zu zwölf Jahren Zuchthaus verurteilt worden –, hatte sich bei einem Trödler eine komplette Hauptmannsuniform besorgt, eine vorbeimarschierende Korporalschaft einfach seinem Befehl unterstellt, mit den Soldaten die Fahrt nach Köpenick angetreten und sie das dortige neue Rathaus besetzen, den Bürgermeister verhaften und nach Berlin bringen lassen, die Stadtkasse beschlagnahmt und die herbeigeeilte Köpenicker Polizei vor dem Rathaus »für Ordnung« sorgen lassen – alles eigentlich nur zu dem Zweck, sich einen gültigen Reisepaß zu verschaffen, den die Behörden ihm verweigert hatten, denn er wollte, wie er sagte, »ins Ausland machen, wo mir keener schief ankiekt, und uff meene ollen Dage'n ehrlichet Leben bejinnen«. Aber im Rathaus gab's keine Pässe; dafür war das Landratsamt zuständig.

Ganz Berlin, ganz Deutschland, ja die ganze Welt lachte, als der Streich bekannt wurde. Ein alter Schuster, an Leib und Seele gebrochen, hatte den wilhelminischen Militarismus samt Uniformfimmel und Kadavergehorsam ad absurdum geführt! Keiner hatte auch nur aufzumucken gewagt, als er seine Befehle erteilte.

Wilhelm Voigt wurde dann gefaßt, weil ihn frühere Mithäftlinge denunzierten, und zu vier Jahren Zuchthaus verurteilt. Der Staatsanwalt warf ihm vor, »den ganzen Staatsapparat in Trümmer geschlagen« zu haben. Voigt hielt ihm entgegen, er hätte sich leicht einen gefälschten Paß »in der nächstbesten Kaschemme« besorgen können, es aber vorgezogen, »alles ordentlich zu machen«. Wilhelm II. soll sehr zufrieden gewesen sein, als er von der »Köpenickiade« erfuhr, ließ sie doch erkennen, »wie fabelhaft die Leute zu parieren gelernt haben!«

Doch die Reichstagswahlen vom Januar 1907 zeigten ihm, daß in Wahrheit die Opposition gegen sein Regiment noch stärker geworden war: Die SPD als die Partei mit den mit weitem Abstand meisten Wählern hatte ihren Stimmenvorsprung weiter ausbauen können, allerdings aufgrund des seltsamen, sehr undemokratischen Wahlrechts Mandate verloren; die zur Fortschrittlichen Volkspartei vereinigte bürgerliche Linke hatte ebenfalls Stimmen hinzugewonnen, auch erheblich mehr Mandate erhalten – allerdings nicht in Berlin. Denn dort hatten die Sozialdemokraten nunmehr fünf der sechs Wahlkreise erobern können. Nur noch Berlin-Mitte entsandte einen Fortschrittsparteiler in den Reichstag.

Dabei hatte Berlin-Mitte noch etwa ganze dreitausend Einwohner! Zwischen Spittelmarkt und Hackeschem Markt, in der

Friedrich- und in der Leipziger Straße wohnten in den meisten Häusern nur noch die Hausmeister mit ihren Familien. »Eine Handvoll Portiers hat verhindern können«, schrieb der »Börsen-Courier« über das Wahlergebnis der Hauptstadt, »daß auch noch der I. Berliner Wahlkreis einen Sozialdemokraten in den Reichstag schickt.«

Für Kaiser und Regierung war dies ein schwacher Trost, denn die Männer der Fortschrittlichen Volkspartei waren ihnen beinahe ebenso verhaßt wie die »Roten«, deren Parlamentarier sich längst nicht mehr so revolutionär gebärdeten wie noch zwanzig Jahre zuvor, dafür aber gelernt hatten, die Regierung mit immer neuen Vorschlägen für Reformen und Verbesserungen in Verlegenheit zu bringen, deren Ablehnung kaum noch vernünftig zu begründen war.

Ebenfalls 1907 waren Stadtverordnetenwahlen in Berlin, bei denen die Sozialdemokraten jedoch nur fünfunddreißig der einhundertsechsundzwanzig Sitze erobern konnten. Nach den abgegebenen Stimmen hätten der SPD sechsundneunzig Sitze zufallen müssen, also die Dreiviertelmehrheit. Das besonders reaktionäre preußische Dreiklassenwahlrecht aber kehrte dieses Verhältnis beinahe um, und so erhielt die bürgerliche Linke fast neunzig Sitze, obwohl sie nur etwa ein Viertel der Wähler hinter sich hatte.

Wählen durfte damals in Preußen ohnehin nur, wer gebürtiger Preuße und mindestens zwei Jahre im Wahlbezirk »in eigener Wirtschaft« ansässig war, was Untermieter, Schlafburschen und alle, die erst in den letzten beiden Jahren zugezogen waren – sei es von weiter her, sei es aus Charlottenburg oder Schöneberg, sei es aus einem anderen Berliner Wahlbezirk – automatisch ausschloß. Eine weitere Voraussetzung war, daß man regelmäßig eine Mindestsumme an Gemeindesteuern bezahlt haben mußte. Wer auch nur für kurze Zeit ohne Arbeit, wer beim städtischen Armenarzt oder auf Gemeindekosten im Krankenhaus gewesen war und der Stadtkasse noch nicht alle Ausgaben voll zurückerstattet hatte, verlor sein Wahlrecht – und ein Tag im Krankenhaus kostete 2,50, soviel wie die Vollpension in einem Hotel der gehobenen Preisklasse. Doch mit alledem nicht genug, es gab ja auch noch die Wählereinteilung nach Steuerklassen. In Berlin wählten 1907 durchschnittlich siebentausendzweihundertundzwölf Wähler der dritten Klasse einen Stadtverordneten, sechshundertdreiundneunzig Wähler der zweiten Klasse ebenfalls einen, und in der ersten Klasse der Großverdiener genügten zur Wahl eines Kandidaten schon vierunddreißig Stimmen. Unter diesen Umständen war es kein Wunder, daß gut die Hälfte aller Wahlberechtigten auf eine Beteiligung an solcher Farce verzichtete. Von den rund 115 000 eingeschriebenen Wählern Berlins der dritten Abteilung gaben nur 52 000 ihre Stimme ab, davon 41 427 für einen Kandidaten der SPD, 8 863 für den der Fortschrittspartei.

Ein weiteres Kuriosum dieses Wahlrechts, das mit Demokratie so gut wie nichts zu tun hatte: Ein Mandat konnte nur erringen, wer das dreißigste Lebensjahr vollendet hatte, und die Hälfte aller Kandidaten jeder, auch der untersten Abteilungen mußten »volle« Hausbesitzer sein; bloßer Teilbesitz schloß vom passiven Wahlrecht aus. Um diese Klippe zu umschiffen, hatte sich Paul Singer etwas einfallen lassen: Er kaufte ein Grundstück in der Prinzenallee, nördlich des Bahnhofs Gesundbrunnen gelegen, errichtete darauf sechs kleine Häuser mit je zwei Wohnungen und überließ fünf davon Kandidaten seiner Partei, die nunmehr zu den »Hausbesitzern« zählten. Einer davon war »Dr. jur. Karl Liebknecht, Rechtsanwalt, wohnhaft Alt Moabit 109, Eigentümer des Hauses Prinzenallee 46 f«. Der Sohn von Wilhelm Liebknecht konnte auf diese Weise schon bald auch ins preußische Abgeordnetenhaus, schließlich sogar in den Reichstag gewählt werden.

Ein folgenschwerer Weihnachtsbrief

Wenige Wochen nach jenem größten – noch heute schönfärberisch »Reichskristallnacht« genannten – Judenpogrom der deutschen Geschichte, am 19. Dezember 1938, schrieb ein deutscher Wissenschaftler in seinem Labor im Berlin-Dahlemer Kaiser-Wilhelm-Institut spätabends noch einen Weihnachtsbrief an seine langjährige engste Mitarbeiterin, die seit kurzem Berlin verlassen hatte und nun in Schweden lebte.

Für den Briefschreiber war es ein anstrengender, in vieler Hinsicht sehr aufregender Tag gewesen: Neben seiner gerade in ein entscheidendes Stadium getretenen wissenschaftlichen Arbeit hatte sich der Professor mit allerlei ihm sehr lästigen anderen Dingen befassen müssen – mit der Weitervermietung der bisherigen Wohnung seiner emigrierten Mitarbeiterin, mit dringenden Geldforderungen an sie, die die Behörden stellten und die es rasch zu begleichen galt, um eine Zwangsversteigerung des in Berlin zurückgelassenen Besitzes der Kollegin zu verhindern, und auch mit persönlichen Mißhelligkeiten: Tags zuvor war in Berlin die Ausstellung »Der Ewige Jude« eröffnet worden, und zu den dort – zur Anstachelung des im Volk offenbar unzureichend vorhandenen Judenhasses – mit meist stark retuschierten Porträts als »jüdische Volksfeinde« Angeprangerten gehörte, neben vielen seiner Freunde, auch er selbst, obwohl er gar kein Jude war. Das »Versehen« war auf seine und des Präsidenten der Kaiser-Wilhelm-Gesellschaft, Carl Poschs, Intervention hin korrigiert, sein Foto wieder entfernt worden. Aber dies alles hatte Nervenkraft und viel wertvolle Zeit gekostet.

»Zwischendurch arbeite ich, soweit ich dazu komme...«, schloß der Professor in dem Weihnachtsbrief an die emigrierte Kollegin seinen Bericht über die aufregenden Ereignisse dieses Tages. »Es ist gleich 11 Uhr abends, und um 11.15 will Straßmann wiederkommen. Es ist nämlich etwas bei den ›Radium-Isotopen‹, was so merkwürdig ist, daß wir es vorerst nur Dir sagen...« Es war ein sehr folgenreicher Weihnachtsbrief. Sein Verfasser war der spätere Nobelpreisträger Otto Hahn, die Emp-

fängerin seine langjährige Mitarbeiterin Lise Meitner. Sie hatte
– bis 1938 wegen ihrer österreichischen Staatszugehörigkeit
unbehelligt – als Jüdin ihre Tätigkeit am Kaiser-Wilhelm-Institut, trotz Fürsprache prominentester Wissenschaftler, aufgeben müssen und war noch vor dem Pogrom vom 9. November
1938 nach Schweden emigriert. Otto Hahns Brief erreichte sie,
als sie gerade in der Nähe von Göteborg Ferien machte und
Weihnachtsbesuch von ihrem Neffen, dem vor den Nazis nach
Kopenhagen geflohenen jüdischen Physiker Otto Frisch, erhalten hatte, und mit ihm diskutierte »die Meitnerin«, wie Hahn
sie zu nennen pflegte, sehr eingehend die aufregenden Neuig-
keiten aus Berlin.

»Kaum waren die Weihnachtstage vorüber«, so beschreibt
David Irving die weitere Entwicklung in seinem Bericht »Der
Traum von der deutschen Atombombe«, der 1967 in deutscher
Übersetzung erschienen ist, »kehrte Lise Meitner nach Stockholm zurück, während Dr. Otto Frisch wieder nach Kopenha-
gen reiste, wo er (dem ebenfalls »nichtarischen«, später vor den
Nazis geflüchteten berühmten Atomtheoretiker und Nobel-
preisträger) Niels Bohr über die – in Berlin immer noch nicht
veröffentlichte – Entdeckung Hahns berichtete; außerdem
erklärte er Bohr, zu welchen Folgerungen er und seine Tante im
Hinblick auf die freigesetzten Energiemengen gelangt seien.
Kurz darauf fuhr Bohr in die Vereinigten Staaten, wo er mehrere Monate blieb. Das Geheimnis reiste mit ihm über den
Atlantik . . .«

Inzwischen war auch Professor Hahn, den Lise Meitner über
die Ergebnisse ihrer Überlegungen natürlich sofort unterrichtet hatte, zur vollen Erkenntnis dessen gelangt, was sein gelun-
genes Atomspaltungsexperiment für Folgen haben könnte.
Was er dachte, sprach Otto Hahn einige Wochen später, im
Februar 1939, gegenüber einem jungen Kollegen, Professor
Carl Friedrich v. Weizsäcker, offen aus: »Wenn meine Entdek-
kung dazu führen sollte, daß Hitler eine Atombombe bekommt, begehe ich Selbstmord!«

Wie Otto Hahn dachten auch andere von den wenigen,
damals noch in Deutschland verbliebenen Naturwissenschaft-
lern von internationalem Rang. Der holländische Chemie-
Nobelpreisträger Pieter Debye, Direktor des Kaiser-Wilhelm-
Instituts für Physik, weigerte sich standhaft, als man ihn nach
Kriegsausbruch dazu aufforderte, eine klare Sympathieerklä-

rung für Hitler und das Nazi-Reich abzugeben; er zog es vor, Berlin zu verlassen und eine Professur in den USA anzunehmen.

Die Abneigung der meisten deutschen Wissenschaftler von Weltruf gegen die Nazis beruhte durchaus auf Gegenseitigkeit. So war Max Planck 1937 von den faschistischen Machthabern gezwungen worden, als Präsident der Kaiser-Wilhelm-Gesellschaft zurückzutreten. Er hatte sich durch sein mutiges Eintreten für entlassene und verfolgte jüdische Kollegen sowie durch seine streng wissenschaftliche Haltung zu der von ihm ausgebauten Einsteinschen Relativitätstheorie bei Hitler höchst mißliebig gemacht.

Aber die Feindschaft der Nazis gegen Max Planck und dessen Maßregelung durch das Regime stellten keinen Einzelfall dar. Nachdem zweiundzwanzig führende Wissenschaftler, darunter Planck, v. Laue, Heisenberg, Hilbert und Prandtl, gegen die Entlassung des schwerkriegsverletzten jüdischen Ordinarius für Mathematik an der Universität Göttingen, Richard Courant, protestiert hatten, startete das Zentralorgan der SS, »Das Schwarze Korps«, am 15. Juli 1937 einen massiven Angriff auf Persönlichkeiten, die das Blatt – und so lautete auch die Überschrift des Hetzartikels – »Weiße Juden in der Wissenschaft« – nannte.

».. . Es gibt vor allem ein Gebiet, wo uns der jüdische Geist der ›Weißen Juden‹ in Reinkultur entgegentritt ...: die Wissenschaft. Sie vom jüdischen Geist zu säubern ist die vordringlichste Aufgabe, denn dem ›Weißen Juden‹, dem wir im Alltag begegnen, können wir wohl mit den Mitteln der Polizei und schärferer Gesetze beikommen; eine jüdisch verseuchte Wissenschaft aber ist die Schlüsselstellung, von der aus das geistige Judentum immer wieder maßgebenden Einfluß auf alle Lebensgebiete der Nation erringen kann ...«

Die Verblendung, die dieser scharfe Angriff der SS-Führung auf die deutsche Wissenschaft und ihre prominentesten Vertreter deutlich erkennen läßt, war das Resultat eines wütenden Hasses der Nazis auf alles, was sich in Deutschland auf Geist, Kultur, humanistische Tradition und logisches Denken gründete, daher die faschistische Ideologie und Praxis gleichermaßen abstoßend fand, insbesondere aber die nazistische Rassentheorie und deren verbrecherische Praktizierung ...

Geradezu katastrophal war die auf den nazistischen »Rasse«-Theorien basierende, von beflissenen Ministerialbürokraten

wie Hans Maria Globke administrativ handhabbar gemachte
(und dabei noch verschärfte) »Arier«-Gesetzgebung des »Dritten Reiches«. Für die Betroffenen hatten diese Gesetze – und
das war auch ihr Zweck – eine zunächst diskriminierende, den
privaten Freiheitsraum stark einengende und schließlich exi-
stenzvernichtende Wirkung. Doch auch die Folgen für die
Gesamtheit der Deutschen waren – was die Gesetzgeber keineswegs vorhergesehen oder gar bezweckt hatten – verheerend,
vor allem auf den Gebieten der Wissenschaft und der Künste.
Denn während man jüdische Geschäfte und Fabriken von der
»arischen Konkurrenz«, sofern diese nur habgierig und skrupel-
los genug war, leicht »arisieren«, das heißt: zu Schleuderprei-
sen übernehmen lassen konnte, war dies in anderen Bereichen
schwer oder gar nicht möglich.

So verloren etwa die deutschen Hochschulen bereits in den
ersten zwei Jahren der Nazi-Diktatur, bis Ende 1934, rund
zwölfhundert Professoren, meist Juden oder Angehörige lin-
ker Organisationen, und in den nächsten fünf Jahren verließen
– gezwungenermaßen oder freiwillig und voller Abscheu – viele
Tausende weiterer Hochschullehrer, »Nichtarier« oder auch
»Arier«, die deutschen Universitäten. Gleichzeitig mit diesem
Abzug von Wissenschaftlern, dessen Ausmaß und qualitative
Auswirkung noch ganz ungenügend erforscht sind, sank an
den deutschen Universitäten die Anzahl der Studierenden von
1933 bis 1939 rapide, nämlich von 127920 auf 58325. An den
Technischen Hochschulen gingen die Einschreibungen im glei-
chen Zeitraum von 20474 auf 9554 zurück.

Doch weit plastischer als alle Statistiken zeigt ein einziger
Satz eines (»arischen«) Göttinger Mathematikers die wahre
Situation an den deutschen Hochschulen nach Beginn der Verfolgung der »Juden und ihres Anhangs« und dem Einzug des
Ungeistes. Auf die besorgte Frage des Nazi-Kultusministers
Dr. Bernhard Rust anläßlich eines Festessens, das ihm die Universität Göttingen gab, ob denn das dortige weltberühmte
mathematische Institut unter den durch die »Arier«-Gesetzge-
bung bedingten personellen Veränderungen wirklich, wie man
mitunter höre, etwas gelitten hätte, erwiderte der aus Ostpreußen stammende greise Professor David Hilbert: »Jelitten? Nee,
Herr Minister, dat jibt es jar nicht mehr...«

Tatsächlich hatte die Universität Göttingen nicht nur eine
ganze Reihe weltbekannter Mathematiker – unter ihnen Her-

mann Weyl, einen engen Freund Einsteins, der 1933 einem Ruf nach Princeton gefolgt war, und Richard Courant, der nun in New York die größte und bedeutendste mathematische Abteilung der USA aufbaute –, sondern auch ihre angesehensten Physiker verloren, beispielsweise den Nobelpreisträger James Franck und Max Born, der erst in der Emigration den Nobelpreis erhielt. Die Göttinger Physiker- und Philosophen-Schule, aus der Wolfgang Pauli, Werner Heisenberg, Paul Dirac, Maria Goeppert-Mayer, Enrico Fermi und auch der spätere »Vater der Wasserstoff-Bombe«, Eduard Teller, hervorgegangen waren, hatte sich in alle Winde zerstreut.

Die Beispiele ließen sich beliebig fortsetzen. Nicht nur Göttingen, sondern alle Universitäten des Reiches verloren die meisten ihrer Koryphäen. Und besonders hart betroffen wurden, neben den mathematischen und physikalischen Abteilungen, vor allem die Medizin, die Chemie, die Technologie, aber auch alle rechts- und geisteswissenschaftlichen Fächer.

Es war indessen nicht allein der freiwillige oder erzwungene Auszug so vieler hervorragender Lehrer und Forscher, der das wissenschaftliche Leben in Deutschland lähmte, sondern auch der Haß der Nazi-Führung gegen alles, was nicht ihren eigenen primitiven Vorstellungen entsprach. Das Resultat war eine geistige und kulturelle Verödung, die sich auf alle Gebiete erstreckte: Malerei, Architektur, Musik, Theater, Film und Literatur, kurz, alle Bereiche der Kunst waren davon ebenso betroffen wie die Wissenschaften.

Aus den deutschen Galerien verschwanden nicht nur die Werke jüdischer Maler wie Marc Chagall, Lovis Corinth, Emil Orlik oder Max Liebermann (der, als man ihn nach seiner Meinung zu der Entwicklung in Deutschland seit 1933 fragte, erwiderte: »Man kann gar nicht soviel essen, wie man kotzen möchte...«), sondern auch die von »entarteten«, anderwärts hochgeschätzten »Ariern« wie etwa Klee, Gauguin, Picasso, Matisse, van Gogh oder Kandinsky. Kokoschka, Beckmann, Feininger und viele andere emigrierten; Emil Nolde wurde mit Malverbot belegt.

Auf dem Gebiet der Architektur vollzog sich Entsprechendes: Das berühmte Dessauer Bauhaus wurde geschlossen; für die bedeutendsten Architekten (und nicht nur die Juden unter ihnen wie Erich Mendelsohn oder Richard J. Neutra, sondern auch für »Arier« wie Walter Gropius und Ludwig Mies van der

Rohe) war fortan in Deutschland kein Platz mehr. Ja nicht einmal vor der Zerstörung »artfremder« Bauwerke machte die Barbarei halt: Das Palais Ephraim, eine Perle des Berliner Rokoko, fiel der Spitzhacke zum Opfer.

Was sich im Bereich der – vor 1933 Weltruf genießenden – deutschen Bühnen abspielte, hat der dann ebenfalls emigrierte Autor und Regisseur Max Ophuels treffend beschrieben: »So ging ich also am nächsten Morgen ins Theater. Es war 10.10 Uhr. Traditionsgemäß trudelten die Berliner Schauspieler erst langsam und verschlafen gegen 11 Uhr ein. Als ich auf die leere Bühne trat, stand am Souffleurkasten ein Mann, der mir unbekannt war ... – er hätte ein stellungsloser Ingenieur sein können oder Zivilbeamter der Kriminalpolizei. Er sagte mit schmalen Lippen: ›Ich bin der neue Direktor. Herr Barnowsky wird dieser Tage seine Stelle niederlegen ... Von jetzt ab beginnen wir die Proben um zehn. Wer nach zehn kommt – ob Talent oder nicht –, ist nicht mehr interessant ... Und das gilt auch für Sie – nebenbei ...‹ Ich ging zur Telefonzelle hinter den Kulissen, rief meine Frau an und sagte: ›Packen!‹ Auch die Valetti meinte: ›Wenn die Stationsvorsteher die Bühne übernehmen, dann wird's Zeit!‹ ...« Rosa Valetti, die große »komische Alte« des Theaters und Films vor 1933, hatte nichts gegen wirkliche Stationsvorsteher am rechten Ort. Was sie meinte und womit sie den Nagel auf den Kopf getroffen hatte: Von nun an war die Kunst – wie alles andere in Deutschland – »vorgesetzten«, ihren Führern gegenüber servilen, ihre »Untergebenen« brutal tretenden Uniformträgern ausgeliefert, die immerzu »Dienst« taten, sich mittels Trillerpfeifen artikulierten und alles ihrer eigenen Borniertheit »gleichzuschalten« trachteten.

Dank der »Arier«-Gesetzgebung konnten sie sich zu den Edlen, zu den »Herrenmenschen« zählen, und das Publikum hatte sich mit dem zu begnügen, was sie ihm vorsetzten. Die Spießer fanden sich auch damit ab; es war für sie nur etwas verwirrend, daß so vieles, was sie bislang mit Respekt oder gar Vergnügen konsumiert hatten, jüdisch und damit »artfremd« sein sollte – etwa Mendelssohn-Bartholdys Lieder oder Heinrich Heines Loreley oder auch Charly Chaplin, der Clown Grock oder der populäre Heldendarsteller Conrad Veidt, ja selbst ihre Lieblingsoperette »Im weißen Rößl« ... Auf Albert Einstein und seine Relativitätstheorie, auf Sigmund Freud und die Psychoanalyse, erst recht auf vieles andere, das sie nicht begriffen, konnten sie leichten Herzens verzichten – aber warum, so fragten sie sich im stillen, mußten Richard Tauber und Gitta Alpar, Josef Schmidt und Fritzi Massary emigrieren? Warum durfte Elisabeth Bergner nicht mehr auftreten? Wieso kam Marlene Dietrich nicht wieder, die doch bestimmt nicht »artfremd« war? Wo war Adolf Wohlbrück geblieben, wo Lilli Palmer, Ernst Deutsch, Therese Giehse, Peter Lorre, Fritz Kortner, Grete Mosheim und Max Pallenberg?

So berechtigt die Fragen nach diesen und vielen anderen, nicht minder großen und beliebten Künstlern waren, die Nazis hatten darauf nur eine Antwort, die von Dr. Joseph Goebbels so formuliert worden war: »Gewiß ist der Jude auch ein Mensch. Noch nie hat das jemand von uns bezweifelt. Aber der Floh ist auch ein Tier – nur kein angenehmes. Da der Floh kein angenehmes Tier ist, haben wir vor uns und unserem Gewissen nicht die Pflicht, ihn zu hüten und zu beschützen und ihn gedeihen zu lassen, sondern ihn unschädlich zu machen. Gleich so ist es mit den Juden ... Hinaus mit dem Gesindel! Wir wollen für unser deutsches Volk eine judenreine deutsche Kultur...!«

Hitlers Borniertheit und Haß gingen noch weiter, nicht nur hinsichtlich dessen, was er den Juden anzutun gedachte und dann ja auch antat, sondern auch in bezug auf die Opfer, die er in Verfolgung seines infernalischen Judenhasses den Deutschen abverlangte. In den Erinnerungen des aus Deutschland geflüchteten »nichtarischen« Chemie-Nobelpreisträgers Richard Willstätter findet sich dafür ein eindrucksvoller Beweis: »Als die Säuberung der Kaiser-Wilhelm-Institute wie der Universitäten schon sehr weit fortgeschritten war«, so berichtet Professor Willstätter, »erbat Geheimrat Carl Bosch eine Audienz beim ›Führer‹, um vor der weitgehenden Entlassung nichtarischer Forscher zu warnen. Aber der ›Führer‹ bestand auf der schärfsten Durchführung der eingeleiteten Maßnahmen. Darauf wies Bosch auf die schwere Beeinträchtigung hin, die der Pflege von Chemie und Physik in Deutschland drohe. ›Dann arbeiten wir eben einmal hundert Jahre ohne Physik und Chemie!‹ war nach Boschs Erzählung die Antwort des ›Führers‹...«

Und so mußten denn, während das »Dritte Reich« mit aller Kraft aufrüstete und auf einen neuen Weltkrieg zusteuerte, nicht nur Ärzte und Schauspieler, Architekten und Soubretten, Philosophen und Regisseure, Juristen und Laborantinnen,

Chefredakteure und Dentisten, Kameraleute und Pharmakologen, kurz, alle, die irgendeinen Beruf, der eine gewisse Qualifikation erforderte, ausübten und die entweder selbst »Nichtarier« oder »jüdisch versippt« waren, ihre Posten aufgeben. Sie konnten, wenn sie in Deutschland blieben, bei der Müllabfuhr, der Kanalreinigung, auf Friedhöfen und in einigen Betrieben, zum Beispiel bei der Kadaververwertung, als Hilfsarbeiter ein kärgliches Brot verdienen (und ihrem Abtransport zur »Endlösung« entgegensehen), sofern sie es nicht vorzogen, und noch die Möglichkeit hatten, Deutschland zu verlassen. Rund dreihunderttausend »Nichtarier« traten die Flucht an, viele erst im letzten Augenblick, und mit ihnen gingen weitere Hunderttausende, die zwar nach den »Rasse«-Gesetzen »Arier« waren, es aber vorzogen, oft ohne vom Gestapo-Terror direkt bedroht zu sein, in der Fremde zu leben.

Unter denen, die als Juden ihre Stellungen aufgeben mußten und ins Exil flüchteten, waren nicht wenige, die Schlüsselstellungen in der kriegsentscheidenden Forschung und Industrie eingenommen hatten (oder hätten einnehmen können), wofür ein paar Beispiele genannt seien:

Reinhold Rüdenberg mußte als Jude 1933 seine Professur an der Technischen Hochschule Charlottenburg aufgeben und verlor dann auch seinen Posten als Chef-Elektroingenieur des Siemens-Konzerns. 1936 flüchtete er nach London, und als Erfinder des Elektronenmikroskops und des selbstanlaufenden Wirbelstrom-Induktionsmotors erhielt er bald darauf einen Ruf an die amerikanische Harvard-Universität. Er bereicherte die amerikanische Elektroindustrie durch zahlreiche wichtige Erfindungen; unter anderem gelang ihm später die direkte Umwandlung von Atomkraft in Wechselstrom.

Paul Schwarzkopf, der im Ersten Weltkrieg das Berliner Wolfram-Laboratorium, später das Metallwerk Plansee geleitet hatte, emigrierte 1936 in die USA, wurde dort Chefmetallurge eines bedeutenden Konzerns und leistete als Erfinder der »powder metallurgy« wichtige Beiträge zu den alliierten Kriegsanstrengungen.

Ein Spezialist auf dem Gebiet der Gletscherforschung, Max F. Perutz aus Wien (der später für seine bahnbrechenden Arbeiten über Proteine und Nukleinsäuren mit dem Nobelpreis ausgezeichnet wurde), flüchtete nach England und war während des Krieges unter anderem mit der Erprobung der Anlage künstlicher Flugbasen auf im Nordatlantik schwimmenden Eisflächen befaßt.

Georg Schlesinger, bis 1933 Deutschlands führender Maschinenbauer und Ordinarius an der Technischen Hochschule Charlottenburg, ging bald nach seiner Entlassung ins Exil und wurde im Zweiten Weltkrieg Direktor der Forschungsabteilung eines britischen Instituts.

Die bedeutendsten Beiträge zur amerikanischen Radarentwicklung leisteten die späteren Physik-Nobelpreisträger Hans Bethe, vor seiner Flucht in die USA Privatdozent für theoretische Physik an der Universität München, und Felix Bloch, Schüler von Heisenberg und Niels Bohr, mit 27 Jahren bereits Privatdozent für theoretische Physik an der Universität Leipzig, vor allem aber der holländisch-jüdische Physiker Samuel Goudsmit, dessen Eltern von den Nazis ermordet wurden, während er selbst noch Zuflucht in den USA gefunden hatte. Diese sieben Beispiele mögen genügen.

Der britische Kriegspremierminister Winston Churchill meinte dazu schon 1940: »Seit die Deutschen die Juden aus Deutschland vertrieben und dabei ihr eigenes technologisches Niveau gesenkt haben, sind wir ihnen wissenschaftlich voraus!« Und Hitlers Großadmiral Dönitz klagte 1943 in einem Schreiben an den Reichsforschungsrat, daß »der Feind den U-Boot-Krieg durch seine wissenschaftliche Überlegenheit unwirksam gemacht« hätte.

Es gibt indessen noch einen weiteren wichtigen Faktor, der die Spekulationen darüber, ob sich das Hitler-Regime durch seine juden- und geistesfeindliche Politik vielleicht selbst aller Siegeschancen im Zweiten Weltkrieg beraubt haben könnte, müßig erscheinen läßt, nämlich die Atombombe, die erste jener nuklearen Waffen, die die Machtverhältnisse in der Welt völlig verändert haben.

Zwar sind Kernwaffen im Zweiten Weltkrieg gegen das Nazi-Reich nicht zum Einsatz gekommen, sondern nur noch gegen Japan, das 1945 weiter Widerstand leistete, als die Faschisten in Europa unter den vereinten Schlägen der Sowjetunion und der Westmächte bereits bedingungslos kapituliert hatten. Aber gerade dieser Umstand berechtigt zu der Annahme, daß auch ein längeres »Durchhalten« der Armeen Hitlers und der Einsatz weiterer »Wunderwaffen« von seiten der Deutschen nicht die geringste Aussicht gehabt hätten, das Kriegsglück noch einmal zugunsten der Nazis zu wenden. Denn natürlich wäre Hitler allenfalls imstande gewesen, diejenigen neuen Waffen einzusetzen, deren Entwicklung 1945 bereits im Gange war; Atombomben zählten dazu – glücklicherweise – nicht. Und so hätten die Amerikaner, die Mitte 1945 schon über fertige, jederzeit einsatzbereite Kernwaffen verfügten, jedem noch so verbissenen deutschen Widerstand den Garaus machen können.

Hitler hatte von Anfang an die seiner Meinung nach auf »jüdischer Spekulation« beruhende theoretische Physik verachtet und die militärische Anwendbarkeit ihrer Ergebnisse für einen – gleichfalls jüdischen – »Bluff« gehalten. Die führenden deutschen Atomphysiker, die ihm das Gegenteil hätten beweisen können, waren entweder längst von ihm verjagt worden oder zeigten keine Neigung, dem Vernichter des deutschen Geisteslebens und Verächter jeder Moral auch noch eine solche Waffe in die Hand zu geben, ja hätten – wie Otto Hahn es formulierte – »eher Selbstmord« begangen.

Die Amerikaner hingegen dachten anders als Hitler, sowohl über den Wert der theoretischen Physik und die ihr zugrunde gelegte Einsteinsche Relativitätstheorie als auch über die sich damit befassenden Wissenschaftler, die aus dem sich während des Zweiten Weltkriegs mächtig ausdehnenden Bereich faschistischen Terrors zu ihnen geflüchtet waren. Die zahlreichen Emigranten im »Atom-Club«, wie die Gruppe der mit der nuklearen Entwicklung befaßten Koryphäen sich nannte, wußten – durch Lise Meitner, Otto Frisch und Niels Bohr –, daß Otto Hahn die Kernspaltung Ende 1938 im Laborversuch gelungen war; sie schätzten die Fähigkeiten ihrer in Nazi-Deutschland zurückgebliebenen Kollegen, die technischen und sonstigen Möglichkeiten des »Dritten Reiches« und die Skrupellosigkeit seiner Führung richtig ein. Und sie zogen daraus den – wie wir wissen: irrigen, wenngleich naheliegenden – Schluß, Hitler könnte in absehbarer Zeit über Atombomben verfügen, vor denen alle seine Kriegsgegner, die solche Waffen nicht hatten, dann würden kapitulieren müssen. Einer Weltherrschaft des Nazi-Faschismus hätte danach nichts mehr im Wege gestanden.

Dieser entsetzliche Gedanke ließ die emigrierten Wissenschaftler nicht ruhen. Besonders vier von ihnen – Leo Szilard, Eugen Wigner, Victor Weißkopf und Eduard Teller – beschäftigten sich damit Tag und Nacht. Szilard, bis 1933 Privatdozent in Berlin, war dabei die treibende Kraft; Teller, der – wie übrigens auch Weißkopf – in Göttingen, zuvor in Leipzig bei Heisenberg studiert hatte, war 1933 zu Niels Bohr nach Kopenhagen geflüchtet und hatte dort mit dem Bohr- und Heisenberg-Schüler Carl Friedrich v. Weizsäcker enge Freundschaft geschlossen, so daß er von den vieren am besten über die personellen Voraussetzungen einer deutschen Atomforschung Bescheid wußte.

Überlegungen der vier Wissenschaftler, daß man die amerikanische Regierung vor den Gefahren einer deutschen Kernwaffenentwicklung warnen müßte, führten dazu, daß Eugen Wigner, der wie Albert Einstein an der Universität von Princeton lehrte, Szilard Gelegenheit verschaffte, das ganze Problem mit Einstein ausführlich zu erörtern.

Albert Einstein begriff sofort, wie ernst die Sorgen waren, die Szilard und seine Freunde quälten. Und er war es, der dann einen ausführlichen Brief an Präsident Franklin D. Roosevelt schrieb, der diesem dann am 6. Oktober 1939, fünf Wochen nach Ausbruch des Kriegs in Europa, von einem mit den Emigranten eng befreundeten Berater des Präsidenten, Alexander Sachs, im Weißen Haus übergeben und erläutert wurde.

Von diesem ersten Anstoß bis zur Inangriffnahme des *Manhattan Project* – so lautete der Deckname für das erste Atombomben-Bauprogramm der USA – vergingen sechsundzwanzig Monate, und dann dauerte es, trotz des Einsatzes von rund dreihunderttausend Facharbeitern, Technikern und Wissenschaftlern aller naturwissenschaftlichen Bereiche, nochmals über drei Jahre, bis die erste Bombengeneration einsatzbereit war. Zur Spitzengruppe der Physiker, Chemiker und Mathematiker, ohne die das *Manhattan Project* nicht hätte gemeistert werden können, gehörte eine erstaunlich große Anzahl von deutschen Emigranten und eine Schar von höchstqualifizierten Wissenschaftlern aus anderen europäischen Ländern, die vor oder wegen der Judenverfolgung geflüchtet waren: Außer Szilard, Wigner, Teller, Weißkopf und dem vor dem Zugriff der Nazis mit seiner jüdischen Frau aus Ialien geflüchteten Physik-Nobelpreisträger Enrico Fermi, mit dem die Szilard-Gruppe schon vor der Unterredung mit Einstein in Kontakt gewesen war, kamen auch Fermis jüdische Landsleute Emilio Gino Segré, der später den Nobelpreis erhielt, und Professor Bruno Rossi; aus dem von Hitlers Truppen besetzten Dänemark kam Niels Bohr; von den aus Nazi-Deutschland zunächst nach England Geflüchteten nahmen Otto Frisch und Rudolf Peierls, der vor seiner Flucht in Leipzig bei Heisenberg studiert hatte, am *Manhattan Project* teil. Hans v. Halban, gebürtiger Leipziger, war 1933 zunächst zu Niels Bohr nach Kopenhagen, dann zu Joliot-Curie nach Paris geflohen, von dort kurz vor dem Einmarsch der Truppen Hitlers auf abenteuerlichen Wegen (und unter Mitnahme der gesamten Vorräte Frankreichs an Schwerem Wasser, das für die Atombombenherstellung benötigt wurde) nach England; auch er wirkte am *Manhattan Project* mit.

Neben Fermi gehörte Hans Bethe, der Privatdozent für theoretische Physik an der Universität München gewesen war, zur obersten Führungsgruppe des Projekts; maßgeblichen Anteil hatten auch der deutsche Physik-Nobelpreisträger James Franck, der Göttingen 1933 unter Protest verlassen hatte, der schon an anderer Stelle erwähnte Heisenberg-Schüler Felix Bloch und der Spezialist für Niedrigtemperaturphysik Immanuel Estermann, ein gebürtiger Berliner, seit 1933 am Carnegie-Institut. Für die »Chemie der Bombe« war der bis 1933 in Deutschland tätige Forscher Eugen Rabinowitsch zuständig. Als »Chef-Mathematiker« des *Manhattan Project* fungierte Hans v. Neumann, bis 1933 Professor in Berlin, der das Rechenzentrum leitete und es mit der ersten Computer-Generation ausstattete. Und Georg Placzek aus Prag, ein enger Freund von Bethe und Weißkopf, der in Berlin, Göttingen und dann bei Niels Bohr studiert hatte, spielte ebenfalls eine wichtige Rolle.

Als am 17. September 1942 ein Berufssoldat, der amerikanische Brigadegeneral Richard Groves, die militärische Gesamtleitung des *Manhattan Project* übernahm, erklärte er seinen Sicherheitsoffizieren: »Sie werden es hier nicht leicht haben, denn Sie müssen hier auf die größte Ansammlung von unberechenbaren, närrischen Käuzen und *crackpots* aufpassen, die es je gab!« – ein Urteil, dem sich auch Hitler sofort angeschlossen hätte, allerdings mit schrecklichen Konsequenzen für die Betroffenen. Brigadier Groves unternahm sogleich »Erziehungsversuche«, besonders an den deutschen Emigranten und vor allem an Szilard. Später meinte er: »Na ja, gewiß, ohne Szilards Hartnäckigkeit hätten wir nie eine Atombombe gebaut, aber nachdem die Sache lief, hätte er von mir aus ruhig verschwinden können...«

Szilard und die anderen »Narren« wären indessen gar nicht entbehrlich gewesen, und sie fuhren fort, Groves und die anderen Militärs durch Mißachtung der Konventionen, geistreiche Späße und unbändige Intelligenz zu verwirren und zu entsetzen, wobei sich der noch sehr junge Professor Richard Feynman, ein Sohn ostjüdischer Flüchtlinge und späterer Nobelpreisträger, besonders hervortat. Er brachte es sogar fertig, General Groves' streng bewachten und durch supermoderne Kombinationsschlösser gesicherten Chef-Panzerschrank gewaltlos zu öffnen, darin – mitten unter den allergeheimsten Papieren – einen Zettel zu deponieren und den Safe wieder sorgfältig zu verschließen, ohne daß die Wachen etwas davon bemerkten. Auf dem Zettel aber stand in einer kindlich anmutenden Handschrift: »Top Secret – nur für General Groves persönlich: Rat mal, wer das wohl war!«

»Ratet mal, wer das wohl war!« – das hätten einige Dutzend aus Europa geflohene Koryphäen der Kernphysik auch die wenigen überlebenden, auf ihre Aburteilung als Hauptkriegsverbrecher im Nürnberger Prozeß wartenden Paladine Hitlers fragen können, als die erste Atombombe Hiroshima vernichtete und, einige Wochen nach der bedingungslosen Kapitulation des Großdeutschen Reiches, auch die Japaner zwang, die Waffen zu strecken, zugleich aber auch dem letzten unbelehrbaren Nazi bewies, daß es für den »Führer« und angeblich »größten Feldherrn aller Zeiten« keinerlei Chance eines Sieges mehr gegeben hatte.

Aber die am *Manhattan Project* maßgeblich beteiligten Emigranten zeigten, was den katastrophal erfolgreichen Einsatz der ersten Atombomben anging, keinerlei Genugtuung – im Gegenteil! Um ihrer Ehre willen sei bemerkt, daß die meisten der von uns namentlich erwähnten und etliche weitere Wissenschaftler, die vor Hitler in die USA geflohen waren, einen mutigen Versuch unternahmen, den Einsatz »ihrer« Bombe zu verhindern. Mutig deshalb, weil der Protest einzelner Menschen gegen ein ihnen unmoralisch erscheinendes Vorgehen des Staates, in dem sie leben, zu allen Zeiten Mut erfordert hat.

Den Emigranten unter den amerikanischen Atomforschern, die sich 1945 mit energischem Protest gegen einen Einsatz der von ihnen selbst angeregten, maßgeblich mitkonstruierten und unter enormen finanziellen Opfern ihres Gastlandes fertiggestellten Bombe wandten, drohte zwar kein Folterkeller und kein KZ, doch immerhin berufliche Kaltstellung und der Vorwurf groben Undanks. Es verdient deshalb hervorgehoben zu werden, daß an der Denkschrift, mit der der Einsatz der ersten Atombombe verhindert werden sollte, drei nach 1933 aus Deutschland geflohene jüdische Wissenschaftler maßgeblichen Anteil hatten: James Franck, unter dessen Namen diese Denkschrift als »Franck Report« in die Geschichte eingegangen ist; Eugen Rabinowitsch, Chef der Abteilung »Chemie der Bombe«, und Leo Szilard.

Und gerade Szilard, der eigentliche Initiator des *Manhattan Project*, war es dann, der im Frühjahr 1945 den schon fast verzweifelten Versuch unternahm, »den unheimlichen ›Dschinn‹, den wir, wie der Fischer in Tausendundeiner Nacht, aus der Flasche herausgelassen hatten, wieder einzufangen und einzusperren, ehe er Unheil anrichten konnte«.

»Während des ganzen Jahres 1943 und eines Teils von 1944«, heißt es in Szilards Bericht weiter, »war es unsere größte Sorge, daß die Deutschen eine Atombombe vor der Landung (der Westalliierten) in Europa fertigstellen könnten ... 1945 aber, als wir aufhörten, uns Sorge zu machen, was die Deutschen uns antun könnten, da begannen wir uns besorgt zu fragen, was die Regierung der Vereinigten Staaten wohl anderen Ländern antun könnte.«

Wieder war es Albert Einstein, an den Szilard sich wandte, damit dieser durch sein immenses Ansehen einem Appell an den Präsidenten der USA, keine Atombomben einzusetzen, den nötigen Nachdruck verliehe. Und wieder zögerte Einstein keinen Augenblick. Sein Brief an Roosevelt, der zusammen mit einem Memorandum der maßgebenden Mitarbeiter am *Manhattan Project* dem Präsidenten zugeleitet wurde, verfehlte indessen sein Ziel. Roosevelt fand nicht mehr die Zeit, sich damit zu befassen; Einsteins Brief und die Denkschrift fanden sich unter den unerledigten Papieren des am 12. April 1945 verstorbenen Präsidenten. Und während Roosevelt stets ein offenes Ohr für die Vorschläge und Warnungen der von den Nazis aus Europa Verjagten gehabt hatte, war sein Nachfolger, der Provinzdrogist Harry S. Truman, nicht der Mann, auf den Appell einiger »Eierköpfe« aus Deutschland etwas zu geben; er gab dem geplanten Einsatz der Atombomben gegen das schon geschlagene Japan seine Zustimmung.

Warten auf Befreiung

Der Monat März verging, ohne daß sich die Gestapo um mich kümmerte. Ich blieb in strenger Einzelhaft, konnte weder Post noch Besuch empfangen und wartete mit wachsender Ungeduld auf eine Änderung des Zustands. Auch der Pfarrer, mein erster Schutzengel, ließ sich nicht mehr sehen. Meine einzige Nachrichtenquelle war eine Zeitung, die mir der Justizwachmeister zusteckte, wenn er sie gelesen hatte.

Den täglichen Wehrmachtsberichten war zu entnehmen, daß die sowjetischen Truppen überall vorrückten und den Dnjestr bereits überschritten hatten. Anscheinend waren sie schon in Rumänien eingedrungen. Mitte März – vier oder fünf Tage später, als der Gewährsmann von Herrn Desch vorausgesagt hatte – wurde Ungarn von der Wehrmacht besetzt – »auf Wunsch des ungarischen Reichsverwesers, Admiral Miklos v. Horthy«, wie es in der Sprachregelung des Reichspropagandaministeriums hieß. Horthy hatte den »Führer« eigens aufgesucht, um ihm diese Bitte vorzutragen. In Budapest war ein »Reichsbevollmächtigter« eingesetzt worden ... Bald darauf hatte die amerikanische Luftwaffe, wie schon Anfang März gegen Berlin, erstmals einen »Terrorangriff« auf Wien geflogen. Aber am »Atlantikwall« rührte sich noch nichts. Die Invasion im Westen ließ weiter auf sich warten ...

Anfang April wurde ich plötzlich verlegt: in das kleine Polizeigefängnis von Ratingen, in der Nähe des dortigen in einem Schulgebäude untergebrachten Ausweichquartiers der Gestapo-Leitstelle Düsseldorf. Nun konnte es nicht mehr lange dauern, bis meine Vernehmung beginnen würde ...

Ende Mai wurde ich wieder ins Vernehmungszimmer geholt, aber diesmal wartete dort nicht Kommissar Richter, sondern der SD-Führer aus Berlin, der mich – wie ich aus meiner Akte wußte – nochmals vernehmen sollte, ein jüngerer Mann in Zivil. Er gab sich ganz freundlich, las interessiert meine diversen Berichte und fragte mich plötzlich:»Wissen Sie eigentlich, um was es uns geht?«

Ich versuchte mich vor einer Antwort auf diese heikle Frage zu drücken, aber es war gar nicht nötig – er redete drauflos: Wie dringend es sei, die Westmächte davon zu überzeugen, daß sie *gemeinsam* mit Deutschland Europa gegen den Bolschewismus verteidigen müßten; daß es *Wahnsinn* sei, uns kaputtzumachen ... Schließlich sagte er: »Zwei Ihrer Vorschläge scheinen mir ganz interessant. Ich werde sie prüfen lassen ... Überlegen Sie weiter – vielleicht fällt Ihnen noch etwas ein. Der Kommissar kann mich dann verständigen ...«

Eine Woche später, in der Nacht vom 5. zum 6. Juni, berichteten die Klopfzeichen von der Befreiung Roms, von heftigen Luftangriffen auf den »Atlantikwall« und französische Eisenbahnknotenpunkte, vom weiteren Vormarsch der Roten Armee und von Erfolgen der jugoslawischen Partisanen. Dann kam etwas ganz Ungewöhnliches: »Erwarte weitere sehr wichtige Meldung – komme später wieder – Ende.«

Ich blieb auf dem Boden sitzen und wartete stundenlang, mit dem Ohr an der Heizung. Endlich, gegen Morgen, klopfte es wieder. Ich schrak aus dem Halbschlaf auf und schrieb mit. Endlich die Meldung, auf die wir schon so lange gewartet hatten!

Beim Aufschluß um sechs Uhr brüllte ich die Neuigkeit hinaus: »Die Invasion hat eben begonnen! Mit 7 000 Schiffen und 16 000 Flugzeugen haben sie in Frankreich angegriffen und sind gelandet! Bald sind sie hier!«

Oberwachtmeister Wißmann starrte mich fassungslos an. »Zellenkoller, was? Nehmen Sie sich zusammen, Mann, sonst kommen Sie in die Beruhigungszelle!«

Aber als er dann in seiner »Zentrale« die 7-Uhr-Nachrichten des »Großdeutschen Rundfunks« gehört hatte, kam er sehr aufgeregt wieder. Unterstützt von einem Kollegen, durchsuchte er meine Zelle. Zentimeter für Zentimeter. Dann folgte eine Leibesvisitation. Schließlich fragte er mich, fast verzweifelt: »Los, sagen Sie mir, wie Sie das erfahren haben! Es passiert Ihnen nichts – Ehrenwort!«

»Ich kann es mir auch nicht erklären, Herr Wißmann – stimmt es denn? Ich habe manchmal so was – es ist eine besondere Gabe ...«

Am Nachmittag kam Kommissar Richter. »Was haben Sie bloß angestellt? Die sind ganz aus dem Häuschen ...«

Er grinste. Dann sagte er: »Die Landung in der Normandie ist ihnen tatsächlich gelungen – es muß die Hölle gewesen sein! Wie lange, meinen Sie, wird es dauern, bis sie hier sind ...?«

»Nicht lange, hoffe ich ...«

Knapp siebenhundert Kilometer Luftlinie lagen zwischen unserem Gefängnis und der Seinebucht, wo Amerikaner, Briten und Kanadier eine Bresche in den Atlantikwall geschlagen hatten. Die Alliierten waren der Wehrmacht in jeder Beziehung weit überlegen. Sie hatten die volle See- und Luftherrschaft errungen. Fast sechzehntausend Bomber und Jäger waren am Invasionstag bei den Alliierten im Einsatz, denen die deutsche Luftwaffe ganze dreihundertfünfzig Maschinen entgegenstellen konnte, von denen neunzig gleich abgeschossen wurden. Zur See war die Überlegenheit der Angreifer ebenso gewaltig.

Binnen zehn Tagen landeten in der Normandie rund sechshundertzwanzigtausend Mann, dazu fast hunderttausend Fahrzeuge aller Art und mehr als zweihunderttausend Tonnen Kriegsmaterial. Aber noch war die seit Monaten auf eine Invasion vorbereitete Wehrmacht durchaus in der Lage, härtesten Widerstand zu leisten. Würden die Alliierten überhaupt durchbrechen können – ins Innere Frankreichs, über die Ardennen, durch den Westwall...?

Wir waren von schrecklichen Zweifeln geplagt und warteten voller Ängste auf den längst fälligen Gegenstoß der deutschen Armeen in Frankreich, von dessen Erfolg oder Mißlingen alles abhing. Wir wußten natürlich nicht, daß Hitler die Landung in der Normandie, das größte Unternehmen dieser Art, das es je gegeben hatte, zunächst für ein bloßes Täuschungsmanöver hielt und die »richtige« Invasion bei Calais, mit Stoßrichtung Ruhrgebiet, erwartete. Fast eine Woche lang verweigerte er den in der Normandie sich verzweifelt wehrenden deutschen Verbänden jede Verstärkung oder Entlastung. Als er dann endlich den Einsatz der in Reserve gehaltenen »Panzergruppe West« genehmigte, war es dafür zu spät. Ihr Angriff brach im Bombenhagel und Geschützfeuer der Alliierten zusammen.

Aber die Amerikaner und Engländer kamen trotzdem nicht voran. Den ganzen Juni und Juli hindurch blieb es beim Stellungskrieg im Küstenbereich. Während die Sowjets bereits vor Warschau standen und tief in Finnland und Rumänien eingedrungen waren und auch die alliierten Truppen in Italien schon den Golf von Genua, Florenz und Rimini erreicht hatten, warteten wir vergebens auf einen alliierten Durchbruch in Frankreich.

Von dem mißglückten Versuch, Hitler durch ein Attentat zu beseitigen, erfuhren wir einen Tag später. Am 20. Juli hatte zwar vom frühen Nachmittag an beim Wachpersonal große Aufregung geherrscht, aber wir hatten nicht herausfinden können, warum. Um so größer war unsere Enttäuschung, als wir hörten, daß der Anschlag mißlungen war. In den folgenden Tagen gab es in Anrath viele »Zugänge«. Offenbar waren Massenverhaftungen im Gange. Als ich Anfang August wieder zu Kommissar Richter ins Vernehmungszimmer gebracht wurde, schien er mir recht niedergeschlagen.

Die Engländer waren in der Normandie endlich durchgebrochen, hatten bei Avranches die deutschen Linien auf breiter Front durchstoßen. Aber es würde noch Wochen dauern, ehe sie den Rhein erreichten.

»Wir sind jetzt Tag und Nacht im Einsatz«, erklärte er. »Es sind in den letzten Tagen mehr Leute verhaftet worden, als sonst in einem Jahr...«

»Wegen des 20. Juli...?«

»Auch, natürlich – das ganze Umfeld und alle, die sich früher mal verdächtig gemacht haben ... Aber das ist nicht alles! In Frankreich ist der Teufel los! Plötzlich gibt es dort überall bewaffnete Banden, Streiks und Revolten ... Sie greifen sogar die Wehrmacht an! Drei Leute von uns sind schon nach Frankreich versetzt worden und einer nach Oberitalien – da ist es genauso ... In Jugoslawien sind die Partisanen zum Angriff übergegangen, und in Warschau muß die SS einen Massenaufstand bekämpfen! Außerdem machen uns die täglichen Luftangriffe langsam kaputt. Die Fremdarbeiter werden immer gefährlicher, eine Sabotage nach der anderen, dazu die vielen Deserteure und ihre Helfershelfer – Edelweißpiraten und so ... Einen Kollegen haben sie in Köln überfallen und umgebracht...«

Ich begriff nun, warum der Kommissar so niedergeschlagen war und offenbar Angst hatte.

»Was macht meine Sache?« fragte ich. »Haben Sie etwas aus Berlin gehört?«

»Sie wollen keine weiteren Berichte mehr – ich nehme die Schreibmaschine wieder mit...«

»Was hat das zu bedeuten?« fragte ich, sehr erschrocken. Er zuckte nur die Achseln.

In Frankreich ging auf einmal alles sehr schnell: Bis auf einige Häfen im Norden und Süden eroberten die Alliierten, nachdem sie auch an der Mittelmeerküste gelandet waren, in kürzester Zeit neun Zehntel des Landes. Am 26. August zog de Gaulle in Paris ein.

Im Osten hatte die Rote Armee bereits am 2. August die Weichsel überschritten, bedrohte Ostpreußen und hatte auch im Südosten gewaltige Fortschritte gemacht. Die Ölfelder von Ploesti fielen am 30. August in ihre Hände, tags darauf Bukarest. Schon eine Woche vorher hatte sich die neue rumänische Regierung von Deutschland losgesagt. Der Seitenwechsel der Rumänen hatte ein so gewaltiges Loch gerissen, daß die Wehrmacht die ganze Balkanhalbinsel räumen mußte.

Amerikanische Truppen standen bereits in Oberitalien, in Frankreich am Rande der Argonnen, in Belgien vor Brüssel. Die Front war nur noch wenig mehr als hundert Kilometer von Anrath entfernt und rückte täglich näher.

Die »Politischen« im »NN-Flügel« mußten jetzt damit rechnen, aus dem linksrheinischen Gebiet verlegt zu werden. Am 1. September nachmittags wurde mir eröffnet, daß ich morgen auf Transport käme.

»Hier ist Ihr Schutzhaftbefehl...«

Der rote Schein trug die Unterschrift Kaltenbrunners, eines Hochzeitsgastes meiner Kusine Gudrun, gab als Haftgrund »Judenbegünstigung« an und wies mich »für die Dauer des Krieges« in ein Konzentrationslager ein, dessen Name mir bis dahin unbekannt gewesen war: Flossenbürg...

»Wo ist das?« fragte ich den Justizwachtmeister.

»Keine Ahnung – morgen früh werden Sie erst mal nach Düsseldorf gebracht...«

Am 5. September war ich noch immer in Düsseldorf. Am 2. hatte mich ein Zellenwagen ins Gefängnis Ulmenstraße gebracht, wo ich zwei Tage blieb, denn der 3. war ein Sonntag. Am Montag hatte man die »Transporter« ins Polizeigefängnis in der Kavalleriestraße verlegt, aber der für unseren Transport vorgesehene Zug am 4. war ausgefallen – Brüssel war von den Alliierten erobert worden, und die Alarmeinheiten zur Sicherung der Grenze bei Aachen hatten natürlich Vorrang im Bahnverkehr... Eine Hoffnung keimte bei uns auf.

Am 6. September führten sie uns – etwa achtzig Transportgefangene aller Art, Männer und Frauen, Deutsche und Ausländer, Kriminelle und Politische, zu Zuchthaus oder Sicherheitsverwahrung Verurteilte, Angeklagte, die vor den

Volksgerichtshof kamen, und ins KZ Eingewiesene – zum zwei-
tenmal auf den Bahnsteig, alle aneinandergekettet, bewacht
von Justizbeamten und Bahnpolizisten mit Hunden.

Diesmal kam der Zug mit den angeforderten Zellenwagen.
Auf den Blechschildern an den Waggons las ich die Richtungs-
angabe: TRIER über Köln – Koblenz – Cochem...

Wir wurden einzeln in enge Käfige gesperrt, aber die Aussicht, in genau die Richtung gebracht zu werden, die ich mir
gewünscht hatte, machte die Fahrt erträglich. In Köln verließ
uns der größte Teil des Transports. Auch mein Käfig wurde kurz
geöffnet. Der Beamte sah auf meine Liste, brummte etwas und
schloß mich wieder ein. Mittags, in Koblenz, war wieder ein
längerer Halt. Es gab einen Napf mit Suppe und ein Stück Brot,
und der Wachtmeister fragte mich: »Flossenbürg – wo ist das?«

»Mir wurde gesagt: bei Trier...«

In Trier hatte er dann einige Schwierigkeiten, mich loszuwer-
den, aber er konnte sich durchsetzen. Am Abend dieses Tags war
ich in der »Zugangsabteilung« des Trierer Strafgefängnisses.
Ein mürrischer Wachtmeister schimpfte: »Das ist jetzt schon
der zweite, den sie uns schicken, diese Idioten! Was sollen wir
mit diesen KZlern?! Ich kenne kein Lager Flossenbürg...«

Ich hoffte inständig, daß es vorerst keine Rückreise geben
würde, aber schon am nächsten Morgen kam ich wieder auf
Transport. Vier Tage später, am 11. September, erreichten die
Amerikaner bei Trier die Reichsgrenze...

Unsere Rückfahrt endete in Köln. Dort wurde ich an den
zweiten Flossenbürger gefesselt, einen schweigsamen Land-
wirt, der zur Wehrmacht eingezogen worden war und als »Bibelforscher« den Eid auf den »Führer« standhaft verweigert hatte.
Zu fünft verbrachten wir die Nacht in einer Einzelzelle des
Klingelpütz. Am nächsten Tag ging es weiter, diesmal nach
Hannover. Unterwegs hörten wir von Mitgefangenen, sie seien
aus Aachen und Düren evakuiert worden, weil dort die Kämpfe
schon in vollem Gange seien ... Beinahe hätten sie uns von
Hannover wieder zurück ins Rheinland geschickt, aber dann
holten sie uns doch aus dem Zug, und wir durften bis Montag,
dem 11., in Hannover bleiben. »Dann geht ein Transport nach
Magdeburg und Leipzig..«, sagte der Wachtmeister.

Vom 13. bis zum 18. September blieben wir in Leipzig. Dann
beschloß man, uns nach Kassel zu schicken, von dort nach
Würzburg. Unterwegs erfuhren wir, daß zehntausend Amerika-

ner, Briten und Polen aus der Luft bei Arnheim an Niederrhein gelandet waren und dort, zusammen mit Tausenden von Holländern, gegen eine SS-Division kämpften ...

Am 20. September – Finnland hatte kapituliert, und die finnischen »Waffenbrüder« kämpften nun gegen die Reste der Wehrmacht – wurden wir von Würzburg nach Nürnberg, tags darauf nach Hof gebracht. Am 22. ging es über Bayreuth weiter nach Weiden in der Oberpfalz. Wir hörten, daß die Russen Reval erobert und der deutschen Armee in Kurland den Rückweg abgeschnitten hatten.

Die dünne Suppe im Weidener Gefängnis war unsere Henkersmahlzeit. Fritz, der Bibelforscher, mit dem ich seit der Abfahrt von Trier zusammen war, sah dem KZ sehr gefaßt entgegen. »Gott will es so«, war alles, was er dazu sagte.

Ich mußte mich sehr zusammennehmen, um nicht vor Wut zu heulen. Das jetzt noch! Wo man in Anrath gewiß schon das amerikanische Geschützfeuer hören konnte ...

Ein Lkw der SS holte uns am nächsten Morgen, dem 24. September, ab. Nach einem Blick auf unsere Schutzhaftbefehle sagte der Fahrer: »Nach zehn Tagen im Steinbruch seid ihr beide bei Jehova ...« Wir fuhren durch Floß und weiter hinauf in den Oberpfälzer Wald. Die Gegend wurde immer rauher. Vom Ort Flossenbürg ging es nochmals bergauf. Dann sahen wir am kahlen Hang die Wachtürme, den Stacheldrahtzaun, das Lagertor.

»Zwei Zugänge – ein Bibelheini, ein Politischer ...«

SS-Männer mit Maschinenpistolen, Häftlinge in Zebrakleidung, hohläugig und ausgemergelt. Ein wohlgenährter Kapo mit dem grünen Winkel der Kriminellen und einem dicken Knotenstock. Dann das Kommando: »Absitzen – da hinein zum Einkleiden ...!«

Der Kammerbulle, ebenfalls Häftling, musterte uns unwirsch. »Schade um die neuen Klamotten – ihr geht ja wohl morgen in den Steinbruch ...«

Ein anderer Funktionshäftling kam in die Kleiderkammer, klein und drahtig, mit rotem Winkel. Er musterte erst Fritz, dann fiel sein Blick auf mich, und wir erkannten uns fast gleichzeitig.

»Menschenskind – du! Und ich dachte ...«

Er hielt inne und schien angestrengt nachzudenken. Dann sagte er: »Du mußt hier raus – so schnell wie möglich! Kannst du Sprachen?«

Ich konnte nur nicken.

»Das machen wir! In ein paar Tagen geht ein Transport ins neue Außenlager Hersbruck. Die brauchen da dringend einen Dolmetscher – den machst du! Ich setz' dich sofort auf die Liste – da bist du sicher...«

Ich wies mit einer Kopfbewegung auf Fritz. Er begriff. »Klar – also, den auch ... Ich komm' nachher in eure Baracke. Dann reden wir...«

Damit verschwand er, mein mir von »Tante Änne« versprochener dritter Schutzengel, ein Kommunist aus Düsseldorf.

... Fünf Monate hatten wir hier ausgehalten – im »Außenlager Hersbruck des KL Flossenbürg«, zwanzig Kilometer östlich von Nürnberg, im Tal der Pegnitz. Außer Fritz, dem Bibelforscher, der schon im Januar am Fleckfieber gestorben war, und einigen Kapos aus Flossenbürg mit grünem Winkel, die alle Posten in Küche, Schreibstube und Kleiderkammer besetzt hatten, war ich der einzige Deutsche unter den Häftlingen.

Wir hatten Gefangene aus fast allen Ländern Europas hier: Franzosen, Belgier, Holländer, einige Polen, Juden aus Ungarn, Deportierte aus Jugoslawien und Griechenland, Tschechen, italienische Offiziere, Spanier, die gegen Franco gekämpft hatten, Zigeuner, Norweger, kanadische und sowjetische Piloten, die abgeschossen worden waren.

Im Oktober 1944 war ich, zusammen mit zwölfhundert weiteren Häftlingen, in das noch im Aufbau befindliche Lager Hersbruck verlegt worden. Wir sollten in der Umgebung unterirdische Produktions- und Lagerstätten für die Rüstungsindustrie bauen. Neben diesen »Stollenbau-Kommandos« gab es auch solche, die in den Betrieben der umliegenden Städte eingesetzt wurden, in Sulzbach-Rosenberg und in den Vororten Nürnbergs.

Im November und Dezember, als die Rote Armee schon in Ostpreußen, in Ungarn und in die östliche Tschechoslowakei eindrang und die Westalliierten Aachen und das Saartal besetzt hatten, trafen bei uns die Transporte aus den Lagern Groß-Rosen und Auschwitz ein, die von der SS geräumt worden waren. Die erschöpften und nahezu verhungerten Neuankömmlinge kamen in eilig errichtete neue Baracken, die als »Schonung« bezeichnet wurden. Ein jüdischer Arzt aus Krakau wurde der »Schonung I« zugeteilt, ein Heilgehilfe aus Paris wurde Blockältester, und weil der Krakauer Doktor zwar Deutsch, aber nicht Französisch sprach, kam ich zu ihnen als Dolmetscher. Bis dahin hatte ich, nur nebenbei als Sprachkundiger gebraucht, beim Stollenbau nahe Pommelsbrunn gearbeitet.

Ich war froh, dort wegzukommen, wo es ständig Ärger gab, weil die Stollen immer wieder einbrachen. Es gab große Könner unter den Häftlingen, die jeden Anschein von Sabotage geschickt zu vermeiden verstanden ... Außerdem setzte der Winter ein, und durch meine Zebra-Montur pfiff der Wind. Ein weiterer Vorteil der »Schonung« war, daß die SS-Leute Angst hatten, sich bei den völlig verlausten, tuberkulösen und von vielen anderen Krankheiten geplagten Häftlingen zu infizieren. Sie ließen sich nur selten bei uns sehen. Ihre Furcht war durchaus begründet: Fritz, der Bibelforscher, den wir als zweiten Heilgehilfen angefordert hatten, war der erste vom »Personal«, der Fleckfieber bekam und daran starb. Der nächste war der Arzt, und von da an übernahm der französische Blockälteste, den wir, weil es ihn freute, »Professor« nannten, die ärztliche Betreuung. Wir hatten ohnehin keinerlei Medikamente. Er konnte den Sterbenden allenfalls mit feuchten Wickeln das Fieber etwas lindern und ihnen Mut zusprechen. Am meisten half er uns durch seinen unverwüstlichen Optimismus.

Er brachte uns durch den Januar, indem er täglich die Kriegslage, die er so wenig kannte wie wir, in den für die Alliierten rosigsten Farben schilderte: Sie hätten schon drei Dutzend deutsche Großstädte erobert – Köln, Frankfurt und Hamburg, die anderen Städtenamen kannte er nicht ... In drei, vielleicht schon in zwei Wochen würden sich die Amerikaner bis Nürnberg, die Sowjets bis zur nahen tschechischen Grenze durchgekämpft haben, und dann wären es nur noch Tage, ja vielleicht bloß Stunden, bis sie uns befreit hätten und wir von ihnen so viel Essen, Medikamente und Rotwein bekämen, wie wir wollten ... Mitte Januar ergatterte ich eine drei Tage alte Zeitung, die einer vom Arbeitskommando mitgebracht hatte: Im Wehrmachtsbericht war von einem US-Luftangriff auf Frankfurt und vom Erfolg der deutschen Ardennenoffensive die Rede, von Vergeltungsschlägen gegen England mit V 1 und V 2, von Kämpfen in Oberitalien und an den Grenzen Ostpreußens. Es war eine bittere Enttäuschung ... An meinem 24. Geburtstag, Ende Januar, bekam ich Fieber und Schüttelfrost.

»Das geht rasch vorüber«, tröstete mich der Professor. »In ein paar Tagen sind die Amis hier, und dann kurieren wir dich im Handumdrehen!«

Am nächsten Tag war mein Fieber noch höher, und ich konnte kaum noch atmen vor Schmerzen.

»Bitte, frag, ob ich Post habe...«, bat ich den Professor.

Die wenige Post, die für die Häftlinge eintraf, wurde verteilt. Es war verboten, sich danach zu erkundigen. Aber als Blockältester konnte er es wagen, sich mal auf der Schreibstube umzuhören. Kurz vor Weihnachten hatte ich endlich ein Formular für Häftlingspost erwischt und meiner Mutter ins Fichtelgebirge geschrieben, daß es mir gutgehe, aber daß ich für meine Kameraden dringend Medikamente brauchte. Der Krakauer Doktor hatte mir einige genannt, dazu etliches, was er zur Verbesserung der Ernährung für sehr wünschenswert hielt.

»Meinst du denn, daß deine Mutter...?« wollte der Professor einwenden.

»Klar –!Meine Mutter schafft alles!«

Also ging er und kam zurück mit einer kleinen Kiste, die sie dort schon vor ein paar Tagen selbst abgegeben hatte. Sie war nicht abzuweisen gewesen. Jetzt hatten wir Salz, Zwiebeln, Traubenzucker, Knoblauch sowie Tabletten und Ampullen nebst einer Spritze. Ich bekam vom Professor eine intravenöse Injektion von zehn Kubikzentimetern, die ein Pferd hätte umwerfen müssen. Am nächsten Tag hatte ich keine Schmerzen mehr. Das Fieber ging zurück.

Als ich wieder auf den Beinen war, hatten die Russen Ostpreußen abgeschnitten, drangen schon in Pommern ein und rückten gegen die Oder vor. Amerikaner, Briten und Franzosen standen am Rhein.

»Sie haben den Rhein überschritten! In zehn, zwölf Tagen sind sie hier!« behauptete der Professor. Er hatte an der SS-Küche Abfälle gestohlen und dabei eine Unterhaltung der Köche belauscht.

»Stimmt das wirklich...?«

»Pas de blague – c'est vrai! Diesmal ist es wahr!«

Inzwischen waren vierzehn Tage vergangen. Die Amerikaner waren noch etwas über achtzig Kilometer von Hersbruck entfernt, zwischen Würzburg und Kitzingen, und jetzt sollten wir das Lager räumen.

Ein Teil der Gefangenen war bereits evakuiert worden – zu Fuß übers Gebirge in die Tschechoslowakei. Uns wollte die SS jetzt nach Süden, nach Dachau, evakuieren.

»Wir können sie doch nicht allein zurücklassen, Professor«, gab ich zu bedenken und deutete auf die Kranken. Seit Dezember waren mehr als hundert der ausgemergelten Auschwitzer und Groß-Rosener gestorben. Auch die Medikamente hatten bei ihnen nichts mehr genützt. Aber vielleicht würden ihnen die amerikanischen Ärzte noch helfen können...

Der Professor glaubte nicht daran, aber die Kranken selbst wollten um keinen Preis noch einmal auf Transport. Wir versorgten sie mit Wasser und dem wenigen Brot, das wir noch hatten. Ein Medizinstudent aus Prag übernahm vom Professor die »Schonung I«.

Am nächsten Tag zogen wir in Dachau ein – ein paar hundert Elendsgestalten. Zwölf waren unterwegs gestorben, zwei bei einem Tieffliegerangriff erschossen worden. Wir schleppten uns zu dem uns zugewiesenen Block. Ich war noch einer der Kräftigsten – mit gerade noch vierzig Kilo Körpergewicht.

»Sie da, Sie sind doch Deutscher?«

Es war der 2. Lagerführer, der mich entdeckt hatte. »Morgen früh melden Sie sich – Sie dürfen fürs Vaterland kämpfen!«

Das hatte gerade noch gefehlt! Der Professor beruhigte mich: »Er hat sich deinen Namen nicht notiert!«

Aber er sorgte dann doch dafür, daß ich die Jacke eines tags zuvor gestorbenen Franzosen bekam, mit einem schwarzen F auf dem roten Winkel und einer anderen Nummer.

»Jetzt kann dir nichts mehr passieren! Das wäre ja noch schöner – wo morgen oder spätestens übermorgen die Amerikaner hier sein werden!«

Aber es verging eine Woche nach der anderen, ohne daß etwas geschah. Das Ruhrgebiet war längst besetzt, Berlin von der Roten Armee eingeschlossen. Die Briten standen schon an der Elbe, die Amerikaner hatten bereits die tschechische Grenze überschritten und Hersbruck befreit...

Wären wir bloß dageblieben! Seit Tagen gab es keinerlei Verpflegung mehr. Um mich starben täglich Kameraden. Ich hatte Pflegmone, eitrige Zellgewebsentzündung, in den Beinen und Hungerödeme. Auch der Professor wußte keinen Rat mehr, er war selbst am Ende. Wir dämmerten dahin, schenkten den Gerüchten, die SS habe sich abgesetzt, keinen Glauben mehr, und als wir plötzlich ein ungeheures Geschrei hörten, war unser erster Gedanke: Nun machen sie uns alle nieder...!

Die Barackentür wurde aufgerissen. Wir sahen einen Soldaten im Kampfanzug.

»Someone in here who speaks english...?« rief er und fingerte nach einer Zigarette.

Fazit 1977

Erst zweiunddreißig Jahre sind vergangen, seit die Kremato-
rien der deutschen Konzentrationslager zu rauchen aufgehört
haben. Im Januar 1977 jährte sich zum zweihundertsten Male
der Tag, an dem Herzog Karl Eugen von Württemberg den
Dichter und Publizisten Christian Friedrich Daniel Schubart
entführen und zehn Jahre lang auf dem Hohenasperg gefan-
genhalten ließ. Der Tyrann Karl Eugen zahlte, wie wir wissen,
der Familie Schubarts während dessen Haftzeit eine hinläng-
liche Rente, ließ die Kinder seines Staatsgefangenen auf Staats-
kosten ausbilden und stellte Schubart nach dessen Freilassung
wieder ein.

Die Angehörigen der Opfer des Tyrannen Adolf Hitler konnten sich noch glücklich preisen, wenn dessen Terrorapparat keinerlei Notiz von ihnen nahm, ihnen weder die Hinrichtungs-
kosten aufbürdete noch die Ersparnisse beschlagnahmte, sie
nicht gar in sogenannte »Sippenhaft« nahm oder als »rassisch
Minderwertige« gleich mit ermordete.

Nun, die Bundesrepublik Deutschland, die sich zur Rechts-
nachfolgerin des Deutschen Reiches erklärt und dessen Verpflichtungen übernommen hat, war bereit, den wenigen Überlebenden der Konzentrationslager und Zuchthäuser sowie den
Hinterbliebenen der Ermordeten in einem ihr angemessen
erscheinenden Rahmen Wiedergutmachung zu leisten – allerdings nicht allen! Der Paragraph sechs des Bundesgesetzes zur
Entschädigung der Opfer der nationalsozialistischen Verfolgung (BEG) bestimmte und bestimmt noch heute: »Von der
Entschädigung ausgeschlossen ist,

1. wer Mitglied der NSDAP oder einer ihrer Gliederungen
gewesen ist oder der nationalsozialistischen Gewaltherrschaft
Vorschub geleistet hat; ...

2. wer nach dem 23. Mai 1949 die freiheitlich demokratische
Grundordnung im Sinne des Grundgesetzes bekämpft hat;

3. wem nach dem 8. Mai 1945 rechtskräftig die bürgerlichen
Ehrenrechte aberkannt worden sind;

4. wer nach dem 8. Mai 1945 rechtskräftig zu Zuchthausstrafe von mehr als drei Jahren verurteilt worden ist.«

In der Praxis bedeutet dies, daß drei Kategorien von Verfolgten von jeder Entschädigung ausgenommen waren: aktive Nazis, Schwerverbrecher und – diejenigen, die den härtesten Widerstand geleistet und von allen politischen Gruppen die schwersten Opfer gebracht hatten, nämlich die deutschen Kommunisten, es sei denn, sie hätten spätestens mit dem Inkrafttreten des Grundgesetzes am 23. Mai 1949 ihre Überzeugung, deretwegen sie zwölf Jahre lang verfolgt worden waren, reuig aufgegeben.

Als im Jahre 1956 das Bundesentschädigungsgesetz in Kraft trat und den ihrer Weltanschauung treu gebliebenen deutschen Kommunisten selbst die kärglichen Körperschadensrenten – in aller Regel etwa neunzig Mark monatlich – aberkannte, war die Kommunistische Partei Deutschlands noch nicht für verfassungswidrig erklärt und verboten worden; dies geschah erst etwa sechs Wochen später. Inzwischen ist seit dem September 1968 die Deutsche Kommunistische Partei wieder zugelassen, ebenso andere kommunistische Gruppen. Aber die unter Bundeskanzler Konrad Adenauer zum Gesetz erhobene Diffamierung der KPD-Veteranen, die Gleichsetzung der KZ-Opfer mit ihren Peinigern und mit gewöhnlichen Schwerverbrechern ist bis heute bundesdeutsche Praxis geblieben. Selbst dem im Konzentrationslager schwer mißhandelten, erblindeten und fast gelähmten Schriftsteller Ernst Niekisch, geboren 1889, der 1919 Vorsitzender des revolutionären Zentralrats in Bayern und Führer der bayerischen USPD, dann der sächsischen Altsozialisten war und den man 1937 verhaftet und zu lebenslänglichem Zuchthaus verurteilt hatte, wurde – weil er nach 1945 in der DDR der Sozialistischen Einheitspartei beigetreten war – im westlichen Teil Deutschlands, wohin er dann übersiedelte, bis zu seinem Tode im Jahre 1967 jede Entschädigung verweigert.

Die Bundesrepublik Deutschland, auf den Trümmern des Zweiten Weltkriegs, in noch frischer Erinnerung an die Millionen Opfer und mit dem festen Vorsatz der Politiker aller Richtungen gegründet, nie wieder Ansätze von Faschismus, Militarismus oder auch nur antidemokratischer Tendenzen aufkommen zu lassen, hat weder die Hoffnungen, die sie damit geweckt, noch die Verpflichtungen, die sie sich mit ihrem Grundgesetz selbst auferlegt hat, bis heute erfüllt.

Sie hat weder ihre Verwaltung noch ihre Justiz und Polizei, nicht einmal ihre Ministerialbürokratie, ihre höchsten Gerichte und die Vorstände der staatstragenden Parteien von den Handlangern und Schreibtischtätern der Hitler-Diktatur gesäubert. Sie hat wieder aufgerüstet, und zwar so gewaltig, daß ihre militärische Stärke und Schlagkraft heute die des Deutschen Reiches von 1912 und 1938 übertrifft.

Sie hat sich für alle Fälle umfangreiche Notstandsgesetze gegeben, gegen die sich diejenigen Bismarcks geradezu liberal ausnehmen und die zu einem erheblichen Teil von denselben »Fachleuten« ausgearbeitet worden sind, die schon Hitlers »Notverordnungen zum Schutze von Volk und Staat« ausgetüftelt hatten.

Sie hat zwar die Todesstrafe endlich abgeschafft, doch nun beraten die zuständigen Gremien bereits die Einführung der administrativen Hinrichtung, nämlich die Erlaubnis für Polizisten zum »gezielten Todesschuß« nach eigenem Ermessen der gegebenen Gefahr.

»Eine Zensur findet nicht statt«, so steht es im Grundgesetz, »aber die Verhältnisse«, um mit Bert Brecht zu reden, »die sind nicht so.« Dabei spielt es kaum eine Rolle, wenn sich gelegentlich jemand dadurch lächerlich macht, daß er die Machtmittel des Staates gegen ein seiner Meinung nach »unzüchtiges«, weil geschlechtliche Dinge unzart behandelndes Buch, Bild oder Kinostück einsetzt; dergleichen Unfug von Leuten, die meist von der eigenen Verklemmtheit auf die anderer schließen, wird es wohl noch lange geben, obwohl durch Pornographie gewiß bisher weit weniger Menschen zu Schaden gekommen sind als etwa durch Kriegs- oder Rassenhetze.

Schlimmer ist es, wenn Staatsanwälte und Richter gegen ihnen unliebsame politische Literatur vorgehen, wobei ihnen neue schändliche Gesetze aus jüngster Zeit noch mehr Handhabe geben.

Am schlimmsten aber ist die Tatsache, daß inzwischen Tausende von Redakteuren und Medienschaffenden aller Art gelernt haben, sich selbst zu zensieren, weil sie sonst um ihre Arbeitsplätze und -möglichkeiten bangen müßten. Ein Kästner-Zitat am falschen – das heißt: am eigentlich richtigen – Platz kann schon die Entlassung aus den Diensten des Norddeutschen Rundfunks bedeuten. Die Veröffentlichung einer Bestsellerliste mit Heinrich Bölls »Der verlorene Ehre der Katharina Blum« auf Platz eins erregte den Zorn des Zeitungs-Zaren; dann lieber gar keine Liste mehr, wie seither in der »Welt am

Sonntag«. Und der Gebrauch des obszönen Wortes »Berufsverbot« in Nachrichten oder Kommentaren, die von öffentlich-rechtlichen Anstalten ausgestrahlt werden, ist unratsam, weil – wie schon Christian Morgensterns gescheiter Palmström bemerkt hat – »nicht sein kann, was nicht sein darf«.

Zwar ist es erfreulich, daß sich die Herren Intendanten der bundesdeutschen Sender immerhin zu schämen scheinen, etwas auszusprechen oder aussprechen zu lassen, das so eindeutig gegen Geist und Buchstaben der Verfassung verstößt. Aber das Unaussprechliche ist damit nicht aus der Welt geschafft; die Hexenjagd geht weiter.

Seit 1971 sind knapp fünfhundert Fälle bekanntgeworden, in denen es jungen Menschen verwehrt wurde, die Laufbahn – zumeist sind es Lehrberufe –, auf die sie sich durch langes Studium vorbereitet haben, nun auch einzuschlagen. Doch die Dunkelziffer ist relativ hoch, und schon Mitte 1975 meinten Fachleute, man müsse von rund eintausendzweihundert Fällen von Berufsverbot in der Bundesrepublik Deutschland ausgehen. Diese Anzahl hat sich durch weitere Ablehnungen von Beamtenanwärtern inzwischen erhöht, weil immer mehr politisch aktive Bewerber zur Einstellung anstehen. Doch umgekehrt haben auch einige der zunächst wegen angeblicher »Verfassungsfeindlichkeit« Abgelehnten ihre Einstellung in den öffentlichen Dienst durch Gerichtsurteile erzwungen; zahlreiche Prozesse sind noch nicht endgültig entschieden.

Auf jeden Fall ist die Anzahl der Betroffenen, gemessen an einer jährlichen Einstellungsrate um etwa 70 000, nicht sehr groß und liegt sicherlich unter einem Prozent. Manche meinen deshalb, ein quantitativ so minimales Unrecht sei hinzunehmen und sei eher ein Beweis für das Funktionieren des Rechtsstaats. Die Welt und zum Glück auch die meisten derjenigen, die sich in unserem Land als Publizisten, Hochschullehrer oder Richter eine unabhängige Meinung bewahrt haben, sind da entschieden anderer Ansicht, und sie sehen zunächst nicht auf die Anzahl der Fälle, sondern werten die Vorgänge einzeln und qualitativ.

Da ist beispielsweise der Fall der hessischen Lehrerin Silvia Gingold. Sie ist 1946 in Frankfurt am Main geboren und die Tochter eines bekannten Frankfurter Antifaschisten, der 1933, als Jude und Kommunist verfemt, nach Frankreich geflüchtet war; für seine aktive Beteiligung am Widerstand wurde er mit einem französischen Orden ausgezeichnet. Seiner Tochter Silvia wurde nach vierjähriger Beschäftigung im Schuldienst die Einstellung als Studienrätin verweigert, und am 1. August 1975 wurde sie aus dem hessischen Schuldienst entlassen, aber nicht wegen mangelnder Qualifikation – sie gilt als ausgezeichnete Lehrerin –, sondern aus politischen Gründen. Der sozialdemokratische Kultusminister Krollmann teilte dem Anwalt von Silvia Gingold mit Schreiben vom 4. Juni 1975 mit, nach Abschluß des Überprüfungsverfahrens stehe fest, daß seine Mandantin »Mitglied einer Partei mit verfassungsfeindlicher Zielsetzung ist (DKP). Die verfassungsfeindliche Zielsetzung der DKP ist allgemein bekannt und anerkannt.«

Dabei war der nun in dritter Generation von deutschen Berufsverboten betroffenen Familie Gingold im Zusammenhang mit ihrem jahrelangen Kampf um Wiedereinbürgerung erst 1974 vom Frankfurter Verwaltungsgericht – unter namentlicher Nennung auch der Tochter Silvia – ausdrücklich bestätigt worden, daß sie »sich zur freiheitlich-demokratischen Grundordnung der Bundesrepublik bekennen und für ihre Erhaltung eintreten«. Das Skandalöseste an der Entscheidung des hessischen Kultusministeriums ist indessen die Illegalisierung der Mitgliedschaft in einer zugelassenen, vom Grundgesetz zum Verfassungsorgan erhobenen und privilegierten Partei, deren eventuelle Verfassungswidrigkeit allein das Bundesverfassungsgericht feststellen kann, ganz zu schweigen von der Einführung des Begriffs der »Verfassungsfeindlichkeit«, den unsere Verfassung nicht kennt.

Um ein anderes Beispiel zu nennen: Der Lehrerin M. Retterat wurde von Beamten des rheinland-pfälzischen Kultusministeriums mitgeteilt, sie sei »verdächtig«, weil »ihr Vater in mehreren kommunistischen Tarnorganisationen Mitglied sei«.

Und dem bayerischen Lehrer W. Eichhorn wurde von einer Ministerialrätin des bayerischen Kultusministeriums mitgeteilt, es würde seiner eigenen Beurteilung zugute kommen, wenn er eine Scheidungsklage gegen seine Ehefrau mit deren Mitgliedschaft in der DKP begründe, ein Ansinnen, das so unsittlich ist, daß man es fast als Unzucht mit Abhängigen bezeichnen könnte.

Die Beispiele ließen sich beliebig fortsetzen, und es kommt für die Bewertung dieses tausendfach praktizierten Systems nicht darauf an, ob es dem oder der einen oder anderen schließlich doch gelingt, ihr Recht zu erstreiten. Denn das Schlimmste an der Praxis der Berufsverbote ist die Verunsicherung der Menschen, der ausgeübte Zwang zur Anpassung, die Erziehung zum Duckmäusertum, die Heranzüchtung von Denunzianten, die wachsende Polizeistaatlichkeit. Wobei anzumerken ist, daß schon die tausendfach praktizierte »Amtshilfe« des Verfassungsschutzes bei der Überprüfung von Beamtenanwärtern gesetzwidrig ist.

Mit alledem ist die Bundesrepublik Deutschland weit hinter das Wilhelminische Regime zurückgegangen, in manchem noch hinter das »System Metternich« und die »Karlsbader Beschlüsse«! Die Radikalen sind heute hierzulande geächtet, nicht nur von den Regierungen, sondern – was weit trauriger und gefährlicher ist – auch von einem Großteil der verhetzten Bevölkerung. Dazu erklärte Walter Jens schon 1974 auf dem Frankfurter Bundeskongreß des Verbands deutscher Schriftsteller: »Wir ... sollten die Behauptung unserer Gegner, daß wir radikal seien, nicht als Beschimpfung, sondern als Ehrenerklärung verstehen. Jawohl, wir sind radikal, radikal im Denken und radikal in der Absage an die Gewalt. Nicht gegen uns, sondern gegen die immer mächtiger werdende Reaktion in diesem Lande spricht es doch wohl, wenn anno 1974 Parolen als ›ultralinks‹ und ›radikal‹ eingestuft werden, die in Wahrheit zum Topen-Arsenal des republikanischen Liberalismus gehören. Der Radikalismus, den man uns vorwirft, ist in Wahrheit der Radikalismus von bürgerlichen Republikanern, die längst zu Klassikern geworden sind ... Und wenn wir, ihnen folgend, heute wie Extremisten dastehen, dann heißt das doch nichts anderes, als daß das bürgerlich-fortschrittliche Erbe – zuallererst die Jakobiner-Tradition im Sinne Kants und das Vermächtnis des sozialen Libertinismus – von privilegierten Gruppen in unserem Staat kassiert werden soll, die offenbar Angst davor haben, daß Humboldts großer Traum vom herrschaftslosen Reich der wahrhaft Freien und Gleichen realisiert werden könnte.«

Diese damaligen Feststellungen des heutigen bundesdeutschen P.E.N.-Präsidenten treffen genau ins Schwarze, noch genauer: ins schwarzbraune Dunkel eines Landes, dessen Bewohner ihre faschistische Vergangenheit nicht bewältigt haben. Erst wenn man sich dies vergegenwärtigt, kann man auch eine quantitative Wertung vornehmen.

Gewiß sind bislang nur relativ wenige Beamtenanwärter als sogenannte »Extremisten« abgewiesen worden – bezeichnenderweise, bis auf ein paar Renommierfälle, die man an den Fingern aufzählen kann, durchweg Linke, zumeist Kommunisten und linke Sozialdemokraten –, und einige davon werden am Ende dann doch noch eingestellt, weil die Gerichte es verfügen. Aber gerade diese »Erfolge« sollten uns zu denken geben!

Denn die in fünfjähriger Berufsverbotspraxis inzwischen vielleicht auf maximal zweitausend gestiegene Anzahl von Ablehnungsbescheiden ist das Ergebnis von rund zehntausend sogenannten »Anhörungsverfahren«, mit Fragen wie: »Haben Sie während Ihres Studiums an politischen Veranstaltungen teilgenommen?«, »Wie stehen Sie zum Eigentum?«, »Sind Sie Mitglied der Gewerkschaft?«, »Haben Sie gegen den Krieg in Vietnam demonstriert?«, »Wie stehen Sie zum Marxismus?«, »Haben Sie nicht die Ostverträge befürwortet? Ist Ihnen der Standpunkt der bayerischen Staatsregierung in dieser Frage nicht bekannt?«

Diesen zehntausend Verhören mit verfassungswidriger Gesinnungsschnüffelei gingen mindestens achthunderttausend »Überprüfungen« durch den Verfassungsschutz voraus, und dieser hat, wie sein früherer Präsident Günter Nollau bekanntgab, mehr als 2,5 Millionen Dossiers angelegt, in denen Spitzelberichte und Denunziationen ebenso gesammelt werden wie »Erkenntnisse« mitunter höchst fragwürdiger »Fachleute«.

Ein ganzes Gebirge kreißte, selbst Zeus geriet in Angst und mit ihm Millionen junger Leute, und was das riesige Massiv dann ächzend gebar, waren etliche rote Mäuslein!

»Es ist jetzt ruhiger geworden«, sagte der Hausmeister der Freien Universität Berlin dem Reporter des WDR-Fernsehens, und ein Student meinte, die Folge davon sei, »daß jeder nur brav studiert, sich nicht mehr um politische Belange kümmert – in keiner Weise – und auch nichts mehr unternehmen will, weil er Angst davor hat, als verfassungsfeindlich oder so hingestellt zu werden«.

»Genau das. Irgendwie hat er vollkommen recht, der junge Mann«, bestätigte der Hausmeister, »irgendwas stimmt hier nicht. Zum Beispiel gehen sie raus, sind verschwunden, sagen nicht guten Tag – die Atmosphäre ist anders geworden...«

Muß man nicht unwillkürlich an die deutschen Universitäten in der Zeit der »Demagogenverfolgung« denken? Und erinnern nicht die Fragen der »Anhörungsverfahren« an die Verhöre, denen Georg Büchner vom Rat Georgi, dem Trunkenbold, unterzogen wurde, ehe er nach Straßburg floh?

Was die Freie Universität in West-Berlin angeht, so war sie auch ruhig und sauber, ehe um die Mitte der sechziger Jahre die Studentenunruhen begannen.

Zuvor waren die deutschen Universitäten reine Zulieferbetriebe für den öffentlichen Dienst und die Industrie, die Studenten so brav und strebsam, so unpolitisch und konformistisch, daß Wilhelm II. seine helle Freude gehabt hätte und vielen Demokraten in unserem Lande angst und bange wurde.

Der Krieg in Vietnam löste schließlich auch in der Bundesrepublik den studentischen Protest aus. Der Schah-Besuch, die iranischen Geheimagenten, die mit Eisenstöcken auf die Demonstranten droschen, die Haltung der Springer-Zeitungen zu diesen Vorkommnissen, die tödlichen Schüsse, die Polizisten auf Studenten abgaben, die sich nichts Schlimmeres hatten zuschulden kommen lassen, als daß sie ihren Abscheu gegen Volksverhetzung durch Sachbeschädigung zum Ausdruck brachten – all dies führte zu einer Eskalation.

Die Wellen verebbten, die wünschenswerte Politisierung eines Großteils der akademischen Jugend blieb und bleibt hoffentlich weiter bestehen, denn nur so können wir hoffen, daß unser Land nicht zu einem Südkorea im Herzen Europas wird, zu einem Hort der Reaktion und des kalten Krieges, waffenstarrend und vom Geist der Heiligen Allianz erfüllt.

Daß einige junge Leute die zu keiner Zeit revolutionäre Situation verkannten und die Grundsätze radikalen politischen Denkens und Handelns verletzten, läßt sich nicht entschuldigen; Terror ist zwar kein im Strafgesetzbuch aufgeführtes Delikt, aber die einzelnen Straftaten, die zusammen den Terror ausmachen können, sind zweifellos kriminelle Delikte und als solche zu sühnen, auch wenn jeder der Täter sich als politisch Handelnder versteht. Aber gewiß sind die Angehörigen jener kriminellen Vereinigung, die den Rechten der Bundesrepublik und der von ihnen weitgehend beherrschten Presse wie ein Geschenk des Himmels kam, keine schlimmeren Kriminellen als diejenigen, die ständig, alltäglich, sozusagen selbstverständlich, die Gesetze brechen, die des Staates wie die der Moral oder der Zehn Gebote, weil sie sich als Lenker von Konzernen als Staat im Staat fühlen können; weil ihre Rechtsabteilungen und Steuerbuchhaltungen und Expertenstäbe alle erdenklichen Schliche kennen; weil sie ihren kleinen, dummen, ehrlichen Mitmenschen, für die die vielen Paragraphen allein gemacht zu sein scheinen, einen prächtigen Buhmann haben aufbauen lassen: die Radikalen.

Zu deren Verunglimpfung ist jedes Mittel recht, und wir wollen es uns ersparen, alle unberechtigten Gleichsetzungen, Verdrehungen, Schmähungen und faulen Tricks aufzuzählen, die dabei angewandt wurden. Ein Blick in die einschlägige Presse genügt; die Reizworte springen einem ins Auge.

Wohin solche Hetze einmal geführt hat, müßte zumindest den Älteren noch in Erinnerung sein. Früher mußten angebliche Ritualmorde dazu herhalten, den »gerechten Volkszorn« zu wecken, heute werden fünf Jahre zurückliegende Gewalttaten einer Handvoll Pseudorevolutionäre als Argument für die Entlassung einer dem Marxistischen Studentenbund »Spartakus« durch dreimalige Teilnahme an Diskussionsabenden nahegestanden habenden Mathematiklehrerin benutzt. »Sehn Se mal, wir bei uns hatten nämlich ... Sie müssen das richtig verstehen...«

Die Leute, denen die Worte »freiheitlich-demokratische Grundordnung« dutzendmal täglich glatt über die Zunge gehen, sollten sich einmal die Zeit nehmen, darüber nachzudenken, wieviel Freiheit und Demokratie es hierzulande gäbe, wenn Radikale sie nicht erkämpft hätten. Ohne Professor Kants kritische Vernunft, Professor Hegels Dialektik und Dr. jur. Heinrich Heines Erkenntnis ihrer revolutionären Bedeutung steckten wir geistig heute noch im Mittelalter. Ohne die Ideen des Dr. phil. Karl Marx vom Sozialismus als einer »freien Assoziation, worin die freie Entwicklung eines jeden die Bedingung für die freie Entwicklung aller ist«, wäre die Dreistigkeit unserer Ausbeuter grenzenlos und uns – wie Bismarck selbst zugegeben hat – nicht einmal die gesetzliche Kranken-, Unfall- und Altersversicherung zuteil geworden. Ohne Dr. med. Johann Jacoby müßten die deutschen Bürger wohl immer noch glauben, sie hätten demütig zu erbitten, was in Wahrheit ihr gutes Recht ist. Ohne Dr. jur. publ. et rer. cam. Rosa Luxemburgs humanistischen Radikalismus, der jedweden Terror oder Zwang ablehnt, aber nicht daran denkt, es sich in der westlichen Konsumgesellschaft auf Kosten der Leidenden behaglich zu machen, müßte die deutsche Linke an sich selbst verzweifeln. Ohne Dr. jur. Karl Liebknecht säßen die Hohenzollern wahrscheinlich heute noch auf dem Thron, zumindest in Bonn.

Aber die Hetze, die Gesinnungsschnüffelei, die Schikanen und »Maßregelungen« werden wohl noch eine Weile lang weitergehen, länger als wir hoffen, weniger lang als wir fürchten. Dann wird es so sein, wie es der, lebte er noch, für den öffentlichen Dienst der Bundesrepublik Deutschland wegen des Verdachts der »Verfassungsfeindlichkeit« leider ungeeignete Gottfried Keller am Schluß seines Gedichts »Die öffentlichen Verleumder« beschrieben hat:

> »Wenn einstmals diese Not
> lang wie ein Eis gebrochen,
> dann wird davon gesprochen
> wie von dem Schwarzen Tod;
>
> und einen Strohmann bau'n
> die Kinder auf der Heide,
> zu brennen Lust aus Leide
> und Licht aus altem Grau'n.«